“十二五”高职高专规划教材

ERP 原理与应用

陈红军 编著

北京交通大学出版社

·北京·

内容简介

本书是结合我国高等职业教育的特点，在高职经管类专业教学改革的基础上编写而成的。本书是以易飞ERP软件为平台，以一虚拟企业的ERP项目实施与应用过程为主线，对课程内容进行整合、序化，在充分考虑ERP工程师职业能力认证考核内容的基础上，将课程内容序化为认识ERP、ERP供应链管理、ERP生产制造管理、ERP财务管理四个模块。本教材以项目导向、任务驱动教学模式为指导，通过实际案例、故事等导入，正文中设置了任务描述、知识准备、任务实施、学习小结、项目实训等形式多样、活泼有趣的教学项目，体现了"以学生为主体"和"教、学、做"一体化的高职教育理念。

本书可作为各类高职院校电子商务、市场营销、工商管理专业或其他相关专业的教材，也可作为应用技术型普通本科院校、五年制高职及中职学校相关专业学生的教材，并可作为相关行业从业人员的自学参考书及培训教材。

图书在版编目（CIP）数据

ERP原理与应用/陈红军编著.—北京：北京交通大学出版社，2014.12
（"十二五"高职高专规划教材）
ISBN 978-7-5121-2157-7

Ⅰ.①E… Ⅱ.①陈… Ⅲ.①企业管理-计算机管理系统-高等职业教育-教材
Ⅳ.①F270.7

中国版本图书馆CIP数据核字（2014）第276014号

责任编辑：田秀青
出版发行：北京交通大学出版社　　电话：010-51686414
地　　址：北京市海淀区高梁桥斜街44号　　邮编：100044
印 刷 者：北京泽宇印刷有限公司
经　　销：全国新华书店
开　　本：185×260　印张：23.75　字数：593千字
版　　次：2014年12月第1版　2014年12月第1次印刷
书　　号：ISBN 978-7-5121-2157-7/F · 1452
印　　数：1～1 500册　定价：49.00元

本书如有质量问题，请向北京交通大学出版社质监组反映。对您的意见和批评，我们表示欢迎和感谢。
投诉电话：010-51686043，51686008；传真：010-62225406；E-mail：press@bjtu.edu.cn。

序

进入 21 世纪，中国的企业逐步参与到国际竞争中，中国经济建设正在走新型工业化道路，坚持以信息化带动工业化，以工业化促进信息化，正在成为当前社会讨论的热题。将 ERP 作为企业的管理工具，解决企业的管理难点，已然成为企业经营者的高度共识。但是我国 ERP 的实施成效整体上还比较差，主要症结在于企业内部缺乏既熟悉 ERP 软件技术，又熟悉 ERP 业务的人员，因此，如何培养既懂技术又懂业务的复合型 ERP 人才成为 ERP 应用成败的关键。

培养学生的实践能力是高等教育始终关注却又乏力解决的问题，目前已成为人才培养的瓶颈。在高等教育中如何介绍 ERP 管理思想，如何营造一个模拟的 ERP 教学系统环境，让学生步入社会之前就触摸到它，较深入地掌握它，以便走出校门就能与市场人才需求接轨，需要教育工作者不断地思考和探寻理论与实践相结合的最佳途径。北京经济管理职业学院在信息化教学和校企合作上积累了大量的经验，本教材结合校企合作的精髓，将实践操作培训、实践知识教学和企业实践进行了完美结合，相信会对中国信息化人才的培养起到积极的推动作用。

鼎捷软件股份有限公司作为中国管理软件的领军厂商，参与了本教材部分内容的编写，并提供了 ERP 软件和企业案例作为实验环境。我们将 ERP 人才的培养作为我们的社会责任，愿意和广大有志于培养中国信息化人才的高等院校、教育机构合作，为 ERP 行业人才的培养贡献出我们的一份力量。

鼎捷软件策略本部副总裁

鼎捷软件知识学院院长

前　　言

ERP（Enterprise Resource Planning，企业资源规划）的概念由美国 Gartner Group（加特纳集团公司）于 20 世纪 90 年代初提出，它是 MRPⅡ的扩充和发展。ERP 的思想和方法已经在美国等工业发达国家得到了广泛的应用，并取得了显著的经济效益。我国在 20 世纪 80 年代初开始接触 MRPⅡ，近年来已有越来越多的企业关注和应用 ERP。

随着 ERP 在中国的应用，企业对于 ERP 人才的需求越来越大。针对这种人才需求状况，众多高职院校开始进行高职层次的 ERP 人才的培养。目前我国已经有相当多的高职院校开设了 ERP 的相关课程，在教学中所使用的教材大体可分为两类:一种是理论型，重在介绍 ERP 的原理知识；另一种是实践型，往往是某一典型 ERP 系统的操作教材，缺少理论铺垫。所以少有将 ERP 的理论和实践操作融为一体的教材。实际上很多高校开设 ERP 课程时，多为既有理论学时，又有实验学时。学生在学习该门课程时，既需要学习 ERP 的理论知识，又需要在实践中上机操作 ERP 软件系统，学生需要同时购买两本教材才能满足需求。本书将 ERP 的理论知识介绍和软件实践操作的解析指导相结合，达到一书两用的目的。本书采用的实践平台易飞 ERP 系统是制造业内较有代表的 ERP 系统，拥有很高的市场份额，也是众多高校采用的 ERP 实践平台。因此，基于该平台设计的实验具有很好的可操作性。

本书的侧重点是 ERP 的理论及应用，在讲解理论的过程中穿插了大量的案例，并在每个任务中设计有思考和互动环节，便于学生对教学过程中的一些知识点进行讨论、思考，使学生通过思考更深入地理解相关理论。结合易飞 ERP 的实践平台，学生们可以将所学的理论知识具体应用于解决企业的实际业务环节。

高职经管类专业的教学改革是以工作任务为导向，以学生技能培养为目标的。本书将充分体现教学改革的思路，服务于高职学生的培养目标。在本教材设计中，按企业实施 ERP 项目的一般程序和学生的认知规律，以工作过程为主线，由浅入深，由易到难，重点突出实际应用技能和操作技能。课程采取理论与实践一体化教学，在模拟环境下布置任务，以真实的工作任务来实现教、学、做的有机结合，教学过程遵循企业的工作过程和学生的认知规律，大大激发学生的学习热情和兴趣。本书内容分为企业实施的各种学习情景，共十二个项目，各项目结构如下。

（1）知识目标：介绍学习本项目所要达到的知识要求。

（2）能力目标：介绍学习本项目所要达到的能力要求。

（3）引导案例：选用有价值的数据、资料等，点明本项目的主要教学内容。

（4）主要任务：每项任务按任务描述、知识准备、任务实施展开。

（5）学习小结：对每个项目所学知识进行总结。

（6）项目实训：每个项目最后一节安排相关内容的实训，学生按规定的步骤进行实训，培养利用所学知识解决实际问题的能力。

本书的编写得到鼎捷软件公司的大力支持，感谢鼎捷软件股份有限公司在实践方面的指导及在 ERP 平台方面的技术支持。本书在写作过程中，得到鼎捷软件股份有限公司陈义忠副总裁，以及张洁、李罡等老师的大力支持与帮助，同时北京经济管理职业学院的有关领导和同事们也给予了大力支持，谨在此表示诚挚的谢意。本书写作过程中参考、引用了国内外同行的众多文献，在此一并致谢。

由于编者水平有限，加之目前企业管理在理论和实践上仍然处于快速发展和变化之中，本书不妥之处在所难免，敬请广大读者朋友批评指正。

陈红军

2014 年 8 月

目　　录

模块一　认 识 ERP

模块二　ERP 供应链管理

模块三 ERP 生产制造管理

模块四 ERP 财务管理

模块一 ●●●●

认 识 ERP

ERP（Enterprise Resource Planning，企业资源规划）是由美国 Gartner Group 在 1993 年首先提出的，作为当今国际上最先进的企业管理模式，它在体现当今世界最先进的企业管理理论的同时，也提供了企业信息化集成的最佳解决方案。ERP 系统是指建立在信息技术基础上，利用现代企业的先进管理思想，为企业提供决策、计划、控制与经营业绩评估的全方位、系统化的管理平台。ERP 系统集信息技术与先进的管理思想于一身，成为现代企业的运行模式，反映了时代对企业合理调配资源及最大化地创造社会财富的要求，成为企业在信息时代生存、发展的基石。

ERP 将企业的人力、资金、材料、设备、方法、信息和时间等多项资源实现综合优化管理，使企业在激烈的市场竞争中全方位地发挥足够的能力从而取得最好的经济效益。它把企业的物流、人流、资金流、信息流统一起来进行管理，以求最大限度地利用企业现有资源，实现企业经济效益的最大化。其本质是加强企业的“核心竞争力”。

项目一

ERP 的发展与趋势

知识目标

1. 掌握 ERP 的基本概念和内涵。
2. 了解 ERP 的产生背景和发展历程。
3. 掌握 ERP 的定量效益和定性效益。

能力目标

1. 能够运用制造业基本公式去分析和理解企业中存在的问题。
2. 学会分析订货点、基本 MRP、闭环 MRP、MRPⅡ、ERP 的理论特点和局限性。
3. 能够结合案例，分析 ERP 在定性和定量两方面给企业运营带来的效益。

引导案例

家 中 请 客

一天中午，丈夫在外给家里打电话："亲爱的老婆，晚上我想带几个同事回家吃饭可以吗？"（订货意向）

妻子："当然可以，来几个人，几点来，想吃什么菜？"

丈夫："6 个人，我们 7 点左右回来，准备酒、烤鸭、番茄炒蛋、凉菜、蛋花汤……你看可以吗？"（商务沟通）

妻子："没问题，我会准备好的。"（订单确认）

妻子记录下菜单（MPS 计划）及具体要准备的物品：鸭子、酒、番茄、鸡蛋、油……（BOM 物料清单），发现需要：1 只鸭子、5 瓶酒、4 个番茄（BOM 展开），炒蛋需要 6 个鸡蛋，蛋花汤需要 4 个鸡蛋（共用物料）。打开冰箱一看（库房），只剩下 2 个鸡蛋（缺料）。

来到自由市场，妻子："请问鸡蛋怎么卖？"（采购询价）

小贩："1 个 1 元，半打 5 元，1 打 9.5 元。"

妻子："我只需要 8 个，但这次买 1 打。"（经济批量采购）

妻子："这有一个坏的，换一个。"（验收、退料、换料）

回到家中，准备洗菜、切菜、炒菜……（工艺路线），厨房中有燃气灶、微波炉、电饭煲……

（工作中心）。妻子发现拔鸭毛最费时间（瓶颈工序，关键工艺路线），用微波炉自己做烤鸭可能来不及（产能不足），于是决定在楼下的餐厅里买现成的（产品委外）。

下午 4 点，电话铃又响："妈妈，晚上几个同学想来家里吃饭，你帮忙准备一下。"（紧急订单）

"好的，儿子，你们想吃什么，爸爸晚上也有客人，你愿意和他们一起吃吗？"

"菜你看着办吧，但一定要有番茄炒鸡蛋。我们不和大人一起吃，6:30 左右回来。"（呵呵，不能并单处理）

"好的，肯定让你们满意。"（订单确认）

鸡蛋又不够了，打电话叫小贩送来。（紧急采购）

6:30，一切准备就绪，可烤鸭还没送来，急忙打电话询问："我是李太太，怎么订的烤鸭还没送来。"（采购、委外单跟催）

"不好意思，送货的人已经走了，可能是堵车吧，马上就会到的。" 门铃响了，"李太太，这是您要的烤鸭。请在单上签一个字。"（验收、入库、转应付账款）

6:45，女儿的电话："妈妈，我想现在带几个朋友回家吃饭可以吗？"（呵呵，又是紧急订购意向，要求现货）

"不行呀，女儿，今天妈妈已经需要准备两桌饭了，时间实在是来不及，真的非常抱歉，下次早点说，一定给你们准备好。"（哈哈，这就是 ERP 的使用局限，要有稳定的外部环境，要有一个起码的提前期）

送走了所有客人，疲惫的妻子坐在沙发上对丈夫说："亲爱的，现在咱们家请客的频率非常高，应该要买些厨房用品了（设备采购），最好能再雇个小保姆（连人力资源系统也有接口了）。"

丈夫："家里你做主，需要什么你就去办吧。"（通过审核）

妻子："还有，最近家里花销太大，用你的私房钱来补贴一下，好吗？"（哈哈哈哈，最后就是应收货款的催要）

现在还有人不理解 ERP 吗？记住，每一个合格的家庭主妇都是生产厂长的有力竞争者！

本故事还可再加上成本核算、总账、决策分析等。例如：送走了所有客人，妻子拿着计算器，准确地算出了今天的各项成本（成本核算）和节余原材料（车间退料），并记入了日记账（总账），把结果念给丈夫听（给领导报表），丈夫说着"值得，花了 200 元，请了好几个朋友，感情投资账户增值不少"。（经济效益分析）

思考：李女士是如何计划购物，如何计划实施菜谱的？为什么要计划？

点评：专业问题通俗化。

任务一 ERP 的理论形成及发展

任务描述

ERP 管理理论的形成不是一蹴而就的，它是管理和技术相结合的产物，那么，ERP 理论的形成大致经历了哪几个阶段，它的发展趋势是什么呢？

知识准备

一、ERP 信息系统的发展历程

自从计算机发明后，企业就利用计算机快速精准的数据处理能力及信息分享的特质，来协助企业进行日常的行政营运管理，以降低企业的营运成本（如降低数据处理的人工成本）、缩短流程时间，实时的信息可以分享至企业的不同组织结构（如原物料的库存数量，不再是仓储部门的专有信息，任何一个需要原料库存量的部门人员都可经过信息系统的授权，查询到仓库原物料的存货数量）。

ERP 系统起源于制造业的信息计划和管理，有关 ERP 系统的发展，从 20 世纪 60 年代发展到今天，经历了不同阶段，根据时间的先后可以简单地分成五个阶段（如图 1-1 所示），这五个阶段虽然名字和内容各有不同，但并不是后面的系统取代了前一个，而是后面每一个系统都是对前面系统的扩充和进一步发展。以下就对这五个阶段进行简单的说明。

图 1-1 ERP 系统发展的演进历程

（一）经济批量的订货点法

在 20 世纪 60 年代前，企业生产能力较低，制造资源矛盾的焦点是供与需的矛盾，计划管理问题局限于确定库存水平和选择补充库存策略方面。人们尝试用各种方法确定采购的批量和安全库存的数量，经济批量的订货点法成为最初的科学计划理论，如图 1-2 所示。

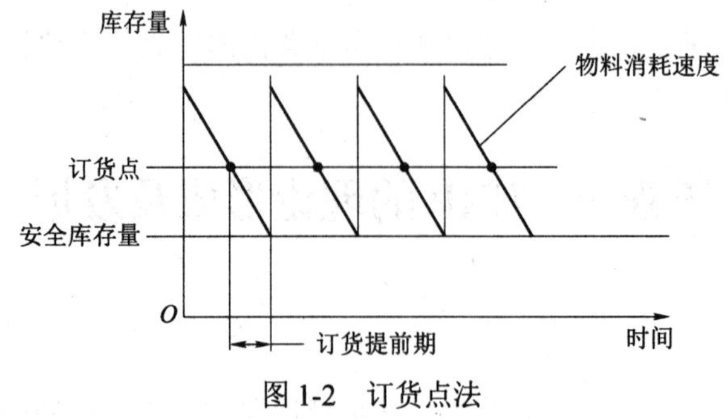

图 1-2 订货点法

即：订货点=单位时段的需求量×订货提前期+安全库存量

注意这个时候采购和库存与生产是没有建立直接的联系的。

订货点法应用的条件主要包括：物料的消耗相对稳定；物料的供应比较稳定；物料的需求是独立的；物料的价格不是太高。

订货点法的有效性取决于大规模生产环境下物料需求的连续稳定性，适用于成品或维修配件等相对独立的物料的库存管理。但由于顾客需求不断变化，产品及相关原材料的需求在数量上和时间上往往是不稳定和间歇性的，使得该方法的应用效果大打折扣。特别是在离散制造行业（如汽车、机电设备等行业），由于产品结构复杂，涉及数以千计的零部件和原材料，生产和库存管理的问题更加复杂，由此促进了物料需求计划MRP的诞生。

（二）物料需求计划MRP

1. 物料需求计划MRP的发展

20世纪60年代初，多品种小批量生产被认为是最重要的生产模式，生产中多余的消耗和资源分配的不合理首先表现在物料的多余库存上。为了解决其原材料库存和零部件投产计划问题，美国IBM公司奥列基博士（Dr. Orlicky）首先提出了以相关需求原则、最少投入和关键路径为基础的“物料需求计划”原理，简称MRP（Material Requirement Planning）。

MRP将企业生产中涉及的所有产品、零部件、原材料、中间件等，在逻辑上统一视为物料。根据需求的来源不同，企业内部的物料可分为独立需求和相关需求两种。独立需求是指需求量和需求时间由企业外部的需求来决定，例如，客户订购的产品、研发试产的样品、售后维修需要的备品配件等；相关需求是指根据物料之间的结构组成关系由独立需求的物料所产生的需求，例如，半成品、零部件、原材料等的需求。

早期的MRP是基于物料库存计划管理的生产管理系统，为实现准时生产、减少库存提供了基本方法：将企业产品中的各种物料需求分为独立物料和相关物料，并按时间段确定不同时期的物料需求；基于产品结构的物料需求组织生产，根据产品完工日期和产品结构制订生产计划，从而解决库存物料订货与组织生产问题。MRP系统的目标：围绕所要生产的产品，在正确的时间、地点，按照规定的数量得到真正需要的物料；通过按照各种物料真正需要的时间来确定订货与生产日期，以避免造成库存积压。

MRP的基本内容是编制零部件的生产计划和采购计划。然而，要正确编制零件计划，首先必须落实产品的生产进度计划，就是主生产计划（Master Production Schedule，MPS），这是MRP进行物料计算的依据。主生产计划是将生产计划大纲规定的产品系列或大类转换成特定的产品或特定部件的计划，据此可以制订物料需求计划、生产进度计划与能力需求计划。所以主生产计划在MRP中起到交叉枢纽的作用。MPS在计划中要明确两点：具体化后的“最终产品”；产品交货期与产出期。

MRP还需要知道产品的零件结构，即物料清单（Bill of Material，BOM，每个产品需要何种原料及需要的数量），才能把主生产计划展开成需求零件计划；同时，必须知道库存数量才能准确计算出零件的采购数量。MRP计算的依据：主生产计划（MPS）、物料清单（BOM）、库存信息，它们之间的逻辑流程关系如图1-3所示。

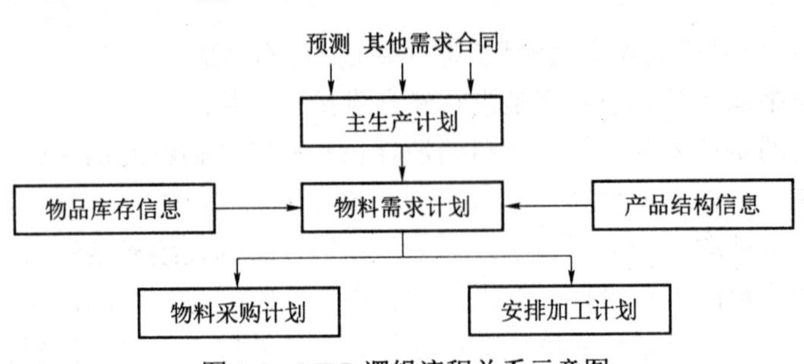

图 1-3　MRP 逻辑流程关系示意图

因此 MRP 的基本任务：从所需求产品的生产计划（独立需求）导出相关物料（原材料、零部件等）的需求量和需求时间（相关需求）；根据物料的需求时间和生产（订货）周期来确定其开始生产（订货）的时间。主生产计划、物料清单和库存信息是 MRP 的三项基本输入数据，它们都是手工管理中不曾用到的新概念。其中，主生产计划决定 MRP 的必要性和可行性，另外两项是计算需求数量和时间的基本数据，它们的准确性直接影响 MRP 的运算结果。MRP 与订货点法的区别见表 1-1。

表 1-1　MRP 与订货点法的区别

项目 方法	消耗	依据	相关需求	库存	供给	优先级
订货点法	均衡	历史资料	不考虑	有余	定时	不考虑
MRP	不均衡	产品结构展开	考虑	减少	需定时	考虑

MRP 比订货点法有了质的进步，但还只是一个库存订货的计划方法，只说明了需求的优先顺序，没有说明是否有可能实现，所以也叫基本 MRP。20 世纪 70 年代初，MRP 由传统式发展为闭环式，它是一个结构完整的生产资源计划及执行控制系统。

2. 体现 MRP 思想的范例

MRP 物料需求计划的理论基础，就是以生产产品的物料清单（Bill of Material，BOM）、生产与采购的前置时间，以及原物料的采购及生产为基本要件，来规划何时采购，何时生产，采购多少量，生产多少量。

当产品的用量料件品种众多时，这些规划及计算是非常耗时的，而且容易出错。MRP 的理论推算基础应运而生，举一个简单的例子来说明物料需求的概念。

【范例一】

假设产品 BOM 和假日表如下。

A 为“产成品”，也就是业务销售的商品，它是由 1 个采购件 B 和 2 个半成品 C 组合而成的。组合需要的时间为完整的 6 个工作天。

假设这个月的 1 日为星期一，星期六、日休假。产品 A 于 1 日（星期一）领料生产，需要完整 6 个工作天，表示需要星期二、三、四、五及第二周的星期一、二。到第二周的星期二即 9 日才会完工。这就是 A 的组装“生产前置时间”，所以 10 日可以交货。

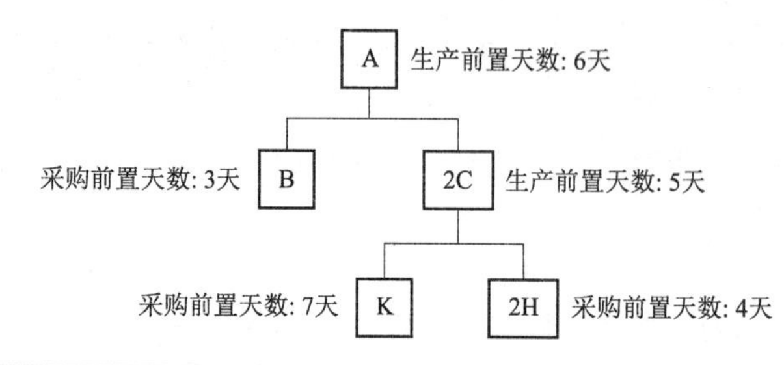

日	一	二	三	四	五	
	1	2	3	4	5	
7	8	9	10	11	12	
14	15	16	17	18	19	
21	22	23	24	25	26	
28	29	30				

C 为“半成品”，一个半成品 C 是由一个 K 原料（采购件）与 2 个 H 原料（采购组合制造而成。生产一个 C 的时间需要 5 个工作天。

B、H、K 为“采购件”，为了要生产成品或半成品需要从外购买的原物料。其中到进货的时间为“采购前置时间”。

【作业重点】

MRP 的理论架构，是把“订单”的出货时间当作最后产出的时间，并往前推算，品 A 的生产前置时间就是 A 生产工单开工领料投料及预计完工时间。

以产成品 A 的生产前置时间加上半成品 C 的生产前置时间，就是 C 的投料日期，算出 C 的生产工单的“预计开工日”及“预计完工日”。已知 C 的“预计开工日”后计算出何时应该下单采购原物料 K 及 H，以及对应的预计进货日期。同时也可以通过A 的预计开工日和原物料 B 的采购前置时间推算出何时应下单采购原物料 B。

MRP 的理论架构有两个非常重要的关键，就是 BOM 及前置时间。通过最终产成品货日期来“逆推”每一个物料的需求日期，如果再考虑到这些物料库存可用量，就可清算每一个物料每一天的需求量了。

在人工处理的阶段，如果一个产品的 BOM 架构非常庞大且复杂，那么生产工单及单的数量就会有很多。如果制造程序相当的复杂（如半成品很多），而且生产的前置时间易受车间制造管理因素影响，那规划出来的生产排程及采购单的信息就必须不断地调整工处理的流程容易陷入一片混乱当中。由于生产排程的不确定，导致原料进货也必须不整，采购人员陷入催料环节中，而制造车间因用料的问题也将陷于不断调整生产排程以供料问题，这是一个永远无解的循环。靠人工纸上作业永远赶不上订单或者生产变动的速更何况还有众多的信息要计算和推算。

当 MRP 信息系统发展出来后，通过信息系统快速及精准运算的特质，这个问题被有解决了。在使用 ERP 以前，企业要跑完一个完整的 MRP 数据可能需要 10 小时，但现在次 MRP 作业，大部分都能在 1 小时内完成。同时由于 MRP 的帮助，可清楚每一个物料一天的需求及供给数量。当发生变动时，可以协助规划人员进行事先的检验与调整。

MRP 用料的规划着眼于用料需求时间点的“供给量”及“需求量”间的关系，这个计算模式一般简称为“供需平衡计算”，公式如下：

需求时间点的用料计划量=需求量小计–供给量小计=净需求=建议用料计划

【范例二】

一张订单的出货日期为 8 月 20 日，需要出货量为 100 pcs，投料组装需要 5 个工作天，8 月 20 日当天存货可用量为 60 pcs，因此生管部门知道如果该订单要如期出货，还缺少 40 pcs 的成品。所以需要在 8 月 19 日完工，才能满足 8 月 20 日订单出货量的需求。

那么生产 40 pcs 的成品必须要在 5 天前开始组装，表示组装材料应该在 8 月 13 日到货，即 8 月 14 日要开始生产。假设买这些组装的原料需要 10 天，表示 8 月 3 日所有的原物料都必须发出采购单通知供应商开始制造。

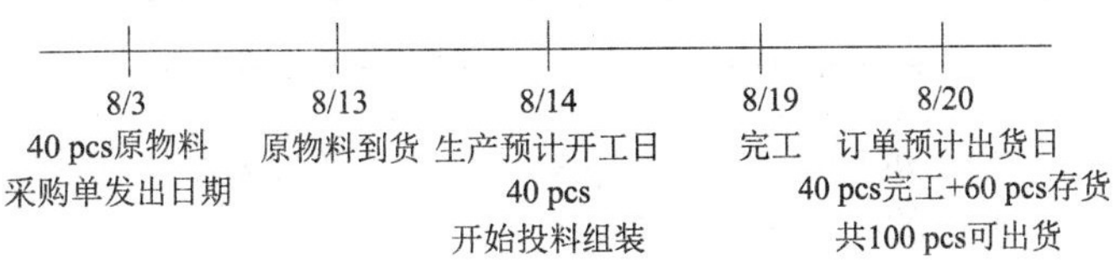

【作业重点】

（1）以上这个范例就是 MRP 的基础运算原理，其中有三个时间点是规划的重点，即 8 月 20 日、8 月 14 日及 8 月 3 日。

- 8 月 20 日出货时间点

因为当天要出货 100 pcs 产成品，但是库存只有 60 pcs，表示需求为 40 pcs。

- 8 月 14 日开始投料生产的时间点

因为比出货需求还缺少 40 pcs，所以这些数量必须在此时间点开始投料组装。

- 8 月 3 日开始发出采购单的时间点

因为 40 pcs 的产品在 8 月 14 日开始生产，8 月 13 日原物料必须到货，同时要提早 10 天通知采购供应商制作原物料，供应商需要 10 个工作天，所以 8 月 3 日要发出采购单。

（2）料件或商品的供需计算。

8 月 20 日的需求计划=需求量–供给量

=8 月 20 日订单 100 pcs–存货 60 pcs

=40 pcs

（3）采购前置时间。

该定义的对象为采购的原物料件或商品，是指从企业开始发出原物料的采购单的时点，到从供货商处取得原物料的时间周期称为“采购前置时间”。也可以定义为从通知供应商进货到原物料送达的标准天数。

以上范例的 40 pcs 原物料的采购时间，8 月 3 日—13 日共 10 天就是采购前置时间，从原材料下单至最终原材料到货的时间。

注：过去，前置时间的衡量几乎都是用天数，但到了企业开始实施 JIT（Just In Time）生产管理及近几年盛行的物流管理，企业考虑到库存的储存成本与效益，将前置时间从“天（Day）”降至“小时（Hour）”，有些企业针对自动化需求甚至降到“分（Minute）”来控管。

3. 企业应用 MRP 的分析

虽然 MRP 是一个科学的需求计划管理思想，但在企业实施时，还是有很多企业无法彻底地执行 MRP 生产计划，探索这些原因，可归纳为以下几点。

1）制造与生产的前置时间弹性过大

相当一部分中小企业的产能弹性其实是潜力无穷的，除非完全受限于设备的生产时间，否则原定要 7 天完工的产品，当发生急单需求时，就有潜能在 4 天甚至 3 天内赶工将其生产出来。企业可运用的方式有加班、追加设备产能、委外生产等。因此由既定的前置时间推算出的 MRP 计划，通常容易会变成没有生产的能力，只能给相关部门作为参考的时间建议。有很多高科技厂商只将 MRP 计算当成用料计划的参考或短期计划，真正的采购需要依靠与供货商之间强而有力的协调机制，电子厂的供货商管理库存（Vendor Managed Inventory, VMI）就应运而生。

2）BOM 的用量结构不及时或不正确

一般制造业企业的产品研发管理，往往欠缺有效的产品版号控管及实时的产品变更控制，经常会因为量产测试和大量生产的差异，没有进行 BOM 的数据维护。这些 BOM 的不正确一旦发生，当物料需求以研发 BOM 作为依据来执行 MRP 计划时，就会发现计划产出与实际的制造过程出现差异。例如原来设计时是用 10 颗 30 mm 的十字螺丝，而到最后变成 12 颗 32 mm 的十字螺丝。

因此，制造车间和采购部门就必须利用更多的时间来进行调整计划与排程信息。如果调整不实时或者被遗漏，计划就会有误差。这也是 MRP 运算逻辑在一般中小企业执行时，常常无法被落实执行的一个重要关键因素。

以我们在实施 ERP 项目的经验来看，企业的 BOM 正确率还算较高，存在的突出问题是因为客户 BOM 的差异化，或者说订单差异化的需求。例如，A 客户对产品的颜色要求是红色，而企业生产的产品默认是黑色的。当客户下订单时，就要记得在订单及生产工单上修改，否则生产出来的东西就不符合客户的需求。可见，当产品客制化需求更加的频繁时，BOM 除了要正确之外，还需要设计另外的辅助信息系统，来协助调整 MRP 计算出来的采购计划及生产计划，或者从一开始就产生正确的结果。

目前有很多企业存在研发基地和制造基地分别处于不同的地区，制造基地一般选择在人工便宜的地区。这种状况下生产和研发信息的实时管理就更需要通过信息系统来整合连接，以降低生产及采购错误产生的异常成本。目前热门的 PDM/PLM（Product Data Management/ Product Lifecycle Management）信息系统就是要解决研发与生产信息有效传递的问题。

3）生产排程变动过大

很多企业生产管理部门的生产排程不参考车间制造部门实际的生产进行派工，车间主管有权根据生产状况去变动排程，最常发现的状况就是订单的调动、并单生产等，而生产管理部门只能被告知或配合去调度其他的资源。在这种情形下，如果生产排程资料不实时更新，那么相关的半成品连动的生产及采购计划就不会正确，只能依靠人员不断地跟催。如果又发生不良品、紧急缺料、设备异常停工、生产变更调整、客户临时变更或取消订单等状况，就会造成生产排程变更愈加频繁。如此反复影响之下，生产管理部门或物料管理人员就不容易信赖 MRP 计划。

4）库存账务实时性及正确性不佳

库存管理是一个只要用心就能管好的项目，但也是最容易被企业忽略及感受到束缚的管理项目。例如，对于进出库房的商品及料件必须实时登账并完成点收的手续，才能使商品的账务正确。正常企业营运时这些要求都可接受，但是当制造车间出现紧急生产状态，有些管理人员就会省略这些流程，事先取料事后再补手续。这样慢慢就会造成账实不一致，在执行 MRP 计划是就不会正确了。

（三）闭环 MRP

随着企业的发展需求和竞争的加剧，企业对自身资源管理范围扩大、对制造资源计划细化和精确化，单纯面向物料的 MRP 扩展到与生产能力相关的人力和设备等更多资源的计划与控制，这就是闭环 MRP。初期 MRP 能根据有关数据计算出相关物料需求的准确时间与数量，但它还不够完善，其主要缺陷是没有考虑到生产企业现有的生产能力和采购的有关条件的约束。因此，计算出来的物料需求的日期有可能因设备和工时的不足而没有能力生产，或者因原料的不足而无法生产。同时，它也缺乏根据计划实施情况的反馈信息对计划进行调整的功能。正是为了解决以上问题，MRP 系统在 20 世纪 70 年代发展为闭环 MRP 系统。闭环 MRP 系统除了物料需求计划外，还将生产能力需求计划、车间作业计划和采购作业计划全部纳入 MRP，形成一个环形回路，称为闭环 MRP，如图 1-4 所示。

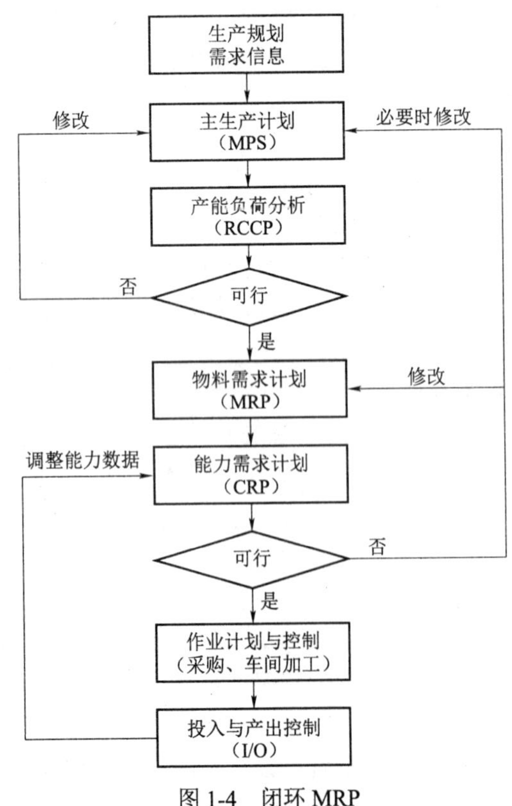

图 1-4 闭环 MRP

闭环 MRP 系统的正常运行，需要有一个现实可行的主生产计划。它除了要反映市场需求和合同订单以外，还必须满足企业的生产能力约束条件。因此，除了要编制资源需求计划外，还要制订能力需求计划（CRP），与各个工作中心的能力得到平衡。只有在采取了措施做到能力与资源均满足负荷需求时，才能开始执行计划。而要保证实现计划就要控制计划，执行 MRP 时要用派工单来控制加工的优先级，用采购单来控制采购的优先级。这样，基本 MRP 系统进一步发展，把能力需求计划和执行及控制计划的功能也包括进来，因此，闭环 MRP 成为一个完整的生产计划与控制系统，能力需求计划与车间作业控制是其重要功能。

1. 能力需求计划（Capacity Requirement Planning，CRP）

在闭环 MRP 系统中，把关键工作中心的负荷平衡称为资源需求计划，或称为粗能力计划，它的计划对象为独立需求件，主要面向的是主生产计划；把全部工作中心的负荷平衡称为能力需求计划，或称为详细能力计划，而它的计划对象为相关需求件，主要面向的是车间。由于 MRP 和 MPS 之间存在内在的联系，所以资源需求计划与能力需求计划之间也是一脉相承的，而后者正是在前者的基础上进行计算的。

闭环 MRP 的基本目标是满足客户和市场的需求，因此在编制计划时，总是先不考虑能力约束而优先保证计划需求，然后再进行能力计划。经过多次反复运算，调整核实，才转入下一个阶段。能力需求计划的运算过程就是把物料需求计划定单换算成能力需求数量，生成能力需求报表。

当然，在计划时段中也有可能出现能力需求超负荷或低负荷的情况。闭环 MRP 能力计划通常是通过报表的形式（直方图是常用工具）向计划人员报告，但是并不进行能力负荷的自动平衡，这个工作由计划人员人工完成。

2. 车间作业控制

各工作中心能力与负荷需求基本平衡后，接下来的一步就要集中解决如何具体地组织生产活动，使各种资源既能合理利用又能按期完成各项订单任务，并将客观生产活动进行的状况及时反馈到系统中，以便根据实际情况进行调整与控制，这就是车间作业控制。它的工作内容一般包括以下四个方面。

（1）车间订单下达：订单下达是核实 MRP 生成的计划订单，并转换为下达订单。

（2）作业排序：从工作中心的角度控制加工工件的作业顺序或作业优先级。

（3）投入产出控制：一种监控作业流（正在作业的车间订单）通过工作中心的技术方法，利用投入/产出报告，可以分析生产中存在的问题，采取相应的措施。

（4）作业信息反馈：跟踪作业订单在制造过程中的运动，收集各种资源消耗的实际数据，更新库存余额并完成 MRP 的闭环。

通俗地说，闭环 MRP 是一种保证既不出现短缺，又不积压库存的计划方法，解决了制造业所担心的缺件与超储的矛盾。所有 ERP 软件都把闭环 MRP 作为其生产计划与控制模块，闭环 MRP 是 ERP 系统不可缺少的核心功能。

（四）制造资源计划 MRPⅡ

闭环 MRP 系统的出现，使生产活动方面的各种子系统得到了统一。但在企业的管理中，生产管理只是一个方面，它所涉及的仅仅是物流，而与物流密切相关的还有资金流等其他相关方面，闭环 MRP 无法反映执行计划之后给企业带来什么效益。

1977 年 9 月，美国著名的生产管理专家奥列弗·怀特（Oliver W. Wight）在美国《现代物料搬运》（*Modern Materials Handling*）月刊，由他主持的“物料管理专栏”中，首先倡议给与资金信息集成的 MRP 系统一个新的称号，制造资源计划（Manufacturing Resource Planning，MRP）系统，为了与原来的物料需求计划区别而记为 MRP II。于是，20 世纪 80 年代，人们把生产、财务、销售、工程技术、采购等各个子系统集成为一个一体化的系统，称为 MRP II。

MRP II 的基本思想就是把企业作为一个有机整体（如图 1-5 所示），基于企业经营目标制订生产计划，围绕物料转化组织制造资源，实现按需按时进行生产；从整体最优的角度出发，通过运用科学方法对企业各种制造资源和产、供、销、财各个环节进行有效的计划、组织和控制，使它们得以协调发展，并充分地发挥作用。

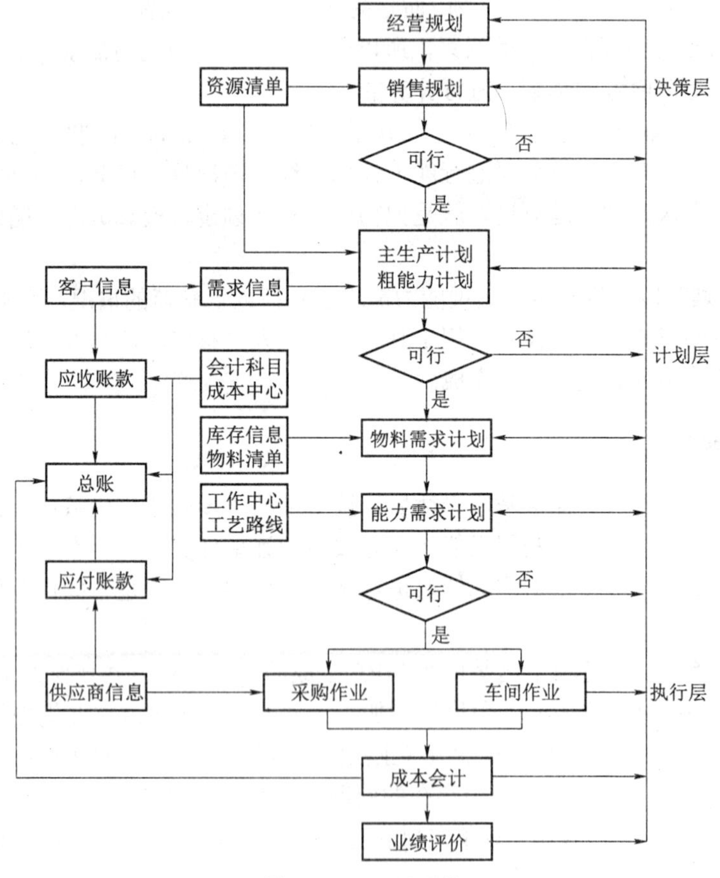

图 1-5 MRP II 系统

MRP II 是一种计划主导型管理模式，计划层次从宏观到微观、从战略到技术、由粗到细逐层优化，但始终保证与企业经营战略目标一致。MRP II 以计算机为手段，能够以手工无法比拟的效率处理复杂的计划问题。由于事先尽可能周密地计划安排，使得复杂的生产活动，特别是机械制造业的多品种、中小批量的生产有了合理的组织与科学的秩序。MRP II 的主要目标是在保证交货期的前提下，尽可能减少库存，以降低生产成本。MRP II 中的一些基本思想和计划方法如独立需求、相关需求、毛需求、净需求、MPS、MRP、CRP、RCCP 等，完善与发展了生产管理的方法与技术，这是生产管理方法的重大创新。

MRPⅡ同 MRP 的主要区别之一就是它运用管理会计的概念，用货币形式说明了执行企业“物料计划”带来的效益，实现物料信息与资金信息集成。MRPⅡ把传统的账务处理与发生账务的事务结合起来，不仅说明账务的资金现状，而且追溯资金的来龙去脉。例如，将体现债务债权关系的应付账、应收账与采购业务和销售业务集成起来，与供应商或客户的业绩或信誉集成起来，与销售和生产计划集成起来等，使与生产相关的财务信息直接由生产活动生成，保证了“资金流（财务账）”同“物流（实物账）”的同步和一致，改变了资金信息滞后于物料信息的状况，便于实时做出决策。

此外，MRPⅡ同闭环 MRP 相比，除了实现物流同资金流的信息集成外，还有一个区别就是增加了模拟功能。MRPⅡ不是一个自动优化系统，管理中出现的问题千变万化，很难建立固定的数学模型，不能像控制生产流程那样实现自动控制。但是，MRPⅡ系统可以通过模拟功能，在情况变动时，对产品结构、计划、工艺、成本等进行不同方式的人工调整，进行模拟，预见到“如果怎样—将会怎样（what—if)”，通过多方案比较，为管理人员寻求比较合理的解决方案，提供一种最简明易懂的决策工具。

MRPⅡ在广泛应用的同时，随着管理需求和技术发展的变化，也表现出一些不足。

（1）需求量、提前期与加工能力是 MRPⅡ制订计划的主要依据。而在市场形势复杂多变，产品更新换代周期短的情况下，MRPⅡ对需求与能力的变更，特别是计划期内的变动适应性差，需要较大的库存量来吸收需求与能力的波动。

（2）现有 MRPⅡ商品软件系统庞大而复杂的体系结构和集中式的管理模式，难以适应使用者对系统方便、灵活的要求和企业改革发展的需要。

（3）竞争的加剧和用户对产品多样性和交货期日趋苛刻的要求，单靠“计划推动”式的管理难以适应。现在许多企业面临的主要问题并不在于准确而周到的计划。企业的库存水平与外部环境关系密切。大量企业并未从 MRPⅡ获得预期的效益。

（五）企业资源计划 ERP

MRPⅡ的概念产生后的 10 年间，企业计划与控制的原理、方法和软件都成熟和完善起来。在此期间又出现了许多新的管理方法如及时生产 JIT（Just In Time)，新的管理思想和战略如 CIMS（计算机集成制造系统）和精益生产 LP（Lean Product）等，信息技术更是飞速发展。各个 MRPⅡ软件供应商不断地在自己的产品中加入了新的内容，逐渐演变形成了功能更完善、技术更先进的制造企业的计划与控制系统。20 世纪 90 年代初 Gartner Group 总结当时 MRPⅡ软件在应用环境和功能方面主要发展的趋势，提出 ERP 的概念。

Gartner Group 是一家研究和分析信息技术重大发展和动向、在国际上颇有影响的顾问公司，经常对各种管理软件进行综合评价，不定期地发布有重要参考价值的研究报告，Gartner Group 提出 ERP 具备的功能标准应包括 4 个方面。

（1）超越 MRPⅡ范围的集成功能，包括质量管理、实验室管理、流程作业管理、配方管理、产品数据管理、维护管理、管制报告和仓库管理。

（2）支持混合方式的制造环境，包括既支持离散又支持流程的制造环境，按照面向对象的业务模型组合业务过程的能力和国际范围内的应用。

（3）支持能动的监控能力，提高业务绩效，包括在整个企业内采用控制和工程方法，模拟功能，决策支持和用于生产及分析的图形能力。

（4）支持开放的客户机/服务器计算环境，包括客户机/服务器体系结构，图形用户界面（GUI），计算机辅助设计工程（CASE），面向对象技术，使用 SQL 对关系数据库查询，内部的集成的工程系统、商业系统、数据采集和外部集成（EDI）。

此后，ERP 系统的研制与应用快速增长，ERP 在资源计划和控制功能进步的基础上，功能和性能得到极大的丰富和提高，主要表现在：一是计划和控制的范围从制造延伸到整个企业和它的供应链；二是资源计划的原理和方法得到进一步的扩充和发展；三是 ERP 系统扩展应用到非制造业；四是信息技术成果不断应用在 ERP 系统研制之中，构建了新的结构。

总体而言，ERP 的主要工作原理是首先制订主生产计划 MPS，然后根据 MPS 制订物料需求计划 MRP，并且通过能力需求计划 CRP 的检验和核实得以实行。MPS、MRP、CRP 构成了企业 ERP 的顶层，指导整个企业的生产，其主要关注点是企业的物流和能力等问题。在 ERP 的执行层，由采购管理、库存管理、车间管理、设备管理等系统根据生产计划和相关理论进行企业生产的专业化管理。在 ERP 的综合管理层，由账务系统、财务分析、成本管理、应收应付账管理等系统负责企业资金流的管理，由质量管理系统分析、控制和处理企业生产和管理中的相关质量问题，由人力资源管理系统调配企业各种人力资源，并进行薪酬、绩效考评等管理。此外，一些 ERP 系统还包含了分销资源计划系统，调配和控制企业分销网络中的各种资源。

从主要模块构成可以看出，ERP 关于生产制造的主要模块是三大计划模块，这仍然是 ERP 的主线，但是其企业管理的核心却是财务管理。ERP 的主要思想之一便是企业一切的物流都要伴随着资金流和信息流的发生，这继承了 MRPⅡ的思想，但在此基础上进一步发展，在企业整个生产制造过程中贯穿了财务管理和成本控制的思想，使得 ERP 更能够贴近企业重视提高收入、降低成本的经营目标。因此，ERP 现已被世界 500 强企业中的 80%所应用，还有 20%也在 ERP 的实施过程中。

需要注意的是，在理解 ERP 发展历程中 ERP 的诞生和发展时，需要转变思考问题的方式：在 MRPⅡ之前，系统以生产制造资源的计划和控制管理内容和能力的不断扩展为主，各阶段的比较重点在资源涵盖的多少、计划和控制的方法。而 ERP 阶段却更需要从企业竞争环境及应对方法的变化，从企业信息技术应用发展趋势，以及企业与信息系统之间的互动去理解。

虽然 Gartner Group 最先提出了 ERP 的概念并对功能扩展提出了要求，但今天 ERP 供应商之多，功能扩展之迅速和多样，使得企业的信息需求可以较快地获得满足，正如达文波特所说，企业可以从 ERP 中得到“希望从计算机中能够得到的一切”。此外，ERP 提出和发展的年代，正是全球经济生活快速变化、管理思想再次革命、信息化全面推进的时期，业务流程再造、信息共享与信息系统整合等思想迅速融入 ERP 系统的研制中。因此，ERP 到底有多少功能并不是研究的重点，企业能够从中得到什么，能够解决什么问题，如何通过 ERP 的实施和应用改变企业的竞争状态，成为研究领域的重点和难点。

虽然 ERP 已广泛应用于非制造业企业，但 MRPⅡ仍是 ERP 系统的核心功能，MRPⅡ中对资源的计划和控制思想，仍是 ERP 应用的核心所在。对于非制造业企业，即使并没有使用生产制造模块，同样是借助其他模块（如项目管理等）来应用和实现 MRPⅡ中物流、资金流、信息流的集成及系统功能的整合。因此，MRPⅡ中的管理方法和思想、ERP 中的业务流程与系统整合是本书的重点研究内容。

（六）ERPⅡ的发展

ERP 在管理思想和信息技术不断发展的基础上，其管理模式和管理功能有了显著的变化，图 1-6 反映了其发展变化的趋势。

随着管理环境的变化与技术的发展，ERP 系统的功能不断扩展。

（1）注重整个供应链上的信息，加强对合作伙伴与客户信息的管理。在已有的市场管理、销售管理、售后服务管理的基础上，发展成影响很大的客户关系管理（Customer Relationship Management，CRM）。

（2）注重人力资源开发和知识管理，加强信息与知识的收集、创新、传递与利用已成为许多企业增强竞争能力、提高其市场价值的战略措施。

（3）加强决策支持功能，采用数据仓库、数据挖掘技术，工作流管理技术。

（4）加强系统的集成性与开放性，应用 Internet 技术、移动通信技术等，促进与电子商务的集成。

ERPⅡ是 Gartner Group 在总结 ERP 不足及信息技术应用发展趋势的基础上提出的新的系统概念。Gartner Group 专家认为 ERP 存在以下问题。

（1）ERP 本身注重的是供应链内部的管理和协调，没有考虑供应链以外的客户需求。

（2）ERP 对于客户关系的管理还比较薄弱。

（3）对于网上销售技术，目前的功能也比较简单。

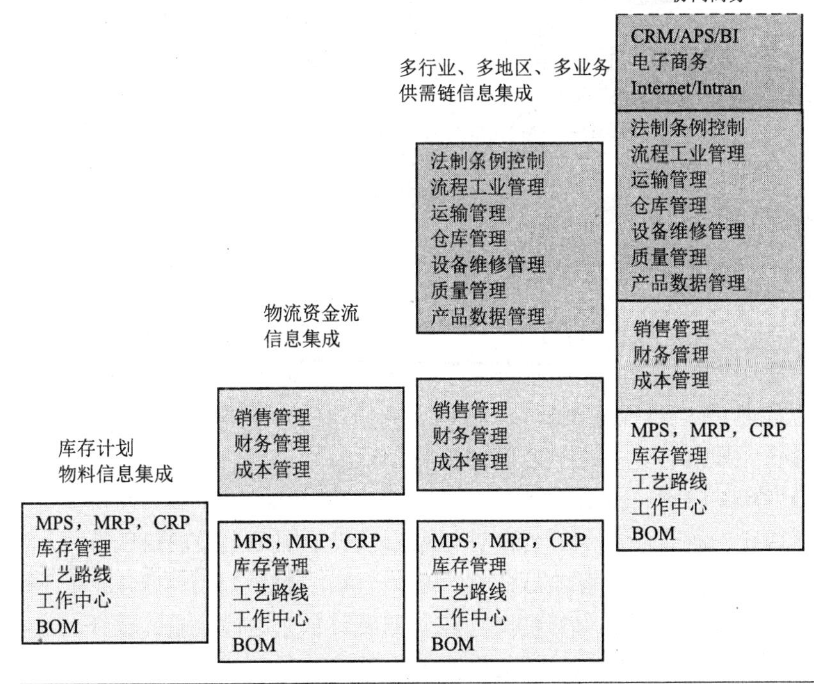

图 1-6 ERP 发展趋势图

近年来，随着国际互联网的发展，在 ERP 系统中又不断增加了对电子商务、电子数据交换及与大规模信息通信的处理。为了实现协同商务和加强供应链管理，Gartner Group 公司的专家认为：未来的 ERP 将是一个在现有 ERP 的基础上，通过运用先进技术，能把各种现代企业管理思想、方法和应用系统集成在一起的，且又是面向供应链开放的新的管理系统，并将其称之为 ERPⅡ。

此外，为了实现企业内外的协同运作，美国生产与库存控制协会（APICS）提出了新的概念，即未来的 ERP 将要朝着全面企业集成（TEI）的方向发展。其基本含义就是在现有 ERP 的基础上，通过更大范围的应用扩展和管理、技术、信息的集成，进而实现全面企业集成。

将企业信息化全面整合解决方案 ERPⅡ架构图如图 1-7 所示。

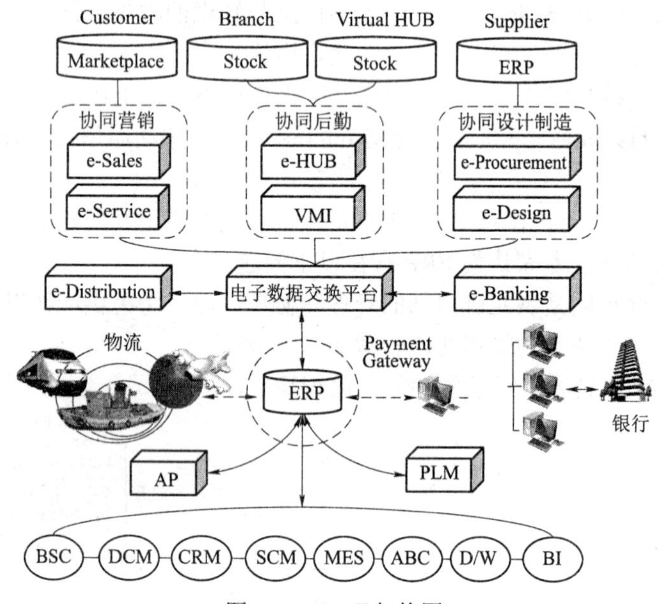

图 1-7 ERPⅡ架构图

企业信息化的发展在现阶段及未来几年中，将着眼于 ERP 系统的往外延伸。其中很重要的是外围的信息系统发展。每一个企业的信息发展都以 ERP 为基础往外或更深入的进行发展与整合。有的与自动化领域相结合，如与“制造执行系统”（Manufacturing Execution System，MES）整合，集成绩效管理“平衡计分卡”（Balance Scored Card，BSC），针对客户供应商的电子商务平台管理及 e-Service 的服务。由以上的架构图，不难看到未来信息系统的发展趋势及信息整合对企业发展与竞争优势之间的关联。

1）平衡计分卡（Balance Scored Card, BSC）

平衡计分卡是一种全新企业综合测评体系，代表了国际上最前沿的管理思想，它的一个最为突出的特点就是集测评、管理与交流功能于一体。围绕企业的战略目标，利用 BSC 可以从财务、顾客、内部过程、学习与创新这四个方面对企业进行全面的测评。在使用时对每一个方面建立相应的目标及衡量该目标是否实现的指标。

财务方面：其目标是解决“股东如何看待我们？”

顾客方面：其目标是解决“顾客如何看待我们？”

内部过程方面：其目标是解决“我们擅长什么？”

学习和创新方面：目标是解决“我们是在进步吗？”

BSC 就是要对上述四个方面进行平衡，BSC 中各项测量指标并不是孤立地存在，它们与一组目标相联系，而这些目标自身又相互关联并最终都以种种直接或间接的形式与财务结果相关联。

2）需求链管理（Demand and Chain Management, DCM）

过去制造业的生产量取决于销售部门的销售计划或者市场预测。如果市场的经营具有不同渠道模式，如经销商、总代理商等，那么从制造商到最终用户间的环节就非常多，所需的流程也非常长。而且会发生一个预测或生产预算的超额问题，也就是说渠道的每一关都有可能被虚增预测，导致生产过剩及存货增加的问题。因此，如何精准地进行需求链的预测管理及控制是一门学问。

3）客户关系管理（Customer Relationship Management, CRM）

企业的获利利润来自客户的支付，产品或服务交付给客户后，如何让客户满意变得非常重要。在 1990 年，企业感受到客户售后服务的重要性，因此采用新的流程来处理回复及管理客户的问题，这时发展出一个服务管道“客服中心”（Call Center）。CRM 的发起是源于企业在经营中发觉老客户的服务及关系若建立得好，可带来更多的商机。于是就将旧客户的经营延伸到潜在客户的关系管理与经营。透过 CRM 信息系统的协助，可有效缩短潜在客户的开发时程，这对企业营收有莫大的帮助。

4）供应链管理（Supply Chain Management, SCM）

所谓供应链，就是由供应商、制造商、仓库、配送中心和渠道商等构成的物流网络。同一企业可能构成这个网络的不同组成节点，但更多的情况下是由不同的企业构成这个网络中的不同节点。比如，在某个供应链中，同一企业可能既在制造商、仓库节点，又在配送中心节点等占有位置。在分工愈细，专业要求愈高的供应链中，不同节点基本上由不同的企业组成。在供应链各成员部门间流动的原材料、在制品库存和产成品等就构成了供应链上的货物流。

供应链管理是一种集成的管理思想和方法，它执行供应链中从供应商到最终用户的物流计划和控制等职能。从单一的企业角度来看，是指企业通过改善上、下游供应链关系，整合和优化供应链中的信息流、物流、资金流，以获得企业的竞争优势。

5）制造执行系统（Manufacturing Execution System, MES）

制造执行管理系统 MES 是企业 CIMS 信息集成的纽带，是实施企业敏捷制造战略和实现车间生产敏捷化的基本技术手段，是面向车间级的生产管理系统。

MES 系统是自动化生产线必备的生产线自动控制系统之一，此系统能够摆脱繁重的人工抄写录入工作，减少人为差错，提高生产线的工作效率，并为产品及生产线的数据统计提供准确而详细的资料，是大型制造企业提高车间工作效率，优化工艺流程，加强质量检测和售后维修与服务的最好工具。

制造企业通过实施 MES，可以实现车间生产计划和调度、生产任务查询、生产过程监控、智能数据采集、质量检测与控制、物料跟踪、原辅料消耗控制、车间考核和管理、统计分析、人力资源和设备管理等功能，彻底帮助企业改善生产车间管理的暗箱操作。

6）作业成本（Activity Based Costing, ABC）法

作业成本法也称为 ABC 成本法，是以作业为核心，确认和计量耗用企业资源的所有作

业，将耗用的资源成本准确地计入作业，然后选择成本动因，将所有作业成本分配给成本计算对象（产品或服务）的一种成本计算方法。

作业成本法的指导思想是“成本对象消耗作业，作业消耗资源”。ABC 成本法把直接成本和间接成本（包括期间费用）作为产品（服务）消耗作业的成本同等地对待，拓宽了成本的计算范围，使计算出来的产品（服务）成本更准确真实。

作业是成本计算的核心和基本对象，产品成本或服务成本是全部作业的成本总和，是实际耗用企业资源成本的终结。

7）数据仓库（Data Warehouse, DW）

数据仓库是一个面向主题的、集成的、不可更新的、随时间不断变化的数据集合，它用于支持企业或组织的决策分析处理。

数据仓库之父 Bill Inmon 在 1991 年出版的 *Building the Data Warehouse* 一书中所提出的定义被广泛接受。数据仓库是一个面向主题的（Subject Oriented）、集成的（Integrated）、相对稳定的（Non-Volatile）、反映历史变化（Time Variant）的数据集合，用于支持管理决策（Decision Making Support）。

8）商业智能（Business Intelligence, BI）

商业智能的概念最早于 1996 年由 Gartner Group 提出，将商业智能定义为，描述了一系列的概念和方法，通过应用基于事实的支持系统来辅助商业决策的制定。商业智能技术提供使企业迅速分析数据的技术和方法，包括收集、管理和分析数据，将这些数据转化为有用的信息，然后分发到企业各处。

目前，学术界对商业智能的定义并不统一。商业智能通常被理解为将企业中现有的数据转化为知识，帮助企业做出明智的业务经营决策的工具。这里所谈的数据包括来自企业业务系统的订单、库存、交易账目、客户和供应商资料及来自企业所处行业和竞争对手的数据，以及来自企业所处的其他外部环境中的各种数据。而商业智能能够辅助的业务经营决策既可以是操作层的，也可以是战术层和战略层的决策。为了将数据转化为知识，需要利用数据仓库、联机分析处理（OLAP）工具和数据挖掘等技术。因此，从技术层面上讲，商业智能不是什么新技术，它只是数据仓库、OLAP 和数据挖掘等技术的综合运用。

二、21 世纪企业信息化面临的挑战与冲击

就 Gartner Group 的观察，从 2000 年开始企业信息化应用向 ERP 应用的趋势发展。ERP 应用从单纯的企业内部资源规划整合过渡到企业外部的需求链及供应链中，以提升企业的竞争优势。从长期观察信息产业动态的角度来看，现在企业，对 ERP 系统效益的认知已经比较普及，在有 ERP 系统项目需求时，根本不需要软件提供商或实施规划人员再去说明 ERP 的效益或目的。企业对 ERP 系统的期望，已经从过去降低行政成本与提升管理效率，提升到现在的企业经营所必备的基本能力与工具阶段。因此面对 ERP 系统应用时，更多的营运调整及与其他信息系统的整合需求逐一被提出。

ERP 的使用正慢慢地改变企业的运营模式，已经从过去单纯的系统应用工具，跃升为企业经营管理的重要工具。

（一）企业接客户订单需要借助 ERP 系统

（1）过去企业接客户订单是通过传真或邮寄订单来确认订单的有效性，但在进入信息化应用的时代，销售订单交易程序的模式已经发生重大的变革。所有销售订单的书面凭证开始慢慢消失，取而代之的是电子媒体或加密认证过的数据文件。越来越多的订单通过文档传输下载到供应商端，甚至客户将订单直接传输到供应商的 ERP 系统界面中，而且客户要求以小时为单位进行快速的销售订单信息响应，企业如有迟疑，订单就稍纵即逝。

（2）接到客户订单从报价到受订 30 分钟内要确认完成。越来越多的信息显示，网络交易平台的发展已经是必然的趋势，当需求端有商品采购需求时就会发出信息，在一个交易平台上公告、竞标、议价及发包，其中包含确认订单单价、数量、出货方式、交易条件等信息。企业更需要一套完整的信息系统，协助支持订单的审查、核准及计划，最重要的是要有效防止接错单的风险。

（3）从订单成交到出货，企业主动或被动的提供给客户完整的生产交货信息。有越来越多的企业，愿意提供更完整的订单信息给客户，以提升客户的满意度及信心。因此企业若没有借助 IT 应用及信息系统，企业如何处理相继而来的实时庞大行政处理与联系工作呢？

（二）全球运筹管理，营运决胜于分秒必争中，ERP 提供企业营运所需完整信息

（1）企业全球化的布局，不再是单一据点的运营模式，研发、采购、组装、渠道、营销及发货仓储都有可能散布在不同的国家与区域中。要整合一个完整的运营机能，必须要靠 IT 技术，要依赖完整共享的信息资源整合。ERP 正是管理这些资源的系统，没有 ERP 系统的协助，企业就会像盲人般的无助。

（2）应用信息系统从过去的区域分散应用，已经渐渐的整合连接成为实时性的集团营运系统。以前跨国集团的营运据点、子公司或关系企业，会依据其企业规模选择适合自己的应用信息系统来应用。但现在的趋势发生了改变，集团营运的据点正以集团的 ERP 系统为中心慢慢地在进行系统整合。这些据点或分公司在面临着第二次的 ERP 系统更新，并已逐渐淘汰当时的独立系统，选择与母公司或营运总部相同的平台、数据库及应用系统。原因是什么呢？降低整合界面以提升信息效能，时间和反应速度是 21 世纪企业竞争优势的关键因素。

（三）企业经营策略的执行

策略执行需要更多的经营成果分析与模拟，信息科技的应用正逢其时。知识经济时代，快速的反应及更快速的变革是企业生存必备的条件。信息科技创造的效益正得以有效的发挥，从趋势分析、数据收集、分析、整合、模拟及决策，这些都是过去需要花费庞大的人力、成本及时间才能获得的，而现在靠着 ERP 衍生的 SEM、EIS、DDS 及 BI 系统的应用，企业就能轻松获得效益。

（四）信息化的范围扩及核心知识

过去的经营者担忧核心竞争知识在信息化的整合或集中化后，如果出现不妥善的管理，很容易造成机密外流，而造成企业的营运风险或产生负面的影响，所以企业只对日常的业务流程进行了信息化。这样的观念在现今的经营理念中慢慢地改观了，我们发现越来越多的

CEO 或 CIO 开始努力把所有营运模式整合到信息系统中，凭借信息化的优势和效益来拉大与竞争对手间的差距。

举例来说，过去 10 年中企业信息化时，有时会遇到一些忧心忡忡的经营者，他们只愿意将 BCD 分类的客户（非重点出货客户）放到信息化系统中，因为担心重要的数据容易被窃用，所以重要的客户使用另外一套管理流程。除此之外，他们还会担心内部的制造成本被员工或他人知道，造成利润曝光，影响接单或经营。所以很多的企业存货管理都只有数量没有成本，要问成本或报价就得去问财务部，当然财务部就必须单独有一套存货的计价方式，那么财务账上的存货数量跟存货账就有可能数量不符。

而现在呢？企业除了内部的资源管理，连潜在市场的经营都需要通过信息化来管理，客户关系管理系统 CRM 是典型的例子。CRM 系统中必须就潜在客户的营销、客户经营轨迹进行一一的建档登记，并进一步地分析及控管，以便尽快促成交易。这样的管理在过去是比较难让企业经营者接受的，因为潜在客户的经营更加机密，稍一疏忽都会出现更多的竞争对手。又如制造的实际成本计算的精密度还不够，现在还要精算到 ABC（Activity Based Costing）作业基础成本会计制度。

经营者难道不再担心这些重要的经营信息外泄吗？当然担心的。但是经营者更担心由于信息管理的不到位，丧失了获利的商机。所以风险要评估，然后还要控管，经营者的 IT 应用观念已经越来越成熟与积极。

（五）ERP 应用的深度及广度正快速地成长及发展

更多的系统整合需求正在急速地蔓延中，对企业及 ERP 软件供应商来说，都是一种更艰辛的挑战。在过去，有 20 个模块的信息系统就算功能庞大了，但现在神州数码易飞 ERP 系统已经超过了 30 几个功能模块，即使这么多的模块被陆续开发出来，还是无法满足企业整体运营的需求。目前企业在 ERP 应用中，约 95%的企业都有个案二次开发的需求。在过去，属于企业运营管理核心的关键性模块，如研发管理、CAD 系统、MES 系统、CRM 系统、绩效考核系统、自动仓储系统、流通的派车调度系统等，往往是被认为不需要跟信息系统整合，甚至被要求不能整合的。目前企业的思维方式在不断改变中，在 ERP 供应商选型中，企业开始要求提供整合成功案例以证明整合能力，不难看出企业对整合的需求迫切及重视度。

下面举一些系统整合的案例，从这些案例中可以看出 ERP 系统与其他系统整合的需求概况。

1. ERP 与条形码/RFID 的整合

ERP 与条形码/RFID 的整合如图 1-8 所示。

过去的制造业中，条形码最常应用在商品的存货盘点及固定资产盘点上。所谓商品的存货盘点是在储存的料架上或包装上，将品号数据转换成条形码卷标，粘贴在架上。当盘点时利用扫描机将条形码读入，只要将数量登录就好，如此可简化盘点的流程，如图 1-9 所示。

除了盘点的功能，企业还可将采购的重要信息，如采购单单号序号、数量及日期等转换成特殊的条形码标示，要求供应商交货时将这些条形码贴在外包箱上，透过数据扫描仪读取，数据比对数量核对无误后，可自动产生进货单。这样不仅可以提升进出货数据输入效率，还可以降低人员输入错误的风险。

条码简单易用、成本效益高，已成为应用最广、最久的向企业应用提供精确数据的有力工具。企业信息化软件效能的进一步改善在很大程度将依赖于条码和通信技术的应用和发展。目前在企业应用中，比条码更有前途的自动识别和数据采集技术是射频识别（Radio Frequency Identification, RFID）技术。

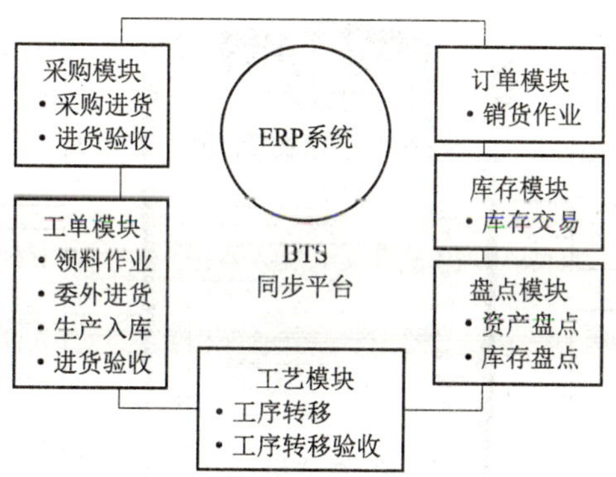

图 1-8　ERP 与条形码/RFID 整合图

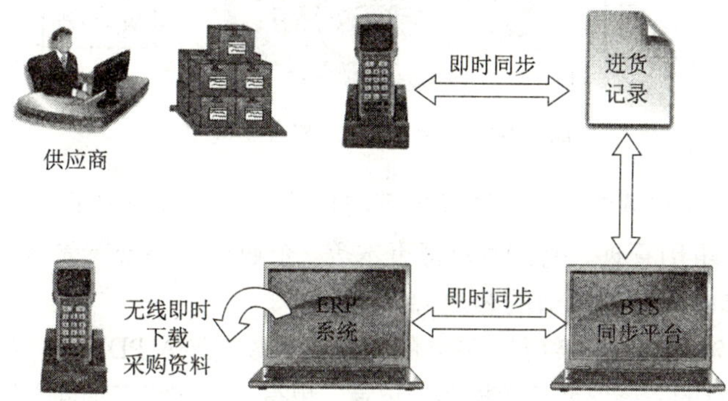

图 1-9　企业盘点流程图

物流行业 RFID 的应用已经深入人心，可是在企业信息化中，RFID 如何发挥其优势，许多人并不了解。当 RFID 与 ERP 走到一起，它们的结合给制造业带来了新的发展。

RFID 技术和 ERP 系统的集成，可以帮助企业全程跟踪他们的产品。在制造业环境中，货物会带有一个 RFID 标签，标签上含有一个被称作全球贸易识别号（GTIN）的独特电子代码，以及一个可在供应链上的任何一点识别货物的序列号。货物被单独或成批打包之后会被统一放置在托盘上，托盘也带有一个 RFID 标签。当货物离开工厂经过大门时，RFID 读写器将会读取托盘和货箱上的标签，对所有的产品进行识别，并自动生成货物清单。标签上的信息将会在配送中心或仓库中再次被阅读，以确认其到达，然后传入存货系统。每次读取都会提供既完整又准确的接收信息及后台和前台的存货情况。最后这些信息将被传输到 ERP 系统。

必须看到，随着多数企业和产品的生产模式从 MTS 向 ATO 或 ETO 模式转变，从大量生产方式向精益方式转变，对包括原材料、在制品、零件、最终产品等所有物料的跟踪和控制就显得越来越重要。物料和质量的跟踪将是 ERP 系统的繁重任务。而采用以条码/RFID 等自动识别和数据采集手段，则是化解这日益加重的信息识别和采集问题的有效方法。

我们认为，条码/RFID 等先进自动识别技术与 ERP 的集成，不仅是对 ERP 数据处理手段的补充，还对实现 ERP 真正的物流、信息流的集成、对充分发挥 ERP 的功效起着强有力的杠杆作用。

2. ERP 与 PDA 的整合

ERP 与 PDA 的整合架构图，如图 1-10 所示。

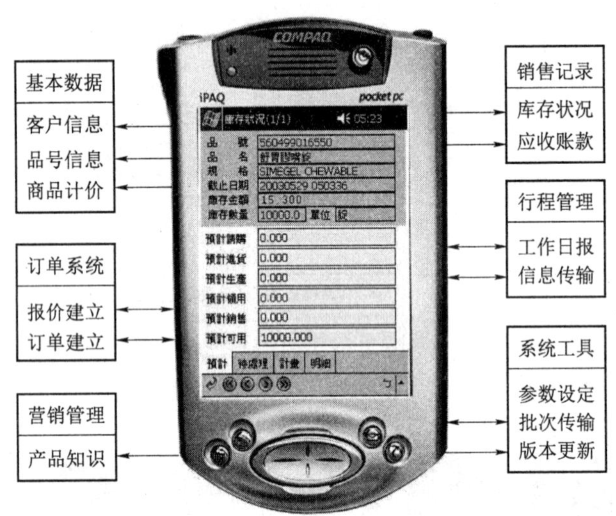

图 1-10 ERP 与 PDA 整合架构图

PDA 对现代的业务人员来说，已经是不可或缺的个人行政助理了，几乎人手一机，最常被使用的功能就是行事历管理、电话簿及记事本等。企业信息整合首先就希望通过 PDA 来协助业务人员提升接单的效率及有效的客户管理。

业务人员在拜访客户时，常常要将 ERP 的客户基本数据导入 PDA 中，如客户地址、联络电话，如果有订单未出货的，还要准备数据逐一记录，免得当场被客户询问无法应对。如果客户的应收账款未有效地催收，也会造成公司的损失。如果拜访客户是为了接到更多的订单，还要准备商品的资料，如规格、单价、促销价格及目前库存等信息。否则一趟客户拜访完了，就有一连串的行政工作要做，查商品单价、折让、促销价格、查生产产能、查哪一个发货仓库有货、查不同交运方式、不同受订数量的单价，等等。如果再遇到信息不完整的状况，还要电话联系或是第二次拜访客户，报价单要一次命中的机会实属少数，2～3 次报价流程几乎是家常便饭。

因此，企业经营者开始思考有没有机会，将 ERP 中跟业务部门的报价接单或客户管理有关的信息下载到 PDA 上，业务人员可以在客户那里就把报价单处理好，甚至数据输入完整。需要同客户协商的可以当场确认，如果没问题回到公司就可打印正式报价单了。在客户端就能有效地完成报价流程，这不仅提升业务人员的作业效率，对客户缩短采购周期也是一个双赢的策略，当然是皆大欢喜的结果。

也许有些企业经营者会担心这些客户商品的资料万一泄露出去会怎么样？所以适当的数据切割及权限管理是必要的。风险总是存在，所以数据风险控管必须更加小心与谨慎。

3. ERP 与自动仓储系统的整合

ERP 与自动仓储系统的整合架构图，如图 1-11 所示。

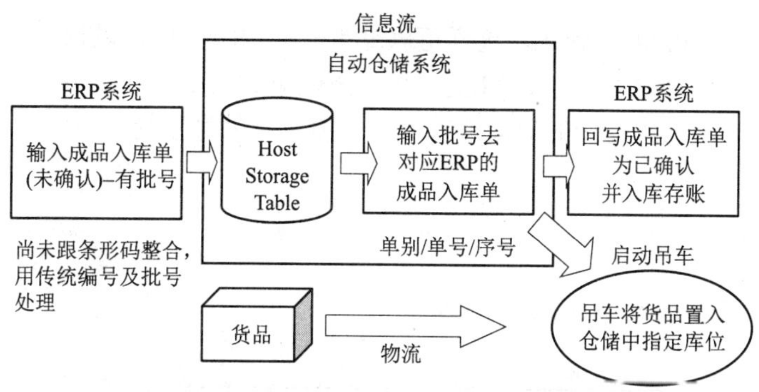

图 1-11　ERP 与自动仓储整合架构图

这是一家精密零件制造工厂的案例，因商品体积非常小，商品种类繁杂规格差异又不大，属于高单价高附加价值的商品，存货管理要求较高。因此企业搭建了一套自动仓储系统，来储存及管理这些精密商品。这个系统跟 ERP 的整合主要在商品的出入库时实体与账务间的整合。

（1）当车间制造成品完成后，将成品交到仓库，并直接在 ERP 系统输入生产入库单。

（2）当仓管人员接到实体货品，查对 ERP 批号及实体货品无误时，将实体送到自动仓储的入口，在自动仓储系统记录完整的入仓及储位后，启动吊车归位。

（3）自动仓储货品定位时，会将数据信息通知 ERP 系统来执行单据确认。

以上业务流程可以看出，账务在 ERP 系统控管，而成品的实体位置是在自动仓储系统控制的。

4. ERP 与 CAD 系统的整合

ERP 与 CAD 系统的整合如图 1-12 所示。

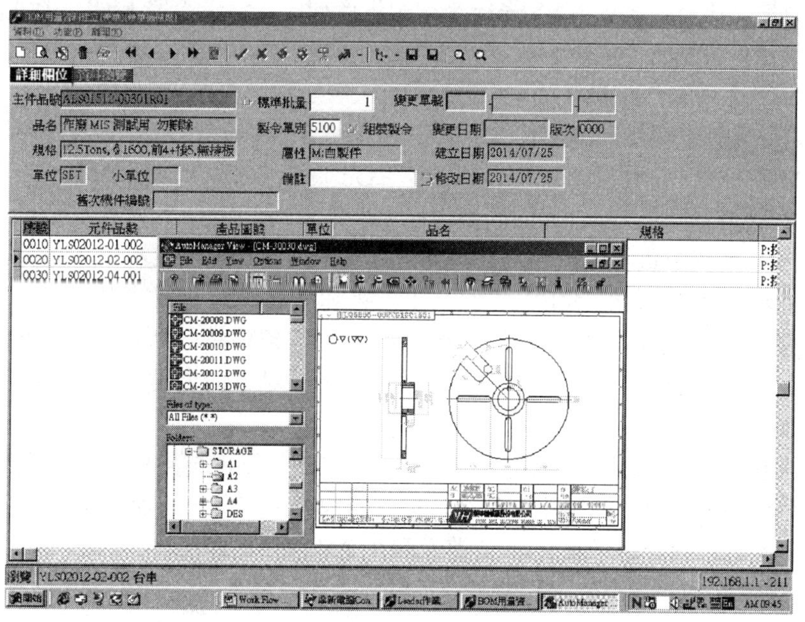

图 1-12　ERP 与 CAD 系统整合图

有些企业的商品种类很多，规格差异又不大，所以希望在商品进出库、加工生产或者采购时，能让人员看到图面再次确认。这样可以算是一种预防，也可以说是一种辅助信息。所以在一些关键的 ERP 作业中，如 BOM 变更单、采购单、工单、进货单或出货单等单据的录入作业中，新增了与 CAD 连接的界面或功能，只要有“品号”的字段，都可同时开启 CAD 的查询图档。

5. ERP 与 MES 系统的整合

ERP 与 MES 系统的整合如图 1-13 所示。

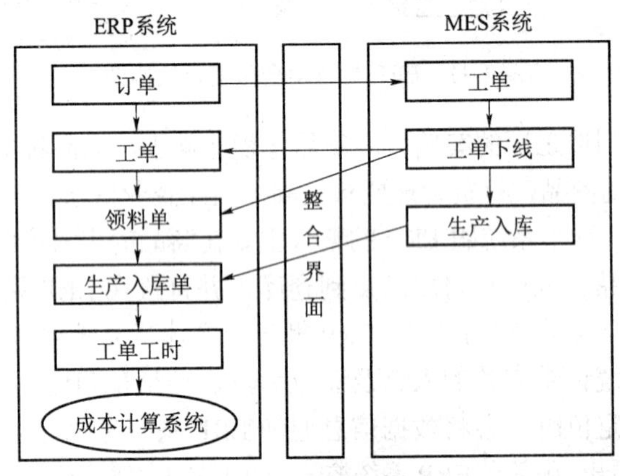

图 1-13 ERP 与 MES 系统整合图

自动化的生产形态对高科技产业来说一点都不陌生，生产的派工及执行一般都通过 MES 系统来计划及执行，然后将其生产过程的信息通过 MES 系统来搜集、记录、保存与统计分析。

这个案例是企业需要通过 MES 系统来控制生产程序，但是需要 ERP 系统来管理接单、采购、存货及计算实际生产成本。所以，两个系统就有了整合的需求。

（1）在 ERP 系统输入订单。

（2）通过整合界面将数据抛转给 MES 系统。

（3）在 MES 系统控制设备的派工与生产，当完工后，将完工的信息包含生产量、机器耗时、人工耗时等数据，通过整合界面同步生成工单信息到 ERP 成本计算系统。

（4）在 ERP 系统中执行成本计算，最终得到完整的商品制造成本。

以上业务流程可以看出，MES 系统无计算实际成本和存货管理的功能；当然 ERP 系统也不能直接驱动自动化设备、记录设备生产的生产条件等。所以 MES 系统和 ERP 系统是两个技术领域，两家的系统供应商也不会要跨越对方的专业领域，所以整合是必经之路。

通过以上五个案例，您是否已经开始能体会到 ERP 的发展与异构管理系统整合的意义及趋势，这些整合并没想象中的困难和复杂，但却会成为未来几年企业信息化的主要项目。希望通过这些案例能协助让您了解 ERP 的普及和在企业应用的趋势。

任务实施

分组讨论企业 ERP 各阶段理论特点和局限性？

任务二　ERP 对企业营运效益

任务描述

假如 A 企业目前的存货备货时间为 45 天，其中有大约两周的时间是用来防止采购前置时间不稳、排程不准确或者排程变更频繁、BOM 变更频繁。企业能否借助 ERP 的实施来解决这类的问题呢，是不是有机会来降低存货备货时间呢？

知识准备

一、ERP 系统实施与企业流程的联系

企业为了达成公司组织目标，掌握营运流程，从而设计公司组织、规章和流程来协助营运管理。那么这些流程包含有哪些方面呢？其中包含了销售收款、采购付款、生产、研发、人力资源、固定资产、融资、投资和电子数据处理循环，这是企业管理中的九大循环，这些管理循环的内容非常复杂，每一个循环内容都涵盖了特定的内容。当企业清楚了解信息化对营运流程的效益时，经营者就开始思考哪些流程需要进行信息化？哪些流程可以信息化？图 1-14 所示是以企业营运五大职能的信息化方向为基础，经过管理分析和系统分析，设计出的涵盖这五大职能的主要信息化流程。

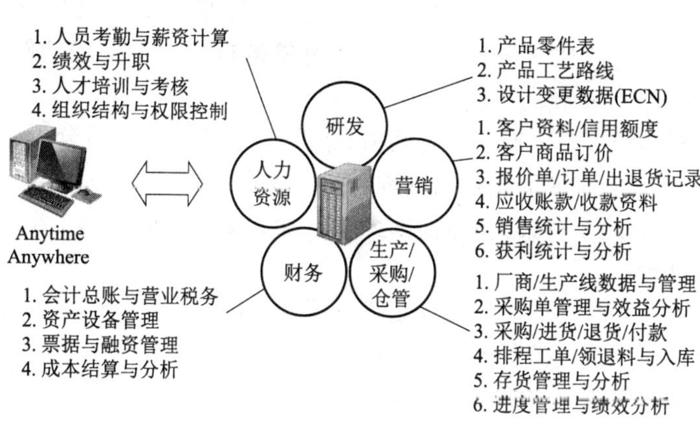

图 1-14　企业信息化流程的构思

ERP 系统在开发时需要事先设计管理架构及标准流程，根据 ERP 系统的市场定位、产业特性（制造业组装加工、流通、买卖等）、目标客户的企业规模（企业人数或交易规模大小）、管理营运模式（流程控制、系统控制、监督机制等）及他人的信息化成功经验来进行分析设计，这样才能开发一套符合行业特性的 ERP 系统。

二、企业实施 ERP 应有的正确观念

企业经营者对 ERP 实施后的预期效益可以列出很多，如降低存货金额 20%，降低间接人员 15%，提升营业额 25%等，但这些期望甚至已经神话了 ERP 的效益，让 ERP 实施供应商在给客户实施上线时，不得不为 ERP 的真正效益捏把冷汗。其实企业的管理能力及执行力的

落实才是 ERP 实施成功的关键。

现在我们来逐一分析一下任务描述的情况。

（1）采购前置时间不稳定。这是供应商的产能问题，如何找到稳定的供应商，或另找合格供应商是问题的关键。这一点 ERP 系统无法解决，但 ERP 系统可以提供采购进货的跟催报表，提前与供应商联系，透过采购人员的催料来降低供货迟交率。

（2）排程不准确或者排程变更频繁。若排程不准确的原因是因车间生产管理不当，异常发生的频率过高，停工待料、机器设备异常，换线频率高，插单频繁，工艺质量不良，车间人员出勤不稳定，工具、模具发生异常等，这些问题也不容易因为 ERP 的实施而有明显的改善效益。但是 ERP 系统可以提供生产排程表、产能符合分析表等报表，及时发现问题，预先解决。

（3）用料和工程变更频繁。用料变更后，如果是因为变更信息通知不准确，导致生产错误或不良品，那通过 ERP 信息系统的快速响应，是有机会来进行改善的。但是若是原始设计不良，必须频繁改善工艺条件用料等，才能让产品质量稳定，这种情况实施 ERP 是不会降低工程变更的次数。

那到底 ERP 为企业带来的真实效益如何呢？根据企业信息化的相关经验，将效益汇总摘要如下。

（一）企业进行 EPR 的最佳时机

面对外来竞争的压力，企业除不断地开拓新市场、新产品、新工艺外，还要努力地调整企业的组织或管理模式，以适应外在的需求与挑战，流程变革必须随时进行而且持续地进行及落实。在现今企业在进行 EPR 过程中，绝对不可忽略 IT 及信息系统的作用，因为 IT 在企业 EPR 过程中扮演着极为重要的关键角色。

例如，企业希望缩短接单生产前置时间由 20 天变成 15 天。经过分析后企业发现真正生产加工的时间是 12 天，其中 8 天是行政处理时间，必须要经过 20 道手续行政检查，20 道手续经过 18 个人的手中，还要有公文书面递送，每一个人处理的时间约 1 小时，但公文收发最少要半天的时间来处理。

以往企业进行流程优化的第一步骤就是进行流程分析，重新检核 20 个行政程序的目的及对流程管理的需求，试图通过流程的重组、删除、合并的方法将原来 20 个程序变成 12 个或更少，或要求签单时间变成 1～2 小时，从而缩短 8 个工作日到 3 工作日。但是如果经分析后这 18 个程序都没办法降低呢?而确实签核地点就是那么远，无法达成。怎么办呢?当然还有方法就是通过决策程序将 20 道程序直接降低成 10 个或更少，但这个方法可能要承担流程减少所带来的风险。

那么怎么办呢?实施一套电子表单系统将 ERP 流程嵌入电子表单系统中，那么公文不用再通过纸面传递，假如每一道流程最长花费时间是 1～2 小时，通过邮件系统及内部网络系统的联系及提醒，一天就可以处理 5～6 个流程，那么就有可能达成 15 天的生产前置时间目标。

另一个例子是通过 PDM（Product Data Management）及 PLM（Product Lifecycle Management）系统来协助企业降低数据设计变更所带来的损失。

假设当研发部门发现产品工艺中有一个零件设计不良会影响到最终产品的质量时，就会开始进行设计研发，经过一段时间的研究，发现其中有原物料必须要变更，生产条件要重新设定、模具要修改等。假如研发中心在上海，生产部门在昆山，采购原物料供应在安徽，当这张数据变更通知发出去时，要经过层层的协商沟通、数据的转换及单据的签核通知。有可能安徽那边采购接到信息是 3 天以后；而昆山的生产车间可能要 5～7 天才能收到。试想，这 3 天可能已经采购了多少不正确的原物料呢？如果产品是连续生产的，这 7 天的产出有多少可能是次级品或不良品呢？

这样的管理如果通过产品研发管理系统 PDM 及 PLM 系统来管理，透过信息系统的整合及实施，争取第一时间将产品研发的变更信息传递到采购、生产部门，就可以让损失降到最低。

（二）利用 ERP 来执行企业的内部控制，降低营运管理的风险

企业未信息化前，主管对流程及单据的审查核准就是为了授权及风险控制，通过审查让企业的营运风险降低。例如，采购单金额超过 100 万者，需要经过采购经理审查，且必须经过财务主管审查，因为财务主管需进行有效营运资金控制。又如为了降低应收账款的坏账风险，对于应收账款超过信用额度范围的客户，继续接该客户的订单就要通过销售经理的审核。在这两个例子中，我们可以看出来审核发起必须是以“人”为主动。假设销售人员不跟经理说就接受了，而经理又没有每张订单都详细地查看，是无法事前防范的。只能等到财务部门发现应收账款回收状况不良时，才能开始控制。那有没有机会在接单时就能够开始控制呢?利用 ERP 的系统控制，是有机会达成的。

因为 ERP 系统设计时会将企业内部通用性的控制点写成系统参数进行设定或者直接将控制融合于流程中。只要录入的数据条件触发了这些控制点，系统就会自动启动风险控制，有效降低风险损失。以下这些控制点就是 ERP 系统常用的。

（1）进货单可追溯采购单，采购单可追溯进货单，防止供应商供货错误。

（2）应付账款不会重复处理，避免重复付款。

（3）物料需求必须可追溯原始订单或工单，发生需求变更时可快速地调整。

（4）客户的信用额度控制，降低应收账款坏账风险。

（5）有效的供货商的评核与采购策略等，以降低质量成本。

（三）利用信息化来改善作业流程，提升作业流程的行政效率

利用信息化来改善作业流程常用方法如下。

（1）未信息化前的单据签核是走书面凭证核准，而 ERP 系统与电子表单相结合，由系统通过电子邮件通知，从而缩短单据签核的时间。

（2）自动分录系统将完全解除会计人员录入日常会计凭证的工作负荷。

（四）利用 IT 技术快速处理大量数据的功能，降低人力负荷与人为错误率

利用 IT 技术快速处理大量数据的功能常用方法如下。

（1）通过 MRP 系统来处理大量的采购单及生产工单。

（2）大量的应收账款应付账款的结算，精确处理账款。

（3）生产排程取代人工排程的工作负荷。

（4）产品成本系统，快速结算产品单位生产成本。

（五）通过信息的整合，提供各种管理查核报表，协助主管管理与改善

通过信息的整合，提供各种管理查核报表常用方法如下。

（1）订单逾期未出货明细表，可协助降低客户迟交率。

（2）应收账款账龄分析表，可提供客户信用及账务控制。

（3）采购异常分析表，可降低采购成本或质量成本。

（4）进货异常分析表，可降低存货成本。

（5）呆滞料分析，可降低存货及储存成本。

（6）采购超期未交明细表，可降低提供待料的异常发生。

（7）客户 ABC 分析，可协助进行有效的客户价值管理。

（8）产品 ABC 分析，可协助产品营销管理。

（9）渠道 ABC 分析，可协助渠道的价值管理。

（六）通过信息化来整合上下游的信息，提升竞争力

通过信息化来整合上下游的信息常用方法如下。

（1）与代工工厂的“多角贸易子系统”进行三边贸易的采购、销货、进货的数据连动及整合，降低数据重复登录的成本及避免人员数据输入错误风险。

（2）实时用料需求信息与供应商进行信息交流，缩短生产交货时间。

（3）实时提供在线存货信息，使得供应商提前降低双方存货成本。

（七）信息分享与整合

信息分享与整合常用方法如下。

（1）ERP 与 BI 的整合，使信息能为主管的决策提供依据。

（2）ERP 与 PDM 或 PLM 的整合。

三、ERP 实施方法论及项目组织

（一）ERP 实施方法论

ERP 系统是一个很庞大又复杂的应用工具，一般来说评估一个 ERP 系统快则 3 个月，慢则半年，从开始安装到基础模块上线（到 LRP 批次需求计划）短则半年、长则 1 年亦是稀松平常的案例。企业上线期间到底投入多少成本呢？购买硬件、软件及建置成本 200 万算是一般的投资，这些投资还不包含企业内部的成本。我们简单来估算企业要花多少钱？

聘任两位专职信息人员，一位薪资 5 000 元/月，一般企业的用人费用大概是薪资的 2～2.5 倍（包含管理成本、福利、奖金等人事成本），两人的人事成本约 2.5 万元/月，一年预估需要 30 万元。而五大营运部门在上线期间需要内部工作权责人员一起参与讨论、接受训练、资料搜集、建文件登录、参与会议等。如果预估第一年每个部门需要 0.5 人/年的参与，所以 5 个职能大约 2.5 人/年，总共预算 75 万元，这些还不包含高级主管的参与成本及各种各样的加总，所以超过 150 万元的投资可能性很高。

企业投入这么高的人力、物力来上线 ERP 系统一定会成功吗？不见得。还是有些失败的案例与成效不佳的个案发生。为了让企业在上线时能有所借鉴，现将实务上容易造成失败的原因进行归纳及分析，见表 1-2。

表 1-2　上线失败原因分析表

失败归因	原因分析
信息化进程失控	有项目计划却没有有效地执行，或未设定项目各阶段的重要管控点，导致进程控制失当或效益不佳
未落实制度，系统使用效果不好	未将 ERP 的管理理念完整的引入企业程序中，只流于输入单据的数据处理，影响 ERP 的效益
部门沟通效果不好	当用新的信息化思维来变革企业流程时，遇到工作重分配或权责重划分时，不能公正公平及有效地重新思考组织的目的与职权，相互争夺或推诿责任，导致 ERP 推动缓慢或未达预期成效
作业流程设计不足或效果不好	当现行流程与 ERP 标准流程不符时，未充分分析及沟通，导致流程不顺，降低 ERP 的效益
基本资料规划效果不好	编码设计效果不好、BOM 规划效果不好、基本数据不正确等都会影响 ERP 产出数据的正确性及实时性
经营者或高阶主管的决心及支持度不佳	高阶主管若未能亲身参与支持项目计划，在项目进度推展时，若发现资源使用的瓶颈时，又不能实时处理，就容易影响到项目的质量与效益
信息人力及能力的不足	公司信息化相关人员的基础能力及概念不足，影响 ERP 项目推动的进度。若信息人员的经验能力不足，也会多走冤枉路。遇有信息人员变动频繁也将拖长项目时程

为了节省企业成本，下面介绍一套完整简单的 ERP 实施方法论，通过这个方法论结合有经验的 ERP 上线顾问师协助，企业在第一阶段上线的成功率几乎达到 95%。

依 ERP 上线的时序将项目阶段分成六大阶段（如图 1-15 所示），以下将介绍这六大阶段的目的及重点。

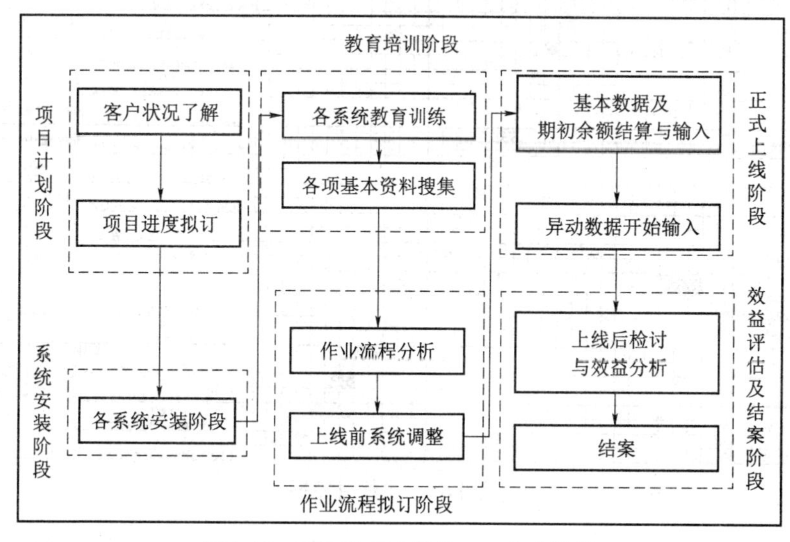

图 1-15　ERP 上线方法论——六大阶段

1. 项目计划阶段

项目计划阶段是 ERP 上线成功的关键。这个阶段的目的有两个：一个是让 ERP 系统供应商了解企业的营运模式及了解企业上线 ERP 的效益与期许；另一个是拟订一个可执行、有效的 ERP 项目计划。

制造车间的参观是本阶段实施顾问师的工作重点，ERP 实施顾问师通过这个工作需了解企业的组织、生产形态、生产程序及营运模式，让 ERP 顾问师慢慢进入企业的营运机制，建立起与企业沟通的共同语言与沟通默契。

项目计划拟订完成时，“甘特图”(如图 1-16 所示)进度表是一份非常重要的工作记录表。它记载了每一阶段的工作环节与职责分工，通常这份项目进度表会变成企业与 ERP 系统公司双方交付的一份重要文件。这份文件必须经过企业经营者核准，然后公布于企业内部，要求企业内部参与项目的人员随时注意，并时时督促完成自己的工作权责。有些企业为慎重起见，会集中相关部门主管召开一个“誓师大会”，这好比是要开始战前的宣誓，宣誓这个信息化项目只准成功不准失败。这个会议包含说明 ERP 上线的目标、计划时程、组织分工、部门或个人的权责及企业经营者对上线 ERP 的支持与决心，要求全体同仁全力以赴。

这个阶段还有一个很重要的重点，就是信息化过程信息部门的定位是否适当，这对信息化推动是很有影响力的，详情后续说明。

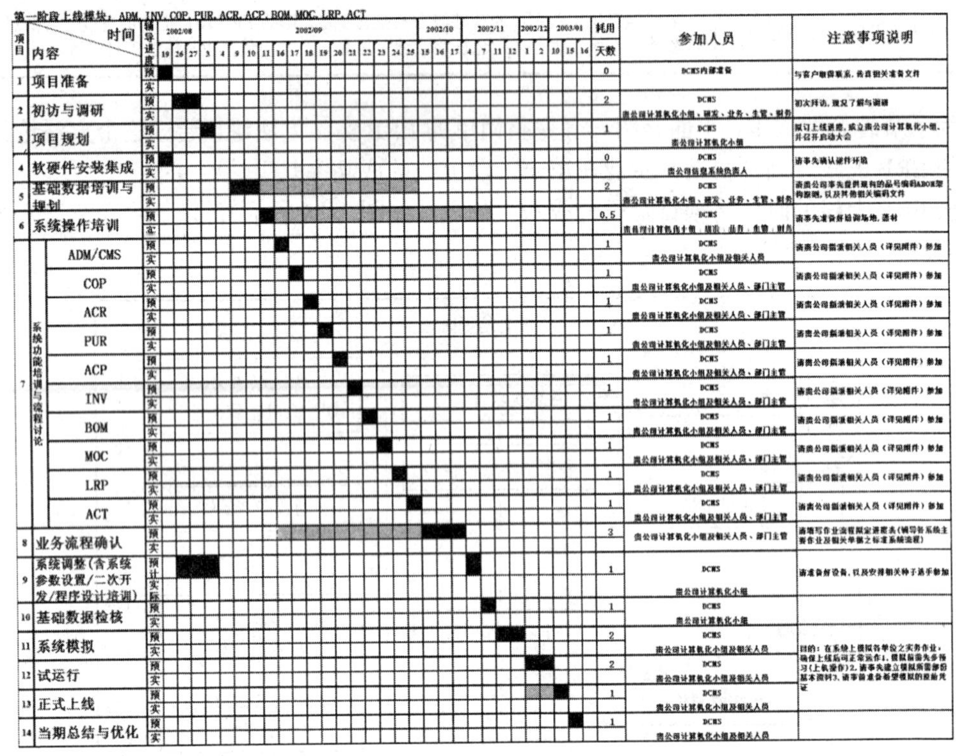

第一阶段上线模块：ADM、INV、COP、PUR、ACR、ACP、BOM、MOC、LRP、ACT

2002/08			2002/09															2002/10			2002/11				2002/12		2003/01		
19	26	27	3	4	9	10	11	16	17	18	19	20	21	22	23	24	25	15	16	17	4	7	11	12	1	2	10	15	16

项目	内容	辅导进度	耗用天数	参加人员	注意事项说明
1	项目准备	预/实	0	DCMS内部准备	与客户做好联系，备齐相关准备文件
2	初访与调研	预/实	2	DCMS 贵公司计算机化小组、研发、业务、生管、财务	初次拜访，现况了解与调研
3	项目规划	预/实	1	DCMS 贵公司计算机化小组	拟订上线进度，成立贵公司计算机化小组、并召开启动大会
4	软硬件安装集成	预/实	0	DCMS 贵公司信息系统负责人	请事先确认硬件环境
5	基础数据培训与规划	预/实	2	DCMS 贵公司计算机化小组、研发、业务、生管、财务	请贵公司事先提供现有的品号编码ABOM架构原则，以及其他相关编码文件
6	系统操作培训	预/实	0.5	DCMS 贵公司计算机化小组、研发、业务、生管、财务	请事先准备好培训场地，器材
7 系统功能培训与流程讨论	ADM/CMS	预/实	1	DCMS 贵公司计算机化小组及相关人员	请贵公司指派相关人员（详见附件）参加
	COP	预/实	1	DCMS 贵公司计算机化小组及相关人员、部门主管	请贵公司指派相关人员（详见附件）参加
	ACR	预/实	1	DCMS 贵公司计算机化小组及相关人员、部门主管	请贵公司指派相关人员（详见附件）参加
	PUR	预/实	1	DCMS 贵公司计算机化小组及相关人员、部门主管	请贵公司指派相关人员（详见附件）参加
	ACP	预/实	1	DCMS 贵公司计算机化小组及相关人员、部门主管	请贵公司指派相关人员（详见附件）参加
	INV	预/实	1	DCMS 贵公司计算机化小组及相关人员、部门主管	请贵公司指派相关人员（详见附件）参加
	BOM	预/实	1	DCMS 贵公司计算机化小组及相关人员、部门主管	请贵公司指派相关人员（详见附件）参加
	MOC	预/实	1	DCMS 贵公司计算机化小组及相关人员、部门主管	请贵公司指派相关人员（详见附件）参加
	LRP	预/实	1	DCMS 贵公司计算机化小组及相关人员、部门主管	请贵公司指派相关人员（详见附件）参加
	ACT	预/实	1	DCMS 贵公司计算机化小组及相关人员、部门主管	请贵公司指派相关人员（详见附件）参加
8	业务流程确认	预/实	3	贵公司计算机化小组及相关人员、部门主管	请填写作业流程拟定进度表(辅导各系统主要作业及相关单据之标准系统流程)
9	系统调整(含系统参数设置/二次开发/程序设计培训)	预计/实际	1	DCMS 贵公司计算机化小组	请准备好设备，以及安排相关种子选手参加
10	基础数据检核	预/实	1	DCMS 贵公司计算机化小组	
11	系统模拟	预/实	2	DCMS 贵公司计算机化小组及相关人员	目的：在系统上模拟各单位之实务作业，确保上线后可正常运作1. 模拟前须先多预习(上机操作)2. 请事先建立模拟所需部份基本资料3. 请事前准备希望模拟的原始凭证
12	试运行	预/实	2	DCMS 贵公司计算机化小组及相关人员	
13	正式上线	预/实	1	DCMS 贵公司计算机化小组及相关人员	
14	当期总结与优化	预/实	1	DCMS 贵公司计算机化小组及相关人员	

图 1-16　上线甘特图

而进度规划要细到 ERP 系统的详细时程，包含基本数据的搜集、作业流程，以及期初开账的数据，见表 1-3 和表 1-4。

表 1-3 主要阶段基础数据准备进度表

主要阶段系统（I） 客户简称：______

系统别	基础数据项目	讨论日期	编码者	数据建立			
				责任者（部门）	预计完成	实际完成	备注
□ADM 管理维护系统	1. 登入者代号						
	2. 群组数据						
	3. 使用者权限						
	4. 多公司数据						
	5. 电子表单关联建立						
□CMS 基本数据管理系统	1. 共用参数设定						
	2. 公司数据						
	3. 厂别数据						

表 1-4 主要阶段期初余额导入进度表

客户简称：______ 填表日期：______

系统别	余额项目	导入	资料搜集			资料录入			备注
			责任者（部门）	预计完成	实际完成	责任者（部门）	预计完成	实际完成	
INV	库存数量余额								
	库存成本余额								
COP	订单未结余额								
	客户计价期初资料								
PUR	采购未结余额								
	品号厂商期初资料								
MOC	工单未结余额								
	加工计价期初资料								

2. 系统安装阶段

本阶段主要完成软硬件安装集成，包括网络状况等。布线工程的品质会影响数据传输的品质及效率，最好能由工程单位进行验收检查，确认所有网络配置的运作正常。软硬件安装需要和企业确认软硬件需求状况，包括服务器配置、客户端机器、软件环境需求、软件兼容等问题。

3. 教育培训阶段

这个阶段其实最简单，不过也最难落实。目的是教会企业的程序人员，利用 ERP 系统功能来完成他们的日常程序。常常碰到培训效果不好的情形，主要是企业若无信息化的经验，一些人员连 Windows 及输入法都没基础概念时，那学习 ERP 系统操作及功能就可能难上几分。所以很多的使用者都会用很多方法来逃避上课及培训，这时企业如果不能落实其执行力，那上线时肯定手忙脚乱。培训时建议一线主管能一马当先担任培训的种子人员，有他们的参与协助，上线信心就会加强。

培训后很重要的就是要开始搜集基本资料，如客户数据、供应商数据、品号数据、BOM数据、生产线数据等，要逐一将这些数据依ERP系统的基本数据建立数据字段内容搜集妥当。数据经过正确性审查后，就由操作者开始按部就班地将数据输入到建立的ERP系统中。

在基础设置规划中，有两项非常重要：一是跟计算机化相关数据的“编码原则”必须拟订，其中比较关键的是“物料编码”；二是影响生产管理规划及单位成本结构非常重要的成品“BOM分阶原则”。这两项规划的良莠会影响ERP上线过程的复杂度及将来信息的提供，下一个单元我们将会详细说明。

4. 作业流程拟订阶段

作业流程拟订阶段对ERP实施顾问来说最难，不过，好的实施顾问师可从这个阶段的成果显示其信息化经验及能力。一般ERP系统的流程全模块大大小小算一算应该超过100个流程（如“订单管理系统”就有“客户审查流程”“商品核价流程”“报价流程”“订单处理流程”“订单变更流程”“销货流程”“现销流程”“销货退回处理流程”“销货折让处理流程”等），实施顾问师必须在这个阶段将企业现行的流程或引导、或套用、或整体变革成ERP的系统流程，然后一一的要求用户逐一练习新的作业流程，让用户适应及熟悉新的改变。

在这个阶段，实施顾问师工作是辛苦的，有些企业主管事先对ERP系统的效益有很大的期待，观念上是没错，不过，当要其放弃十几年的作业模式、查询联系模式及控制模式，改而面对ERP系统处理时，往往就有却步、质疑、担心、抗拒的情况发生。又当发觉现有流程或权责分工需要调整时，就常常会说那是企业竞争关键，动不得、改不了。所以，实施顾问师的专业、经验及说服力很重要，项目会不会需要修改及调整很多程序及功能，就要靠实施顾问师的实力了。

5. 正式上线及效益评估阶段

前面的准备工作完成后，就等一个最佳的时间，将所有的程序完全改变，我们称之为“上线日”。从这一天开始，企业将以ERP系统的流程来替代过去的营运程序，面对第一天上线时的突发事件，每一个人都必须严阵以待。有些企业要求全体主管在上线前3天不得外出，是希望主管协助ERP上线成功，当然这也是企业经营者要求上线成功的决心体现。而上线顾问师被要求一定要到场坐镇，实施顾问师的在场除了让使用者安心外，也必须防止上线遇上小问题，未能实时判断与处理，导致企业担心，没信心的喊停。

ERP的效益显现，简单可分成四类来说明，即数据分享、程序及风险的控管、实时有效的经营分析与经营效率的提升。

1）数据分享

在上线的第一天就能显现出ERP系统的效益。例如，所有想查库存的人不需要再去问仓库的管理人员，他只要启动ERP系统进入查询即可。而业务人员想要了解订单的生产排程及进度，只要跑一下报表就能看到他要的完整信息。

2）程序及风险的控管

ERP系统内含许多的风险控制模式，当ERP系统启动时，控制就产生。例如，进货单必须有采购单才能办理到货，进货的数量不得超过采购数量，客户超过信用额度就拒接订单。

这些控制以前可能都存在企业内，不过都是通过人员来控管，现在呢？系统控制百无一疏。

3）实时有效的经营分析

ERP 系统中几乎有 70%的程序跟报表有关，有列表式、汇总式、统计式、分析式、异常稽核式、预防式、矫正式报表，如果这些报表管理者使用得当，那绝对可以提升行政管理效率。例如，“存货的呆滞料分析表”可以让经营者知道采购及资材管理的疏失；“采购预计进货表”可以提前进行催料，避免停工待料的状况发生；“订单进度排程表”可以事先预防订单延迟交货的情形；“销货利润分析表”可得知订单获利的情形。这些报表的效益，只要 ERP 系统的数据是实时与正确的，主管是非常容易分享这种伴随而来的效益。

4）经营效率的提升

这类的效益不容易快速的显现，一般通常需要 ERP 系统上线 3 个月后，才能感受到成果。这类指标如前所提的 ERP 系统衡量指标。有时候这些指标上线后的前 3 个月内，还有可能比上线前退步的情形发生，不过这是企业对 ERP 系统运作模式未能熟悉与适应所产生的结果。不用太过悲观，过了半年后，只要规划正确、执行落实，绝对会有其预期成果。

（二）计算机编码原则

1. 需要设定编码原则的数据

数据的计算机编码是企业信息化时一个很简单但非常重要的议题。编码是一种识别，防止数据的重复，提升数据的有效性。在建立 ERP 系统前，需要有计划地分析与规划“数据”，编码原则的拟订就是第一步。一个 ERP 系统有多少数据需要定义其编码原则呢?要详列可真的不少，只要去找寻在 ERP 系统各模块数据输入时，有需要输入“××代号”的这种字段数据，严谨来说，都需要有一套编码原则。但是如果是这样，你可能会发现 ERP 系统的基本数据有上百种，那每一种都要设计编码原则，这样工作就会很多了。

因此，在 ERP 系统上线时，实施顾问师通常会建议企业客户，数据如果超过 20 笔以上者（没有绝对性，必须包含未来预期量），就应该设定数据的编码原则。如果少量的数据，只要用户容易识别，就不需要大费周折地去讨论设定一些原则。例如，仓库只有两个，一个原料仓、一个成品仓。企业内部有人说原料仓称为“001 原料仓”；有人主张要称为“A 原料仓”；为了将来仓库类别做扩充准备，又有人说应该要设定编码原则。建议企业，除非在未来明确的时间对此有扩充计划，有必要定义一套严谨的编码原则，否则初期协商解决就可以。一般企业大多会将表 1-5 所列数据设定编码原则。

表 1-5 编码原则资料

较常用编码原则的资料	编码的权责部门或参与部门
原物料编码原则	研发、采购、资材或仓管
半成品编码原则	研发、生管、财务、资材或仓管
成品商品编码原则	研发、生管、业务、财务、资材或仓管
客户编码原则	业务
供应商编码原则	生管、委外单位、采购
员工编码原则	人事

续表

较常用编码原则的资料	编码的权责部门或参与部门
固定资产编码原则	总务
会计科目编码原则	会计财务（财政机关有一套基本参考原则，建议直接使用）
核算项目编码原则	会计财务
工艺路线编码原则	研发、生管、制造车间
存货批号编码原则	生管、物管

2. 计算机编码的基础原则

常用的编码原则如下。

1）原则一——编码应具有唯一性

这个原则很简单，就是同一商品不能有两种编码，或者一个编码不能代表两种品项，简单来说，就像一个身份证号码只能对应一个人一样。

2）原则二——编码应该具有扩充性

举例来说，员工编码从0001～9999，采用四码流水编码，如果企业持续营运50年，员工超过万人，这个编码原则就会废弃。因此编码时要有扩充性。不要太贪心设计一个8码的员工编码，让所有员工在输入数据时都要很努力地去数已经输入多少个“0”（零）了。

3）原则三——编码应该反映分类

编码如能反映分类，则在打印报表时，同类数据才会被汇总于一处。例如，应用信息系统开窗查询时，同类的料件或数据亦会在同一区间，方便数据的比较、汇总或查看。

4）原则四——变动属性不应纳入编码

有些数据的某项属性，如果在未来有可能发生变动，则绝不可将该属性纳入编码中，否则一旦发生变动，“是否要修改编码”将会成为十分困扰的抉择。例如，员工所属部门就不可纳入员工编码中，因为员工调动部门是经常可能发生的事情。

5）原则五——编码长度适中

编码是为了简化，因此编码位数越少越好。这样可以节省阅读、抄写、输入的作业时间，提高数据处理效率。再者，由于编码简短，在处理的过程中出错的概率也能够降低。

6）原则六——尽量避免采用有意义编码

有些企业在设计编码时，都希望让编码反映某些意义，目的在使编码容易记忆或者可以“望字生义”。因此，往往把英文单词前缀或缩写字母用于编码中，还有的把一些规格、尺寸等属性直接反映于编码中。而事实上，品号仅是料件的代码，只是用户与计算机之间的沟通工具而已，它甚至可以不需要具备任何意义，就像我们的身份证号码一样。如果能体现这一观点，那么即使有上万笔的料件，也可以在短短两三周内就完成整个编码工作。在国外，有许多公司甚至干脆就用随机数法，直接赋予料件编码，而丝毫不会影响计算机作业的进行。因为在料件笔数庞大的计算机化作业中，我们不需要、也不可能去记忆一个编码所代表的料件。我们要知道的只是料件的品名、规格，而所有的数据在打印或显示时，品名、规格都会伴随着编码出现。

7）原则七——避免使用英文字母或英文字母与数字交替使用

也就是说，最好全部用阿拉伯数字来编码。一是可使键入编码的作业效率提至最高，二是可避免数字与某些英文字母因为形象或读音雷同，而产生混淆的情形（如数字“0”与英文字母“O”)。如果非用英文字母的话，英文字母最好排在编码的前几码，且位数必须一致。

若是企业全部以条形码或其他识别方式来解决输入界面的问题，则本原则就可适度地忽略。因为如果 ERP 数据输入还保留在用键盘输入的模式，那么操作者费力寻找键盘中的英文数字是一种非常严重的人力浪费。

8）原则八——避免使用特殊符号

有人为了使编码段落分明而在编码中使用“–”符号，或者在编码中夹杂“*”“.”“/”等特殊符号。使用这些符号将影响输入效率，而在口述编码时，亦会造成不便，因此最好避免采用。这些特殊符号的限制，除了输入上的效率困扰外，应用系统的数据库是否有基础的限制，都必须先行询问与掌握。

9）原则九——编码长度应一致

编码长度一致可使阅读或输入时一眼即可发现异常错误。再者，一致的长度在我们附加检查号码时也将方便许多。如果在实际编码时，很难做到编码位数的一致，则至少要求同一类者编码位数一致。例如在编码时，成品和原料的编码就可能长短差距很大，但可以让成品编码长度一致；另外一种方式，就是将编码短的位数以“0”来补齐。

10）原则十——编码应有防错功能

当编码位数越长时，除非使用条形码识别系统，否则在输入一串阿拉伯数字或字母时，容易因为疏忽而发生错误，或挑选到非目标商品的品号。一时的疏忽造成一连串的错误，会导致数据张冠李戴的严重后果。因此，只要编码长度超过六码以上者，就应该考虑在编码后加上一码“检查号码”，视为编码的一部分。图 1-17 所示为编码原则的应用范例。可用计算机系统逻辑来判断并警告数据输入时发生的错误，身份证号码的检查码就是一个很好的范例。

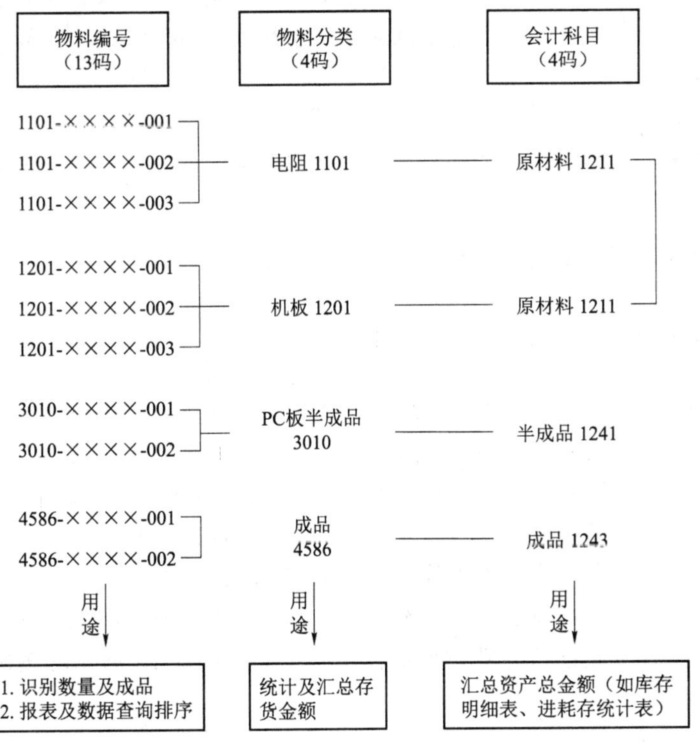

图 1-17 物料编码、物料分类、会计科目的关系图

3. 成品编码原则

1）编码形态

×	×	××	×××	××
成品标识符	成品分类码	序码	规格	流水序号

2）成品标识符

成品标识符用来区分原料、物料、半成品及成品。如编码时用数字代表不同含义：1–原材料；2–物料；3–半成品；4–成品；5–代销品；6–客户供应品。

3）成品分类码

成品分类码用来分类成品的大、中分类。如计算机产品中：1–台式计算机；2–工业用计算机；3–笔记型计算机。

4）序号

序号可作为机种或型号的代码。

5）规格

规格可作为成品特殊规格的管制项目，把颜色、材质、尺寸或表面处理方式等编以代码呈现于产品编码上。像五金产品中使用的钢材代号表示不同的材质，如 S2、8660 等；零件加工表面处理方式，如热处理、喷砂及染黑等。

6）流水编码

编码必须确保一物一码，以上所述之外的其他变动因素（如产品开发顺序）均需编入流水序号。

（三）商品 BOM（Bill of Material）的规划

1. BOM 的管理意义与分阶

BOM 分阶规划的好坏对 ERP 来说非常的重要，它包含后续生产排程的品号、工单、领料单、生产入库单据数的多寡与结算制造单位成本的单位对象。这些都跟 BOM 的设计有密不可分的关联。BOM 的规划具有非常高的专业性要求，因为考虑的范围非常广，要从营销、生管、生产制造及成本结算的角度来设计。所以协助企业拟订 BOM 的分阶原则，是 ERP 实施顾问师的一项关键任务。而为了有效地规划 BOM 分阶原则，一般实施顾问师会希望企业的研发、生管、业务、采购及财务（成本会计）的部门主管或资深人员一起参与，这样设计出来的 BOM 分阶规划较适合企业发展的需求。下面以图 1-18 所示的案例来说明 BOM 的结构。

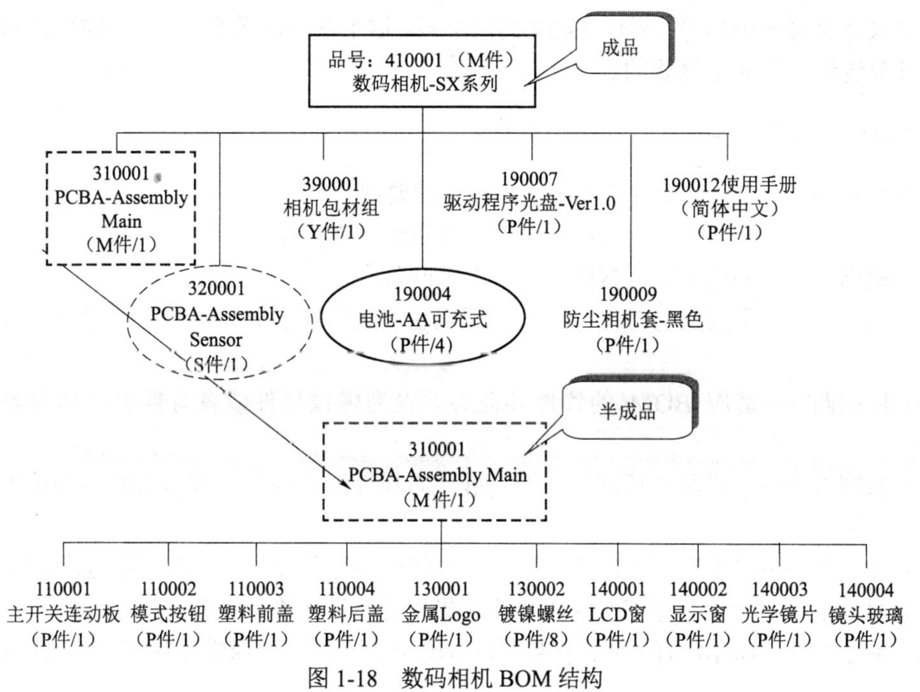

图 1-18 数码相机 BOM 结构

在图 1-18 中委外加工件 320001- PCBA-Assembly Sensor（S 件/1）为一个单阶的 BOM，不再冗述。

将成品的用料数据及生产过程中的半成品用结构性的图标关联绘出来，称为企业商品的 BOM。从上述 BOM 案例中可以总结如下。

（1）企业有委外加工的生产特性。“320001- PCBA-Assembly Sensor（S 件/1）”是加工品号，所以有委外系统模块的需求。

（2）BOM 有虚设料件。390001-相机包材组（Y 件/1）表示很多成品的包装方式都一样。

（3）生产排程对象最少要排三种品号（工单数量），即 410001（M 件）数码相机-SX 系列、310001（M 件）PCBA- Assembly Main、320001（S 件）PCBA- Assembly Sensor。其中两张厂内工单，一张委外工单。

（4）至少要处理三次领料及三次入库程序。一张工单意味着一张领料单及对应至少一张生产入库单，但若是分批领料或是分批入库就更多。在此案例中至少会发生两张厂内领料单及一张委外领料单，然后是两张生产入库单及一张委外进货单。

（5）可以结算的单位成本。所有采购件（P 件）都能结算存货单位成本，而排程的三个对象是制造单位成本的计算对象。也就是说，将来成本会计人员要求更细致的成本分析时，ERP 系统是无法提供的，若要达成，除非手算或修订 BOM 结构或考虑个案设计才有可行性。

（6）BOM 的阶层与料件低阶码。BOM 的阶次从成品到采购件由上而下计数，从零开始，所以这是一个“2 阶”的 BOM 结构。在 ERP 系统运作时，在“录入品号基本信息”作业有一个字段称之为“低阶码”，后续成本计算时（须先执行“成本计算子系统”|“实际成本”|“成本搜集”|“计算成本年月低阶码”），会以此低阶码作为料件结算成本的依据。低阶码的计算逻辑是有一定原则的，当建立完一个成品完整的（各阶）BOM 结构时，就必须启动批次

计算程序来计算每一个品号（料件主档）的低阶码。这个低阶码关系着 MRP 物料需求展算及成本的计算逻辑，是非常重要的。

2. BOM 的分阶原则

在进行 BOM 分阶时，有以下八个基本原则需要遵守。

（1）原则一——有计划库存者或需要进行存货管理者需断阶。

（2）原则二——半成品有直接销售需求者需断阶。

（3）原则三——半成品有直接委外加工或依生产制造需求分离加工生产者（如代工等）需断阶。

（4）原则四——适应 BOM 的管理效益必须设为虚设料件或者有群组连动关系者需断阶。

（5）原则五——半成品在后续加工会发展成多样性组合商品者或者有需要并单生产者需断阶。

（6）原则六——需要管制生产排程进度，内部或外部需要查询实时信息进度者需断阶。

（7）原则七——财务会计部门的成本计算或分析的目标单位者需断阶。

（8）原则八——BOM 分阶的复杂度需要考虑企业管理组织规模及管理能力的可行性。

3. BOM 分阶的小技巧

BOM 分阶规划时除了要遵循基本的分阶原则外，还有些小技巧可以应用，以下为其中一些既简单又重要的原则。

（1）原则一——找生管部门。获得了目前的生产排程表，得知生产排程单位，就大概可知 BOM 的阶次及管理重点。

（2）原则二——找财务会计人员。取得并试着了解成本计算的相关分析、统计报表。

（3）原则三——找业务部门了解客户下单的情形。了解客户下订单时对商品规格的要求，组合的变化，以此来考虑 BOM 成品的分阶特色。

（4）原则四——到车间及仓储区域走一走。了解这些区域堆积储存的料件是否有异常的情形。若发生了，是生产的问题？还是管理的问题？存货管理的需求如何？

（5）原则五——工艺工单的取决应注意的事项。以图 1-19 所示的工艺工单为例，应注意：① 如果 B-1、B-2、B-3 均有库存，且均可销售则必须分阶；② 如果 B-1、B-2、B-3 为加工过程，特殊状况才有库存且加工时间很短，又隶属于同一个生产部门（课或组），可不断阶；③ BOM 分阶后应查看编号原则是否有遗漏的品号，尤其是工艺与工单的分界。

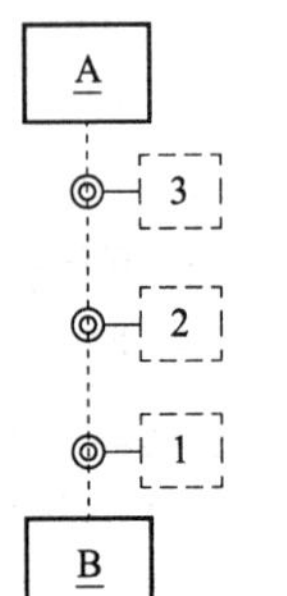

图 1-19　工艺工单流程图

（6）原则六——从观念解说到商品的实际拆解，由生管或研发人员亲自绘制 BOM。取一个目前正在生产的产品出来解释 BOM 的结构，并将它画在白板上，解释 BOM 分阶的管理意义，确定企业相关主管清楚 BOM 分阶的意义。

BOM 分阶最大的意义是生产排程的模式。企业的生产排程到底是工单的观念或者是工艺的观念，实施顾问师必须清楚仔细理清，因为这对后续工作的产生非常大的差异。必要时去车间走一走，加深判断的依据。

（四）导入 ERP 系统时的项目组织运作模式

企业导入 ERP 系统的时程，会因为上线的模块不同而时间长短不一，一般用半年到两年的时间，要视企业的规模、上线的模块及范围而定。以过去上线的经验，第一阶段大概在半年到一年完成，第二阶段大概在一年到一年半完成，如果企业过去已经有信息化的基础设置，则时间还可加速 3～6 个月。在这么漫长的上线时间内，信息化推动的组织规划、上线方法及项目控制的好坏是影响信息化成效的三大关键因素。在组织规划上有两个重点，一是信息部门（MIS）的定位及权责，二是企业推动 ERP 的项目组织。

1. MIS 的组织定位

常见的 MIS 组织定位如下。

1）隶属于二阶组织部门

具体情况如图 1-20 所示。

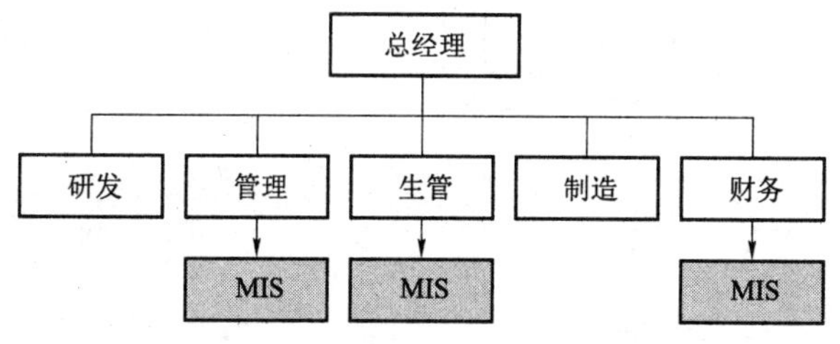

图 1-20 二阶部门组织架构图

其缺点为：MIS 部门等级不足，当需要进行跨组织、跨部门协调时，需要上级主管协商。上级主管与其他部门又是平行组织，若协商困难，信息化推动容易只成为单位的流程或计算数据处理工具，信息化整合效率难提升。

2）隶属于一阶的平行部门

具体情况如图 1-21 所示。

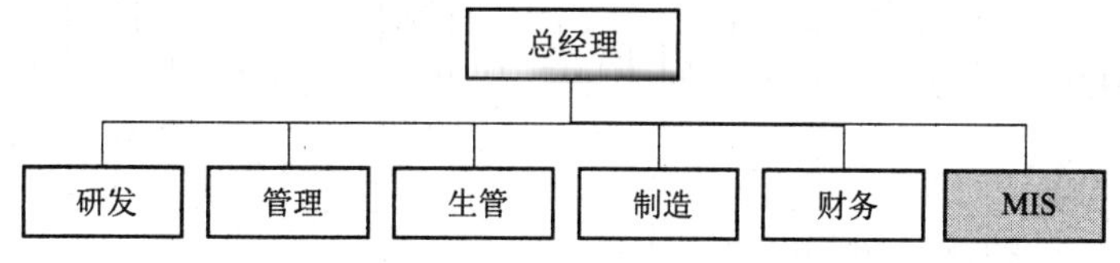

图 1-21 一阶平行部门架构图

其缺点为：比第一种组织好，但因为 ERP 推动与组织的流程及管理重点息息相关，MIS 部门主管若本身不具备非常优良的管理、整合及沟通协调能力，信息化的成功可能事倍功半。

3）较佳的部门定位

具体情况如图 1-22 所示。

其优点为：把信息化当成经营管理的变革机会，从营运角度出发，运用信息系统工具提升营运效果，这样的组织定位是优化的。当信息化遇到阻力需要化解，或者需要强势沟通协调及决策时，经营者就应该发挥他的职责，必要时利用组织的行政力来提升成功率。

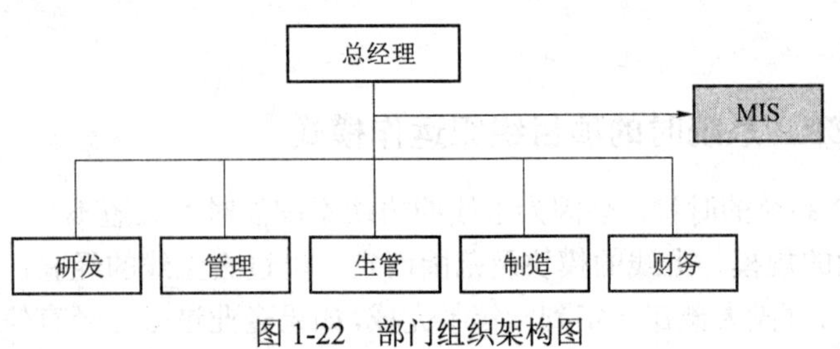

图 1-22 部门组织架构图

企业的竞争优势已从过去生产力的依赖，转为企业策略及信息竞争，企业对信息技术及应用系统的依赖度将越来越高。经营者要掌握经营契机，那就是必须要掌握信息发展的脉动及 IT 的效能，唯有提升信息部门的位置才能达到组织的效能。

2. ERP 推动的项目组织设计

企业为了推动 ERP，通常会与 ERP 的系统供应商共同成立一个阶段性任务组织，这个组织的主要任务，是在项目日程内让 ERP 顺利上线并且达成 ERP 的上线目标(如图 1-23 所示)。

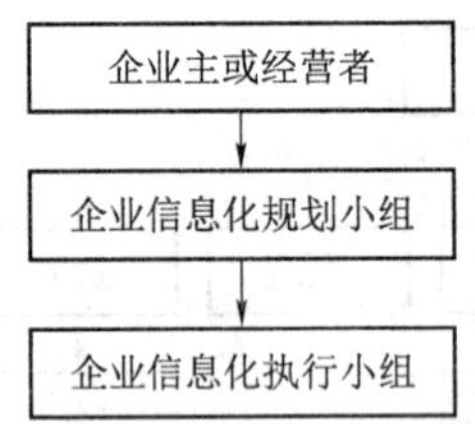

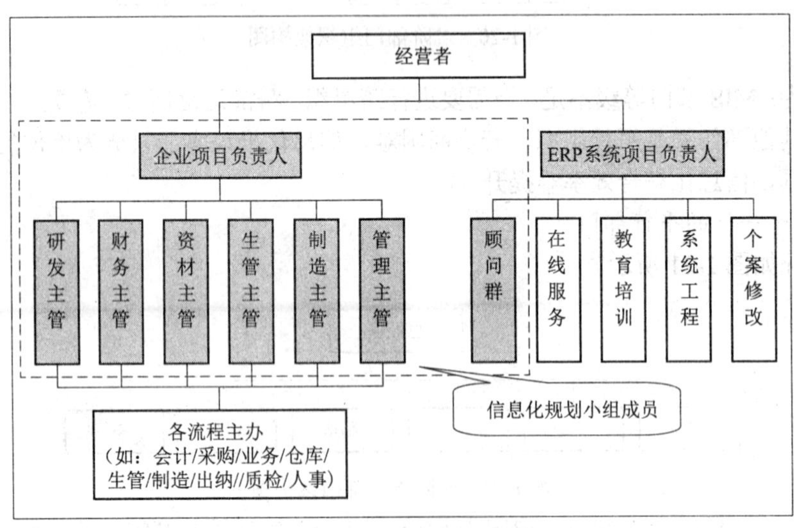

图 1-23 项目组织规划图

3. 组织的主要权责

1）经营层级

(1) 设定组织明确信息化目标及信息化策略，时时关心信息化进度，积极参与规划及变革，明确掌握信息化进度及阶段性目标，时时勉励与鞭策信息化效益的达成。

（2）定期召开会议检讨项目进度的成果，并随时修正信息化的进度或方向。

（3）决策影响项目进度执行相关的阻碍及资源不足等问题。

2）信息化规划小组

（1）为企业 ERP 上线成功而负责。

（2）负责与参与 ERP 上线过程中的项目规划、系统规划、组织规划、流程规划、参数设定及基本数据等规划。

（3）参与 ERP 上线相关培训课程。

（4）当 ERP 系统与现行作业发生异常时，负责内部协商及提出决策建议。

（5）负责 ERP 个案修改的需求提出、规格确认及验收。

（6）负责督导信息化执行小组的培训、执行、成效评估及改善建议。

3）企业项目负责人

（1）协助与监督系统供应商的服务、上线效率及质量控管。

（2）负责 ERP 项目进度的控管执行及追踪，并有效整合内部人力及物力资源。

（3）负责内部与系统供应商的沟通窗口。

（4）负责 ERP 系统上线的验收。

4）ERP 系统供应商项目负责人

（1）负责 ERP 上线项目的规划、项目进度的执行及上线的成败。

（2）负责与企业项目负责人的沟通协调窗口。

（3）负责系统供应商有关 ERP 项目内部人力资源及设备资源的整合。

（4）定期召开 ERP 项目推动进度检讨及协调会议，完成会议报告。

（5）遇到项目执行瓶颈应反映给经营者知悉，并尽力协助排除困难。

（6）定期向经营者报告 ERP 项目执行的状况。

5）企业信息化执行小组

（1）负责 ERP 系统与职能相关的数据收集、登录及系统流程的执行。

（2）负责 ERP 系统功能的验收。

（3）负责 ERP 个案设计功能需求的提出、协助规划及个案验收。

（4）参与相关模块的 ERP 系统培训并参与培训验收。

（5）协助组织 ERP 系统的推动及信息化目标的达成。

4. 企业上线 ERP 项目，所有人员应有的正确观念

企业过去以“人”及“作业”为管理流程的传统时代，已随 IT 信息科技及人力资源结构的快速发展而改变，ERP 是目前最完整的企业营运管理工具。因此，企业上线 ERP 已经势在必行，如何快速及成功有效地上线是企业全体同仁的责任，面对新的工具应该更加努力学习、耐心聆听，如此才能有效提升企业竞争力，让企业能永续成长。

四、ERP 实施效益的衡量指标

衡量企业实施 ERP 的效益有没有比较明确的衡量指标呢？表 1-6～表 1-10 是收集的企业常用的衡量方法。要比较效益就应该有实施前跟实施后的指标值才能做比较，而事实上企业实施前这些数据有可能根本无法取得，所以只能得到实施后的实际值。这样企业经营者至少有

量化的衡量指标来衡量企业营运的成效。

表 1-6 信息化程度

衡量指标	公式或衡量方式
1. 流程信息化的程度	已经信息化的流程数÷可信息化的流程总数
2. 表单信息化的程度	信息化表单数÷总表单数
3. 管理决策依赖信息化的程度	销售预测/产品策略/仓库策略
4. 关键流程的流程处理时间	订单/销货/服务/采购/验收/领料
5. 关键流程的签核流程长度	接单/销货/服务/采购/验收/领料
6. 销售成本降低或增加值	间接人工产值（元）或人数
7. 关键单据处理成本/人员	订单/销货/采购/领料
8. 信息化的深度	MRP 系统/MPS 系统/成本系统/自动分录/电子表单/EIS/CRM/自动仓储/SCM/电子商务
9. 上下游供应商的信息化整合程度	EDI/SCM/数据交换与交互认证的程度
10. E-Service 服务程度或满意度	网络订单数÷总订单数或网络下单顾客数÷总订单顾客数

表 1-7 营业管理

衡量指标	公式或衡量方式
1. 客户需求到订单确认时间	小时或天
2. 订单到出货的交货时间	天数或小时
3. 客户服务满意度	客户满意度
4. 应收账款天数	天数或金额改善
5. 客户的再续购率	续购客户数÷总客户数或续购订单金额÷总订单金额（AB 级客户）
6. 客户延迟交货次数率	延迟交货次数÷总预计交货次数
7. 客户迟交订单平均延迟天数	天数或小时数
8. 客户抱怨次数	服务及交货生产相关的次数
9. 客户呆账或坏账的降低率	本年度金额÷上年度金额

表 1-8 存货管理

衡量指标	公式或衡量方式
1. 存货金额降低率	实施前存货总金额与实施后存货水平的降低
2. 呆滞料金额降低率	实施前后呆滞料金额的降低率
3. 不良逾期储存成本降低率	期限商品或料件逾期的损耗
4. A 类或关键原料存货周转率	
5. 存货天数	存货金额÷平均月销货金额
6. 紧急采购率	次/月或次/周或紧急次数÷总采购次数
7. 采购成本降低率	元/采购单每张

续表

衡量指标	公式或衡量方式
8. 进货迟交批次降低率	次/月或迟交次数÷总预计交货批次
9. 进货品质不良退货批次或比率	退货次数/月或退货批次÷进货总批次
10. 供应商评核效益与进货成本降低	D 级供应商的淘汰及议价效益
11. 存货料账准确率	盘点差异率
12. 存货账务实时性	实时准确性，以天或小时衡量
13. 盈亏损耗降低率	改善前金额÷改善后金额

表 1-9 制造生产

衡量指标	公式或衡量方式
1. 信息异常产生的生产力损失	
2. 生产排程变更次数	次数/月或次数/周或异常工单单数÷该月总工单单数
3. 无效工时比率	无效工时÷总投入工时
4. 停工待料次数	次数
5. 异常质量成本	
6. 质量成本	
7. 异常换线成本或次数	
8. 机器设备稼动率	

表 1-10 财务

衡量指标	公式或衡量方式
1. 应收及应付账款结账日期	每月 3 日、5 日……或 10 日或 15 日
2. 产品成本结算延迟天数	延迟 15 日或 1 个月或 2 个月
3. 财务报表结算天数	延迟 10 天或 15 天
4. 资金周转率	
5. 人员生产力（间接）	万元/人·月

企业拟订实施 ERP 效益的指标不应在企业实施 ERP 后，而应该在企业实施 ERP 前的规划阶段，由公司高层管理人员把衡量实施 ERP 效益的指标拟订好，将指标达成纳入 ERP 实施过程的重要监督项目，时时地检查实施 ERP 的方向成果，随时督促信息部门或项目小组成员，努力朝预期的目标前进。这样企业实施 ERP 的效益比较容易达成目标。

任务实施

分组讨论，企业实施 ERP 系统能为企业带来哪些运营效益？

学习小结

本项目主要介绍了ERP的基本概念和内涵，要求学生掌握ERP理论各发展阶段的特点、局限性及ERP实施对企业运营带来的效益等。

项目实训

1. 什么是 ERP？请结合教材及相关网站的评论，阐述对你对 ERP 的理解。
2. ERP 的发展经历了哪些阶段，每个阶段有什么特点？
3. ERP 与 MRP、MRP Ⅱ 有什么不同？
4. 简述 ERP 的发展趋势。
5. 解释 BPR、JIT 和 LP 的含义。
6. ERP 软件系统体现了哪些管理思想，简述其核心管理思想的体现。
7. 查阅文献了解有关业务流程再造及与 ERP 应用的关系。
8. 上网调查和搜集 ERP 软件市场及其发展的相关资料，以小组为单位就某一个软件从其产品特征、应用特征、实施案例等方面进行讨论。
9. 调查了解 ERP 软件市场的现状和发展趋势。

项目二

ERP 的基础设置

知识目标

1. 了解数字化企业的构建过程。
2. 了解 ERP 系统的集成思想。
3. 理解 ERP 系统初始化的目的。
4. 理解系统管理的主要目的。
5. 了解公共参数的地位和作用。
6. 了解期初开账的思想及内容。

能力目标

1. 能进行公司、用户和组的创建。
2. 能进行用户权限的分配。
3. 掌握公共参数的设置方法及其注意事项。
4. 掌握公共参数中具体字段的含义和设置方法。
5. 掌握企业期初开账的操作方法及其注意事项。
6. 掌握各模块月结的操作方法及其注意事项。

引导案例

ERP 系统实施中的关键角色——信息系统管理员（CIO）

目前情况下，国内大量的企业都在管理中引进了 ERP 的管理软件。在 ERP 实施过程中都提倡所谓的“一把手”工程，由“一把手”负责进行具体的实施。在实施过程的初期，由负责安装调试的顾问和本厂的实施人员共同将模块中的基本设置和数据进行整理输入，将软件中的“管理模式”确定下来。然后，由咨询顾问进行培训、操作演示，同时对系统管理员进行深层次的培训，包括数据库的备份、保存、各界面的具体操作、工作流程。但是这仅仅是整套软件实施运用过程的一小部分内容，许多其他的内容，需要企业在实施中进行理解运用。以上过程完成了软件的初步安装调试，余下的工作由每个企业的系统管理员（CIO）去完成。在实施的具体执行过程中，系统管理员扮演了相当关键的角色，他要依靠他的理解对企业中的其他的具体操作人员进行具体的培训，推行相关的管理过程。

思考：ERP 系统管理员的职责是什么？

任务一　ERP 系统的创建

任务描述

企业在使用 ERP 系统后，如何进行 ERP 系统的维护及管理呢？

知识准备

案例公司基本概况介绍

1. 公司名称

案例公司名称为成功集团股份有限公司，成立于 1998 年，简称成功集团。

2. 公司基本资料

成功集团各项基本资料如下。

（1）资本额：6 亿元。

（2）营业额：15 亿元。

（3）员工数：约 12 000 人。

（4）企业组织：如图 2-1 所示。

（5）产品：数码相机及电子相关产品，产品包括自行生产制造及买进卖出两大类型。

（6）工厂：有两个工厂，分别为上海一厂与上海二厂。

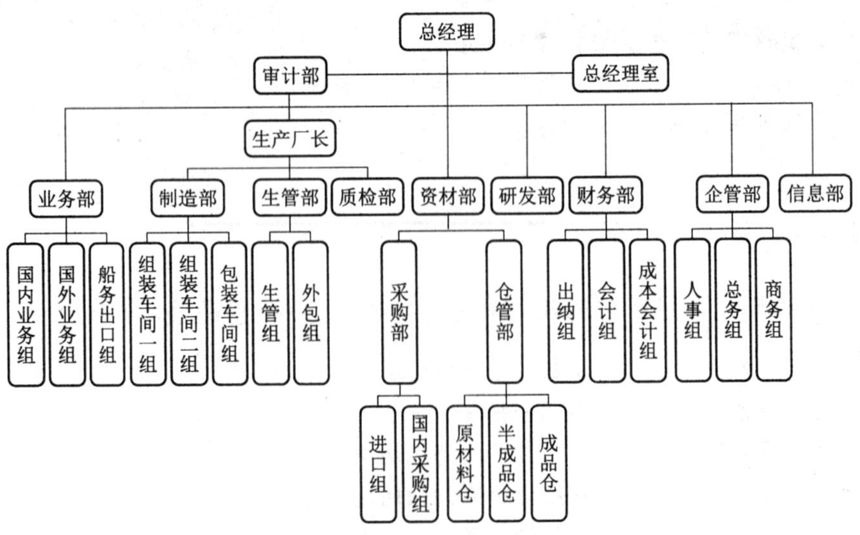

图 2-1　企业组织图

（7）仓库：原材料仓一厂，原材料仓二厂，半成品仓一厂，半成品仓二厂，成品仓一厂，成品仓二厂，不良品仓一厂，不良品仓二厂，报废仓一厂，报废仓二厂，事务品仓一厂，事务品仓二厂，借出暂存仓一厂，借出暂存仓二厂。

（8）工作中心：上海一厂一组装车间一组、组装车间二组，上海一厂一包装车间，上海二厂一组装车间一组、组装车间二组，上海二厂一包装车间。

（9）公司概况：设备资源充足，员工熟悉度高，设有奖励制度，工艺标准化。

3. 各部门工作内涵

【研发部】

（1）负责新产品、新材料、新工艺的研究、开发、标准制定及维护。

（2）负责料件品号的编码、相关标准图面的制作及维护。

（3）负责产品标准用量表（BOM）的建置、维护及版号管理。

（4）负责新产品的量产制作及技术评估。

（5）负责研发相关信息及成果的建档文件、保密、安全控管。

（6）负责年度研究发展计划的规划、拟订、执行、差异分析及异常对策的拟订与执行。

（7）负责研发项目的规划、拟订、执行、资源的控管及差异分析。

（8）负责商品专利相关事务的申请及管理。

（9）负责研发相关办法制度的规划、拟订、修订及执行。

【业务部】

（1）负责市场、销售渠道、客户的开发、扩展与经营。

（2）负责营销计划、销售策略、定价策略的拟订、规划及管理。

（3）负责产品的报价、接单、销货、服务及账款的处理与进度控管。

（4）负责与协助生产的相关单位进行资源的规划、控制与运用。

（5）负责销货获利分析、管理与改善。

（6）负责自有品牌产品的开创、推广及经营。

（7）负责电子销货平台的营销与营运。

（8）负责实时的客诉响应、处理及客户满意度经营。

【采购部】

（1）负责供应商的开发、遴选和进货后质量、交期的评选与管理，还有跟供应商满意度的经营。

（2）负责原材料采购计划的规划、采购定价策略的拟订、规划和管理。

（3）负责生产原材料的请购、采购、进货、退货跟供应商应付账款的整账及管理。

（4）负责采购成本分析与绩效提升。

（5）负责存货的规划及管理。

（6）负责电子采购的推展、平台经营及管理。

【生管部】

（1）负责制造现场及委外加工生产计划的拟订、生产排程、派工及进度的掌控。

（2）负责生产排程计划异常的控管、协商及统计分析改善。

（3）负责并协助生产资源（设备、人力、用料）的效率提升。

（4）负责业务接单交期的回应与确认，并有效掌握生产进度能实时达成订单出货目标。

（5）负责生产完工成本统计分析、异常管理、资源效率，协助管理使资源效能极大化。

（6）负责生产管理相关办法制度的规划、拟订、修订及执行。

（7）负责外包生产进度的安排、控管及加工供应商的管理（单价、评核、退货）。

【制造部】

（1）负责依据生产排程执行生产派工。

（2）负责有效管理及控制生产资源的运用（人力、设备），如生产设备的保养维护及资产安全的保管并确保效率运用极大化。

（3）负责生产工单的用料领用、控制及退料事宜。

（4）负责生产完工产品的生产入库事宜。

（5）有效生产异常控管（进度、用料及停工待料、设备异常、质量异常）及改善。

（6）负责生产环境的动线规划及维护。

（7）负责及协助各项生产制造相关提案改善制度的提案与执行。

（8）负责生产制造相关制度流程的规划、拟订、修订与执行。

【质检部】

（1）负责进料检验、工艺检验、成品检验（IQC/PQC/FQC）的执行。

（2）积极、主动提出质量改善议题、提案与改善。

（3）负责各项统计工具和手法，有效统计分析质量状态，协助研发及制造生产部门改善产品或生产工艺。

（4）负责供应商评价的执行及协助供应商质量的改善。

（5）负责及协助研发部门各项质量标准制度的建立及修订。

（6）负责质量相关办法制度的规划、拟订、修订及执行。

（7）协助规划、建立、通过及落实各项国际质量评鉴。

（8）负责生产制造相关制度流程的规划、拟订、修订与执行。

【仓管部】

（1）负责物料管理策略的整体规划、执行。

（2）负责存货策略的规划与执行。

（3）负责与仓管进出相关的实体料品点收、控管与账务处理。

（4）负责及确保料账正确性与实时性。

（5）负责仓储料品的安全控管。

（6）协助存货盘点的规划跟落实执行盘点作业。

（7）负责及协助呆滞存货的有效控管。

【财务部】

出纳组

（1）负责零用金的支付与管理。

（2）负责应付票据管理。

会计组

（1）负责开立交易发票。

（2）负责各种财务账簿管理。

（3）负责应收票据管理。

（4）负责财务报表编制。

（5）负责应收应付账款管理与催收。

（6）负责税务规划。

成会组

（1）负责产品成本计算。

（2）负责产品成本差异分析。

（3）负责协助成本改善。

（4）负责资产盘点。

另有专人负责财务分析、投资执行与风险控管、股务相关事宜，资金管理及调度、预算规划与监控。

【企管部】

人事组

（1）负责新进人员的招募、任用、训练。

（2）负责人员年度人力资源计划的规划、执行与效用分析。

（3）负责员工职业生涯发展计划的规划及执行。

（4）负责出勤管理及薪资与绩效的计算与发放。

（5）负责工伤保险、劳工安全及法律相关事宜的执行。

（6）负责员工考评、升迁、奖赏、惩戒及辞退相关事宜。

总务组

（1）负责公司年度资产计划的拟订、执行及差异分析。

（2）负责建立个人资产管理制度，领用、移转并有效落实管理。

（3）负责资产需求评估、请购、编号、登账、维护及报废相关事宜。

（4）负责公司资产定期及不定期盘点计划的拟订、执行、差异分析及改善对策。

（5）负责资产修缮及更新的评估及执行。

（6）负责资产管理相关办法制度的规划、拟订、修订及执行。

4. 上线时点

成功集团计划于2014年1月1日正式上线易飞系统，图2-2为企业ERP上线流程图。

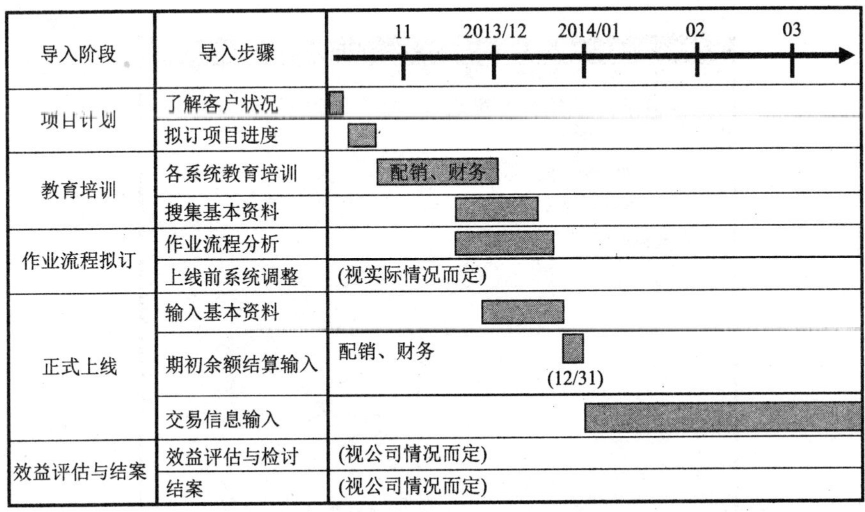

图2-2　企业ERP上线流程示意图

任务实施

以易飞 ERP 系统为例，要进行 ERP 系统的创建和维护，在 ERP 系统“管理维护子系统”作业中进行相关的设置，如图 2-3 所示。

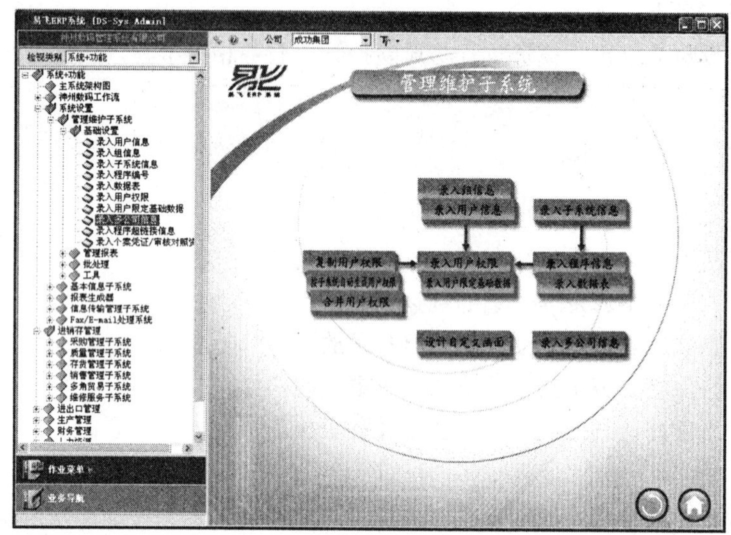

图 2-3 “易飞 ERP 系统”界面

1. 录入多公司信息

【目的】

软件安装时，工程师会设置公司账套的数据，包括预设公司名称，若该公司名称需要修改，可以进入本作业进行修改。例如，将公司名称修改为与企业同名。

若需要建立其他的公司账套，如进行操作训练的演示账套等，也需要在“录入多公司信息”作业中建立，如图 2-4 所示。

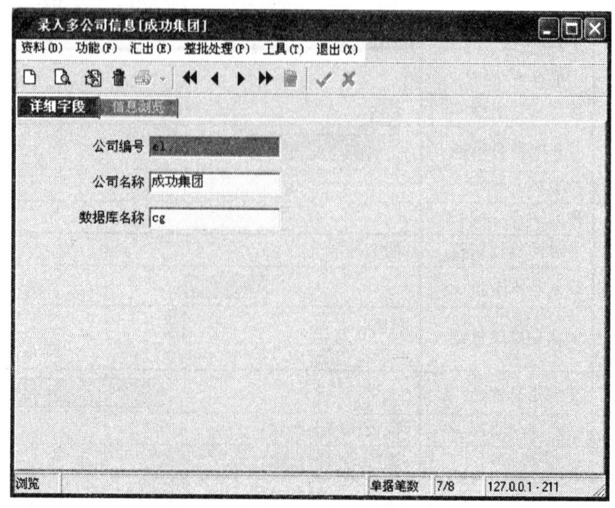

图 2-4 “录入多公司信息”界面

2. 录入用户信息

【目的】

易飞 ERP 系统实施上线时，要将全公司所有可能会使用到易飞 ERP 系统的人，都统计出来。为了识别每一笔数据的“录入者”及“修改者”，应为每一个用户单独设置独立的使用者登录账号，如图 2-5 所示。

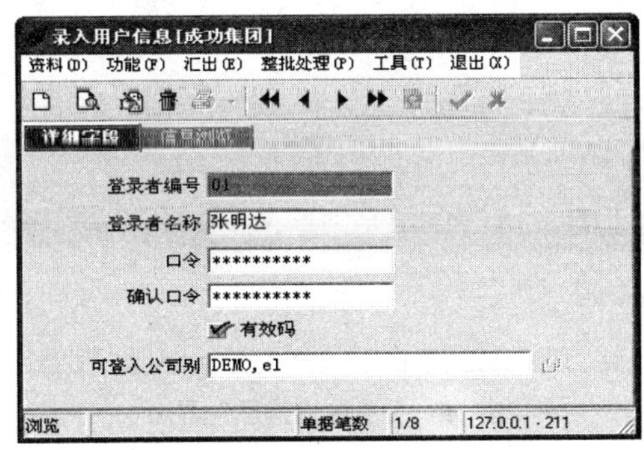

图 2-5 “录入用户信息”界面

【作业重点】

一般企业的使用者，通常使用员工代号来作为登录者编号。通常使用者首先会在“基本信息子系统”|“录入部门信息”作业里，依据公司的组织表，建立部门信息；然后再在“录入员工姓名”中输入员工信息；最后再输入用户信息。

用户信息中，可以设置登录者编号、名称、口令，同时可以针对不同的登录者，设置其允许登录的公司账套，以增强数据的保密性。

用户信息的建立，建议由信息中心统一指定维护管理人员来建立及维护，不要授权给其他的使用者来新增。当人员有变动时，也应该同步变更权限，以确保 ERP 信息的安全。

3. 录入组信息

【目的】

“录入组信息”作业，可以用来录入易飞 ERP 系统的所有用户的组关系，用以作为权限控制的信息来源。若企业的权限群组数据与企业的组织结构表相对应，则可以直接将企业的组织结构表录入到本作业中。

创建组信息的主要目的是后续可以将用户以组来区分，这样就可以达到对各组用户间使用权限的控管。群组的功能包括：管制隶属于同一群组中的用户，对其他人建立的数据是否具有修改、删除、审核等权限；不属于同一权限群组的用户，是否可以对其他组的用户建立的数据进行修改、删除、查询等操作。

【业务场景】

成功集团股份有限公司业务部下属几个区域业务部门（权限群组）。其中，国内业务部有张明达、黄小玲两名业务员，国外业务部有王美丽、林庆安两位业务人员。如果希望国内业务部的张明达、黄小玲可以彼此间（同部门间）看得到对方的客户订单，但不能删除与修改；

张明达和黄小玲不能看到国外业务部王美丽、林庆安输入的订单，即不同部门的订单信息完全隐藏看不到。在此，把国内业务部与国外业务部称为组信息，如图2-6所示。

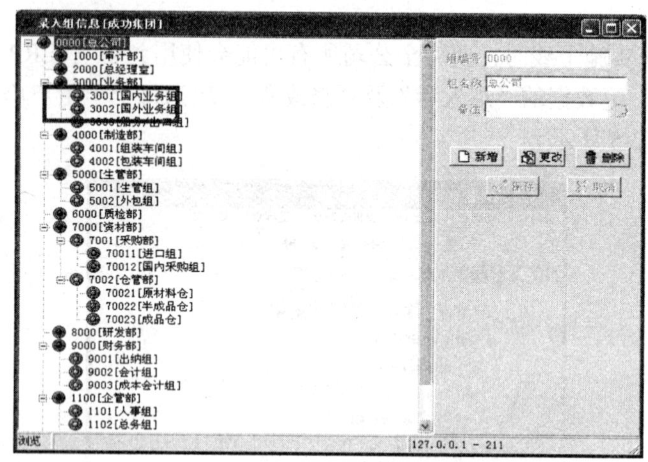

图2-6 “录入组信息”界面

【作业重点】

录入组信息后，还必须要跟用户的使用权限一起设置，才能发挥功能，详见下面的“录入用户权限”。

4. 录入用户权限

【目的】

易飞ERP系统的每一项作业，都可以对每一个用户的工作权责进行授权。

在设置使用者权限时，企业常发生一些管理上的问题，以下列举一些管理的重点来说明其对企业的组织管理及信息风险的帮助。

1）超级用户的管理

（1）系统软件出货时，都会预先设置一个“DS”登录者作为超级用户，这是给信息中心维护人员维护系统的最高权限，所以务必要设置密码并妥善管理。

（2）一般的企业超级用户只有一个人，就是维护系统及授权程序的管理者。有些企业担心建立权限太过复杂，所以每一个登录者都设置成为超级用户，表示这些使用者可通行无阻的新增、修改查询易飞ERP全模块的程序及数据。这样的授权甚至打破了部门分工及数据管理权限，信息风险堪忧。

2）新进员工的授权

一般企业中，会设置一组标准的职能权限，如业务人员、采购人员、仓库人员、质检人员，然后依据他们的工作职能去挑选可以授权的程序作业。有新进员工时，可以采用标准职能权限来复制用户权限。也有的企业管制得比较严谨，新进员工又分为试用期员工与正式员工，把标准职能的作业删除一些，就变成了新进人员的权限；也有些企业新人试用期满后，才进行易飞ERP系统的授权。

3）职务代理人的权限管理

在职务代理人制度上，基于信息安全及组织权责管理的原则，采用组织上一层级代理下一层级的做法比较妥当。如业务人员张明达休假，可以由其上级主管来代理，或由同职能间的业务人员黄小玲来协助代理。

（1）主管代理下属：设置主管权限时，如果下属有 20 项程序，那么主管至少也有 20 项程序权限，在属于主管专有的程序作业上再进行累加。

（2）同级间相互代理：可利用“组权限”来设置。

4）人员职务变动的授权

假设业务人员黄小玲因故调职当采购人员，一定要将其原来的业务职能的权限全部取消，改成采购职能的程序权限。但是通常在工作交接的过渡过程中，黄小玲具有两种身份，中间要交接旧职务又要接任新工作，此时她就有两种职能的权限。因此，系统维护者必须要特别留意这段过渡时期的权限管理。

5）人员离职的授权

要把离职人员的易飞 ERP 系统所有权限全部取消。有些企业甚至在获知员工有离职意图时，就开始慢慢缩减其易飞 ERP 系统的使用权限，如只保留例行作业，而逐渐取消一些分析统计报表或更新作业程序的权限。

6）建立全体员工信息安全意识及基本知识

权限安全要想做到严谨的控管，是离不开使用者的基本信息安全防范意识的。例如，密码的设置简单易猜，等于没有设置密码；人员离开作业时没有退出系统的习惯，其他同事就很容易窥视到他的数据等。这些都是潜在风险。因此，企业应当适时加强全体员工信息安全意识教育，并普及信息安全的基本知识。

【业务场景】

本业务场景沿用“录入组信息”的业务场景。

国内业务部的业务员张明达，可以新增客户订单，对他自己新增的订单，拥有查询、更改、审核、删除等基本权限。对于同组内的其他业务员，张明达可以查询，但无权修改、删除与核准。对于其他组的业务人员输入的客户订单，张明达无权查看。

【操作步骤】

步骤一： 新增一个用户，同时输入其所属的组信息，如图 2-7 所示。

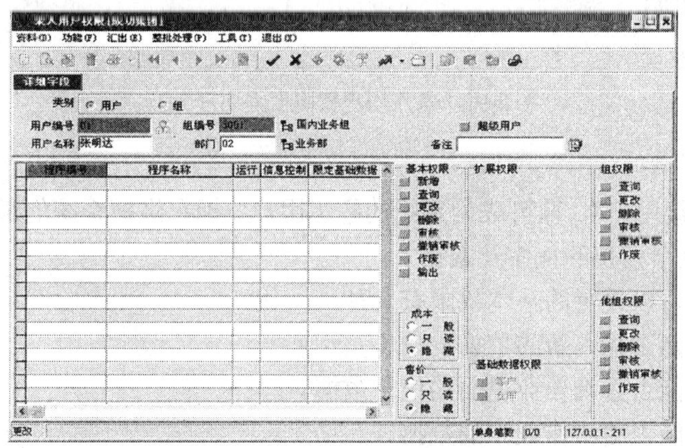

图 2-7 “录入用户权限”界面（一）

步骤二：选择对该用户授权的程序，如图 2-8 所示。

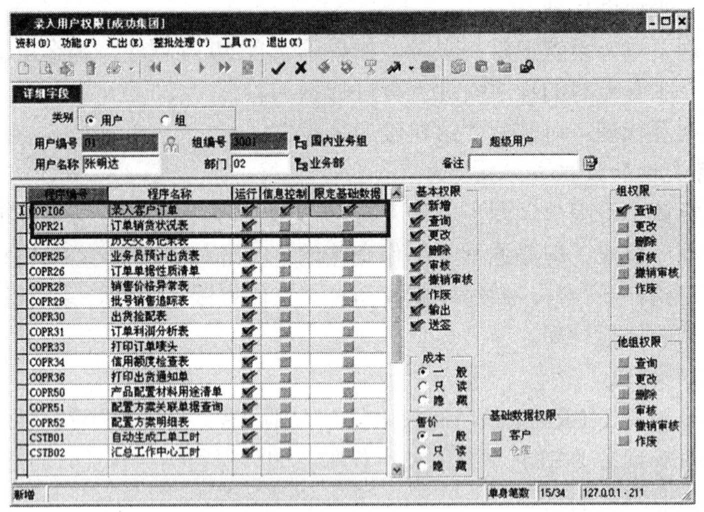

图 2-8 “录入用户权限”界面（二）

步骤三：当选择完成后，若该用户对某个作业程序需要做权限管理，可以勾选“超级用户”后进行设置，如图 2-9 所示。

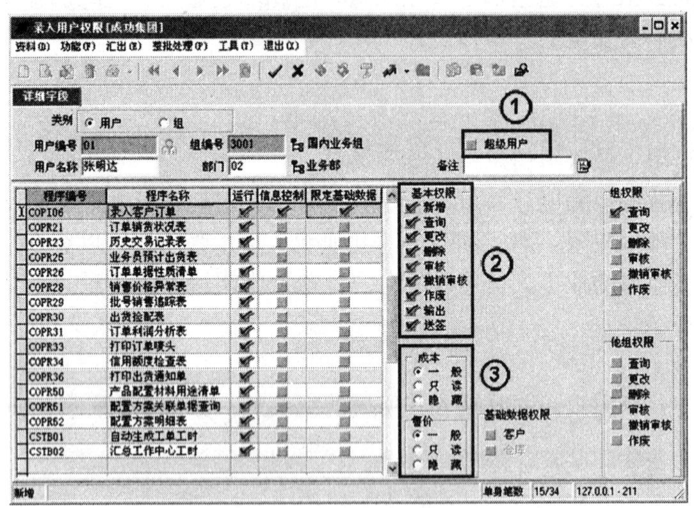

图 2-9 “录入用户权限”界面（三）

【作业重点】

（1）勾选“超级用户”，即可成为系统的超级用户，拥有维护系统的最高权限，可以新增修改查询易飞 ERP 全模块的程序及数据。

（2）每个作业可以设置的基本权限有九种。

新增：该用户能否输入新的单据。

查询：该用户能否查询作业里面的信息数据。

更改：该用户能否更改作业中的数据。

删除：该用户能否删除作业中的数据。

输出：该用户是否有打印及预览凭证或报表的权限。

审核：该用户是否拥有核准单据的权限。一旦单据核准，就不可以更改，所以审核也是在控管单据后续不可再被更改或删除。

撤销审核：该用户是否有将原本已经审核的单据取消审核的权限。

作废：该用户是否有作废某张单据的权限。要注意的是单据一旦作废就没有办法再还原了，所以作废的权限一定要控管好。

送签：该用户是否有将某张单据送出签核的权限。本功能只有结合易飞 ERP 的工作流系统才可以起作用。

(3) 即使拥有了对作业的基本权限，也不能保证可以查询或更改有关成本或售价的字段。成本和售价的权限，在设置用户权限时，需要单独设置。赋予的权限可以分为一般、只读和隐藏。

一般：拥有通用权限。如果用户可以查询或更改某个作业，而且成本或售价字段设为“一般”时，表示该用户也可以查询和更改成本或售价的字段。

只读：用户虽然拥有某个作业的查询和更改权限，可是针对成本或售价字段，也只能查询，不可更改。

隐藏：即使用户拥有对作业的查询和更改权限，但看不到任何有关成本或售价的信息。

任务二　ERP 系统的初始

任务描述

基本信息子系统，是易飞 ERP 的基础模块系统，它将易飞中其他各应用系统里共享的基本信息统筹集中管理，以提高信息的集成性与管理的时效性并减少信息的重复性。

知识准备

本系统的程序大多数是基于参数及共用的基本数据设置的。有些数据只应用于个别的系统模块中，有些数据是通用的易飞 ERP 数据。表 2-1 说明了部分系统作业的必要性、主要关联模块，其中备注必须要建立资料的一定要先行录入。

表 2-1　基本信息子系统作业简介

作业名称	必要性	主要关联模块	备注说明
设置共用参数	必要	一般	
设置基本参数	必要	一般	
设置进销存参数	必要	一般	
设置人事参数		人事薪资子系统	
录入工厂信息	必要	进销存管理、生产管理系统	至少要录入一笔
录入仓库信息	必要	进销存管理、生产管理系统	至少要录入一笔

续表

作业名称	必要性	主要关联模块	备注说明
录入工作中心	必要	生产管理系统	
录入部门信息	必要	一般	录入公司的组织结构表
录入币种汇率	必要	一般	至少要录入本位币
录入职务类别		一般	录入采购、业务、生管等职能
录入常用语			常用词语资料
录入交易对象分类	必要	销售、采购系统	录入客户、供应商的分类性质
录入金融机构		进销存管理、财务管理系统	录入往来的银行信息
录入页脚签核	必要	一般	凭证单据打印时的页脚和签核
录入程序页脚签核		一般	报表打印时的页脚和签核
录入假日表	必要	一般	假日表可以作为推算开工完工日的依据
录入员工姓名	必要		员工基本数据
录入工艺信息		工艺管理子系统	
录入产能信息		工艺管理子系统	
录入付款条件		应收应付系统	
录入语言信息		人力资源子系统	
录入学校资料		人力资源子系统	
录入科系信息		人力资源子系统	

任务实施

步骤一：设置基本参数，如图 2-10 所示。

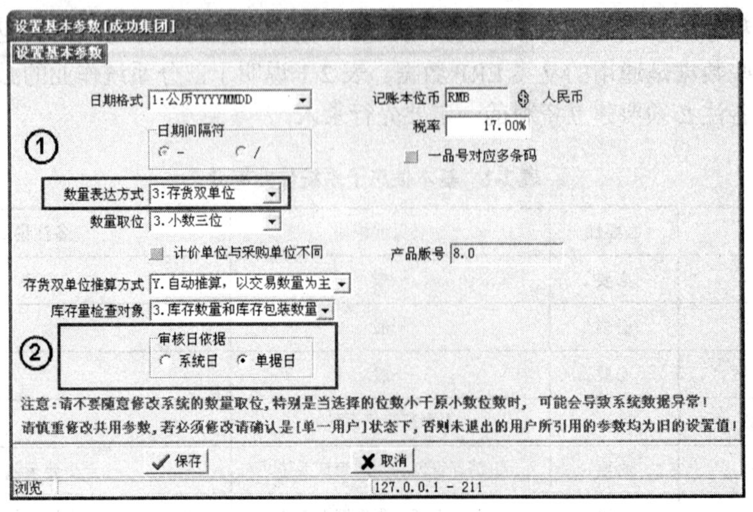

图 2-10 “设置基本参数”界面

【作业重点】

（1）数量表达方式有三种：单一单位、大小单位、存货双单位，可以根据企业的产业特性进行选择。

单一单位：品号只需使用一个单位，如千克等。

大小单位：可同时表达两种单位，多用于流通买卖行业。

存货双单位：品号须同时控制两种单位。

（2）审核日期设定的依据和所有系统的交易单据都有关。有两种方式选择，一种是依系统日期设定审核日期，一种是依单据的日期设定审核日期。

如果企业要求当日的单据当日就要审核，一般我们可以选择“单据日期”作为审核日期的依据，相反可以选择“系统日”作为审核日期的依据。审核交易日期的选择，完全取决于公司的管理制度。

步骤二：设置进销存参数，如图 2-11 所示。

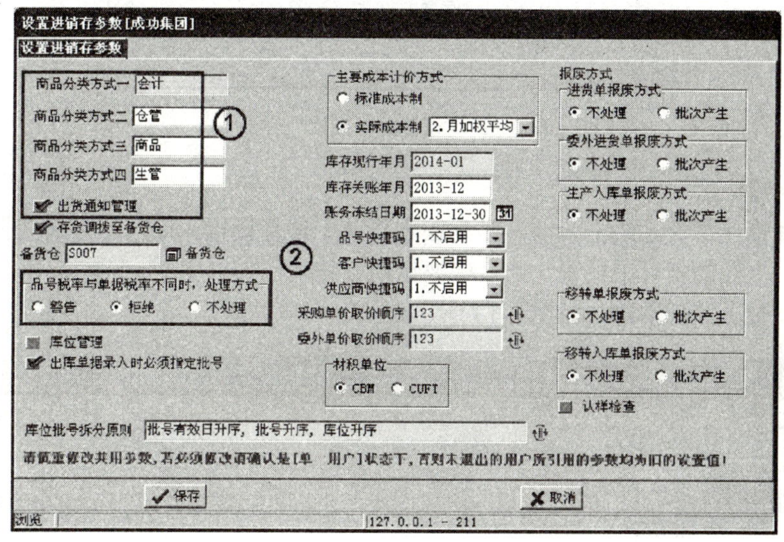

图 2-11 “设置进销存参数”界面

【作业重点】

（1）商品分类方式和“存货管理子系统”|“基础数据”|“录入品号类别”有先后数据的关联。

一般企业在管理库存货物时，都会使用一些统计报表来分析存货的管理状况，大部分多分成财务会计及仓管材料的统计。

通常财务部门需要知道存货当中的原材料、半成品、产成品等分类的存货金额。而仓管材料需要针对物料大类再细分，如五金零件、电子零件、塑料零件、包装材料、配件……这些分类通常是为了进行统计分析而设置的。

商品分类方式要在本作业中先设好。每种分类的内部细分，需要在“存货管理子系统”|“基础数据”|“录入品号类别”中录入。然后再在“存货管理子系统”|“基础数据”|“录入品号信息”中，录入每一个料件的归属类别。

（2）在销货单等单据检查时，如果遇到品号的税率和整张单据的税率不同的情况，会按照此处设置的处理方式，进行处理。

步骤三：设置财务参数，如图 2-12 所示。

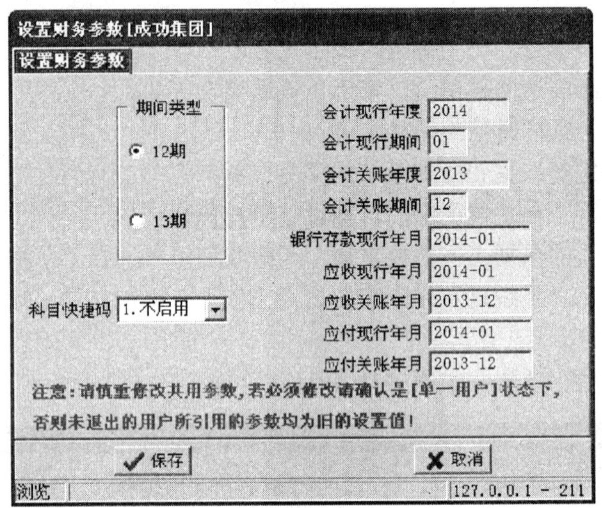

图 2-12 “设置财务参数”界面

【作业重点】

财务管理模块相关系统上线前，必须在本作业中进行设置。现行年月最初上线时，可以依据企业决定上线的年月来设置，之后需要运用系统功能加以变动。

步骤四：录入工厂信息，如图 2-13 所示。

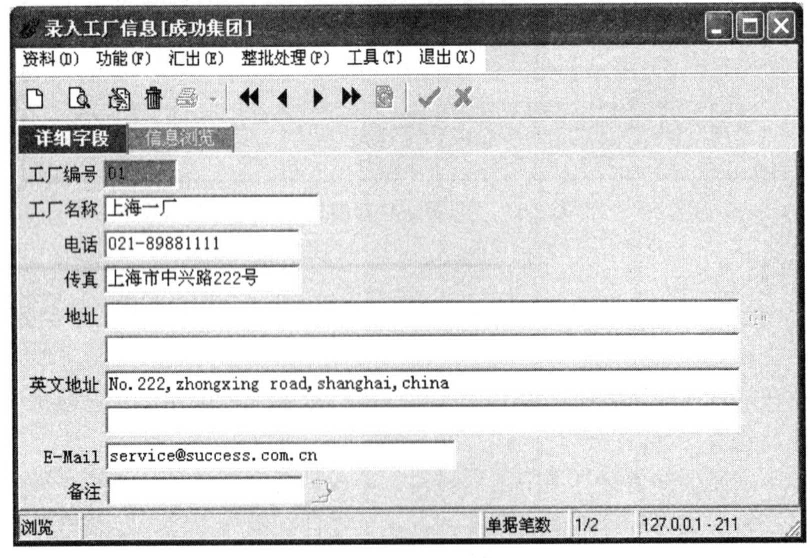

图 2-13 “录入工厂信息”界面

【作业重点】

至少要录入一笔。在录入工单时要指定生产的工厂；在录入销货单、进货单等单据时，要指定出货、进货的工厂。

步骤五：录入仓库信息，如图 2-14 所示。

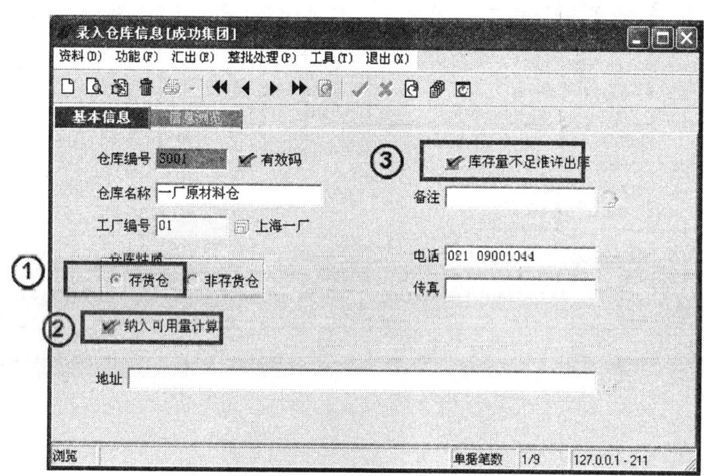

图 2-14 “录入仓库信息”界面

【作业重点】

（1）仓库性质分为存货仓和非存货仓两种。存货仓中的商品计入库存成本，非存货仓中的商品不计入库存成本。

（2）此仓库的数量可纳入可用量来累加。

注：在本系统的某些单据中，如客户订单及销货单，均可查询品号的“可用库存量”。当库存余额显示“100 pcs”时，这 100 pcs 到底可不可以销货呢？如果良品当然可以，但是若其中有 20 pcs 不良品，那么就应该只有 80 pcs 可用，我们称存放 20 pcs 的存货仓库为不纳入可用量计算。

（3）“库存量不足准许出库”的设置，是为了防止仓库的库存数量因为单据录入的时间先后顺序出现问题而发生库存数量为零，但却可以录入销货单等出库单据的异常状况发生所设计的预防措施。一般企业都会设定为库存量不足不可出库（选项不打勾）。

表 2-2 是企业常用的最简单的仓库设置，可做参考。

表 2-2 常用仓库设置

库别名称	库别性质	纳入可用量计算
原料仓	存货仓	是
成品仓	存货仓	是
不良品仓	存货仓	否
退货仓	存货仓	否
报废仓	非存货仓	否

步骤六：录入工作中心，如图 2-15 所示。

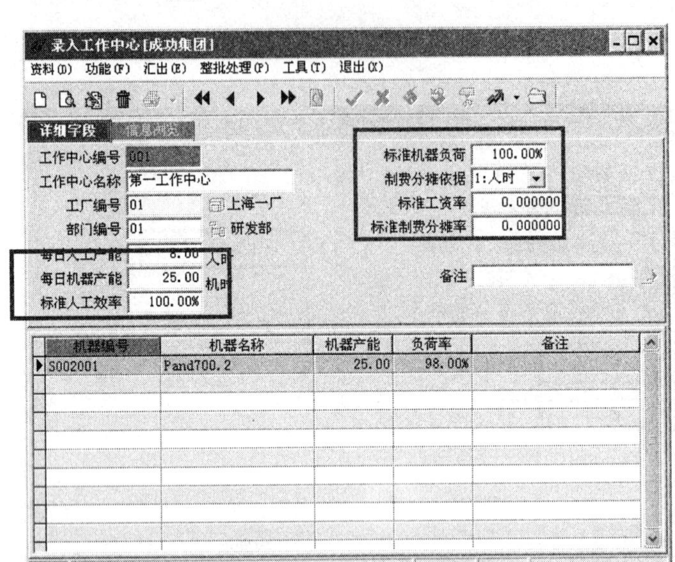

图 2-15 “录入工作中心”界面

【作业重点】

至少一笔数据记载工单要在哪一个工作中心生产。图 2-15 中所标示出的信息，为生产成本相关系统所使用，详细说明，请参照“成本计算子系统”部分。

步骤七：录入部门信息，如图 2-16 所示。

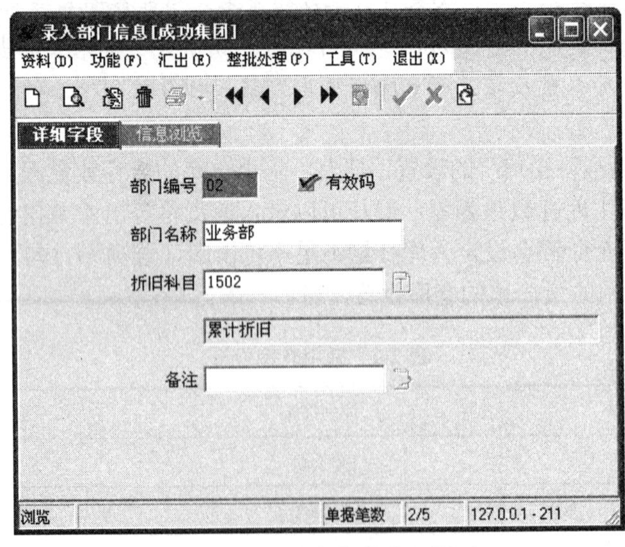

图 2-16 “录入部门信息”界面

【作业重点】

将公司的组织结构图/表输入即可，其中“折旧科目”字段，用于“固定资产管理子系统”按照部门摊提折旧费用时使用。

步骤八：录入币种汇率，如图 2-17 所示。

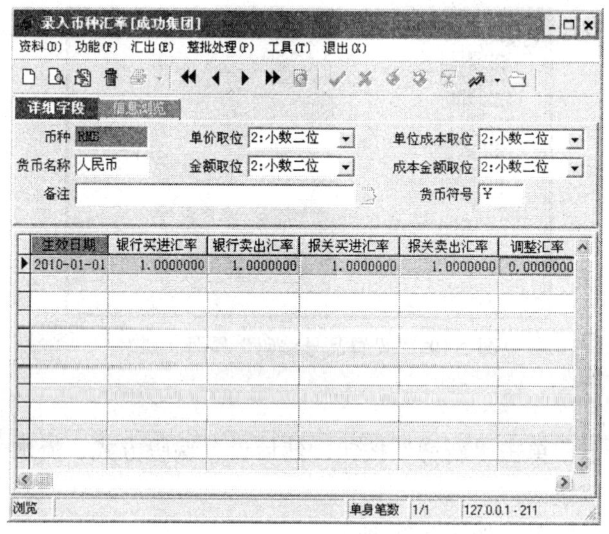

图 2-17 “录入币种汇率”界面

【作业重点】

至少要建立一笔本位币的数据。其中，银行买进汇率为“销售管理子系统”及“应收管理子系统”中报价单、客户订单、销货单、销售发票等单据所用的默认汇率；银行卖出汇率为“采购管理子系统”及“应付管理子系统”中采购单、进货单、采购发票等单据所用的默认汇率；报关买进汇率为“出口管理子系统”中所用的默认汇率；报关卖出汇率为“进口管理子系统”中所用的默认汇率；调整汇率为汇率发生变动时需要进行调汇时所用的默认汇率。

步骤九：设置编码原则，如图 2-18、图 2-19 所示。

注：设置编码原则协助企业在新增资料时，如编制品号、客户编号等，进行编码的逻辑设定。如果不设置编码原则，则需要在输入相应数据时，手工进行编码。编码类别分为品号编码、客户编码、供应商编码、固定资产编码、产品序号编码、批号编码、专用发票、普通发票，共 8 种。

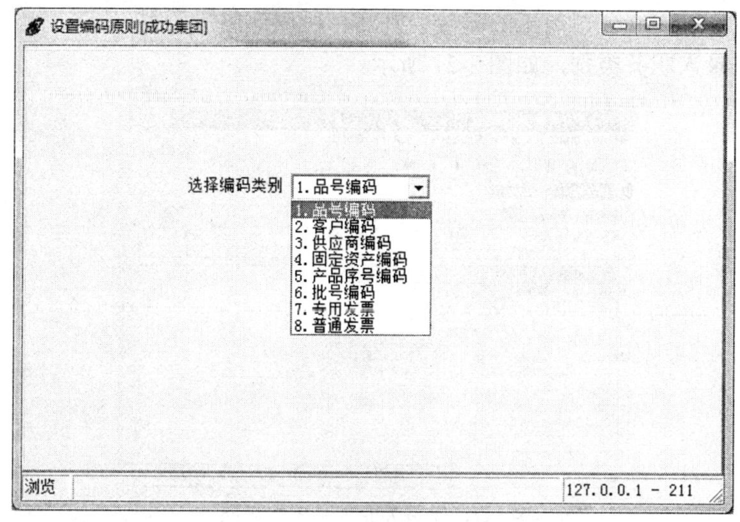

图 2-18 “设置编码原则”界面（一）

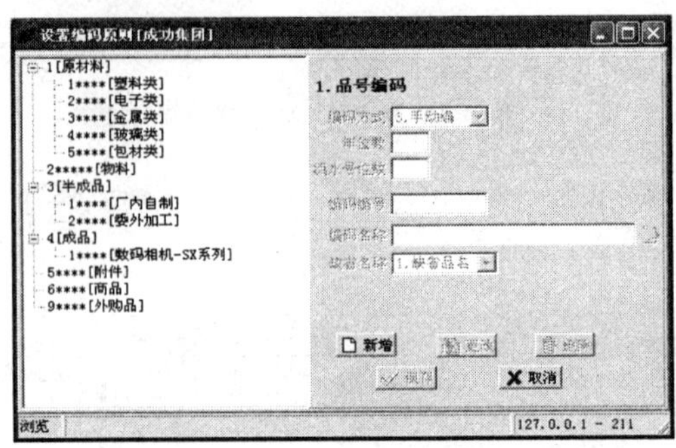

图 2-19 “设置品号编码”界面（二）

【作业重点】

在所属分类项目下，单击“新增”按钮，然后设置编码方式、流水号位数、编码名称等信息。单击“保存”按钮。

步骤十： 录入员工姓名，如图 2-20 所示。

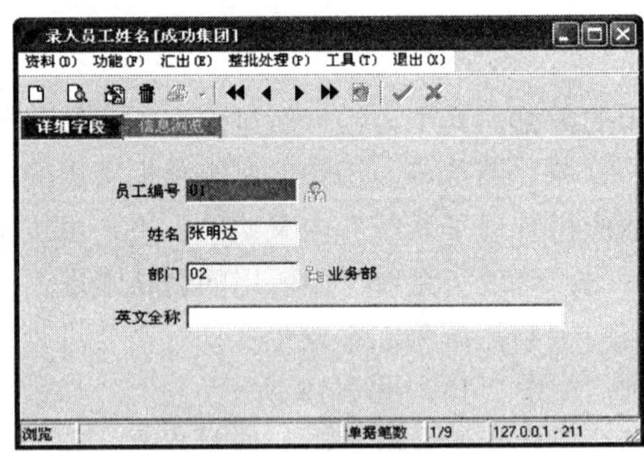

图 2-20 “录入员工姓名”界面

【作业重点】

（1）录入员工姓名前，请先将部门信息录入完整。

（2）本作业可以建立公司员工的编号、姓名、所属部门等资料。

步骤十一： 录入职务类别，如图 2-21 所示。

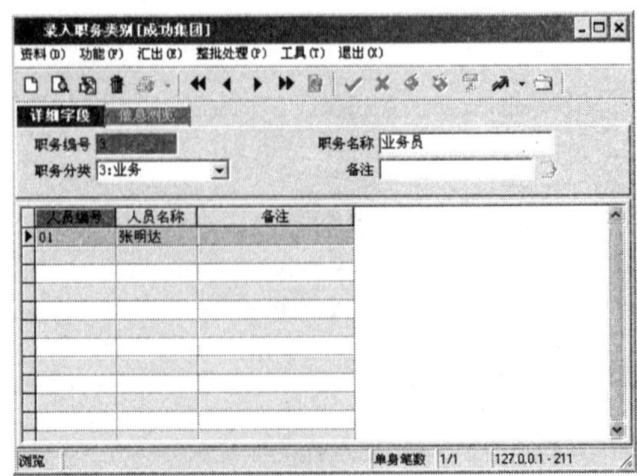

图 2-21 “录入职务类别”界面

【作业重点】

（1）如果交易单据上不需要输入职务类别人员数据时，可不录入此作业。

（2）本作业可以将企业内员工设置为物管、生管、业务、采购、会计、出纳、仓管、研发等职务。日后输入交易单据，如客户订单、销货单、采购单等时，可以查找并输入相应职务类别的人员。

（3）录入本数据前，请先将员工姓名录入完整。

步骤十二：录入常用语，如图 2-22 所示。

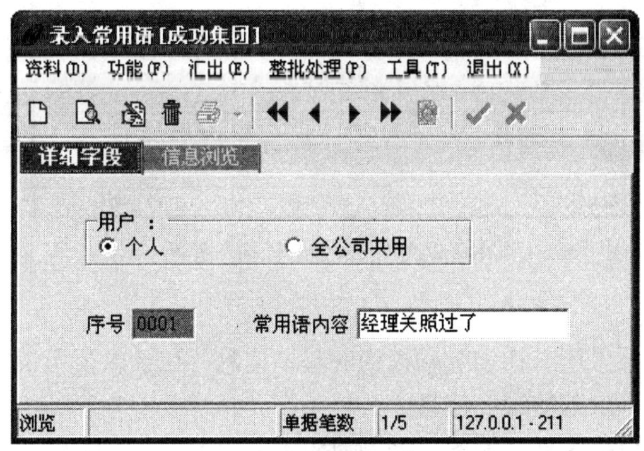

图 2-22 “录入常用语”界面

【作业重点】

为了提升数据输入时的效率，将经常使用的语句、词语输入本作业中。常用语通常可以用在输入单据时的常用字段或备注字段中。

步骤十三：录入交易对象分类，如图 2-23 所示。

本作业可以对客户及供应商按照各种分类进行细分，即从不同角度对客户与供应商进行分类。系统内预设了 9 种分类方式供使用，可以从这些分类方式中选择合适的方式建立分类细项。

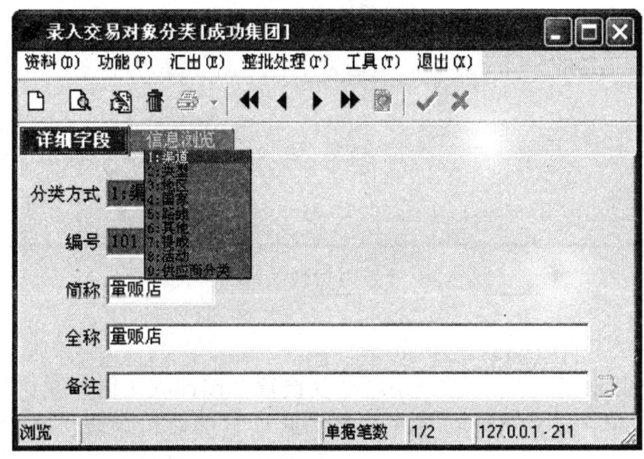

图 2-23 “录入交易对象分类”界面

步骤十四：录入金融机构，如图 2-24 所示。

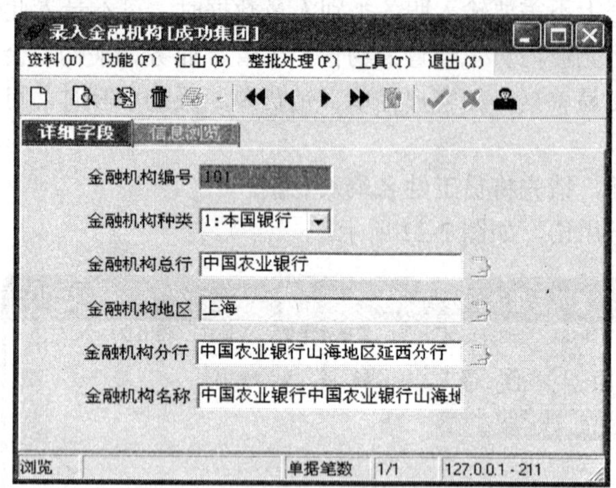

图 2-24 “录入金融机构”界面

【作业重点】

本作业可以用来录入所有往来金融机构的基本信息。在录入公司银行账号、销售发票等数据时，可以选择此处录入的银行信息。

步骤十五：录入付款条件，如图 2-25 所示。

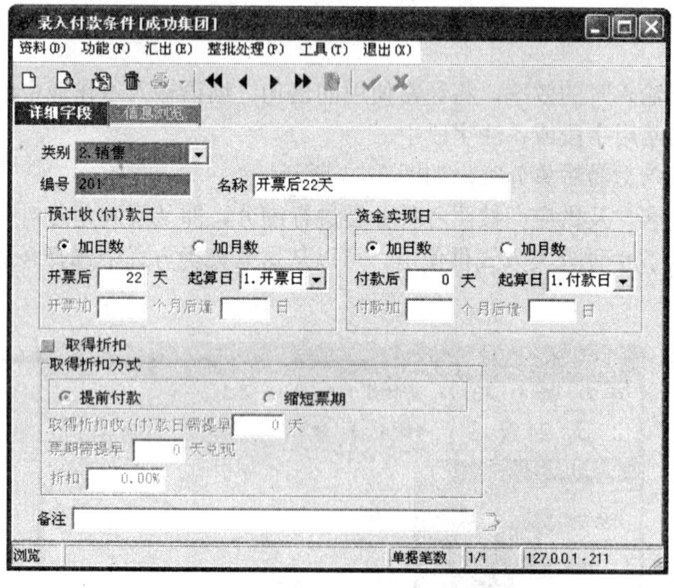

图 2-25 “录入付款条件”界面

【作业重点】

本作业的设置和企业资金预估有关系，可以设置“预计收（付）款日”“资金实现日”“取得折扣方式”。对于销售、采购及委外加工后的应收账款或应付账款，该账款何时可以预计收/付款，以及资金何时可以兑现，就会用到本作业的设置来进行推算。

步骤十六：录入页脚/签核，如图 2-26 所示。

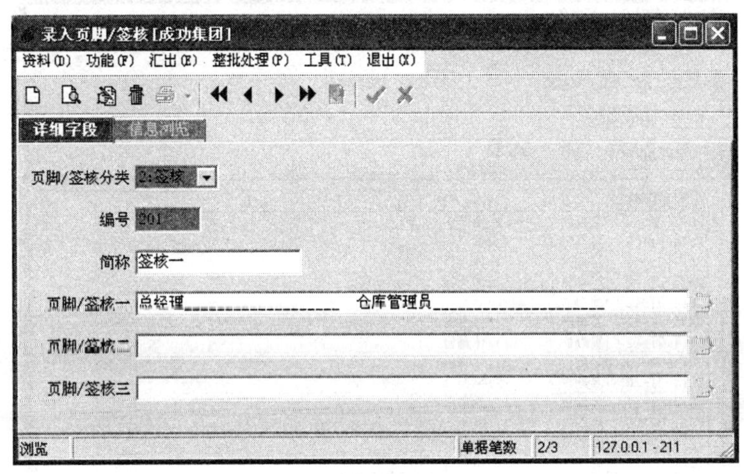

图 2-26 “录入页脚/签核”界面

【作业重点】

本作业用来设置每个页脚内容或签核内容。当打印系统中的凭证单据时，如报价单、销货单、客户订单等，可指定此编号，凭证打印时便可带出所指定页脚或签核编号的内容。

每个企业都有各自的签核程序，使用者可根据实际情况，自定义单据末尾的签核字段。

步骤十七：录入程序页脚/签核，如图 2-27 所示。

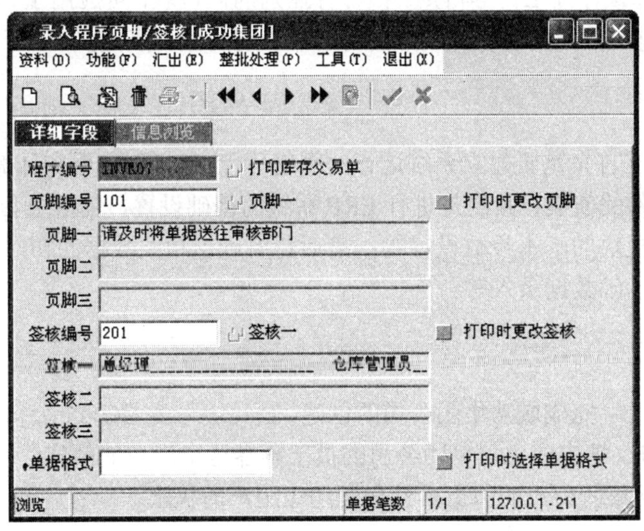

图 2-27 “录入程序页脚/签核”界面

【作业重点】

易飞 ERP 系统的报表，打印时通常没有页脚签核字段。如果有管理需求时，可以通过本作业设置程序页脚签核，在报表打印时，便带出需要的页脚与签核。

步骤十八：录入假日表，如图 2-28 所示。

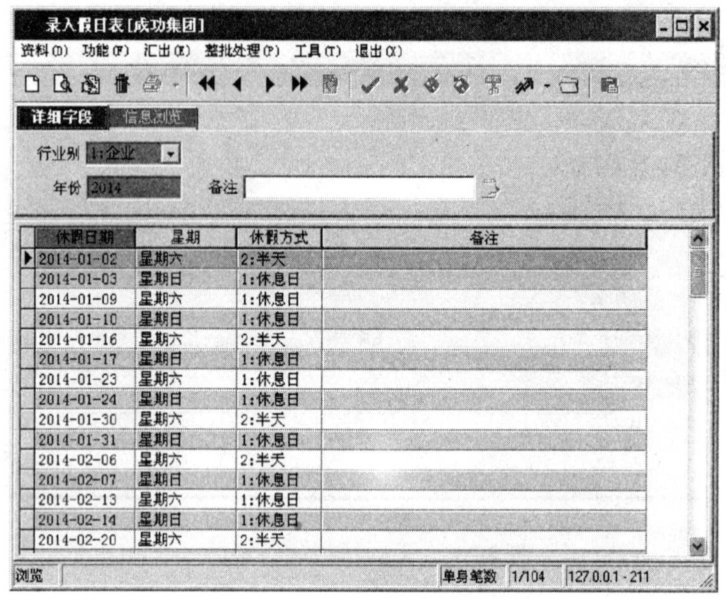

图 2-28 “录入假日表”界面

【作业重点】

可以依据每年不同的假日表修改本作业。

行业别分为企业、银行、刷卡班别三种。通常行业别为企业的假日表，可在生成批次需求计划时，用来计算预计开工日等日期。银行行业别的假日表，可应用于“票据资金子系统”中。如果启用了“刷卡管理子系统”，可使用刷卡班别的假日表定义工作日或休息日。

学习小结

ERP 系统的建立首先是要建立系统运行的网络环境，包括服务器和计算机客户端的安装，操作系统和应用软件的安装；其次是进行 ERP 系统的基础设置，包括账套的建立、用户信息和权限的设置、各模块的基本参数设置等；最后是要进行相关数据的初始，如供应链、生产管理、财务管理的基础数据录入等。

项目实训

请在 ERP 软件中，完成成功集团公司的创建。公司编号为 CGJT，公司名称为成功集团，数据库名称为 CGJT。请完成成功集团公司的员工蔡春这个用户的创建。用户编号为 001，口令为 123。请为成功集团公司的员工蔡春分配超级用户的权限。

模块二 ●●●●

ERP 供应链管理

广义观点的供应链是围绕核心企业，通过对物流、信息流、资金流的控制，从采购原材料开始，然后制成中间产品及最终产品，最后由销售网络把产品送到消费者手中的将供应商、制造商、分销商、零售商直至最终用户连成一个整体的功能网链的结构模式。这不仅是一条连接供应商到用户的物料链、信息链、资金链，而且是一条增值链，物料因供应链商的加工、包装、运输等过程中增加了价值，给相关企业带来了效益。

本模块讲述的供应链管理是基于狭义的供应链观点，它包括销售管理、采购管理和存货管理等内容，狭义的供应链管理是广义供应链管理的基础。

易飞 ERP 系统关于供应链管理的流程图如图 1 所示。

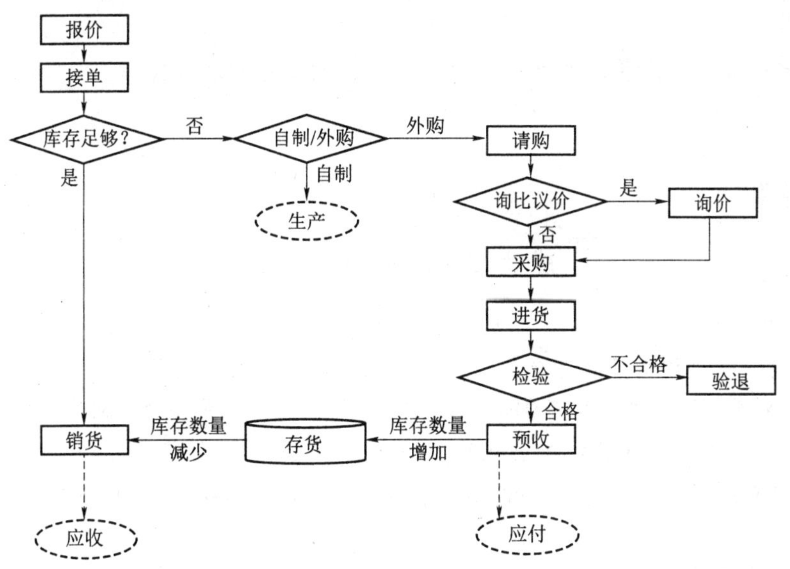

图 1　易飞 ERP 系统供应链整体流程图

客户有购买需求，向企业询价，企业报价给客户，客户对价格认可之后签署订单合同，与企业确认销售商品、数量和预计出货时间等细节。此时如果库存足够则直接销货给客户，之后产生应收账款，如果库存不足，企业需要自制或外购。自制部分详见模块三的内容，采购流程则需要由需求部门提出请购单，经采购部门询价、比价、议价后向供应商下采购订单，确认需购买的商品、数量和预计进货时间等细节。之后供应商送货，企业进行进货验收，产生应付账款。此时商品库存数量足够，最终销售出库给客户，并产生应收账款。

项目三

ERP 销售管理

知识目标

1. 掌握销售业务管理的基本内容。
2. 掌握销售管理的主要业务流程。
3. 学会几种典型的销售业务操作。
4. 学会 ERP 销售管理软件的设置和实现。

能力目标

能根据特定业务销售情景，运用 ERP 软件完成销售业务管理的操作。

引导案例

成功集团供应链业务概述

【产品信息】

成功集团的数码相机产品有自行生产制造及买进卖出两大类型，其中品号为 410001 的“数码相机–SX 系列”为自行生产制造，除了在上海厂自制为成品外，制作过程中有一个半成品，品号为 320001 的“PCBA–Assembly Sensor”外包给委外供应商生产。

品号为 910001 的“数码相机–SL 系列”为买进卖出商品，主要采购供应商是三星公司。

【系统上线过程】

企业刚上线时

成功集团计划于 2014 年 1 月 1 日正式上线易飞 ERP 系统，于是与供应链相关的存货、业务、采购部门皆收到指示，需于 2013 年 12 月 31 日完成系统开账作业，且仓管部门需先完成料件开账，业务及采购部门才能开账。开账资料见表 3-1。

表 3-1　开账资料

类别	负责部门	开账资料	导入系统
存货类	仓管 成会	1. 料件数量 2. 存货金额	存货管理子系统

续表

类别	负责部门	开账资料	导入系统
订单类	业务	1. 未结束的客户订单 2. 客户商品价格	销售管理子系统
采购类	采购	1. 未结束的采购单 2. 供应商料件价格	采购管理子系统

开账后的2014年1月1日，“数码相机–SX系列”“数码相机–SL系列”及其用料在上海一厂各仓库的存放数量，见表3-2和表3-3。

表3-2　库存资料（依数码相机–SX系列的产品用量表排列）

品号	品名/规格	属性	存放仓库	数量/pcs
410001	数码相机–SX系列	自制件	S003 成品仓	250
310001	PCBA–Assembly Main	自制件	S002 半成品仓	250
110001	主开关连动板	采购件	S001 原材料仓	200
110002	模式按钮	采购件	S001 原材料仓	200
110003	塑料前盖	采购件	S001 原材料仓	100
110004	塑料后盖	采购件	S001 原材料仓	100
130001	金属Logo	采购件	S001 原材料仓	150
130002	镀镍螺丝	采购件	S001 原材料仓	150
140001	LCD窗	采购件	S001 原材料仓	120
140002	显示窗	采购件	S001 原材料仓	120
140003	光学镜片	采购件	S001 原材料仓	100
140004	镜头玻璃	采购件	S001 原材料仓	100
320001	PCBA–Assembly Sensor	委外加工件	S002 半成品仓	50
120001	电阻	采购件	S001 原材料仓	150
120002	整流器	采购件	S001 原材料仓	150
120003	二极管	采购件	S001 原材料仓	150
120004	电容	采购件	S001 原材料仓	150
120005	变压器	采购件	S001 原材料仓	150
120006	IC，CMOS	采购件	S001 原材料仓	130
130003	金属接片	采购件	S001 原材料仓	130
190001	PCB电板	采购件	S001 原材料仓	130
200001	锡	采购件	S001 原材料仓	130

续表

品号	品名/规格	属性	存放仓库	数量/pcs
390001	相机包材组	虚设件		
150001	包装盒	采购件	S001 原材料仓	100
150002	内隔板	采购件	S001 原材料仓	100
150003	气泡袋	采购件	S001 原材料仓	100
150004	包装盒贴纸	采购件	S001 原材料仓	100
150005	产品序号贴纸	采购件	S001 原材料仓	100
150006	保修卡	采购件	S001 原材料仓	100
190004	电池–AA 可充式	采购件	S001 原材料仓	200
190007	驱动程序光盘–Ver1.0	采购件	S001 原材料仓	200
190009	防尘相机套–黑色	采购件	S001 原材料仓	50
190012	使用手册（简体中文）	采购件	S001 原材料仓	200

表 3-3 数码相机–SL 系列库存资料

品号	品名/规格	属性	存放仓库	数量/台
910001	数码相机–SL 系列	采购件	S003 成品仓	70

系统上线后

业务部开发到一家新客户后如何处理销售业务呢?

业务部主要工作是负责开发潜在客户、客户关系经营、客户的报价/接单/出货/账款催收等业务。2014 年 1 月 2 日，业务部开发到一家新客户——标竿公司，主管审核后，给予客户编号 1002，成为正式客户，接下来是标竿公司向公司采买的流程……

2014/01/05 日 报价

客户标竿公司来电，提出想要购买 100 台“数码相机–SX 系列”的需求，请业务部报价。

2014/01/07 日 接单

标竿公司向业务部下采购单，购买 100 台“数码相机–SX 系列”，每台相机单价为 6 000 元，预交货日为 2014 年 1 月 14 日。

业务部与仓管部确认存货数量是否足够，仓管部答复存货量可供出货。

2014/01/09 日 订单变更

标竿公司又来电，表示 1 月 7 日的订单要追加购买 50 台“数码相机–SX 系列”，同时加订 20 台“数码相机–SL 系列”，单价为 5 000 元。

业务部再次与仓管部确认存货数量是否充足，仓管部答复存货量可供出货，接着业务部进行订单变更作业，修改 1 月 7 日的订单内容。

2014/01/14 日 出货通知/出货

按照与客户的约定时间，准备销货给标竿公司，业务部先录入“出货通知单”通知仓库人员备货。仓库人员依照“出货通知单”出货 150 台“数码相机–SX 系列”及 20 台“数码相机–SL 系列”。

2014/01/16 日 销货退回

标竿公司通知业务部有 2 台“数码相机–SX 系列”有瑕疵，即将退回，并请再补货 2 台。

任务一 期初开账

任务描述

“销售管理子系统”的开账是为了将开账时间点之前就已经接到的未完成订单和客户商品价格录入到 ERP 系统中。这样在开账时间点之后，销售部门就可以依据订单和客户商品价格开展后续的销售动作，如销货。这样就保证了销售信息的完整性和可追溯性。

成功集团计划于 2014 年 1 月 1 日正式上线易飞 ERP 系统，针对销售类部分，公司必须进行 2013 年 12 月 31 日未结束的客户订单和客户商品价格的导入。

知识准备

一、系统简介

（一）系统效益与特色

销售管理子系统主要包含了报价、订单、销退货和客户信息管理。除详细记载报价、接单及销退货的交易信息外，更重要的是实时提供各种相关报表，供管理者了解销售状况，以便正确做出与销售相关的管理决策。系统特色主要有以下几个方面。

（1）销售管理子系统提供了“销售预测”管理，可作为编制生产计划的依据，也可作为销售成绩与预测目标达标率的管理工具。

（2）在日常输入订单或销货单数据时，可实时在线检测库存数量是否足够，节省了电话询问或是现场了解实际状况所用的时间。

（3）系统记载了对客户的报价数据和客户价格的变动，以作为公司内部审查和核准的依据。

（4）从多种角度对报价、接单、销货进度做了管控报表，方便在日常作业中做跟催和管理，达到货物准时交货的目的。

（5）利用系统完整的销售数据，针对业务员、产品等和销售相关的资料，做多角度统计及分析，以作为主管销售决策时的工具。

（6）系统特别设计了产品配置功能，客户可以自行定义产品配置方案并进行成本模拟。

（7）订单的凭证可以通过电子邮件或传真系统直接传送给客户，不需要将凭证打印出来再传送给客户。这样可让办公室达到无纸化的目的，也减少了行政处理时间。

（二）一般企业销售循环流程

一般企业销售循环流程如图 3-1 所示。

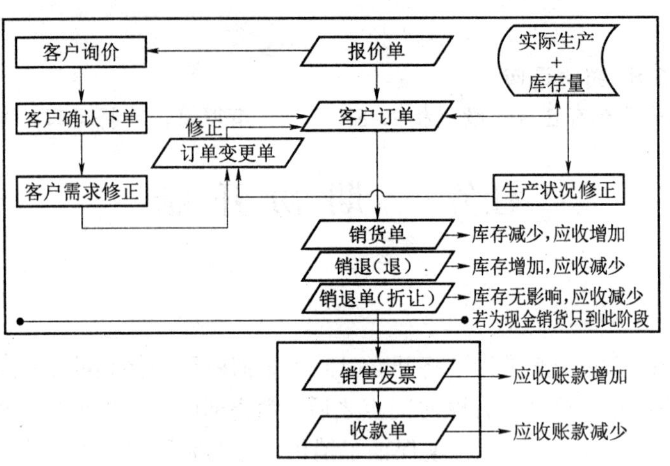

图 3-1 销售循环流程图

二、基础设置

（一）设置编码原则

新增客户信息时，可由系统自动给予一个号码，人员就不用记住上一次已经编到第几号了，也不用担心会有跳号的问题发生。

【业务场景】

成功集团针对客户编码有以下编码规则，可将此编码规则设定在“设置编码原则”中，以方便录入客户信息时的编码设定，见表 3-4。

表 3-4 品号编码原则

第 1 码	第 2—4 码
1. 国内客户	后 3 码全为流水号
2. 国外客户	后 3 码全为流水号

在系统主界面执行“基本信息子系统”|“基础设置”，进入“设置编码原则”新增客户编码原则，如图 3-2 所示。

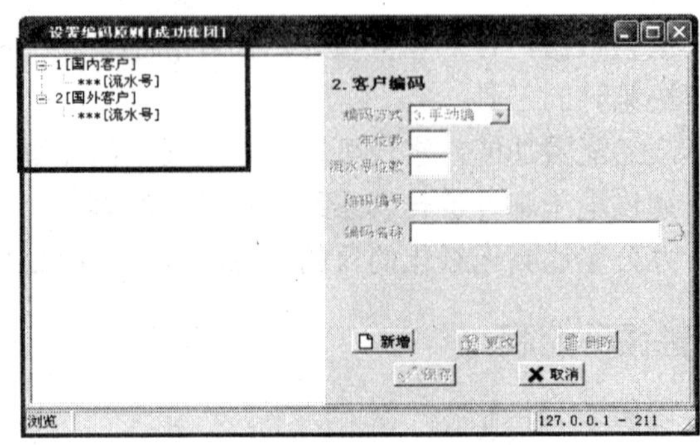

图 3-2 “设置编码原则”界面

（二）录入客户信息

所有与企业有交易往来的客户，不论是国内客户还是国外客户，都必须将客户信息录入（如图 3-3～图 3-7 所示）。

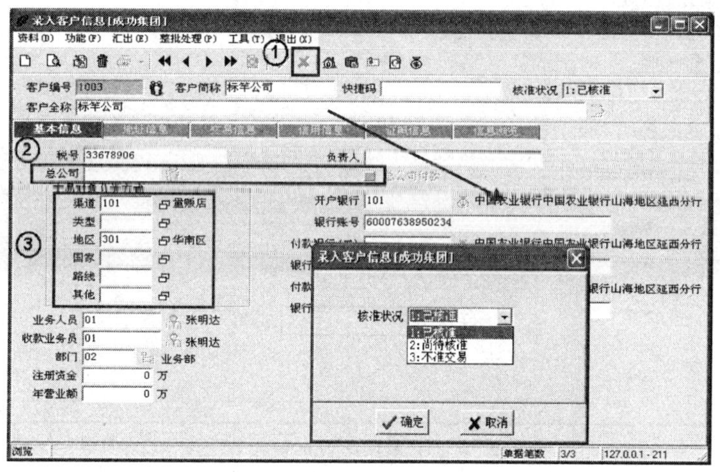

图 3-3 “录入客户信息”界面（一）

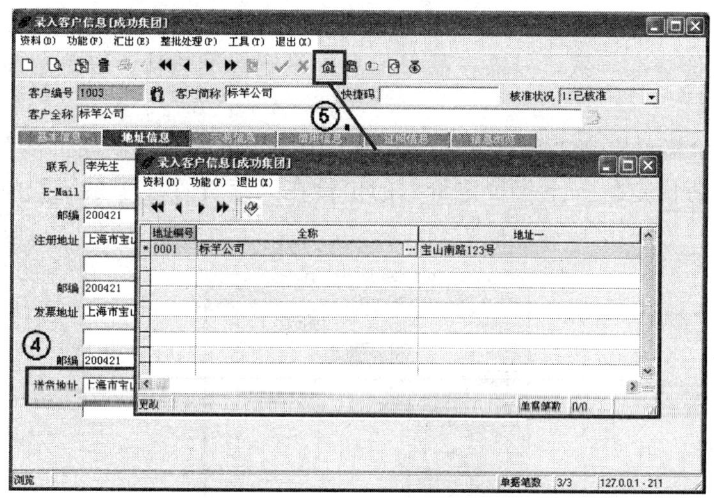

图 3-4 “录入客户信息”界面（二）

【作业重点】

（1）核准状况：设置当前客户的核准状况，设置选项包括已核准、尚待核准、不准交易。

（2）总公司、总公司付款：当送货给各个运营网点，但是付款由总公司完成的时候设置此选项。各营业地点的客户信息中需指定“总公司”，并将“总公司付款”选项打勾。

（3）交易对象分类方式：可将客户分别以六种不同的分类方式进行分类，如渠道属于量贩店类，地区属于华南区。

（4）送货地址：设置客户的送货地址，后续在交易单据中可以直接带出这里的地址信息。

（5）客户地址编号维护：可用于新增客户的其他地址。

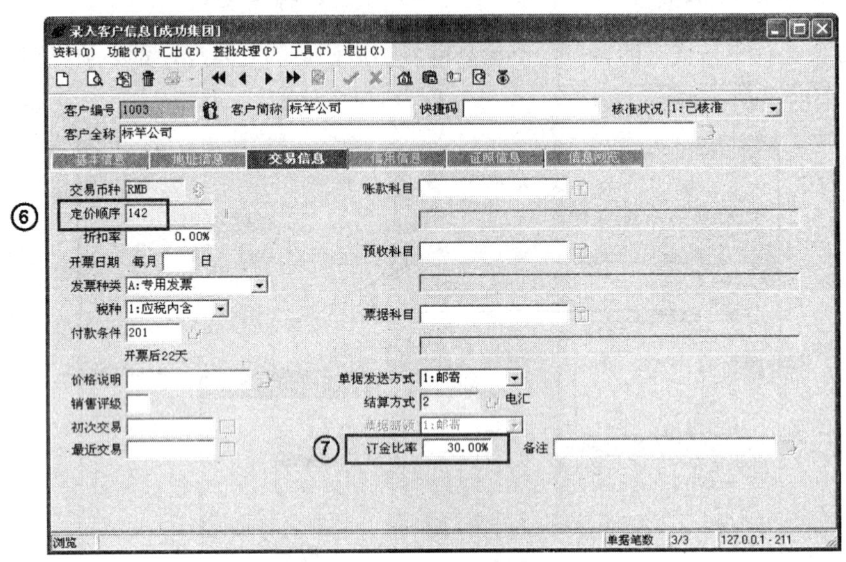

图3-5 “录入客户信息”界面（三）

（6）定价顺序：用于客户订单、销货单（无订单来源）及销退单（无销货来源）的单价取价顺序，必须根据公司给予每位客户的售价基准而定。

一般设定顺序多为折扣前计价单价→折扣前售价定价→折扣前标准售价，如果公司对每位客户售价基准一致，只需在品号信息中设定标准售价，取价顺序则为标准售价即可。

计价单价的价格设定在“销售管理子系统”中的“录入客户商品价格”中建立；标准售价、零售价、售价定价一至售价定价六的定价在“存货管理子系统”中的“录入客户信息”中设定。

录入客户信息[成功集团]

单价别	折扣前	折扣后
计价单价	1	A
标准售价	2	B
零售价	3	C
售价定价一	4	D
售价定价二	5	E
售价定价三	6	F
售价定价四	7	G
售价定价五	8	H
售价定价六	9	I

✔确定 ✘取消

图3-6 “录入客户信息”定价顺序开窗界面

（7）订金比率：如果在订单的条款里，有要求客户单次下订单时，必须先支付一定比率的订金，那么在这个字段需要输入订金比率。后续下订单时，订单上的订金比率，会自动默认为“录入客户信息”作业中设定的比率，并根据此比率自动计算预收定金。

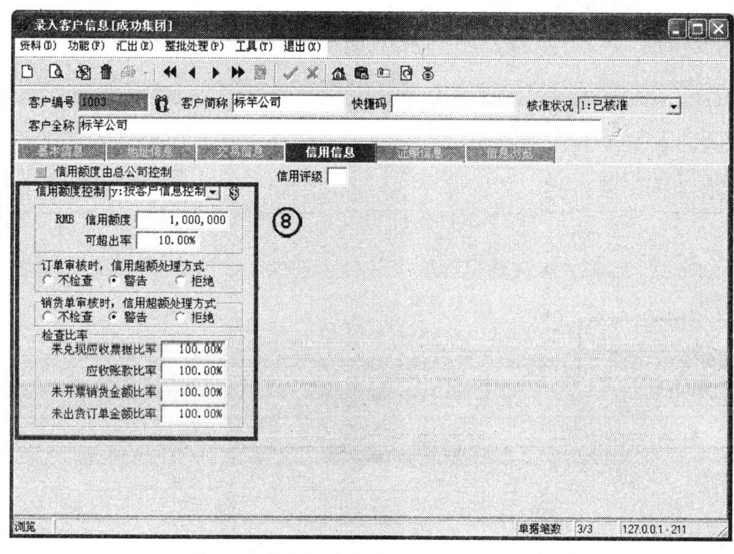

图 3-7 “录入客户信息”界面（四）

（8）信用额度控制。

① 为了降低由客户应收账款积压造成的企业资产损失，目前企业的经营对客户都有信用额度控管。信用额度代表客户可以向企业赊购一定金额的货品。这些金额是在客户偿债能力范围，而且是企业可承担的风险范围内。一般的信用额度控制范围包含以下四项：应收票据金额、应收账款金额、销货金额、订单金额。

例如，企业给某客户甲信用额度为 100 万元，可超出率为 10%，即可容许信用额度共有 110 万元，其信用额度情况见表 3-5。

表 3-5 客户信用额度表

单位：万元

	实际金额	检查比率	信用额度	检查比率	信用额度
可允许信用额度			110		110
未出货订单金额	20	100%	20	60%	12
未开票销货金额	30	100%	30	100%	30
应收账款	20	100%	20	100%	20
未兑现应收票据	10	100%	10	30%	3
尚余信用额度			30		45

② 控制方式可分为三种：“Y：按公司参数控制”“N：信用额度不控制”“y：按客户信息控制”。当设为“Y：按公司参数控制”时，系统按照“设置信用控制参数”控制信用额度。

（三）录入品号信息

品号的售价和超交管理需在“录入品号信息”里设置（如图 3-8 所示）。

【作业重点】

（1）售价控制/单价下限率：用于在用户输入售价时，控管可以超出定价的范围。系统可以根据每家客户在“录入客户信息”中设置的“取价顺序”作为基准或判断依据，来控管定价的范围。可以管控售价的单据有“录入客户订单”和“录入销货单”。

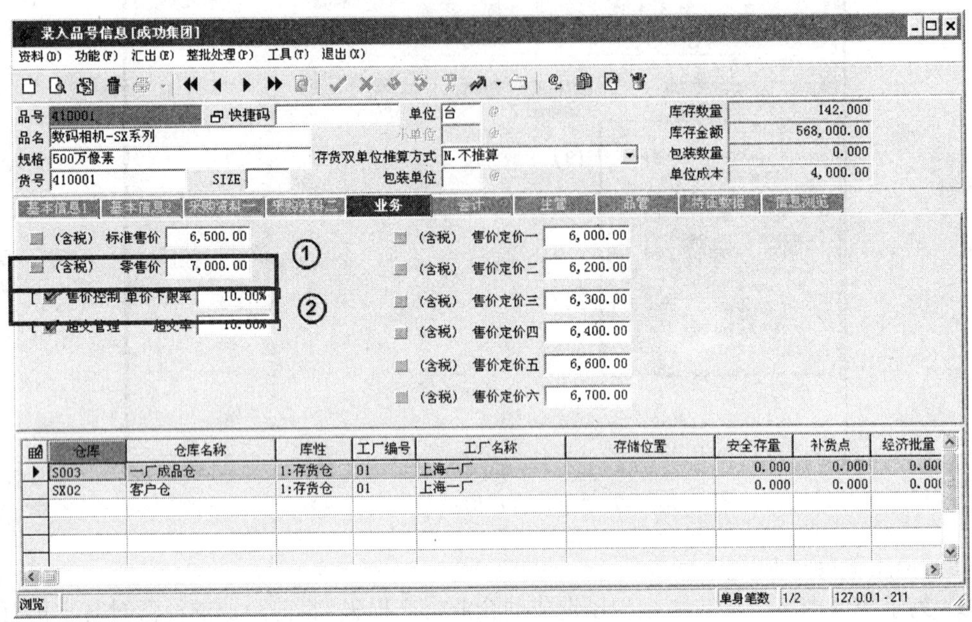

图 3-8 “录入品号信息”界面

(2)超交管理/超交率：当录入销货单时，管控输入的销货数量是否可以超过订单的数量，且按照超交率做销货数量上限的管控。

（四）设置订单单据性质

设置“销售管理子系统”所使用的交易单据及其编码方式、性质、签核格式等。日后交易单据上使用到该单别，系统会默认单据性质里的相关设置（如图 3-9 所示）。

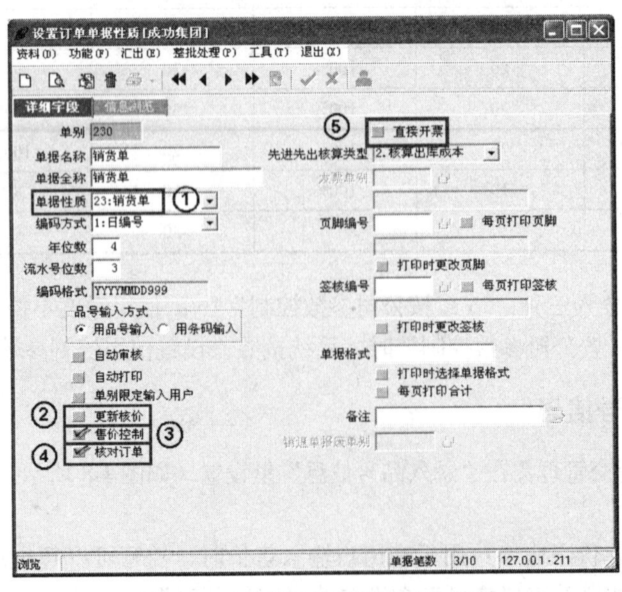

图 3-9 “设置订单单据性质”界面

【作业重点】

（1）单据性质：共八种性质，见表3-6。

表3-6 单据性质表

单据性质	更新核价	核对订单	直接开票	售价控制
21.报价单※	V			
22.客户订单※	V			V
25.出货通知单		V		V
23.销货单※	V	V	V	V
24.销退单※		V	V	V
27.多角贸易订单	V			V
28.多角贸易销货单	V	☆		V
29.多角贸易销退单		☆		V

注：“V”表示可按公司管理需求进行个别设定，“☆”表示必勾选，“※”为本课程重点。

（2）更新核价：设定此单据是否可以更新“录入客户商品价格”。

易飞ERP系统为企业提供控管客户商品计价的功能，企业可将每一个客户的商品计价保存在“客户商品价格档”。这样，输入报价单、无报价的订单及无原始订单的销货单时，其单价都可由客户商品价格档得来。

如果希望在日常修改这些单据的单价时，也能更新“客户商品价格档”，那么此字段也需勾选。

例如，成功集团商品“数码相机–SX系列”卖给客户标竿公司的价格是6 000元，从2014年1月1日开始生效。在1月20日，标竿公司又向成功集团下了一批订单购买“数码相机–SX系列”，这次单价会由系统自动带出定价为6 000元，经过客户议价后，决议以5 800元成交。如果订单有“更新核价”，当订单审核时，就会更新一笔5 800元的数据到“录入客户商品价格”作业，下次标竿公司再向成功集团下单时，就用5 800元成交了，而不是6 000元，这就是“更新核价”的功能。

（3）售价控制：勾选后，该单别启用售价控制功能。

（4）核对订单：控管销货单和退货单必须输入订单单号。当企业是属于订单销货时，销货单应该核对订单做管控。当企业属于零售业，立即销货时，一般来说不需核对订单。当然如果两种销货形态都有时，建议分成两种销货单别，一种设置为“核对订单”，而另一种则设定为“不核对订单”。

（5）直接开票：定义销货单及销退单产生发票的方式。

勾选后，必须同时输入对应的“发票单别”。此时，若销货单审核，则立即产生一张对应的发票。这种情况适用于“随货附发票”的销货模式。若客户的账款采用月结制，则不属于直接开票的特性。

任务实施

步骤一：收集截至2013年12月31日，未出货完成的客户订单。收集格式见表3-7。

表 3-7 收集未出货完成的订单

客户名称	品 号	数量/台	单价/元	已交数量/台	预交货日
1001 尖峰公司	410001 数码相机-SX 系列	10	5 000	10	2014-01-02
1001 尖峰公司	410011 相机促销礼包	5	5 500	0	2014-01-05
…	…	…	…	…	…

步骤二：将未出货完成的订单信息逐笔输入“录入客户订单”作业。不需要输入销货单，直接通过工具栏的“输入已交数量”按钮开窗输入开账时间点之前的已交数量，如图 3-10、图 3-11 所示。

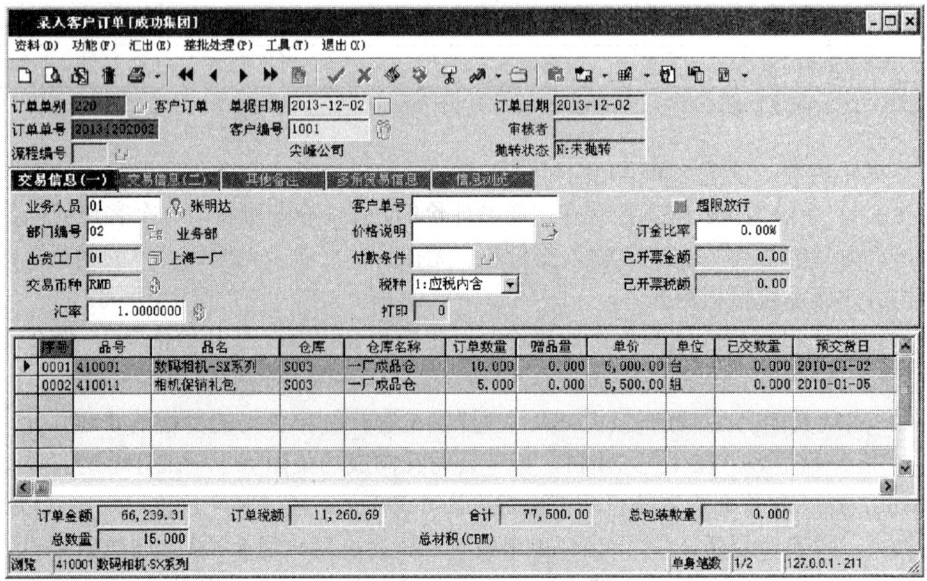

图 3-10 “录入客户订单”界面（一）

录入客户订单[成功集团]

品号 410001　单位 台

品名 数码相机-SX系列　包装单位

规格 500万像素

订单数量 10.000　已交数量 10

赠品量 0.000　赠品已交数量 0.000

订单包装数量 0.000　已交包装数量 0.000

赠品包装数量 0.000　赠品已交包装数量 0.000

确定　取消

图 3-11 “录入客户订单”输入已交数量界面

步骤三：收集 2013 年 12 月 31 日客户商品价格，格式见表 3-8。

表 3-8　手机客户商品价格

品　　号	客户名称	单价/元
410001 数码相机-SX 系列	1001 尖峰公司	5 000
410011 相机促销礼包	1001 尖峰公司	5 500
…	…	…

步骤四：将上述数据输入到“录入客户商品价格”作业中，如图 3-12 所示。

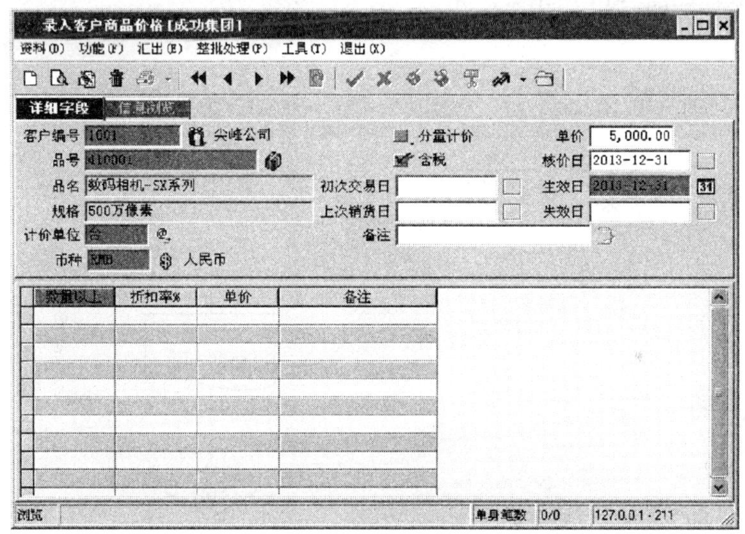

图 3-12 “录入客户商品价格”界面

步骤五：人员录入客户订单时，系统可直接带出客户商品价格中设置的单价，如图 3-13 所示。

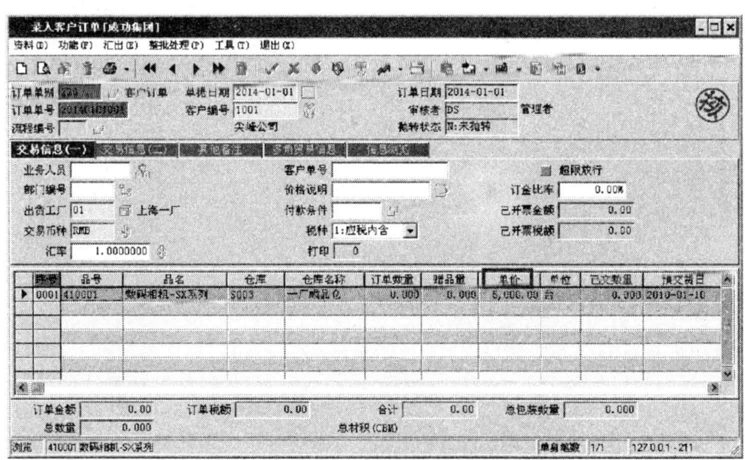

图 3-13 “录入客户订单”界面（二）

任务二 销售报价

任务描述

企业向客户提供商品数量、价格等信息，这个过程可以通过报价单记录下来。销售报价不是必须的销售环节，依企业实际业务需求而定。

2014 年 1 月 5 日，客户标竿公司的采购部–王小芬来电，想要购买“数码相机–SX 系列”，100 台，与业务–张明达一番议价后，最后以零售价的八五折成交。

知识准备

客户报价流程如图 3-14 所示。

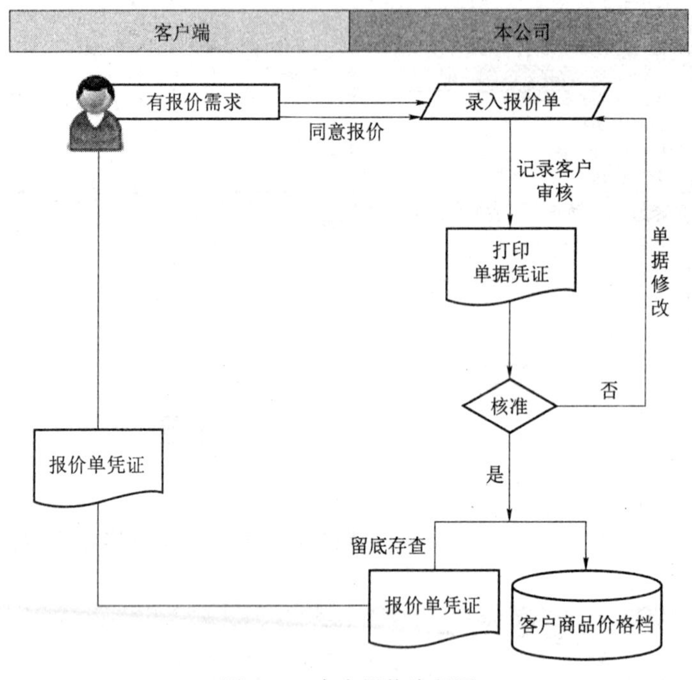

图 3-14 客户报价流程图

任务实施

步骤一：在系统主界面执行“销售管理子系统”|“录入报价单”作业，进入“录入报价单”开始新增单据信息，如图 3-15 所示。

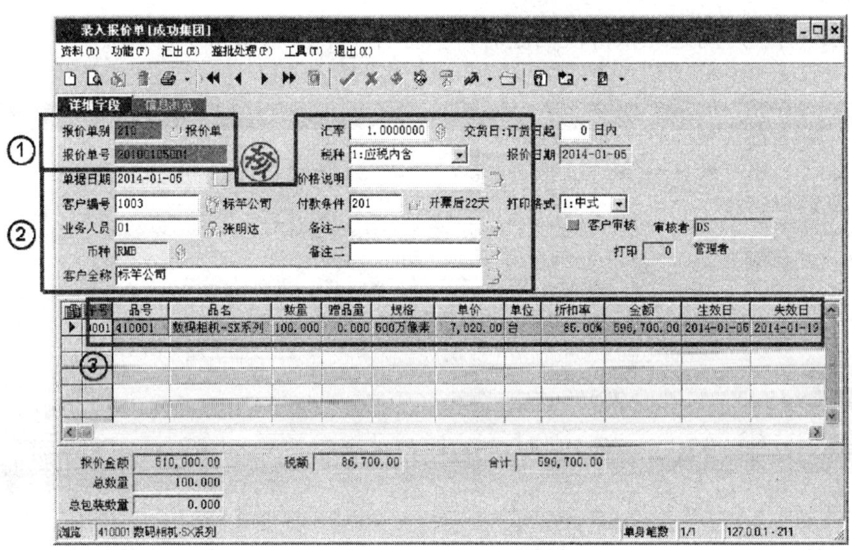

图 3-15 “录入报价单”界面（一）

【作业重点】

（1）输入报价单信息。在“报价单别”字段输入报价单的单别，也可“F2”键开窗选择。输入后，系统会根据该单别的单据性质显示出单号。

（2）单据日期默认当前日期，也可根据实际情况修改。开窗选择客户编号，选择客户编号后，系统会按照客户信息的设定自动带出业务人员、币种、税种、付款条件等资料。自动带出的数据，若有需要，可再进行修改。

（3）接下来在单身输入客户要求报价的品号、品名、数量、赠品量、该价格的生效日和失效日等信息。交易单价及金额，会按照客户信息所设定的“取价顺序”带出，若有需要时，可再进行修改。

步骤二：报价单数据输入完毕后，将报价单保存、审核，如图 3-16 所示。

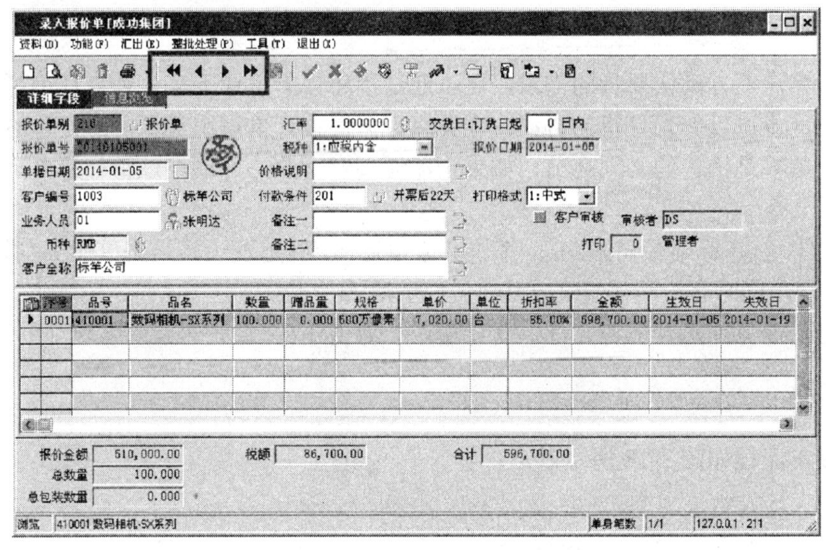

图 3-16 “录入报价单”界面（二）

步骤三：当客户确定此报价没问题时，执行客户审核，如图 3-17 所示。

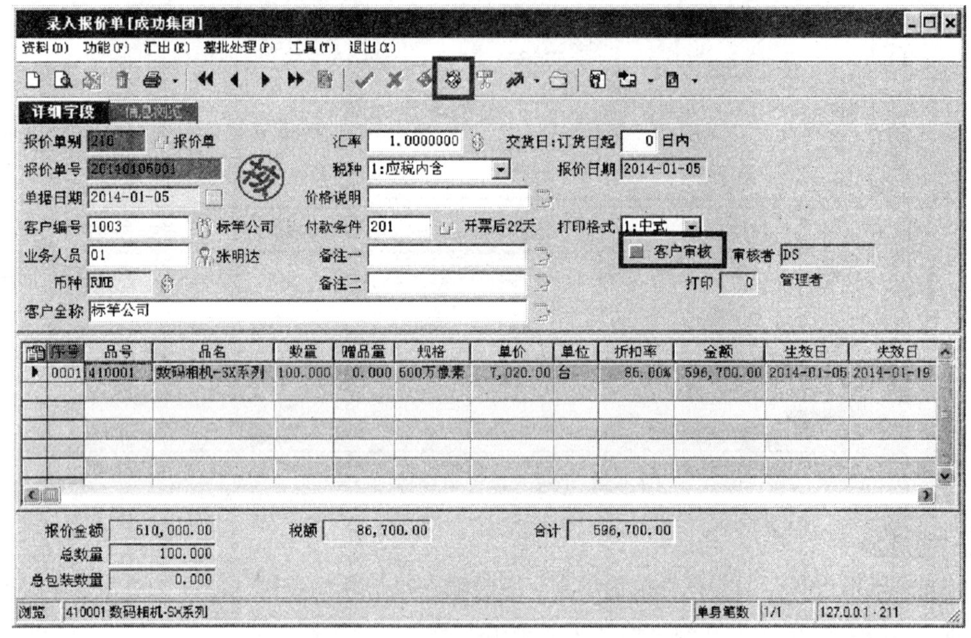

图 3-17 “录入报价单”界面（三）

【作业重点】

执行客户审核之后，单头“客户审核”的选项就会勾选。

注：未经客户审核的报价单，不得转为正式的客户订单或销货单。

任务三 销售接单

任务描述

企业和客户双方确认要货的需求，可以通过销售订单记录下来。销售订单可以视同企业的销售合同，也可以作为订货的协议。企业将根据销售订单组织货源，对订单的执行进行管控。销售订单不是销售的必须环节，如果为流通买卖行业，可以略过销售订单，直接录入销货单。

1 月 7 日，客户标竿公司采购部-王小芬来电通知，确定发正式采购单购买“数码相机-SX 系列” 100 台，同时客户希望能在 2014 年 1 月 14 日交货。

成功集团业务部门人员将此订单信息输入于易飞 ERP 系统“录入客户订单”作业中。

知识准备

客户接单流程如图 3-18 所示。

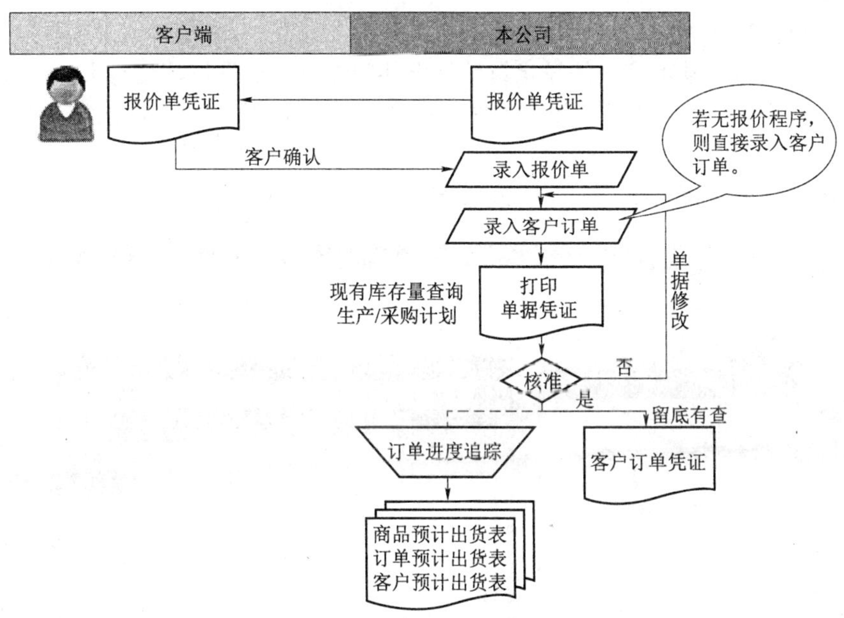

图 3-18　客户接单流程图

任务实施

步骤一：在系统主界面执行“销售管理子系统”|“录入客户订单”作业，进入“录入客户订单”开始新增单据信息，如图 3-19 所示。

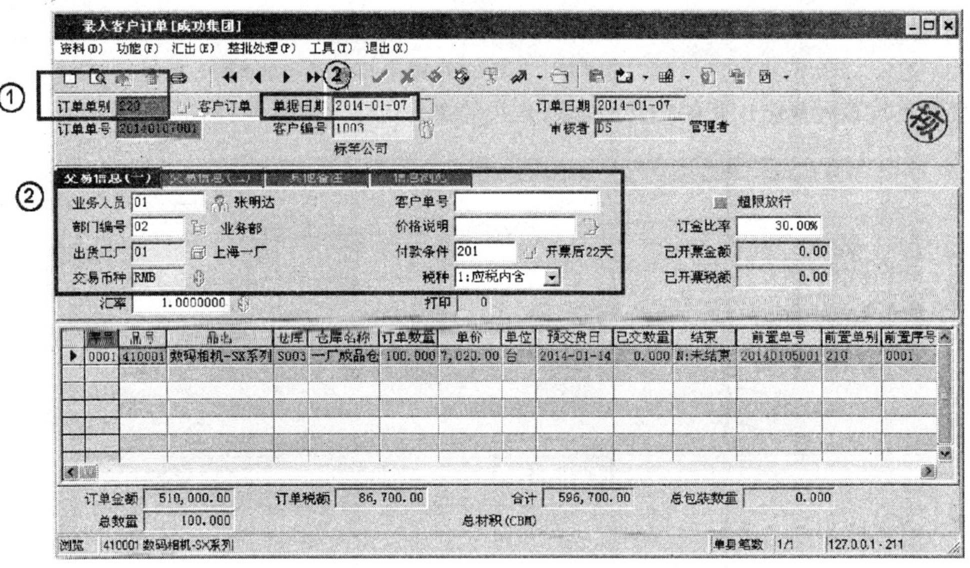

图 3-19 “录入客户订单”界面（三）

【作业重点】

（1）在“订单单别”字段输入客户订单的单别，也可“F2”键开窗选择。输入后，系统会根据该单别的单据性质设置显示出单号。

（2）单据日期默认为当前日期，也可根据实际情况修改。开窗选择客户编号，选择客户信息后，系统按照客户基本信息的设定自动带出部门编号、业务员、交易币种、税种、付款条件等资料。若此笔订单为外币交易，系统会默认“银行买进汇率”。带出的信息，若有需要修改，可再进行修改。

步骤二：复制前置报价单，如图3-20所示。

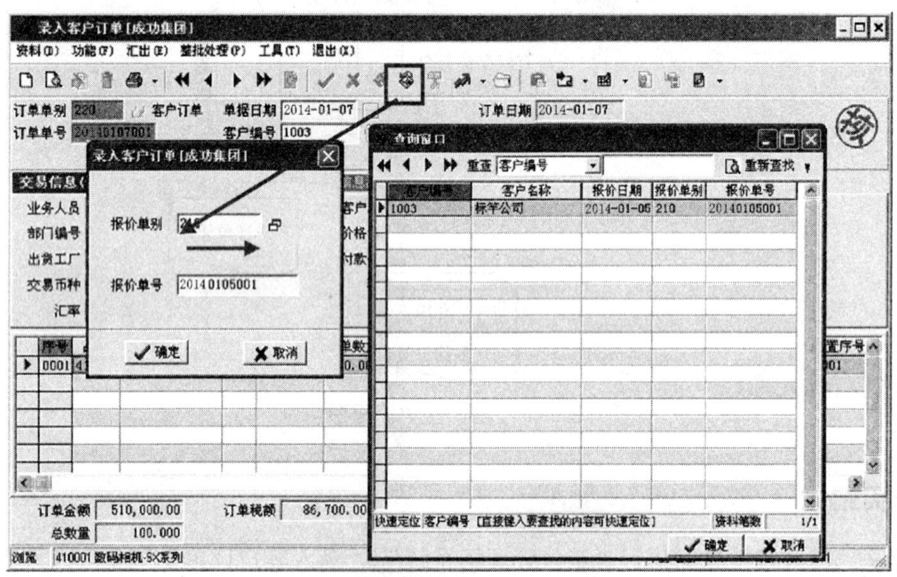

图3-20 “录入客户订单”界面（四）

【作业重点】

此笔客户订单先前有报价单，可利用“复制前置单据”将报价单信息复制过来。

步骤三：查看复制过来的信息，加以补入或修改调整，如图3-21所示。

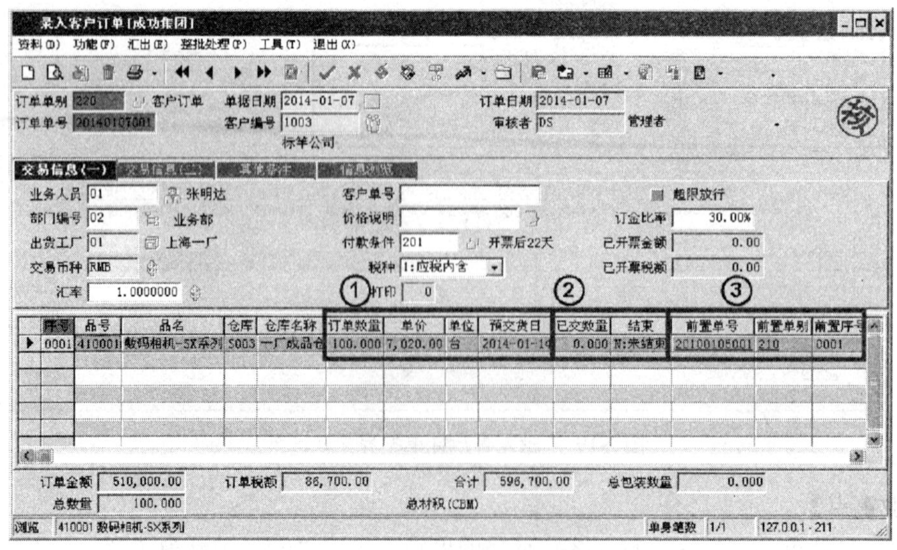

图3-21 “录入客户订单”界面（五）

【作业重点】

（1）订单数量：“F2”键各库库存量查询和“F3”键可用量查询可供辅助查询。

单价：可以通过“复制前置单据”功能自动带入单价，或者按照客户信息中所设定的“取价顺序”自动带出，也可用“F2”键客户商品计价查询，或者“F3”键历史价格查询来辅助查询。

预交货日：此订单预计交货的日期。

（2）已交数量：由销货单或销退单回写，或通过单头工具栏的“输入已交数量”来填写。

结束：“N：未结束”表示尚未全数交货；“Y：自动结束”表示已全数交货；“y：指定结束”表示未全数交货；但剩余未交货的部分不会交货了，必须做指定结束的动作（指定结束动作也可通过“录入订单变更单”或“结束订单”作业来执行）。

（3）因为此订单是由报价单复制而来，所以前置单别、单号、序号会对应报价单别、单号、序号。或者也可以运用“F2”键客户报价单信息查询，开窗选择客户之前的报价单。

步骤四：检查无误后，保存审核。审核后画面会出现“核”字，此张单据才生效，如图3-22所示。

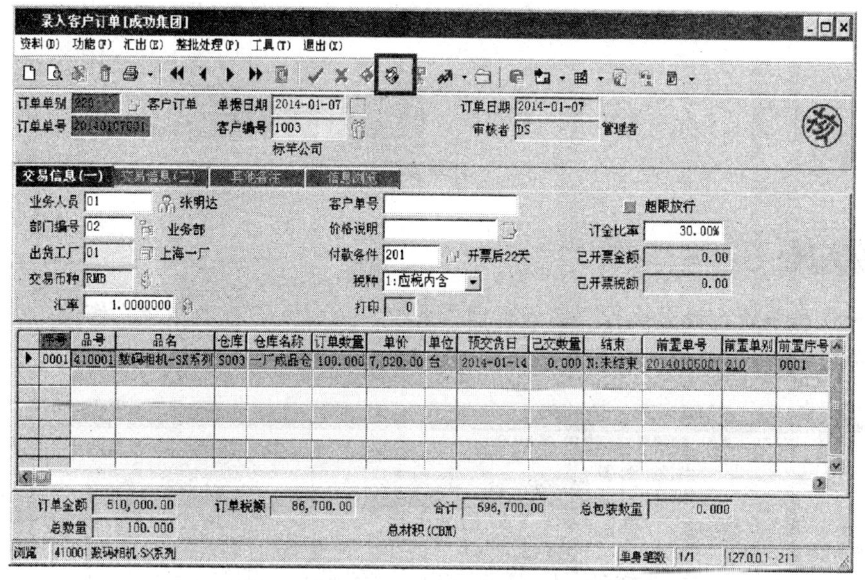

图3-22 “录入客户订单”界面（六）

任务四 订 单 变 更

任务描述

当已经审核确认的销售订单发生变更需求时，为了记录变更的历史和保留变更前后的原始信息，可以通过订单变更单来管理。同时将变更单打印出来转交给相关部门，便于协调后续的备料及生产。

标竿公司表示2014年1月7日的订单要追加购买“数码相机–SX系列”50台，连同之前订货的100台，共计150台。另外呢，还要加定“数码相机–SL系列”20台，单价为5 000元。

知识准备

订单变更流程如图3-23所示。

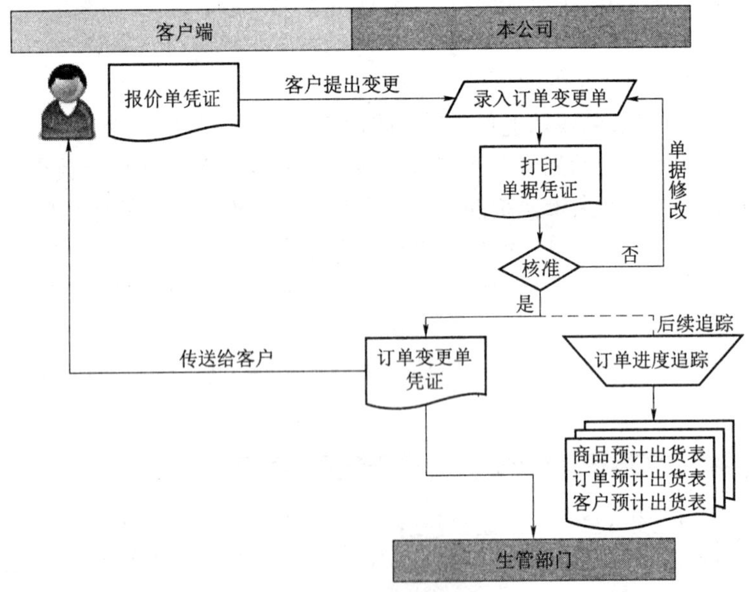

图3-23　订单变更流程图

任务实施

步骤一：在系统主界面执行“销售管理子系统”|“录入订单变更单”作业，进入“录入订单变更单”，选择要变更的客户订单，如图3-24所示。

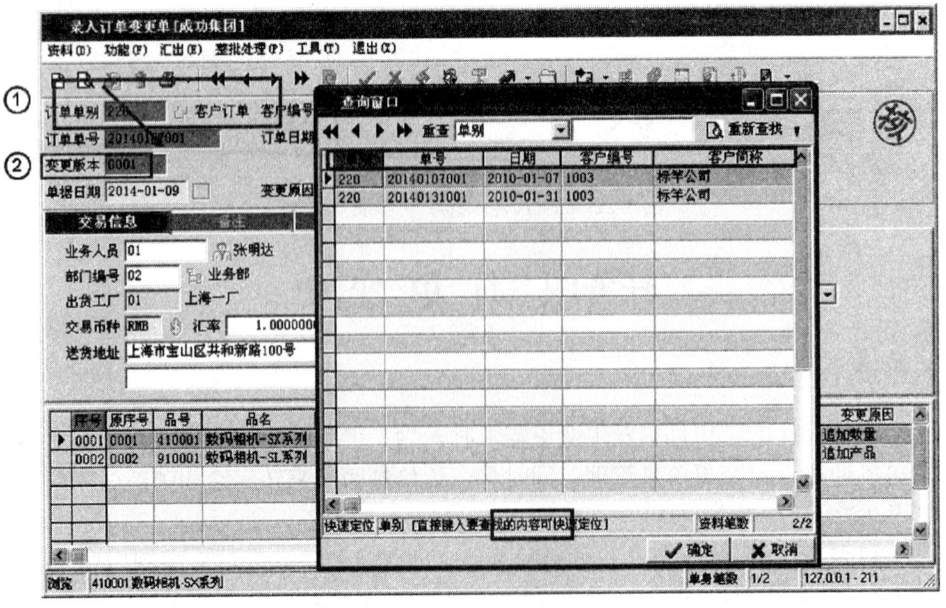

图3-24　“录入订单变更单”界面（一）

【作业重点】

（1）在“订单单别”字段“F2”键开窗，选择要变更的订单，选择后按“确定”按钮，系统会将原始订单单头的信息，带进订单变更单单头。

（2）变更版本：自动显示此为第几版的变更，每变更一次，“变更版本”就会加“1”，版次的编号原则为0001—9999，单号最多可变更9 999次。

注：前一个版本的变更未完成审核，不得进行下一个版本的变更；例如“0002”的变更版本是以0001的“变更版本”为基础做变更的。同一张订单有较大版次的变更单时，不可撤销作废或撤销审核较小版次的变更单。

步骤二：选择要更改的订单信息，选择后再对需要变更的信息做修改，如图3-25、图3-26所示。

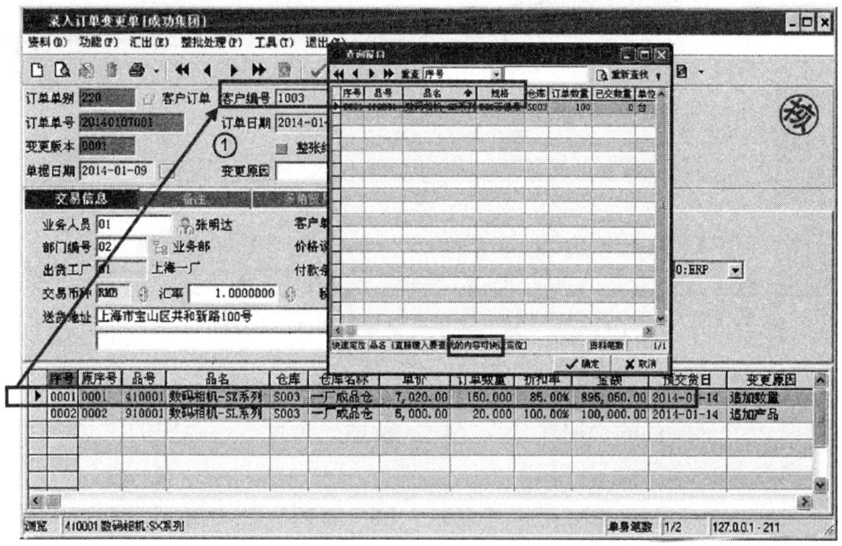

图3-25 “录入订单变更单”界面（二）

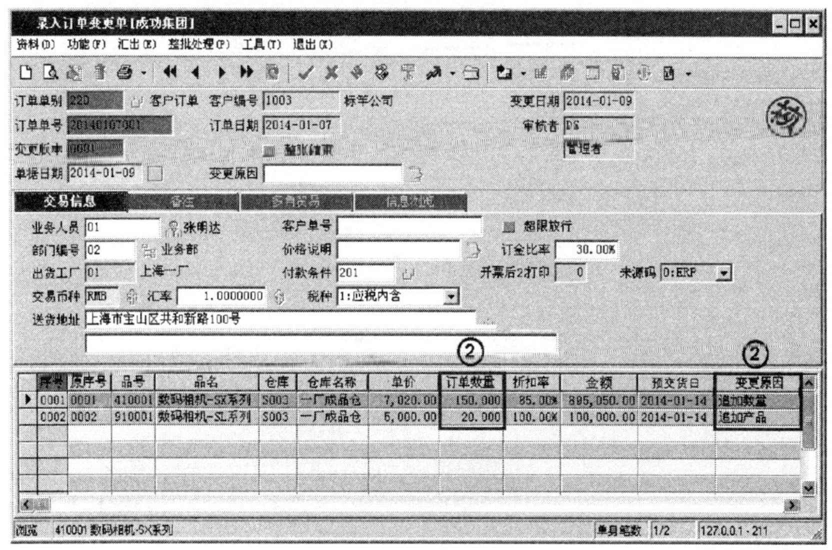

图3-26 “录入订单变更单”界面（三）

【作业重点】

（1）“原序号”字段处可以开窗选择原始订单信息。

（2）按照要求修改订单数量，并填写变更原因。

步骤三：新增追加订购的商品信息，如图 3-27 所示。

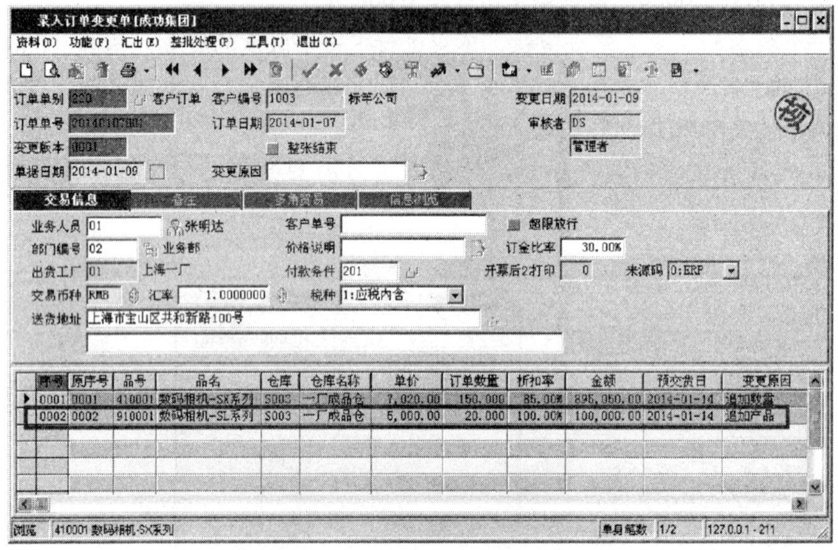

图 3-27 “录入订单变更单”界面（四）

【作业重点】

单击单身第一个空白行的“原序号”字段，新增一个原本不存在的序号，之后填写追加订购的品号品名及相关信息。

步骤四：将输入完毕的变更信息保存并且审核，如图 3-28 所示。

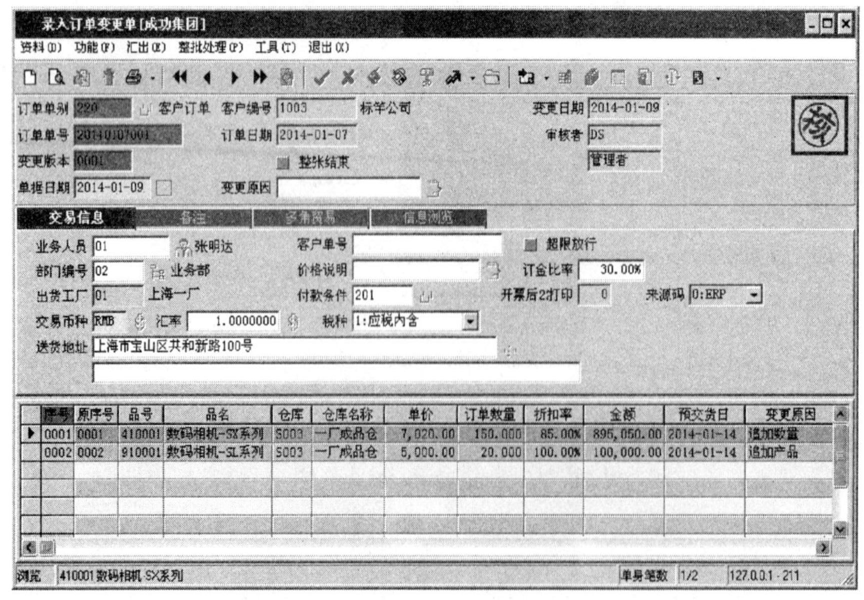

图 3-28 “录入订单变更单”界面（五）

步骤五：在系统主界面执行“销售管理子系统”|“录入客户订单”作业，进入“录入客户订单”查询出原订单，在原订单上查看变更的信息，如图 3-29 所示。

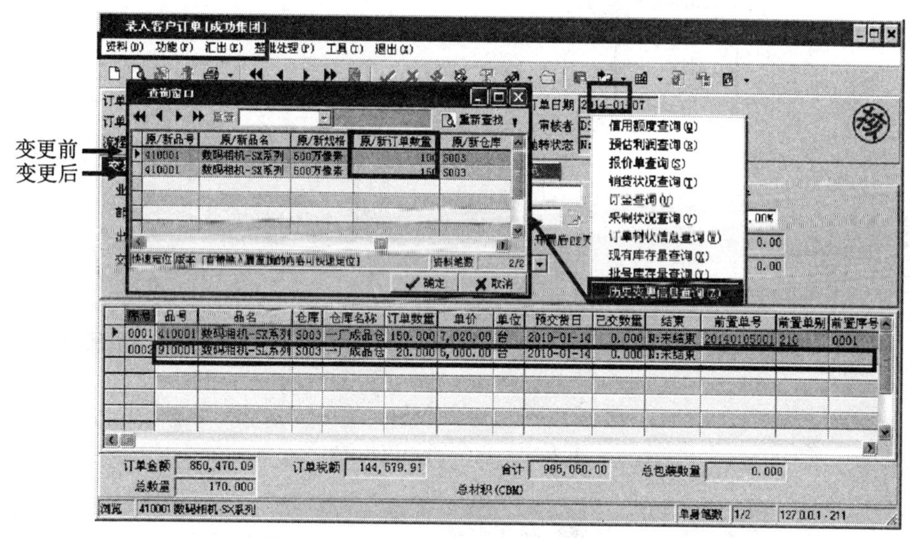

图 3-29 “录入客户订单”界面（七）

【作业重点】

查看方式：选中要查看变更内容的那笔单身信息，单击“资料查询”|“历史变更信息查询”，即可看到变更内容的窗口。

任务五 出货通知

任务描述

通常在货品销货出库前，业务人员会通过“出货通知单”通知仓库人员备货。出货通知单是一种调拨单据，所以单据审核后对库存没有影响。至于要调拨到哪里，必须先在“基木信息子系统”的“设置共用参数”里，将“出货通知管理”勾选，并设置存货调拨至备货仓。但是如果企业并没有出货通知的程序，而是直接录入销货单通知仓管备货时，就不需要使用这个作业了。

成功集团预计 2014 年 1 月 14 日出货给标竿公司，因此于 1 月 13 日先录入“出货通知单”。

知识准备

出货通知流程如图 3-30 所示。

任务实施

步骤一：在系统主界面执行“销售管理子系统”|“销售管理”|“录入出货通知单”，进入“录入出货通知单”开始新增单据信息，如图 3-31 所示。

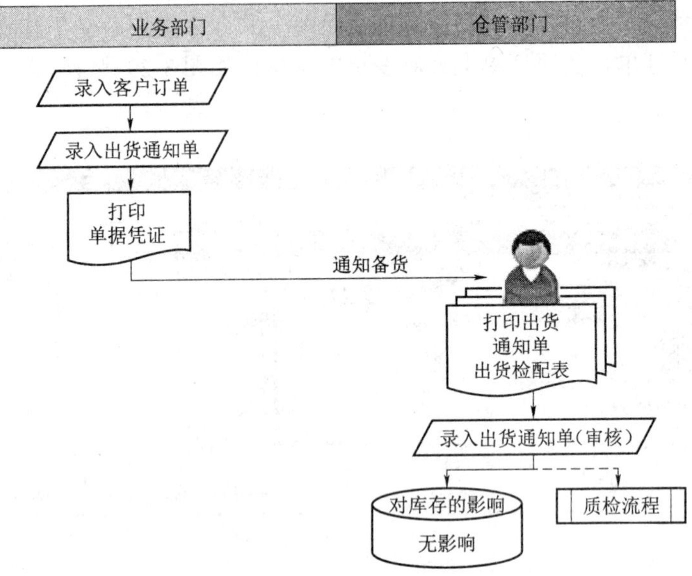

图 3-30 出货通知流程图

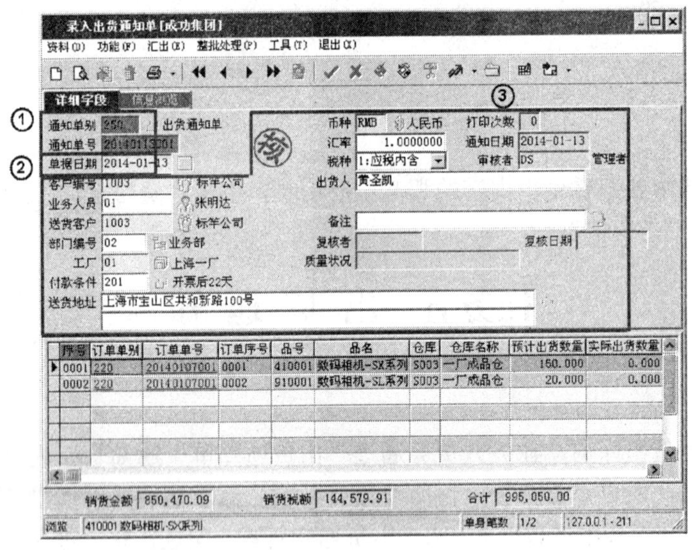

图 3-31 “录入出货通知单”界面（一）

【作业重点】

（1）在“通知单别”字段“F2”键开窗，选择要使用的出货通知单单别，系统会根据该单别的单据性质设置显示出单号。

（2）单据日期默认当前日期，也可根据实际情况修改。

（3）开窗选择客户编号，输入客户编号后，系统按照客户基本信息的设定自动带出业务人员、送货客户、部门编号、工厂、付款条件等资料。因为有时客户的地址和送货地址会不一样，所以这里做了区分。其他带出的信息，若有需要，也可再进行修改。

步骤二：单身选择要做出货通知的订单，如图 3-32 所示。

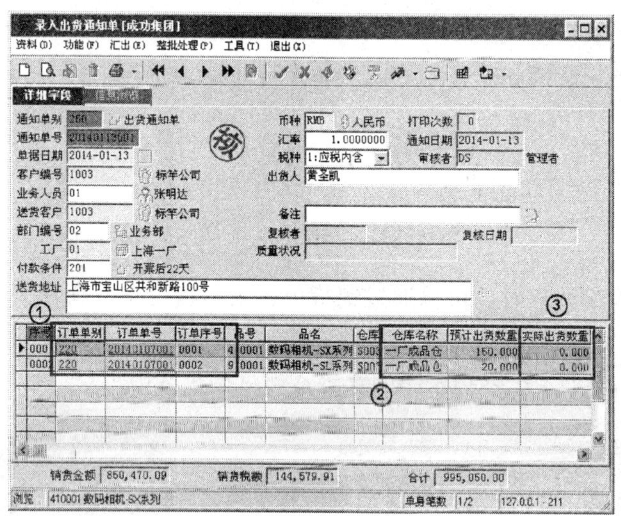

图 3-32 “录入出货通知单”界面（二）

【作业重点】

（1）在“订单单别”字段“F2”键开窗，选择要做出货通知的订单单别、单号和序号。

（2）预计出货数量：默认抓取订单上的“未交数量”，也可以根据需要更改为这次预计出货的数量。

（3）实际出货数量：对应销货单的累计销货数量，不可手工修改。

步骤三：保存审核及复核产品质量，如图 3-33 所示。

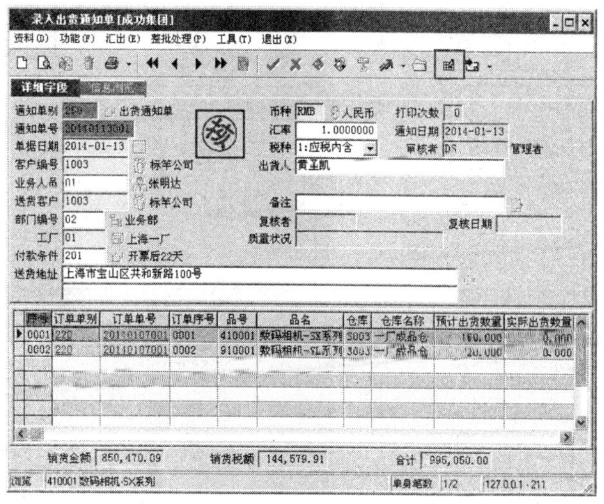

图 3-33 “录入出货通知单”界面（三）

【作业重点】

（1）输入完毕后，请将此客户订单保存并审核。审核后画面会出现“核”字，此张单据才生效。

（2）如果在出货通知单审核之后还需要复核产品质量，则可以单击工具栏上面的“出货复核/撤销出货复核”按钮，系统会弹出一个对话窗口。输入复核日期和质量状况后单击“确定”即可。

注：经过复核的出货通知单是不可以撤销审核的。

任务六 销　货

任务描述

当商品正式出库给客户时，可以通过销货单记录出货信息。仓管人员将销货单审核后，表示商品已从仓库出货，将减少库存数量。

2014 年 1 月 14 日下午，成功集团准备录入销货单正式出货。

知识准备

普通销货流程如图 3-34 所示，零星销货流程如图 3-35 所示。

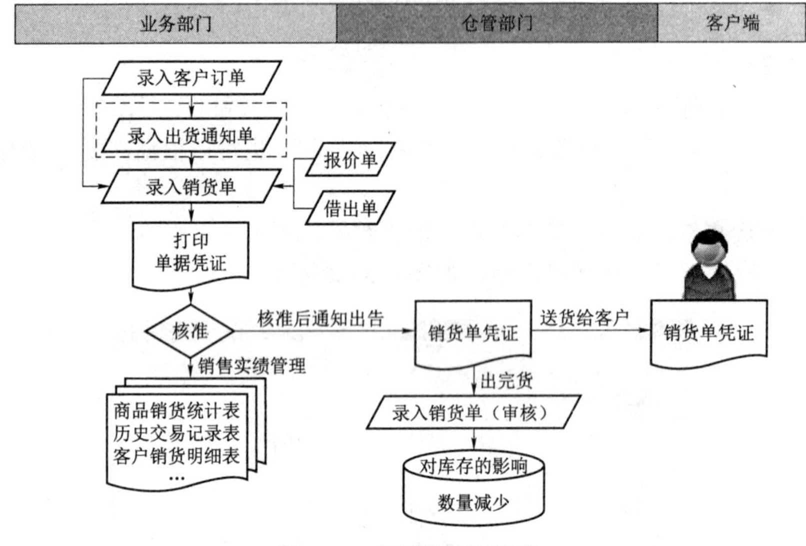

图 3-34　普通销货流程图

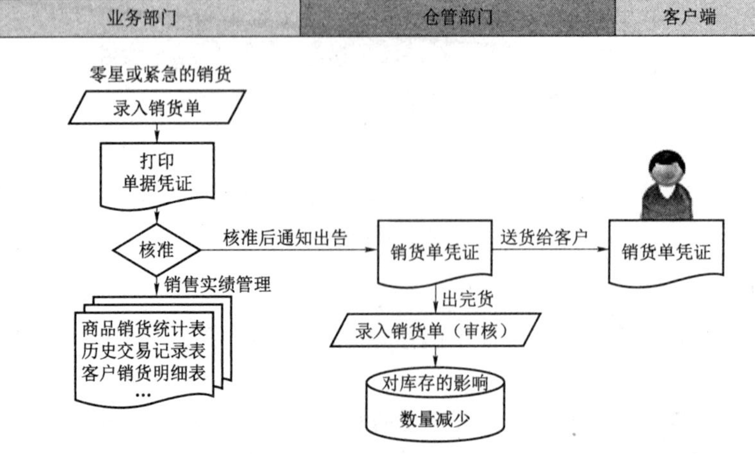

图 3-35　零星销货流程图

任务实施

步骤一：在系统主界面执行“销售管理子系统”|“录入销货单”作业，进入“录入销货单”开始新增销货单信息，如图3-36～图3-39所示。

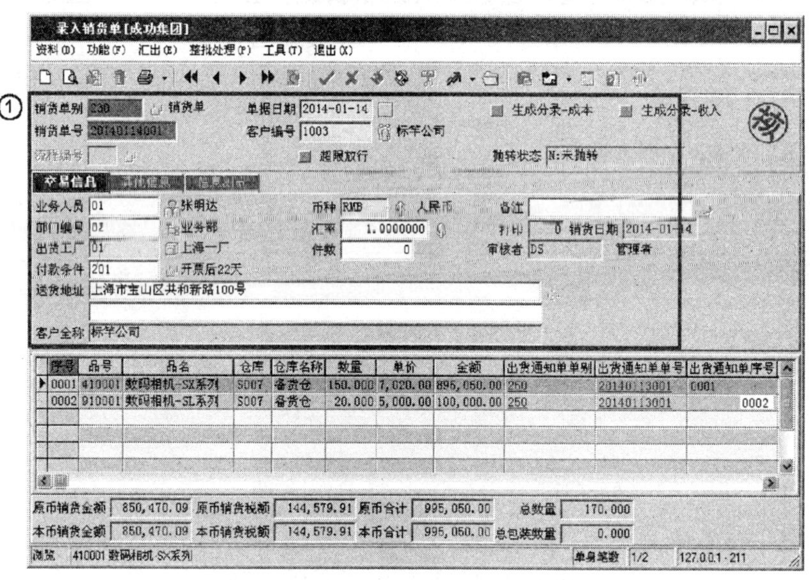

图3-36 “录入销货单”界面（一）

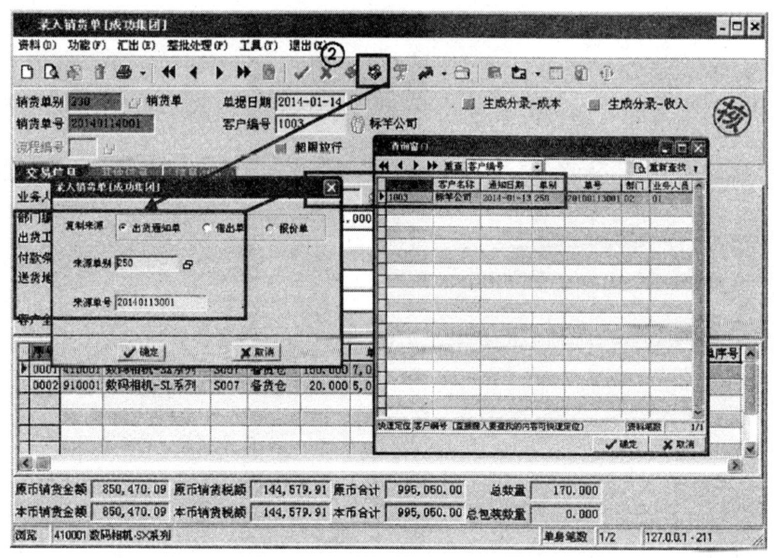

图3-37 “录入销货单”界面（二）

【作业重点】

（1）输入销货单别、单据日期、客户编号等，这些都可利用“F2”键开窗查询选择。输入销货单别，系统会根据该单别单据性质的设定给予单号。输入客户编号后，会按照客户信息的设定自动带出部门编号、业务人员、付款条件、币种、汇率等信息。

（2）由于先前有“出货通知单”，所以可以利用工具栏上“复制前置单据”按钮，来协助信息的输入，它会将出货通知单的内容复制到销货单，包括品号、数量、价格等，复制完成后，再对自动带出的信息进行检查或修改调整的动作。

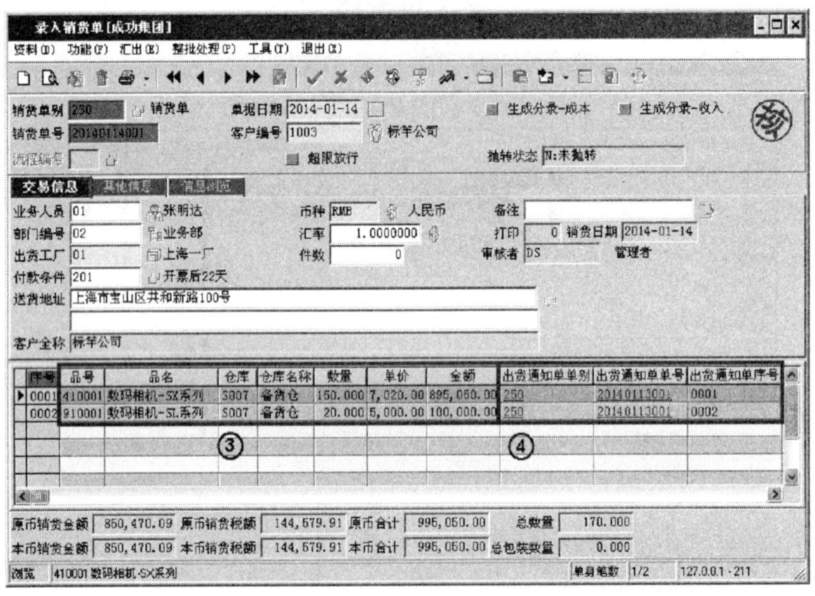

图 3-38 “录入销货单”界面（三）

（3）由于利用“复制前置单据”功能，单身的销货信息由系统自动带出，带出后需要查看是否无误。

（4）单身的“出货通知单单别–单号–序号”的作用，一方面可以表明此笔销货所对应的出货通知单是哪一张，另一方面可以将销货数量的信息，回写到该出货通知单中的“实际出货数量”。

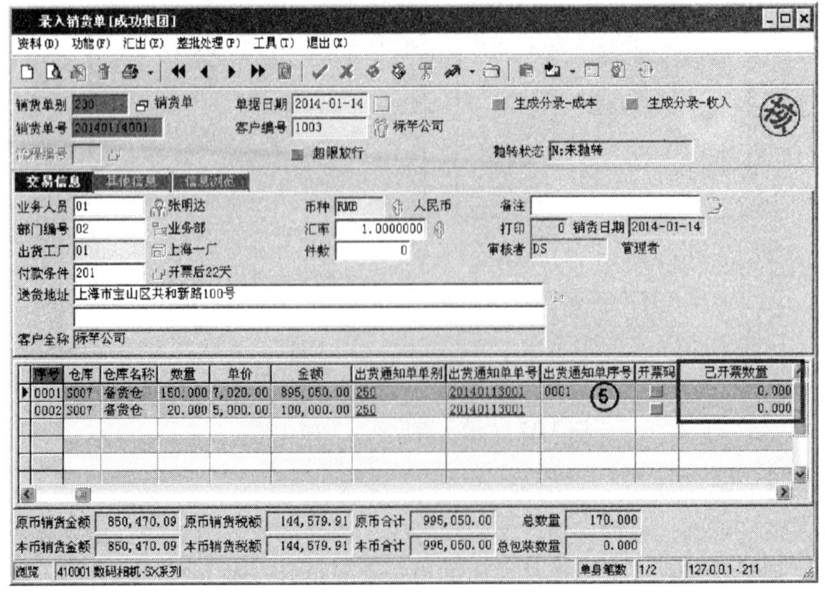

图 3-39 “录入销货单”界面（四）

（5）记录已开票的数量。

步骤二：保存单据后查看无误即可送交审核人员审核。审核后，存货的库存量便会减少，如图 3-40～图 3-42 所示。

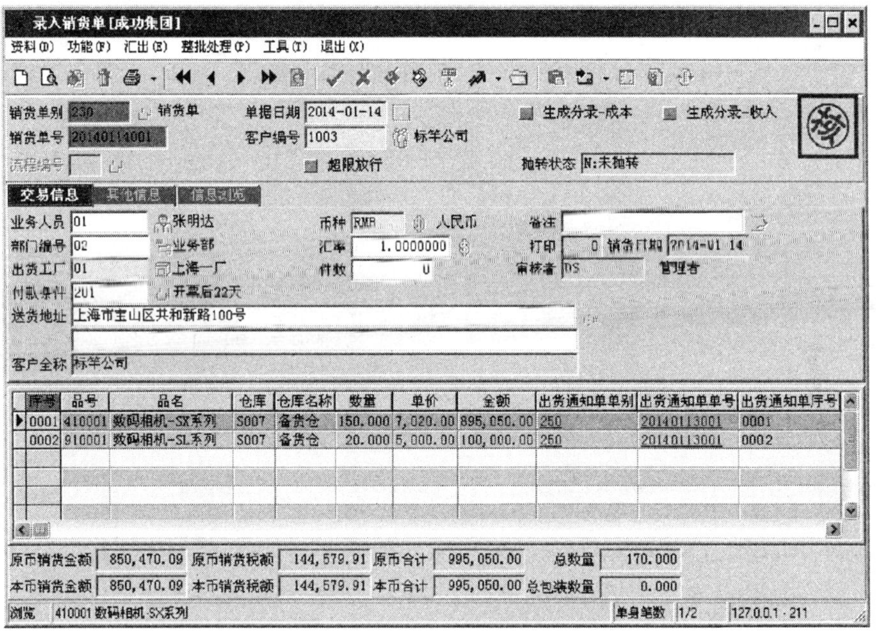

图 3-40 “录入销货单”界面（五）

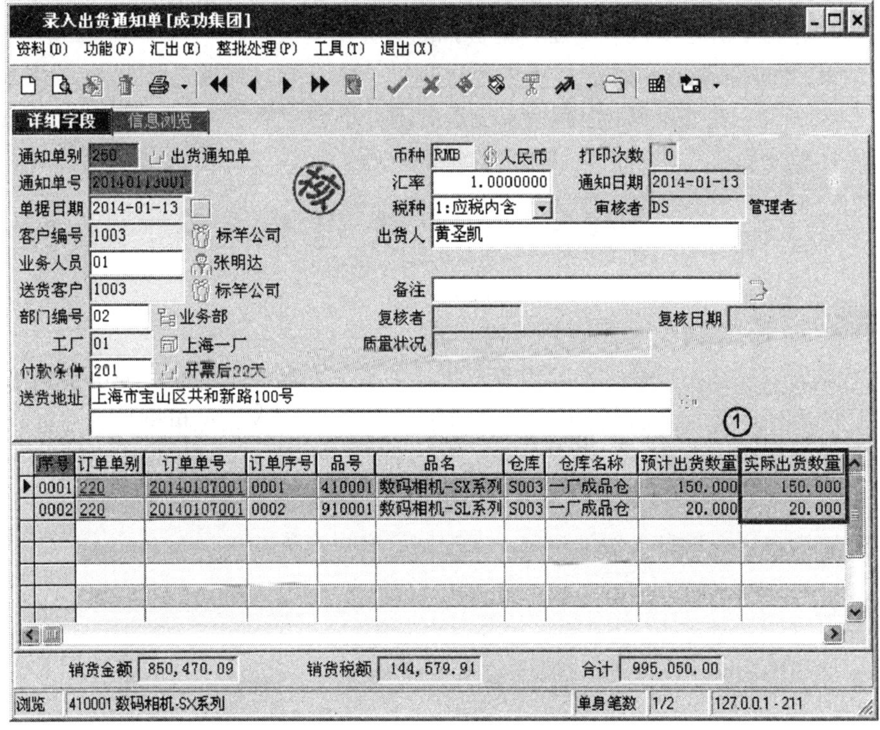

图 3-41 “录入出货通知单”界面

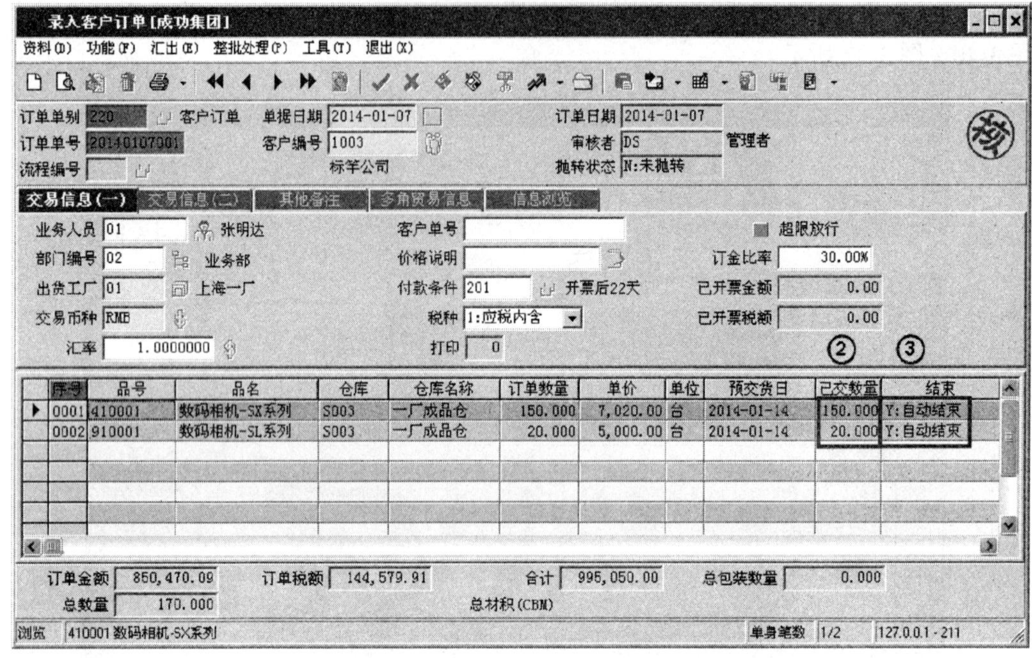

图 3-42 “录入客户订单”界面（八）

【作业重点】

（1）出货通知单中的实际出货数量更新为销货单的累计销货数量。

（2）客户订单中的已交数量更新为销货单的累计销货数量。

（3）结束：“N：未结束”，表示尚未全数交货；“Y：自动结束”，表示已全数交货；“y：指定结束”，表示尚未全数交货，但剩余未交货的部分不会交货了，必须做指定结束的动作（可通过“录入订单变更单”或“结束订单”作业来执行）。

任务七 销货退回

任务描述

通过“录入销退单”记录客户的退货及折让信息。产品确定退回，使用销退单记录退回商品信息。产品不退回，而以金额折让方式，则做销退折让单，这种单据只牵涉金额的折减，并不会影响库存数量的增减。

1 月 16 日上午，标竿公司发现 2 台“数码相机–SX 系列”有瑕疵，即将退回，并请再补货 2 台。张明达将这个信息告知经理后，经理同意客户换货。

知识准备

销退流程如图 3-43 所示，折让流程如图 3-44 所示。

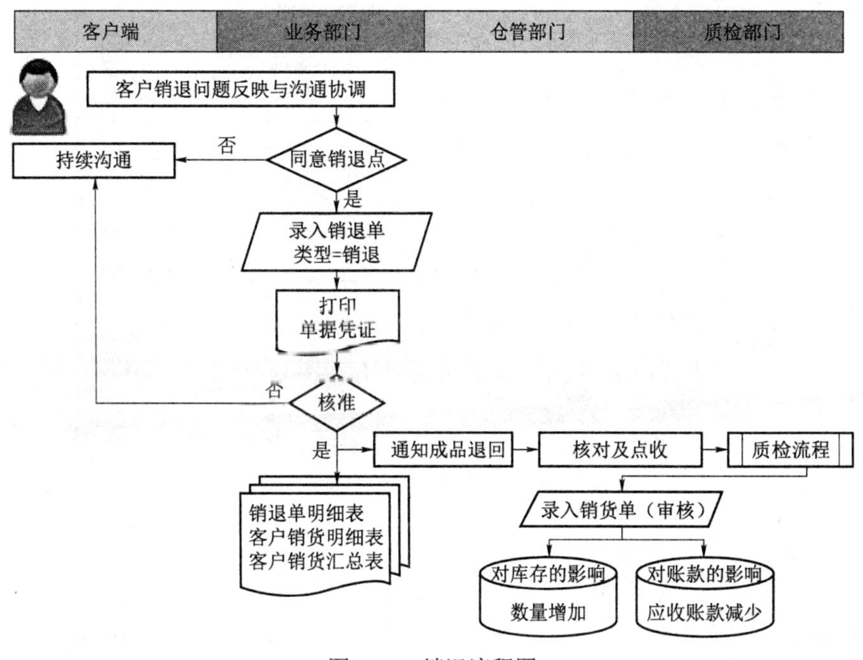

图 3-43 销退流程图

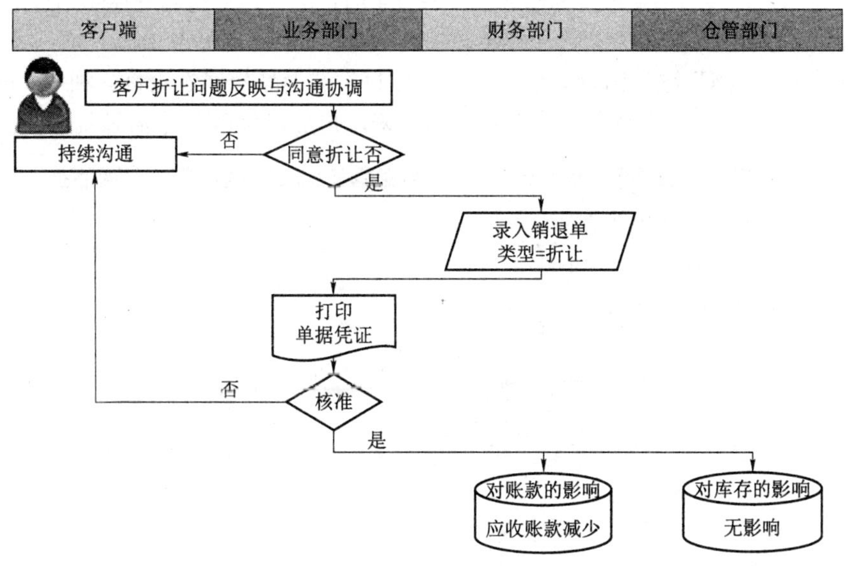

图 3-44 折让流程图

任务实施

步骤一：在系统主界面执行“销售管理子系统”|“录入销退单”，进入“录入销退单”开始新增销退单信息，如图 3-45～图 3-47 所示。

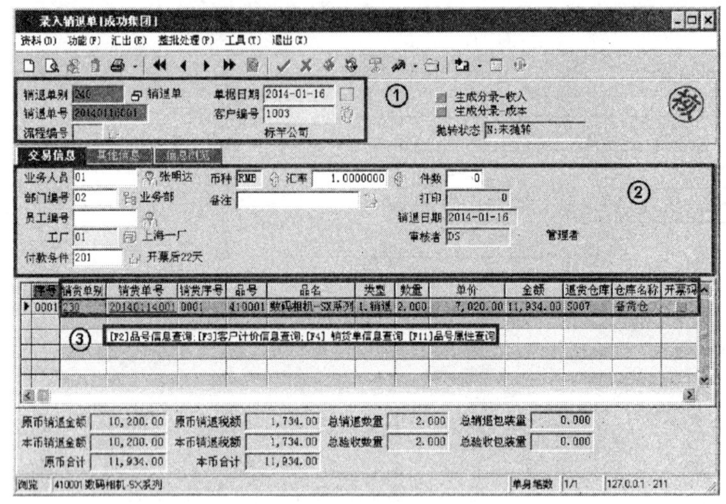

图 3-45 “录入销退单”界面（一）

【作业重点】

（1）在“销退单别”字段输入单别编号，也可“F2”键开窗选择（由于公司可能会将销货退回和销货折让分为不同的单别，所以选择时要注意）选好后，系统会根据该单别单据性质的设置进行编号。输入单据日期、客户编号，也可开窗选择。

（2）输入客户后，会按照客户信息的设置自动带出币种、付款条件、税种等信息，请检查这些信息的正确性。尤其当销退单必须对应原始销货单时，这些信息必须与原始销货单相符合。

（3）单身品号字段的输入提供三种辅助功能键，“F2”键为品号信息查询，“F3”键为客户计价信息查询，“F4”键为销货单信息查询，“F11”键为品号属性查询。利用“F4”键为选择销货信息，系统会自动将销货单的内容复制过来，再加以修改部分信息就可以了。

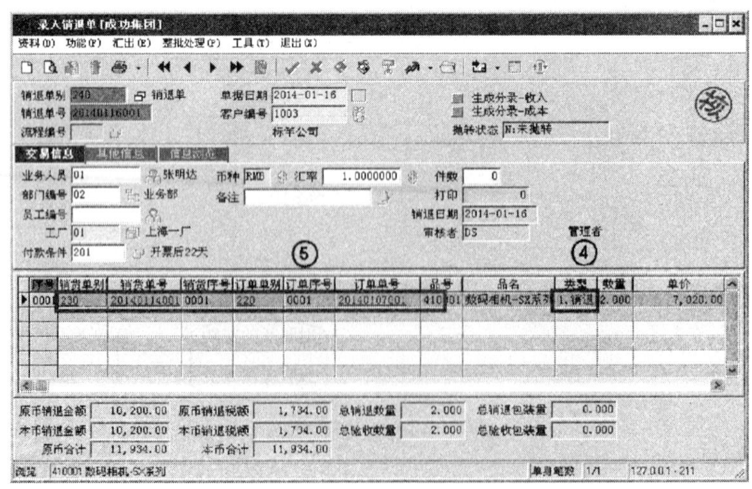

图 3-46 “录入销退单”界面（二）

（4）销退单上的类型有“销退”与“折让”，销退是指客户有将货品退回，会影响库存数量的增减，折让是针对金额上面的折减，不影响库存数量的增减。

（5）可以输入“销货单别–单号–序号”、“订单单别–序号–单号”以便对应。若有输入“订单单别–单号–序号”，系统会将销退数量的信息，回写至该订单的“已交数量”。若有输入“销货单别–单号–序号”，销退数量不可大于销货数量。

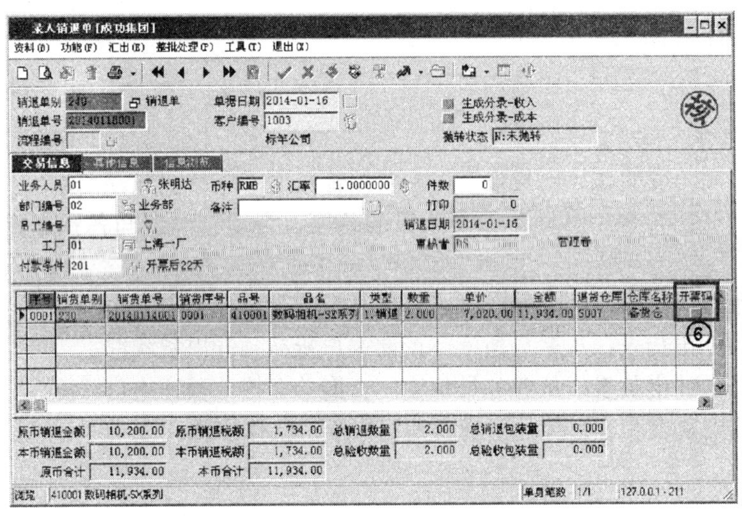

图 3-47 “录入销退单”界面（三）

（6）“开票码”是指当此笔销退信息，开完发票之后，系统会自动将“开票码”打勾，如图 3-47 所示。

步骤二： 销退单输入完毕后保存、审核。

【作业重点】

销退单审核后，客户订单中的“已交数量”减少相应数量。

步骤三： 重新录入销货单给客户，销货数量为 2 台，如图 3-48 所示。

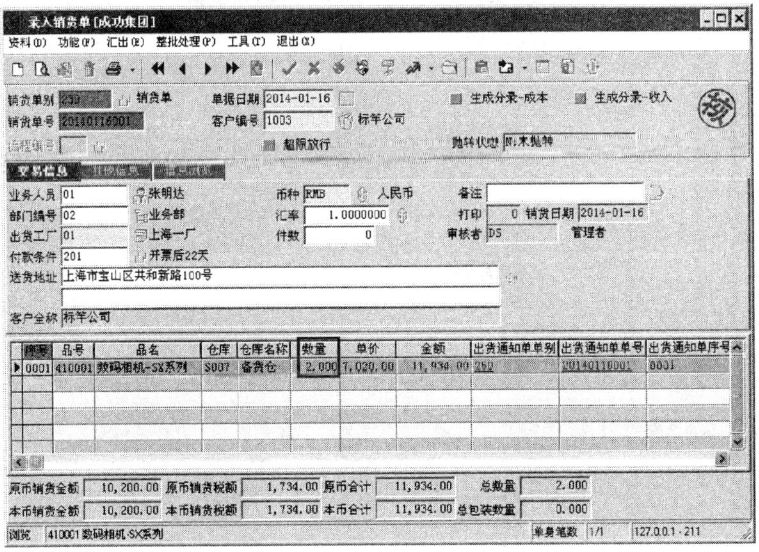

图 3-48 “录入销货单”界面（六）

任务八 报表查询统计

一、预计出货表

任务描述

提供四种不同角度的预计出货报表，主要控管及追踪出货状况。

（1）订单预计出货表：从订单预交货日的角度，查询一段期间各预交货日预计出货的资料。

（2）商品预计出货表：从品号角度，查询某个货品预计在何时出货。

（3）客户预计出货表：从客户角度，查询客户货品预计出货状况。

（4）业务员预计出货表：从业务员角度，查询单个接单预计出货状况。

以商品预计出货表和客户预计出货表为例来学习操作步骤。

任务实施

步骤一：在“商品预计出货表”中进行设置，然后单击“设计报表”按钮，如图3-49所示。

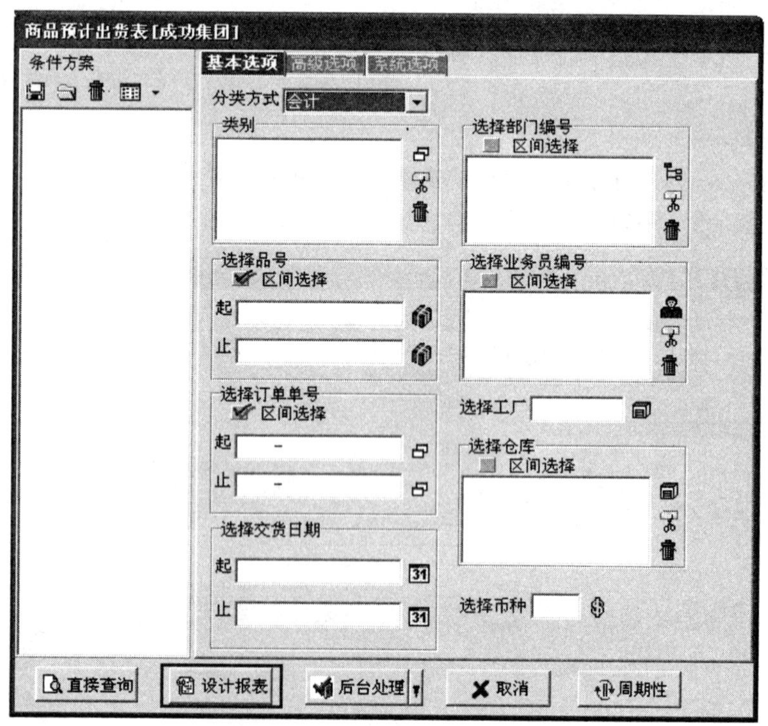

图3-49 “商品预计出货表”界面

步骤二：报表产出结果，如图3-50所示。

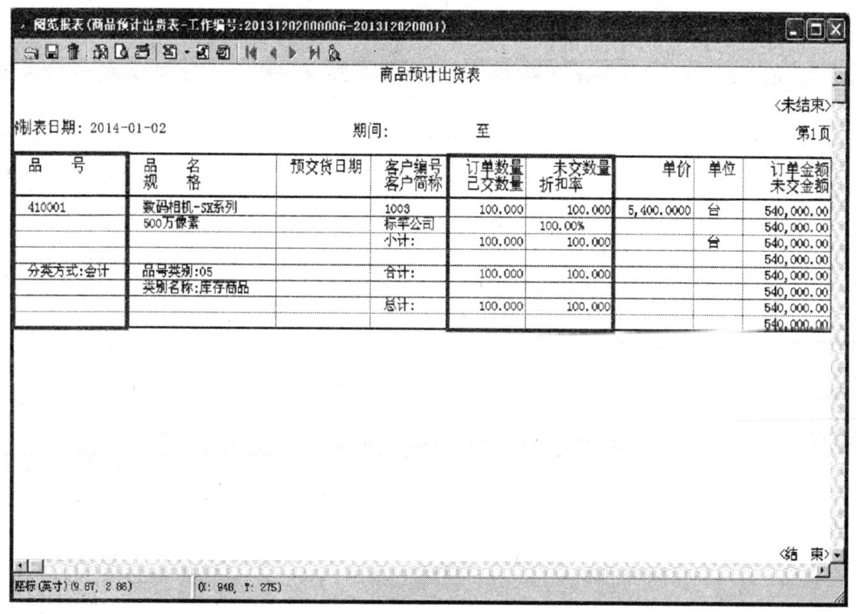

阅览报表(商品预计出货表-工作编号:20131202000006-20131202000l)

商品预计出货表

〈未结束〉

制表日期: 2014-01-02　　期间:　　至　　第1页

品　号	品　名 规　格	预交货日期	客户编号 客户简称	订单数量 已交数量	未交数量 折扣率	单价	单位	订单金额 未交金额
410001	数码相机-SX系列		1003	100.000	100.000	5,400.0000	台	540,000.00
	500万像素		标学公司		100.00%			540,000.00
			小计:	100.000	100.000		台	540,000.00
								540,000.00
分类方式:会计	品号类别:05		合计:	100.000	100.000			540,000.00
	类别名称:库存商品							540,000.00
			总计:	100.000	100.000			540,000.00
								540,000.00

〈结　束〉

座标(英寸)(9.87, 2.88)　(X: 948, Y: 275)

图 3-50 “商品预计出货表”阅览报表界面

二、客户销货明细表

任务描述

查询客户一段期间内，销货明细数据状况，可供财务对账使用。

任务实施

步骤一：在“客户销货明细表”中进行设置，然后单击“设计报表”按钮，如图 3-51 所示。

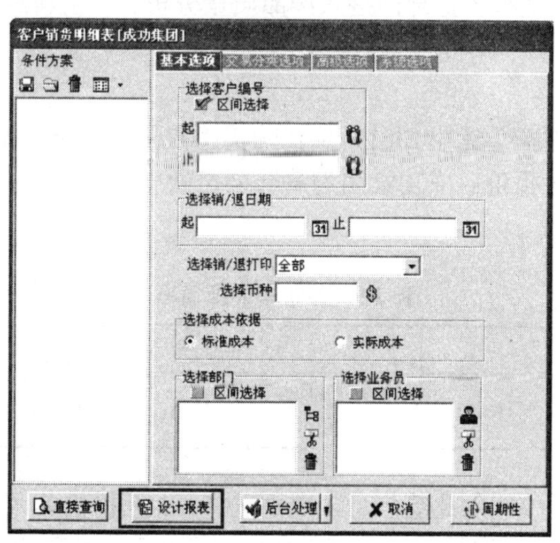

图 3-51 “客户销货明细表”界面（一）

步骤二：报表产出结果（如图 3-52 所示）。

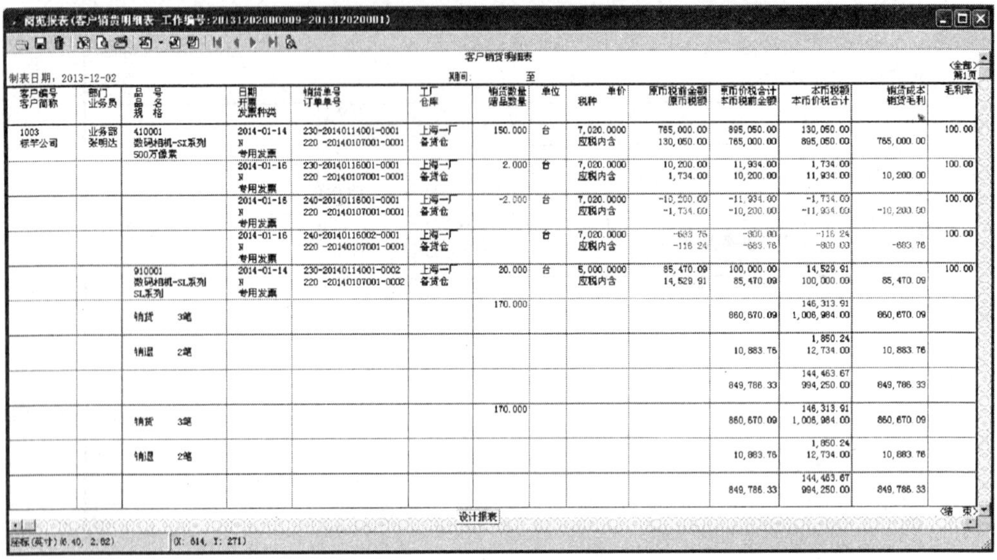

阅览报表(客户销货明细表-工作编号:20131202000009-20131202000l)

客户销货明细表

制表日期：2013-12-02　　期间：　　至　　〈全部〉第1页

客户编号 客户简称	部门 业务员	品号 品名 规格	日期 开票 发票种类	销货单号 订单单号	工厂 仓库	销货数量 赠品数量	单位	单价 税种	原币税前金额 原币税额	原币价税合计 本币税前金额	本币税额 本币价税合计	销货成本 销货毛利	毛利率
1003 标竿公司	业务部 张明达	410001 数码相机-SX系列 500万像素	2014-01-14 N 专用发票	230-20140114001-0001 220 -20140107001-0001	上海一厂 备货仓	150.000	台	7,020.0000 应税内含	765,000.00 130,050.00	895,050.00 765,000.00	130,050.00 895,050.00	765,000.00	100.00
			2014-01-16 N 专用发票	230-20140116001-0001 220 -20140107001-0001	上海一厂 备货仓	2.000	台	7,020.0000 应税内含	10,200.00 1,734.00	11,934.00 10,200.00	1,734.00 11,934.00	10,200.00	100.00
			2014-01-16 N 专用发票	240-20140116001-0001 220 -20140107001-0001	上海一厂 备货仓	-2.000	台	7,020.0000 应税内含	-10,200.00 -1,734.00	-11,934.00 -10,200.00	-1,734.00 -11,934.00	-10,200.00	100.00
			2014-01-16 N 专用发票	240-20140116002-0001 220 -20140107001-0001	上海一厂 备货仓		台	7,020.0000 应税内含	-683.76 -116.24	-800.00 -683.76	-116.24 -800.00	-683.76	100.00
		910001 数码相机-SL系列 SL系列	2014-01-14 N 专用发票	230-20140114001-0002 220 -20140107001-0002	上海一厂 备货仓	20.000	台	5,000.0000 应税内含	85,470.09 14,529.91	100,000.00 85,470.09	14,529.91 100,000.00	85,470.09	100.00
		销货　3笔				170.000				860,670.09	146,313.91 1,006,984.00	860,670.09	
		销退　2笔								10,883.76	1,850.24 12,734.00	10,883.76	
										849,786.33	144,463.67 994,250.00	849,786.33	
		销货　3笔				170.000				860,670.09	146,313.91 1,006,984.00	860,670.09	
		销退　2笔								10,883.76	1,850.24 12,734.00	10,883.76	
										849,786.33	144,463.67 994,250.00	849,786.33	

设计报表　〈结　束〉

座标(英寸)6.40, 2.62)　(X: 614, Y: 271)

图 3-52 “客户销货明细表”界面（二）

学习小结

本项目主要通过 ERP 销售管理的业务流程练习，让学生熟悉销售部门制订销售预测、计划或客户订单后，将产品订货和交货情况汇总通知计划部门或生产部门做成生产计划；生产部门根据计划安排领料生产，进入生产作业控制，产品完工后进行入库处理（按订单或加工单入库）；仓库部门按计划发料，安排产品入库，并按出货通知（根据订单的交货期）组织出货，产生出入库单据交财务部门；财务部门根据仓库的出入库单据、出货发票做账，客户收到货物和结算发票后付款给企业的财务部门；销售部门记录有关的售前、售中、售后服务情况，对有关的质量问题提交给质量部门进入产品质量分析。

项目实训

（1）客户第一公司（客户编号 1001）想要购买“数码相机–SL 系列”20 台，于 2014 年 3 月 10 日请成功集团进行报价。成功集团为第一公司做出了报价，并且经客户审核通过，详细信息见表 3-9。

表 3-9　报价单详细信息

客户	业务人员	品号	品名	数量/台	单价/元	生效日	失效日
1001 第一公司	301 李霖泰	410001	数码相机– SL 系列	20	5 000	2014-3-20	2014-3-20

请在“录入报价单”中输入此笔信息，单别选择：210 报价单。

（2）客户第一公司（客户编号 1001）要向成功集团购买“数码相机–SL 系列”，并于 2014 年 4 月 1 日签署订单合同，合同内容详见表 3-10。

表 3-10　订单详细信息

客户	出货工厂	业务人员	品号	品名	订单数量/台	单价/元	预交货日
1001 第一公司	SH001 上海厂	301 李霖泰	410001	数码相机–SL 系列	20	5 000	2014-4-20

请在“录入客户订单”中输入此笔信息，单别选择：220 客户订单。

（3）2014 年 4 月 20 日，成功集团出货给第一公司“数码相机–SL 系列”20 台，详细信息见表 3-11。

表 3-11　订单详细信息

客户	出货工厂	业务人员	品号	品名	数量/台	单价/元
1001 第一公司	SH001 上海厂	301 李霖泰	410001	数码相机–SL 系列	20	5 000

请在“录入销货单”中输入此笔信息，单别选择：230 销货单。销货单审核前后去查看此品号库存数量的变化，以及订单中“已交数量”和“结束”码的变化。

项目四

ERP 采购管理

知识目标

1. 掌握采购管理的主要业务流程。
2. 掌握 ERP 系统供应商及供应商料件价格管理。
3. 掌握 ERP 系统询价与请购管理。
4. 掌握 ERP 系统采购及采购变更管理。
5. 掌握 ERP 系统进退货管理。
6. 掌握 ERP 系统供应商评价管理及常用报表。

能力目标

能根据特定业务销售情景，运用易飞 ERP 系统完成采购业务管理的业务操作。

引导案例

成功集团采购部收到一张来自于业务部的请购单后，面临如下的业务情景应当如何处理呢？

2014 年 1 月 10 日，客户第一公司向业务部下采购单，购买“数码相机–SL 系列”100 台，每台相机单价为 5 000 元，预交货日为 2014 年 1 月 17 日。

业务部与仓管部确认存货数量是否足够，仓管部答复“数码相机–SL 系列”目前只有安全存量 50 台，无存货可供出货。

2014/01/10 日 请购

因“数码相机–SL 系列”为买进卖出商品，故业务部根据采购流程，需先提出“请购单”，请购商品“数码相机–SL 系列”100 台，需求日为 2014 年 1 月 17 日。

2014/01/10 日 采购

采购部收到业务部的请购需求，针对该请购单进行审核，并输入此次的供应商为三星公司，单价 4 000 元，交货日为 2014 年 1 月 13 日。接着生成正式采购单，打印采购单凭证向三星公司采购。

2014/01/11 日 采购变更

三星公司来电采购部，表示 1 月 10 日的采购单订购数量因生产不及，需延后至 1 月 14 日出货。采购部评估后进行采购变更作业，修改 1 月 10 日的采购单内容。

2014/01/14 日 进货/进货验收/验退

供应商三星公司依照约定交货日送交“数码相机–SL 系列”100 台，由仓管人员收货后放置验收区，并通知质检部进行检验。检验结果 98 台合格，2 台有瑕疵，准备退回给三星公司，并请三星公司再补货两台。

2014/01/30 日 进货退回

仓管部收到一厂一车间的通知，生产过程中发现原材料“光学镜片”5pcs 有瑕疵，经过追踪，查出这批货是 1 月 27 日从达智科技进的货，经采购部与供应商协商同意后，将这 5 pcs 不良品退回给供应商。

任务一 期初开账

任务描述

采购管理子系统的开账是为了将开账时间点之前就已经发生的未完成采购单和供应商料件价格录入 ERP 系统中。这样在开账时间点之后，采购部门就可以依据采购单和供应商料件价格开展后续的采购动作，如进货。这样就保证了采购信息的完整性和可追溯性。

成功集团计划于 2014 年 1 月 1 日正式上线易飞 ERP 系统，针对采购类部分，必须在 1 月 1 日前将开账数据输入到系统里，这样才有期初数据。为了掌握的资料最实时，往前推一天，也就是在 2013 年 12 月 31 日，把到当天为止的未结束的采购单信息和供应商料件价格，录入采购管理子系统中。

知识准备

一、系统简介

（一）系统效益与特色

采购管理涵盖采购作业流程的五个主要项目：请购、采购、进货收料、日常跟催管理及供应商管理。除了详细记载从请购到采购再到收料进货的交易信息外，更重要的是实时提供各种相关报表，以供管理者了解所有的采购状况，以便能够做出合理正确的决策。系统特色主要有以下几个方面。

（1）采购管理子系统中提供了多角度的请购、采购、进货的进度管控报表，方便在日常作业中做跟催及管理，达到准时交货的目的。

（2）针对公司内部对供应商的评估及管理，提供供应商 ABC 分析表等分析报表，将供应商做等级区分，提供给管理者制定采购政策时的参考依据。

（3）对于日常采购项目，系统将详实记录商品报价信息及供应商价格变动过程，作为公司内部审查和核准的依据。

（4）对于采购价格管理，系统提供了价格异常及交货异常的管理报表，用来检核采购是否有异常，供管理者来评估供应商与采购人员的绩效。

（5）为了让采购人员与供应商做快速沟通，系统提供了“查询供应商信息”作业，可以在线实时查询到供应商的相关信息，如供应商应付账款、票据状况、采购单信息、进退货明细、供应商的商品价格等。

（6）如果应付账款与进货同时确立，那么系统中还提供了直接开票功能，它连接“应付管理子系统”自动产生应付账款的采购发票，不需要另外人工输入。

（7）采购单凭证可以通过电子邮件或传真系统，直接传送给供应商，不需要将凭证打印出来，再传送给供应商，可以达到无纸化的目的。

（二）一般企业采购循环流程

采购循环流程如图4-1所示。

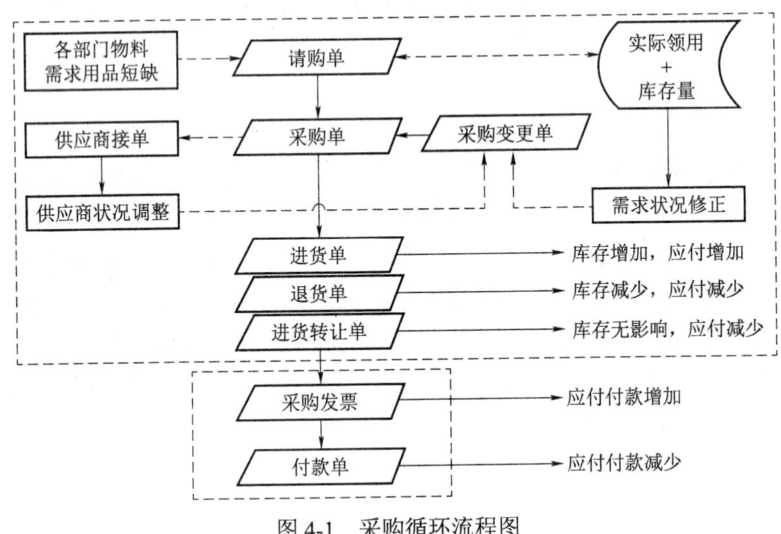

图4-1 采购循环流程图

二、基础设置

（一）设置编码原则

新增供应商信息时，可由系统自动给予一个号码，人员就不用记住上一次已经编到第几号了，也不用担心会有跳号的问题发生。

【作业重点】

成功集团针对供应商的编码原则（见表4-1），可将此编码规则设定在“设置编码原则”中，以方便录入供应商信息时的编码设定。

表4-1 供应商编码原则

第1码 ×	第2—4码 ×××	范例 ××××
1. 国内原物料供应商	流水号	1001 1002

续表

第1码 ×	第2—4码 ×××	范例 ××××
2. 国外原物料供应商	流水号	2001 2002
3. 委外供应商	流水号	3001 3002

在系统主界面执行“基本信息子系统”|“基础设置”，进入“设置编码原则”新增供应商编码原则，如图4-2所示。

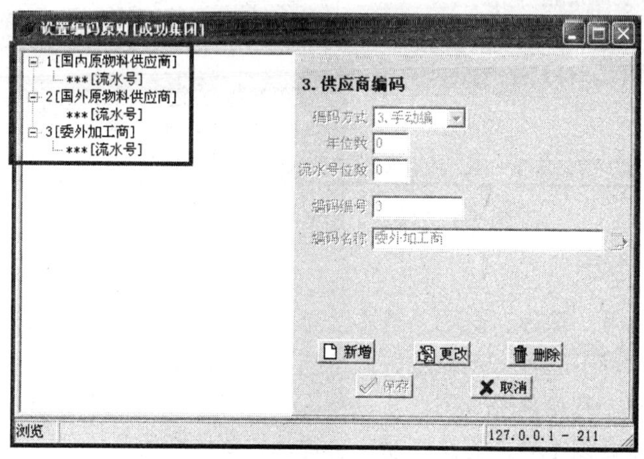

图4-2 “设置编码原则”界面

（二）录入供应商信息

所有与企业有交易往来的供应商，不论是原材料供应商、固定资产供货商或委外加工供货商，都必须将供应商信息录入在这个作业里（如图4-3、图4-4所示）。

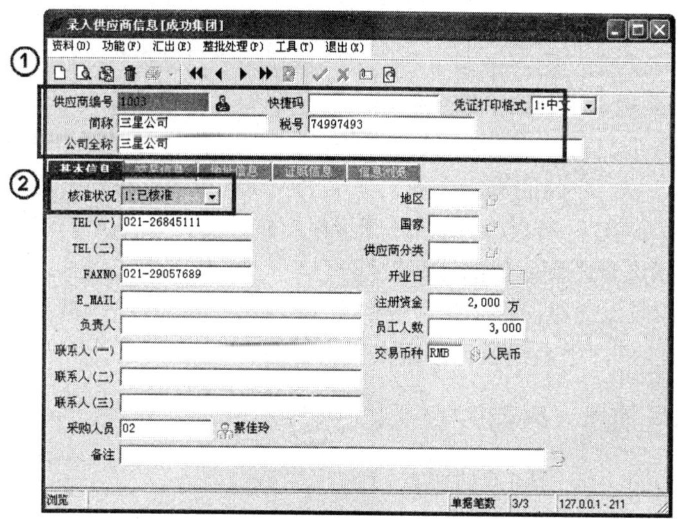

图4-3 “录入供应商信息”界面（一）

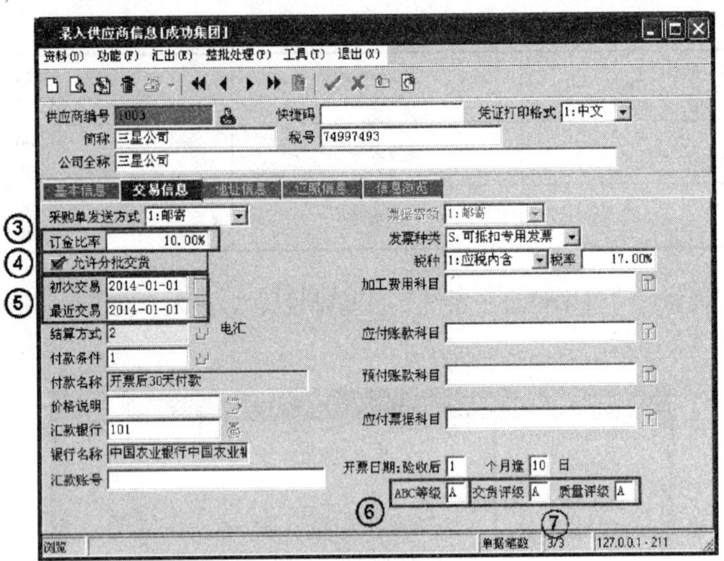

图 4-4 “录入供应信息”界面（二）

【作业重点】

（1）记录客户编号、简称、全称等基本信息。

（2）核准状况有以下三种：已核准、尚待核准、不准交易。

已核准：可交易，开窗也可查询。

尚待核准：开窗查询不到，无法交易，会提示“尚待核准”。

不准交易：开窗查询不到，无法交易，会提示“不准交易”。

（3）订金比率：如果在采购条款里，供应商要求下采购单时需先支付一定比率的订金，则需要在这个字段输入订金比率。后续下采购单时，采购单上就会自动带出订金比率。然后财务人员就知道这张采购单要做预开发票的处理。

（4）允许分批交货：表示同一批采购序号，是否可分多次进货。

默认设置为允许分批交货，若为不允许分批交货，当输入“验收数量”时：

① 验收数量≥采购量，则该采购单的结束码更新为“已结束”。

② 验收数量＜采购量，则该采购单的结束码更新为“指定结束”。

（5）初次交易/最近交易：初次交易日自行输入，最近交易日期则由进货单回写。

（6）ABC 等级：按供应商的进货净额来评定供应商的重要性等级，可自行输入，也可通过本系统的“供应商 ABC 分析表”，由系统评级来更新等级。等级 A 表示进货净额所占的比率较高，等级 C 表示进货净额所占的比率较低。

（7）交货评级和质量评级：评定供货商的交货时程、质量状况。可自行输入，也可通过本系统的“供应商评级”，由系统执行评级来更新等级。

（三）录入品号信息（采购）

具体操作界面如图 4-5、图 4-6 所示。

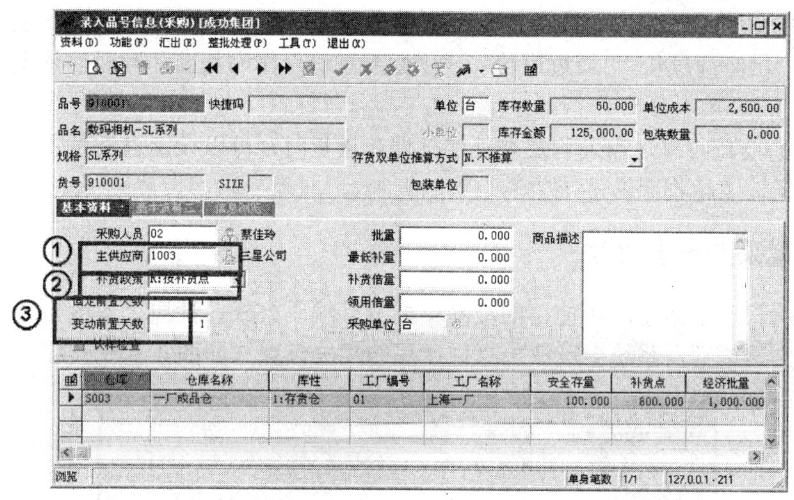

图 4-5 “录入品号信息”界面（一）

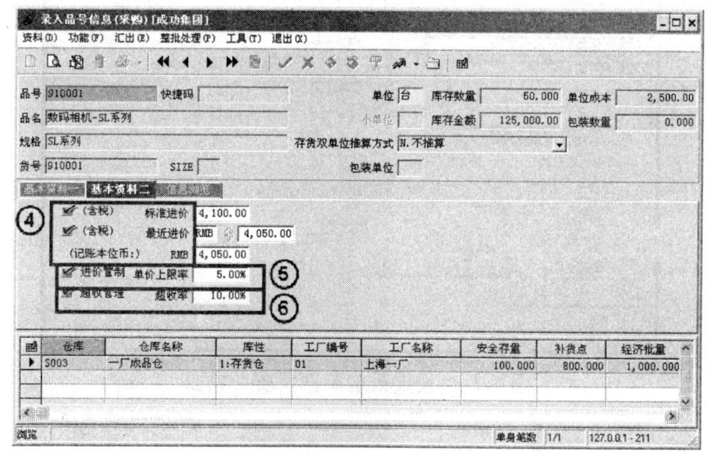

图 4-6 “录入品号信息”界面（二）

【作业重点】

（1）主供应商，是指后续该品号的默认采购供应商或委外供应商。

（2）补货政策分为“R：按补货点”“M：按 MRP 需求”“L：按 LRP 需求”，不同特性品号的库存补充方式不同。“补货点”是一个存量的水平，当存货数量下降到补货点时，就应该发起请购与采购活动，如此一来，才可以确保物料供应不会短缺。而补货政策是“按 MRP 需求”，这是指系统会按照品号的需求与供给缺口，自动产生各项产品的生产计划及采购计划。最后 LRP 则可按订单、按工单或是按销售预测等不同来源，来产生特定的物料需求计划。所以如果企业的紧急插单状况频繁，或是用料复杂者，可以设置为“按 LRP 需求”来补货。

（3）固定/变动前置天数，是指采购此产品的前置天数。不管采购一个或多个都需要耗费的时间，称为“固定前置天数”；会随着采购的数量多少而改变的时间，称为“变动前置天数”。

品号的采购前置天数=固定前置天数+（采购量/批量）×变动前置天数。

（4）标准/最近进价。“标准进价”需自行输入，而“最近进价”则会由最近一张进货单验收审核后，由系统回写，同时还会以原币乘以当时的币种汇率，计算出本位币的单价。

（5）进价控制/单价上限率。在用户输入采购单价时，由系统自动控管可以超出定价的范围。系统会以“供应商核价”“最近进价”或“标准进价”作为基准和判断的依据，来控管定价的范围。

（6）超收管理/超收率。当采购及委外加工件在进货时，可以设定进货是否可以超过原始采购的数量，且按照超收率做进货数量上限的管制。

（四）设置采购单据性质

设置“采购管理子系统”所使用的交易单据及其编码方式、性质、签核格式等，日后交易单据上使用到该单别，系统会默认单据性质里的相关设置（如图 4-7 所示）。

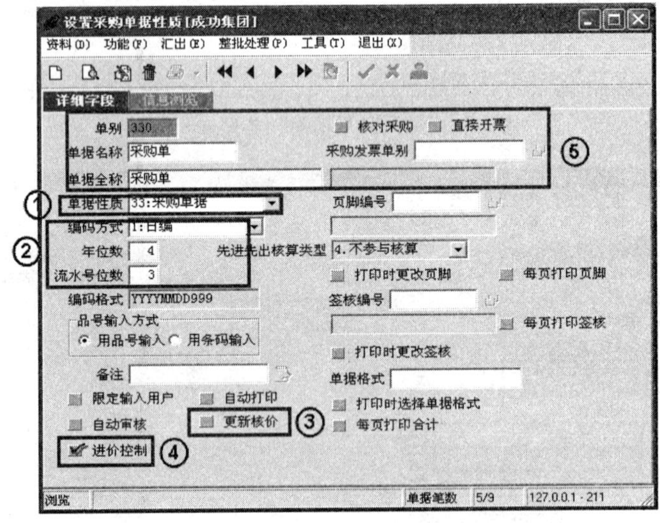

图 4-7 “设置采购单据性质”界面

【作业重点】

（1）单据性质共分为八种，见表 4-2。

表 4-2 采购单据性质

单据性质	更新核价	核对采购	直接开票
31：请购单据※			
32：核价单据	V		
33：采购单据※	V		
34：进货单据※	V	V	V
35：退货单据※		V	V
36.询价单据	V		
27：多角贸易采购单据	V		
29：多角贸易退货单据			

注：V 表示可按公司管理需求进行个别设定，※为本课程重点。

（2）系统提供了“计算机自动编号”和“手动编号”两种方式，其中计算机自动编号包括日编、月编和流水编。选好编码方式后，还要搭配“年位数”和“流水号位数”，最后从编码格式可以看出设置后的模板。

（3）更新核价，表示单据审核时，该单据的单价信息是否要更新“供应商料件价格档”。更新后，输入核价单或采购单及进货单时，单价都可由供应商料件价格档得来。

（4）进价控制。如果想要控制采购的价格，则要勾选“进价控制”。但要保证进货品号的品号信息中也同时启用了进价控制才能有效。

（5）直接开票/采购发票单别。勾选后，每一张进货单或退货单审核的同时立即产生一张采购发票，称为“直接开票”。此项目勾选时，须设定“采购发票单别”。 此选项适用于“随货附发票”的进货模式使用，而非月结制结账。

任务实施

步骤一： 收集截至2013年12月31日，未进货完毕的采购单，收集格式见表4-3。

表4-3 收集未出货完成的采购单

供应商	品号	数量	单价	已交数量
1007 名望公司	110001 主开关连动板	100	50	0
1007 名望公司	110002 模式按钮	100	40	0
…	…	…	…	…

步骤二： 将上述未进货完毕的采购单信息逐笔输入“录入采购单”作业。不需输入进货单，直接通过工具栏的“输入已交数量”输入开账时间点之前的已采购数量（如图4-8～图4-10所示）。

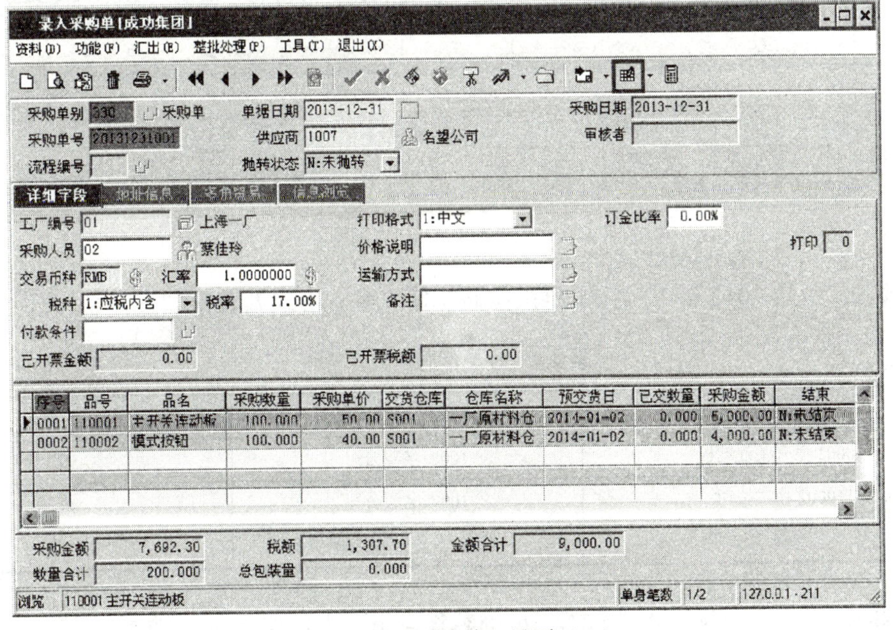

图4-8 “录入采购单”界面（一）

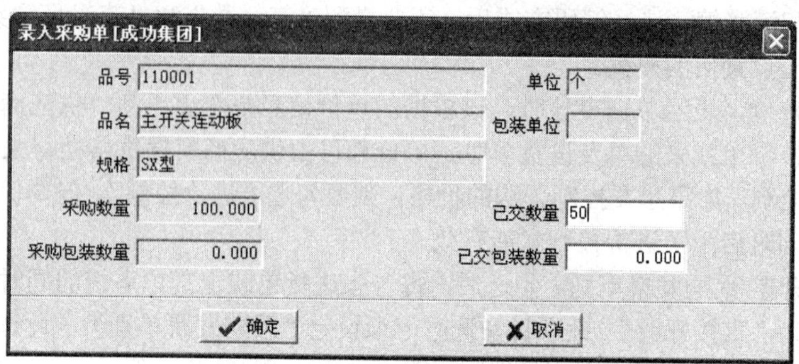

图 4-9 “录入采购单”界面（二）

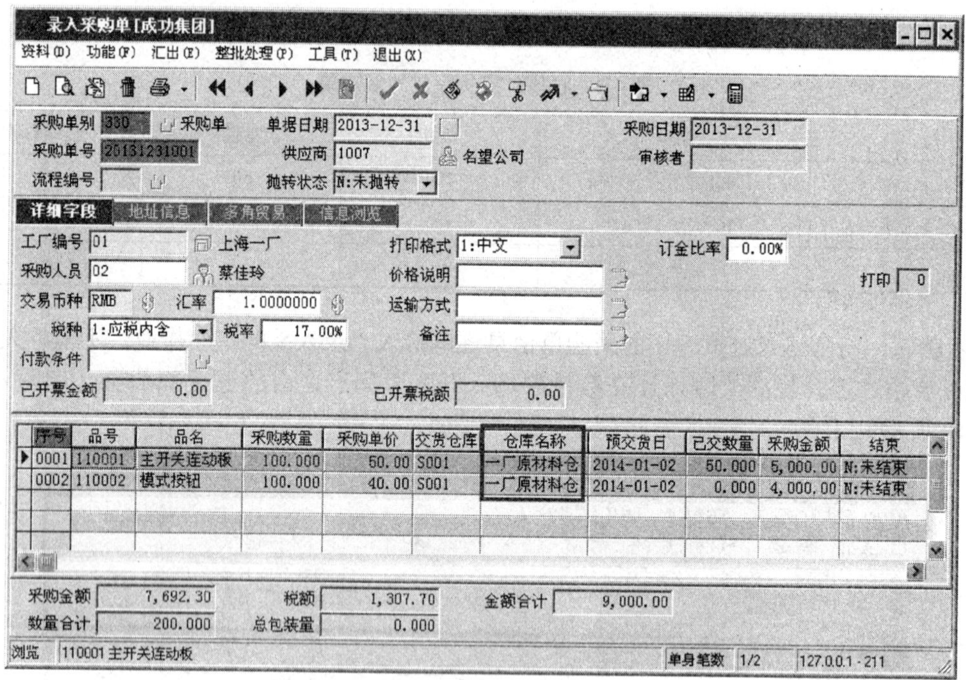

图 4-10 “录入采购单”界面（三）

步骤三： 收集 2013 年 12 月 31 日供应商料件价格，格式见表 4-4。

表 4-4 收集供应商料件价格

品 号	客 户 名 称	单 价/元
110001 主开关连动板	1007 名望公司	50
110002 模式按钮	1007 名望公司	40
…	…	…

步骤四： 将上述数据输入“录入供应商料件价格”中，如图 4-11 所示。

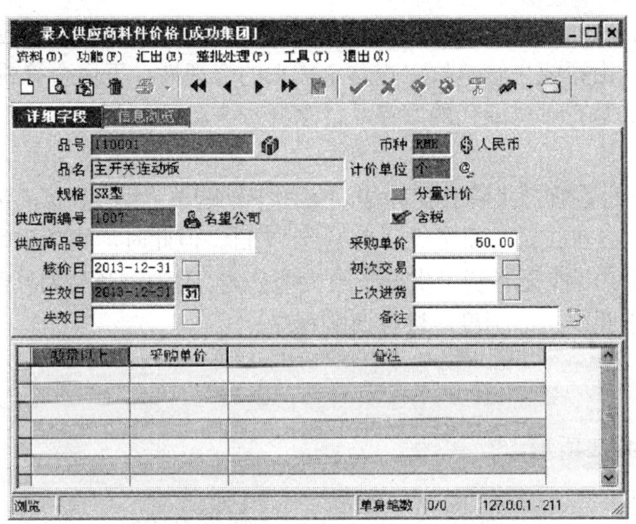

图 4-11 “录入供应商料件价格”界面

步骤五：人员录入采购单时，系统可直接带出供应商料件价格中设置的单价，如图 4-12 所示。

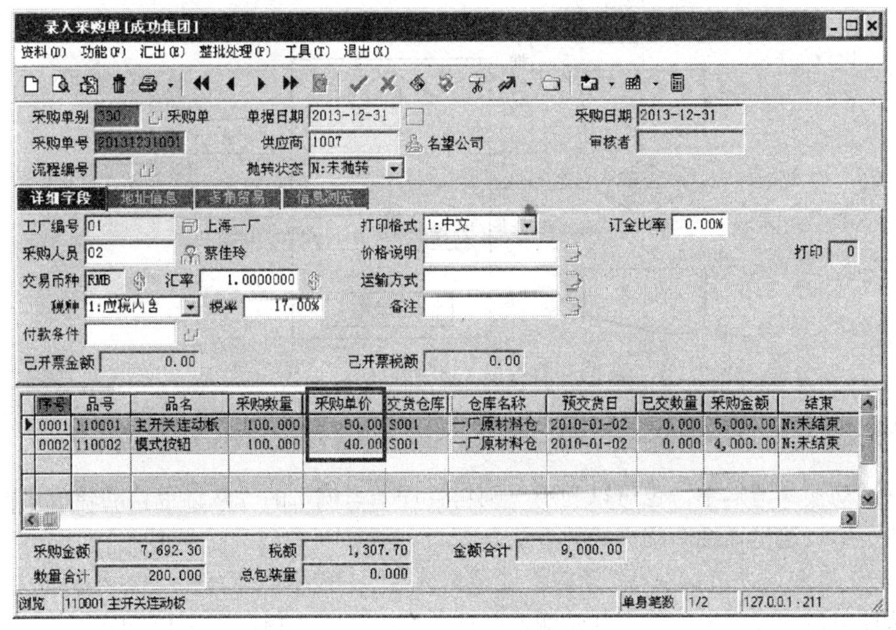

图 4-12 “录入采购单”界面（四）

任务二 采 购 请 购

任务描述

企业料件采购动辄百项、千项以上，数量非常的庞大。如果没有经过请购阶段的内部协调、审核作业，将有可能会造成所采购的料件不适合、存货成本过高，甚至无法掌握正确需求时效的弊端发生。所以一般企业会规定，在寄发“正式采购单”给供应商之前，必须先进行内部需求的审查，由授权主管单位审查这个需求的合理性；再由仓管或相关单位来确认是否已经有库存了，或是有可以取代的库存品，这样一来就可以预防多买，或是造成呆滞等成本浪费的状况发生。

2014 年 1 月 10 日，客户尖峰公司向成功集团下采购单，购买“数码相机–SL 系列”100 台，每台相机单价为 5 000 元，预交货日为 1 月 17 日。但此时，成功集团的“数码相机–SL 系列”只有安全存量 50 台，无存货可供出货给尖峰公司。因为该商品为外购商品，非自制品，所以业务部门需要按照公司的制度，进行请购程序。

知识准备

请购流程如图 4-13 所示。

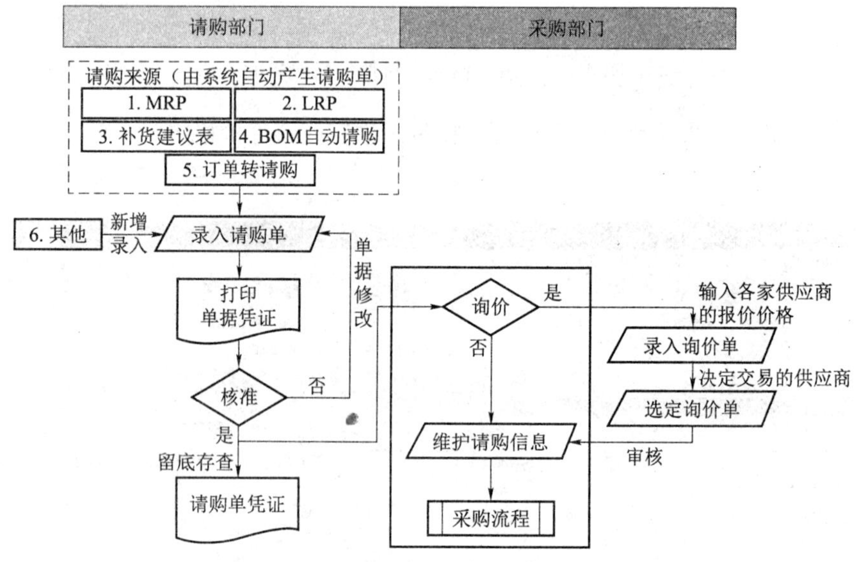

图 4-13　请购流程图

任务实施

可以手动输入请购单，也可以利用“销售管理子系统”的“从订单自动转成采购单”协助产生请购单。这里详细介绍第二种方法。

步骤一：在系统主界面执行“销售管理子系统”|“订单管理”|“从订单自动转成采购单”，进入“从订单自动转成采购单”开始输入筛选条件，如图 4-14、图 4-15 所示。

【作业重点】

（1）选择工厂：选择此次提出请购的工厂。

（2）已抛转过的重复生成：如果之前有抛转过请购单，则再次重新抛转时需要勾选此选项，首次抛转不需勾选。

（3）选择订单单号、订单序号、客户编号、订单日期或者订单预交货日期：均为筛选条件，可开窗选择。

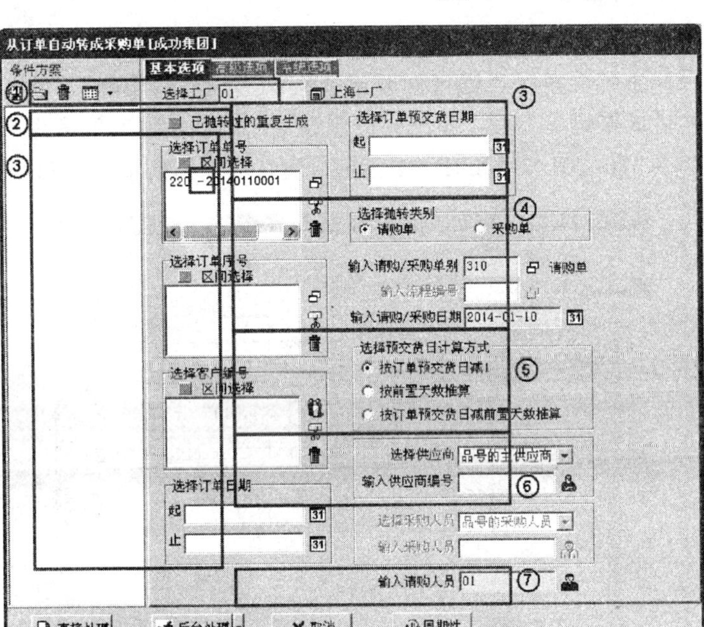

图 4-14 “从订单自动转成采购单”界面（一）

（4）抛转类别可以选择是请购还是采购，之后选择要生成的采购单或请购单的单别和单据日期。

（5）选择预交货日计算方式有两种：第一种，按订单预交货日减 1，表示按照订单预计交货给客户的日期往前倒推；第二种，按前置天数推算，表示按照请购时间再加上品号的前置天数往后正推。

注：前置天数的设定在“存货管理子系统”|“录入品号信息”。

（6）选择供应商有两种选择。第一种为“品号的主供货商”，选此种表示公司有在“录入品号信息”中输入品号的主要供货商，此时供应商编号不需输入；第二种为“指定供应商”，此时在“输入供应商编号”处，输入本次请购品号要指定的供应商。

（7）输入请购人员：这个字段一定要输入，开窗选择本次请购的人员。

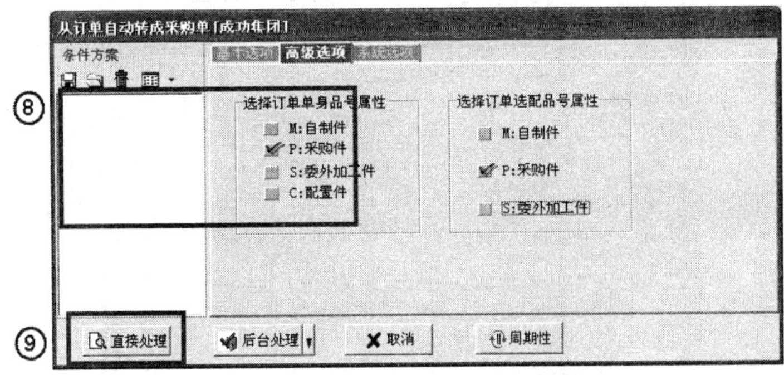

图 4-15 “从订单自动转成采购单”界面（二）

（8）选择订单单身品号属性：当此张客户订单单身的品号既有采购件，又有自制件的时候，就可以通过这个选项的勾选来筛选需要采购的品号了。

（9）选完上述选项之后，单击“直接处理”按钮，系统便会自动产生请购单据。

步骤二：在系统主界面执行“销售管理子系统”|“录入请购单”，进入“录入请购单”。执行“从订单自动转成采购单”后，系统会按照设置的选项条件产生请购单。在“录入请购单”中查询出请购单310–20140110001，不需要再自行新增请购单（如图4-16所示）。

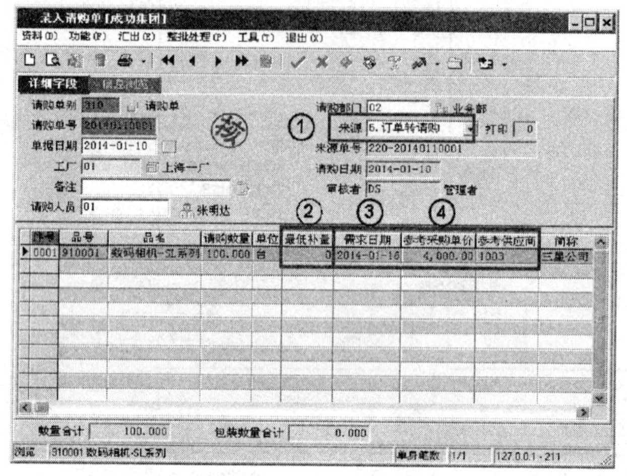

图4-16 “录入请购单”界面（一）

【作业重点】

（1）来源包括MRP、LRP、再补货建议表、BOM自动请购、订单转请购、其他。由于此张请购单是由订单复制而来，所以“来源”显示“5.订单转请购”。

（2）“最低补量”是在“录入品号信息”中设定的值，供填单人员参考。

（3）需求日期是指需要供应商交货的日期，根据“从订单自动转成采购单”中的设定来取值。

（4）参考采购单价和参考供应商为参考值，可以填写也可以空白。

步骤三：检查产生出的请购单内容是否无误，或是否需要加以调整修改，完成后即可送交审核（如图4-17所示）。

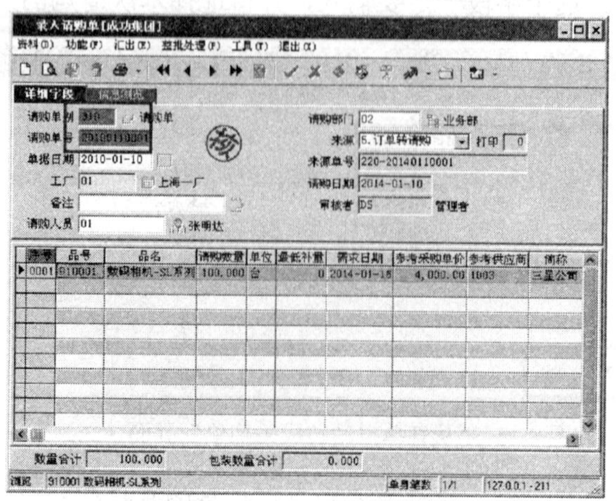

图4-17 “录入请购单”界面（二）

任务三 采购订单

任务描述

采购流程包括维护请购信息、从请购单生成采购单及录入采购单。

（1）维护请购信息的目的：采购人员针对品号管辖范围已审核的请购信息，进行采购审查动作，并且做采购发单前最后相关信息的审核。

（2）从请购单生成采购单的目的：当采购人员在“维护请购信息”做好最后的采购信息维护后，即可执行此作业，产生正式的采购单。

（3）录入采购单的目的：作为正式下采购单给供应商的依据。

2014 年 1 月 10 日，成功集团针对请购部门人员提出的请购需求，做审核采购的程序。程序为“维护请购信息→从请购单生成采购单→系统产生‘录入采购单’”。

知识准备

采购流程如图 4-18 所示。

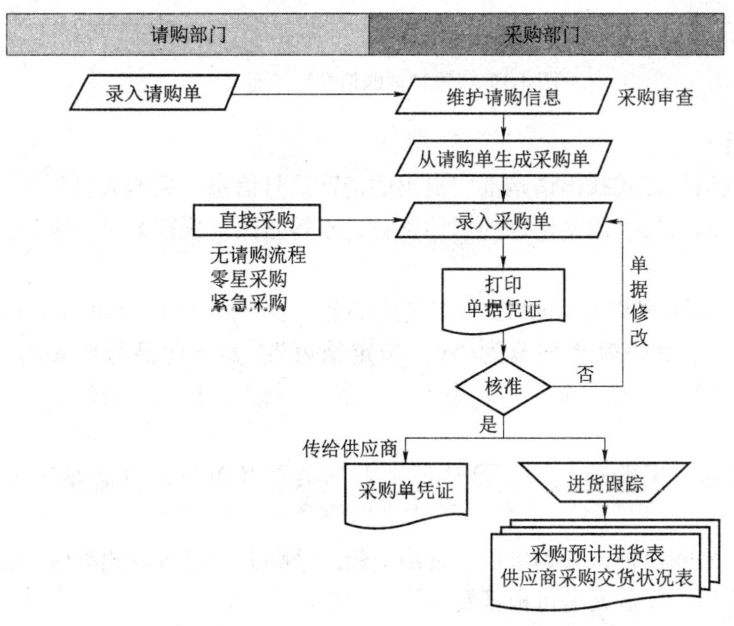

图 4-18 采购流程图

任务实施

步骤一：在系统主界面执行“采购管理子系统”|“维护请购信息”，进入“维护请购信息”开始维护（如图 4-19 所示）。

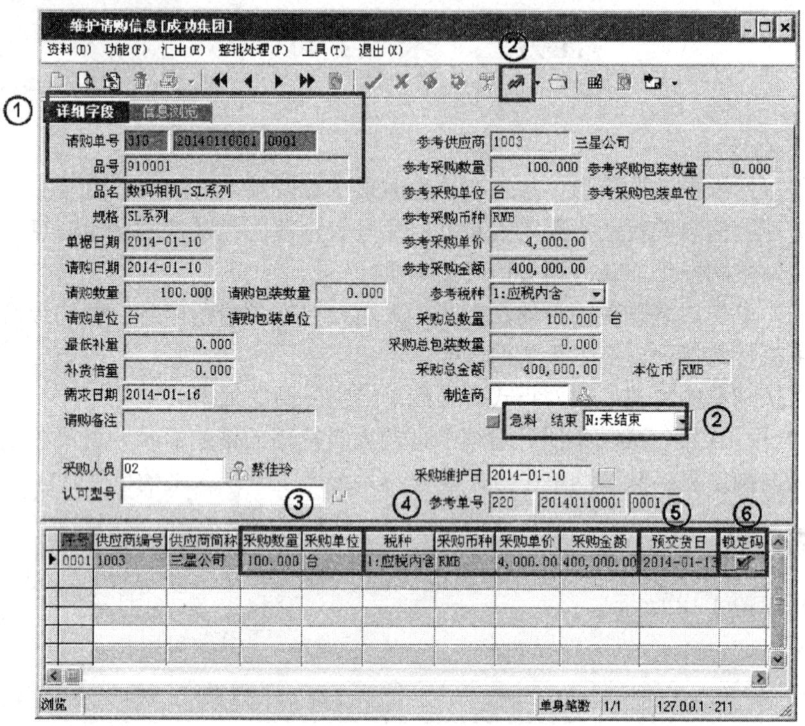

图 4-19 “维护请购信息”界面（一）

【作业重点】

（1）以“查询”方式找出请购部门提出的请购品号信息，采购人员利用“修改”功能进行维护，画面中的灰显字段是请购的原始资料，不得修改。采购人员可维护白色及黄色字段的资料。

（2）结束：如果采购部门决定不购买此品号，采购人员可以单击工具栏上的“指定结束”按钮，则结束码就会被改为“y：指定结束”；如果此品号要采购，但尚未采购，则结束码显示为“N：未结束”的状态。当此品号后续产生了采购信息则显示“Y：自动结束”。

（3）采购数量、采购单位：会默认原请购的数量及单位，有需要修改可再进行修改调整。

（4）税种、采购币种、采购单价、采购金额：采购人员可查看此类信息做调整修改。

（5）预交货日：采购人员可根据实际情况调整此日期。

（6）锁定码：当采购人员已维护好此笔信息，可将“锁定码”打勾，表示该笔要采购且已审核过。锁定后，原请购单不能撤销审核修改。

步骤二：在系统主界面执行“采购管理子系统”|“从请购单生成采购单”作业，进入“从请购单生成采购单”开始输入筛选条件，输入之后单击“直接处理”（如图 4-20 所示）。

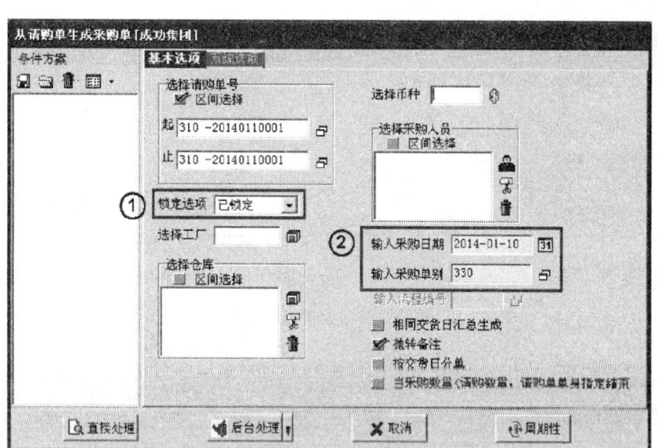

图 4-20 “从请购单生成采购单”界面

【作业重点】

（1）锁定选项：如果请购单很多，一部分要采购，一部分尚不要采购，便可以利用“锁定码”选项筛选请购单，并产生采购单。之后输入要产生的采购日期、采购单别。

（2）输入采购日期、输入采购单别：可以在此设置生成采购单的相关信息。

步骤三：在系统主界面执行“采购管理子系统”|“维护请购信息”和“录入请购单”，进入这两项作业，查找出请购单 310–20140110001（如图 4-21、图 4-22 所示）。可以看到，执行“从请购单生成采购单”后，系统会将生成采购单的单号回写到“维护请购信息”中，并且“录入请购单”自动结束。

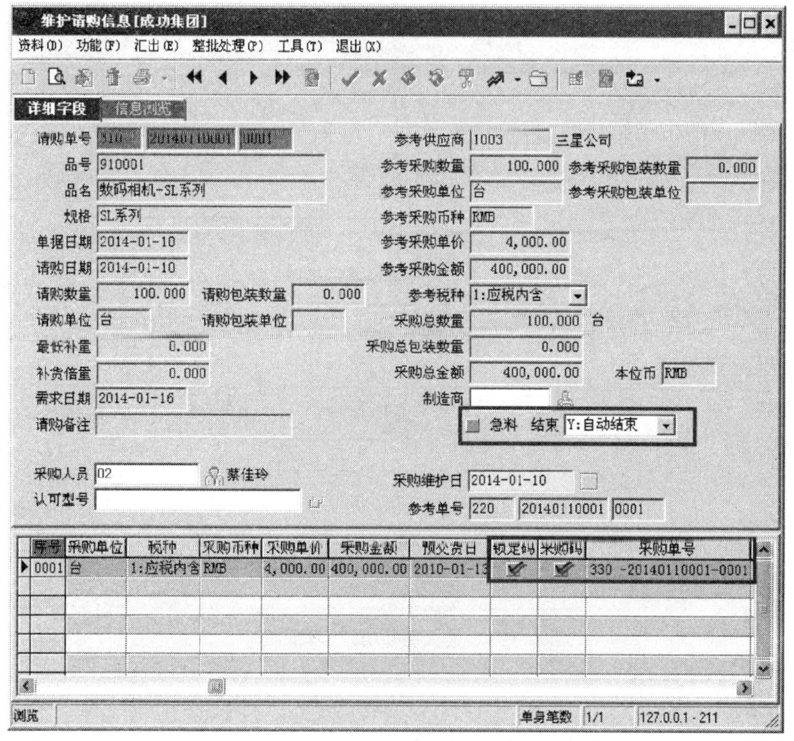

图 4-21 “维护请购信息”界面（二）

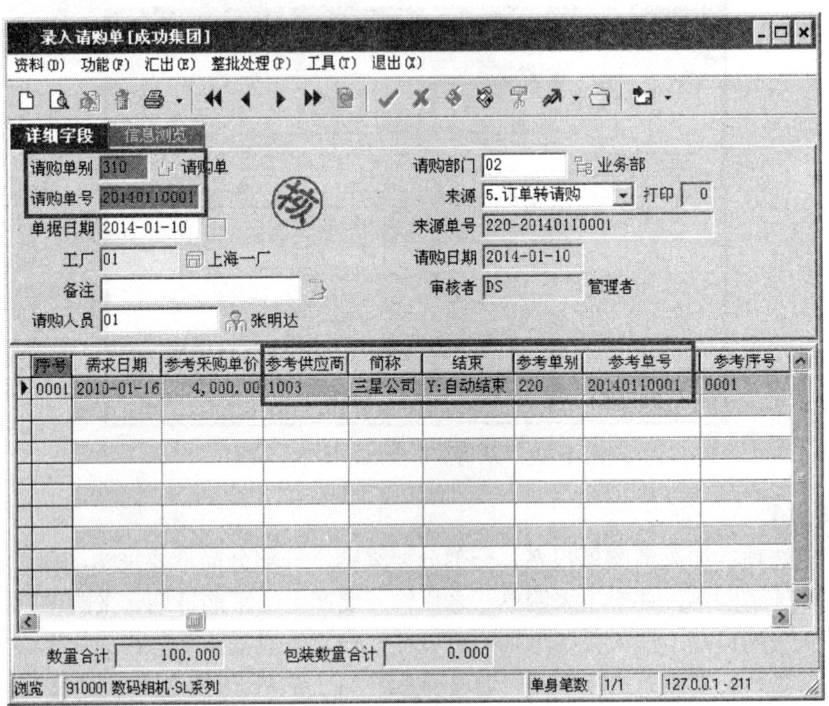

图 4-22 “录入请购单”界面（三）

步骤四：在系统主界面执行“采购管理子系统”|“录入采购单”，进入“录入采购单”查看生成的采购单信息，确认无误即可送交审核（如图 4-23 所示）。

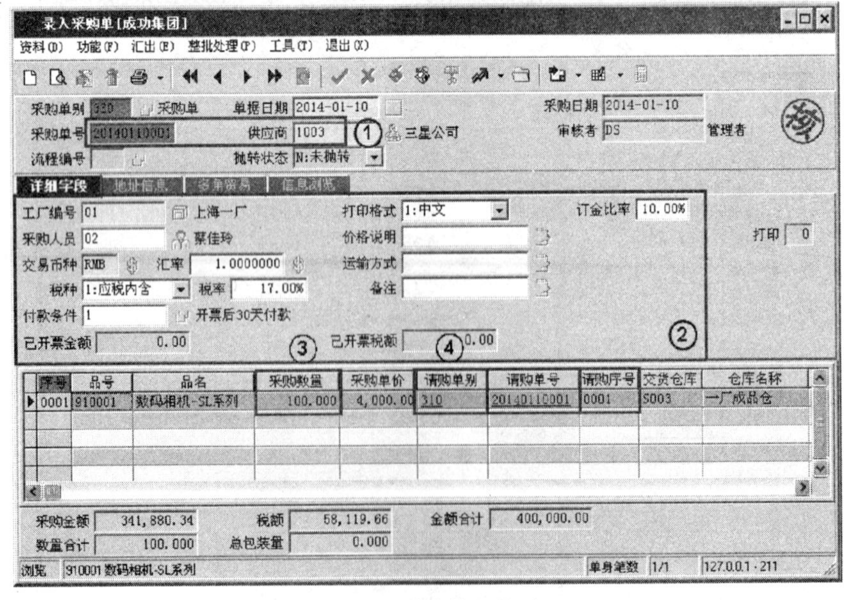

图 4-23 “录入采购单”界面（五）

【作业重点】

（1）核对供应商对象是否有需要更改。

（2）交易数据是根据供应商信息带出来的，采购人员同样必须检查本次交易是否需要更改。

（3）采购数量：根据请购信息而来，采购人员可按实际情况再做修改。

（4）请购单别、请购单号、请购序号：此张采购单对应的请购单单号信息。

任务四 采 购 变 更

任务描述

当已经审核的采购单发生变更需求时，为了记录变更的历史和保留变更前后的原始信息，可以通过采购变更单来管理。同时，将变更单凭证打印出来转交给相关部门，便于协调后续的备料及生产作业。

2014 年 1 月 11 日，三星公司致电成功集团采购部，三星公司表示 1 月 10 日采购单所订购的数量因生产不及时，需延后至 1 月 14 日出货。

知识准备

采购变更单流程如图 4-24 所示。

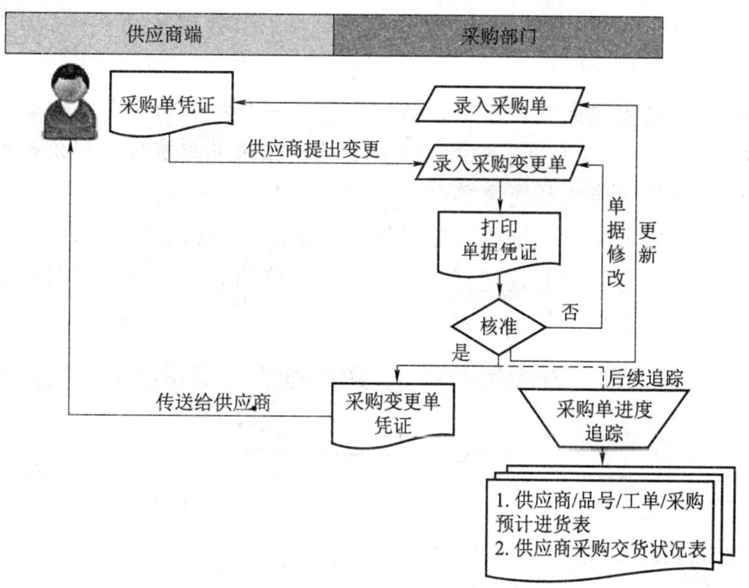

图 4-24 采购变更单流程图

任务实施

步骤一：在系统主界面执行“采购管理子系统”|“录入采购变更单”，进入“录入采购变更单”选择要变更的采购单（如图 4-25 所示）。

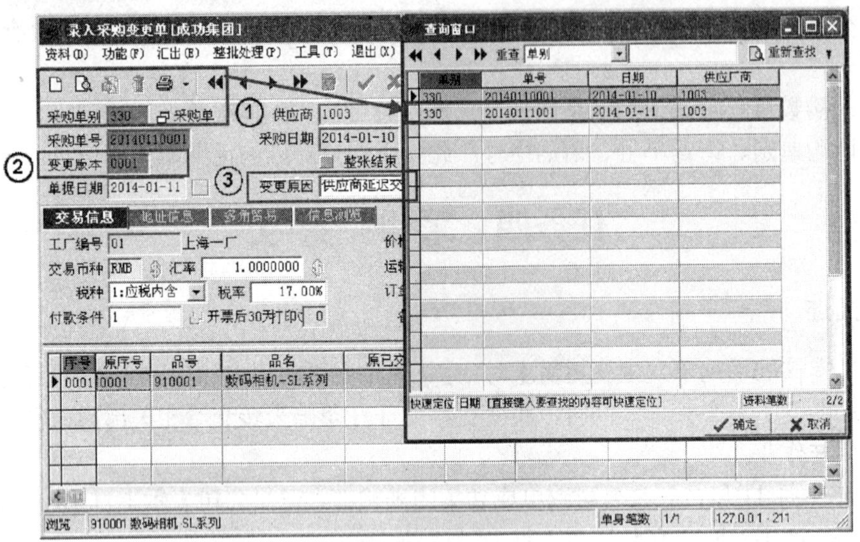

图 4-25 “录入采购变更单”界面（一）

【作业重点】

（1）采购单别：可开窗选择要变更的采购单信息。

（2）变更版本：自动显示此为第几版的变更，每变更一次，“变更版本”就会加“1”。版次的编号原则为 0001—9999，表示每一张订单单号最多可变更 9 999 次。一天可变更的次数无限制。

注：前一个版本的变更未完成审核，不得进行下一个版本的变更。例如“0002”的变更版本是以 0001 的“变更版本”为基础做变更的。同一张采购单有较大版次的变更单时，不可撤销作废或撤销审核较小版次的变更单。

（3）变更原因：输入变更的原因，方便后续主管的审核和数据的查询。

步骤二：在“原序号”处开窗选择要更改的采购单信息，选择后再对需要变更的信息做修改，之后保存并送交审核（如图 4-26 所示）。

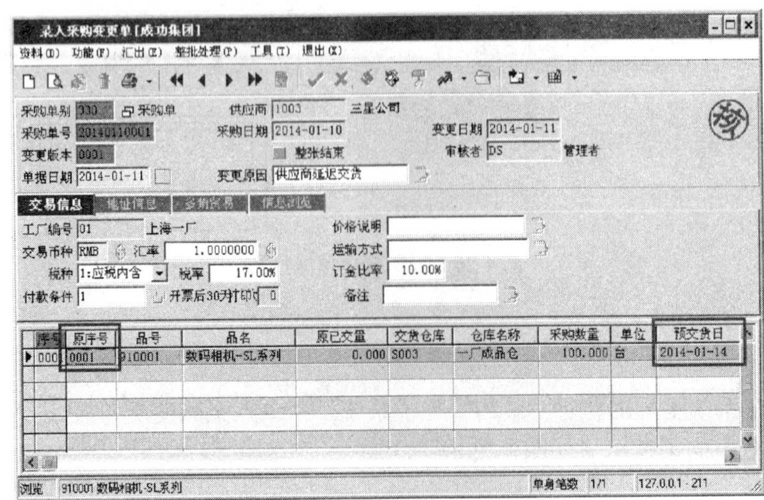

图 4-26 “录入采购变更单”界面（二）

步骤三：在系统主界面执行“采购管理子系统”|“录入采购单”，进入“录入采购单”查询到原采购单，在原采购单上查看变更的信息（如图4-27所示）。

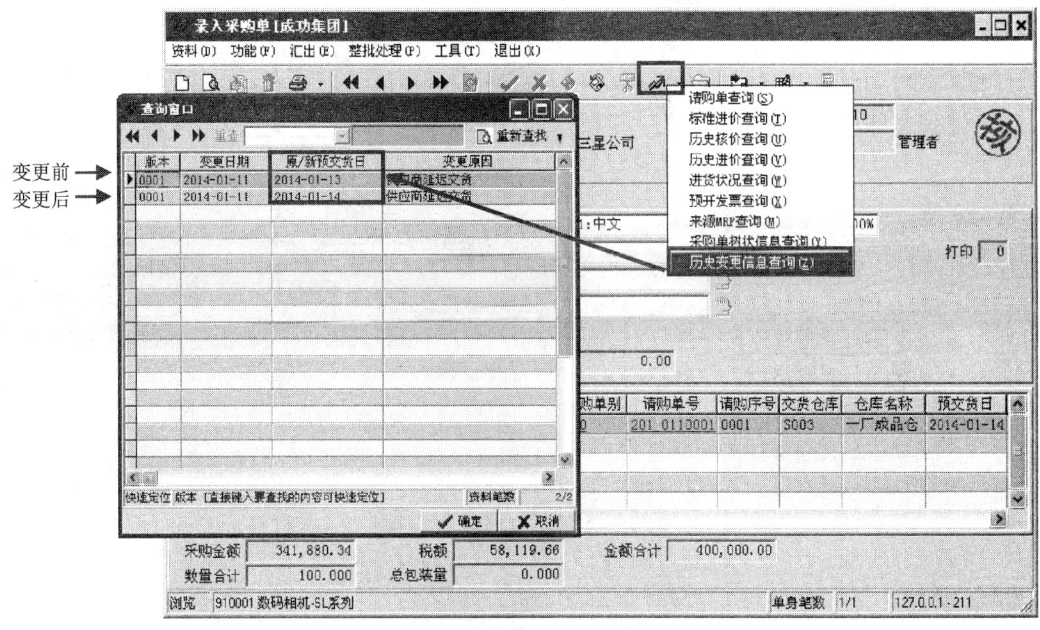

图4-27 “录入采购单”界面（六）

【作业重点】

查看方式：选中要查看变更内容的那笔单身信息，单击“资料查询”|“历史变更信息查询”，即可看到变更内容的窗口。

任务五　进货/进货验收

任务描述

进货指录入采购进货相关信息。进货验收指阶段式收料时，记录进货验收的动作，以确保供应商送来的原材料或零组件是正确而且可用的，可由品管部门来维护检验状态。

2014年1月14日，成功集团收到由三星公司送来的商品“数码相机–SL系列”一批。成功集团按照1月10日那张原始采购单的采购需求跟到货料件进行清点及核对。经质检部核对，全部货品中有98 pcs合格，2 pcs有瑕疵。

知识准备

进货/验发流程如图4-28所示。

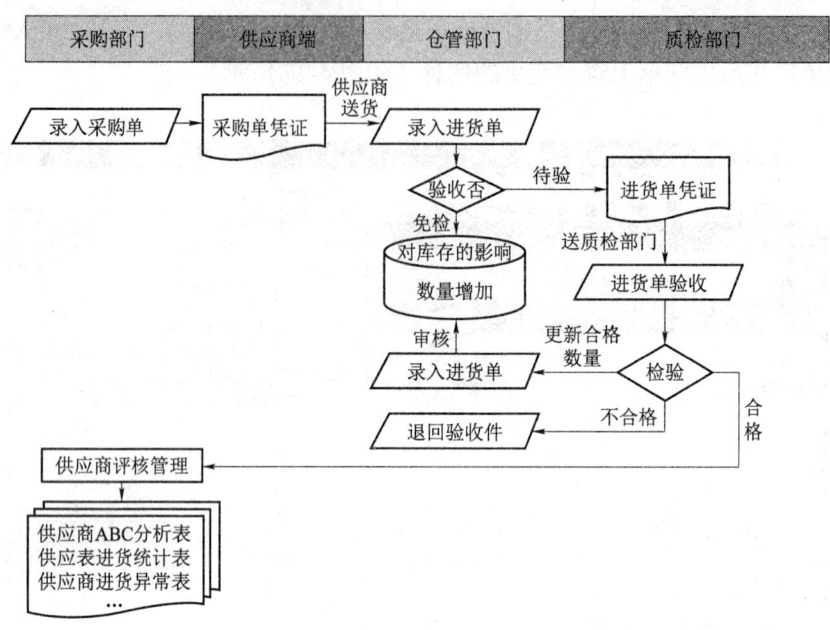

图 4-28 进货/验收流程图

任务实施

步骤一：在系统主界面执行“采购管理子系统”|“录入进货单”，进入“录入进货单”开始新增单据内容，如图 4-29、图 4-30 所示。

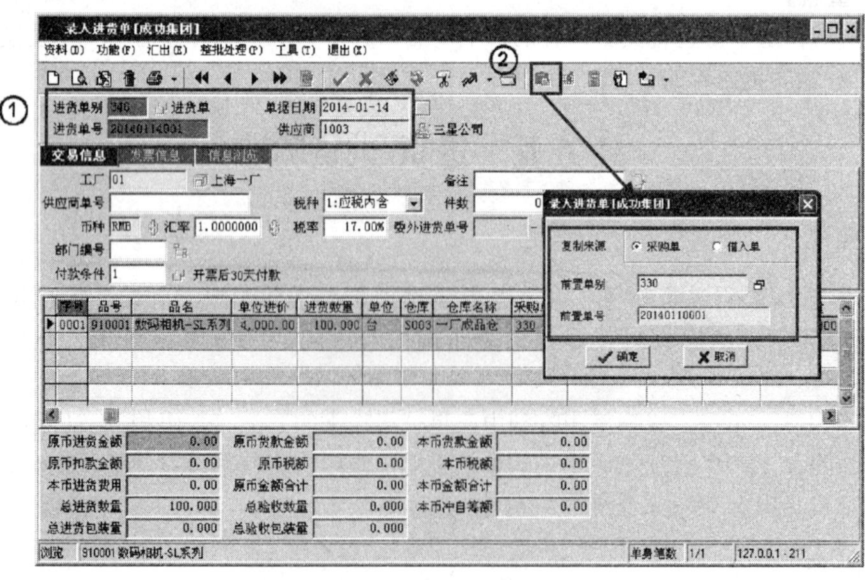

图 4-29 “录入进货单”界面（一）

【作业重点】

（1）可开窗选择进货单别，系统自动带出单号，输入单据日期及供应商。

（2）可利用工具栏上的“复制前置单据”按钮，将采购单信息复制到进货单。一般而言，供应商会按照采购单的内容将货品送达，利用“复制前置单据”功能可以将采购信息复制到进货单，减少人工输入的动作。

（3）在单身输入进货数量及单位，以及进货后要存放在哪一个仓库。

（4）采购单别–单号–序号：显示此笔进货所对应的采购单，后续可将入库数量信息，回写至该采购单的“已交数量”。

（5）检验状态：当执行验收后，会将验收的结果呈现在此。由于此笔货品尚未进行验收，故当前呈现“1.待验”，待验状态的进货单是不能审核的。

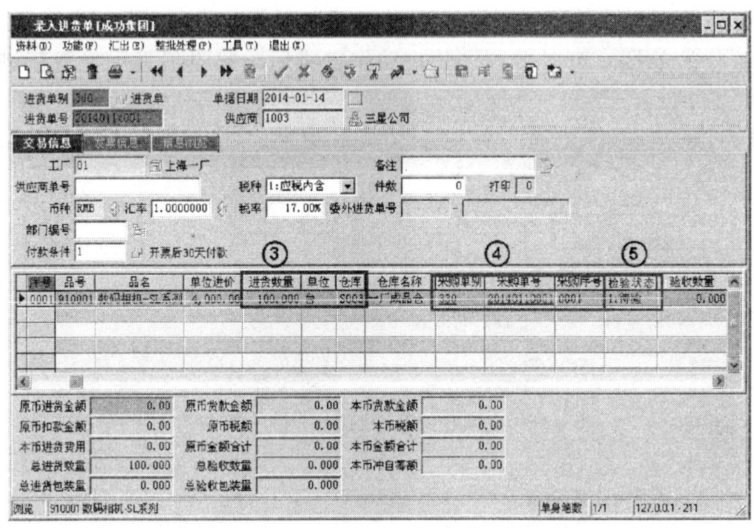

图 4-30 “录入进货单”界面（二）

步骤二：在系统主界面执行“采购管理子系统”|“进货单验收”，进入“进货单验收”查询出进货单 340–20140114001–0001。输入验收结果后，将其保存，系统会认定这一笔进货验收已完成，单据自动呈现审核状态（如图 4-31 所示）。

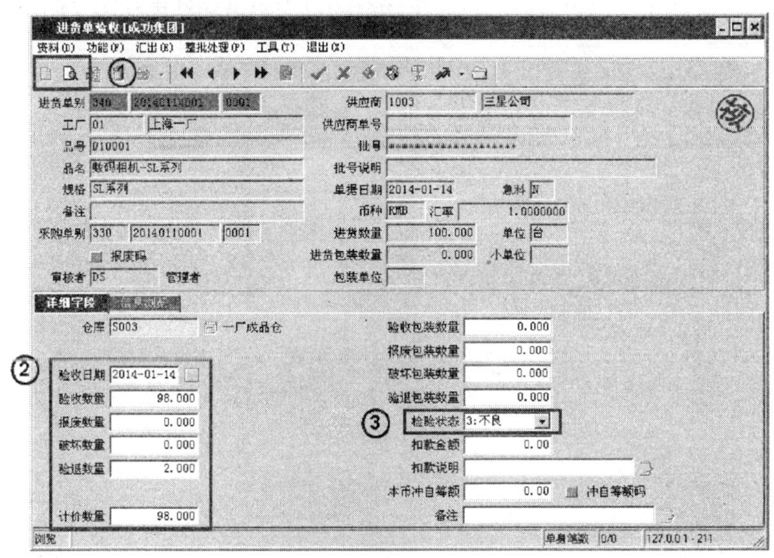

图 4-31 “进货单验收”界面

【作业重点】

（1）查询出来后，单击“修改”维护品检信息，此单据不可新增。

（2）验收数量为实际入库，库存增加的数量。计价数量是计算账款和存货金额的数量。故一般而言可有以下程序：进货数量（到货）→验收数量（验收）→计价数量（货款输入）。只要输入验收数量，系统会自行计算验退数量（验退数量=进货数量－验收数量）。

（3）检验状态：有验退量，系统会自动呈现“不良”；若全数验收通过，则自动呈现“合格”；若有验退情况，但属特殊原因需要收货，可以人工更改为“特采”。

步骤三：在系统主界面执行“采购管理子系统”|“录入进货单”，进入“录入进货单”查询出做过进货验收的单据。可以看到，验收动作完成后，验收信息已呈现在进货单上（如图4-32所示）。

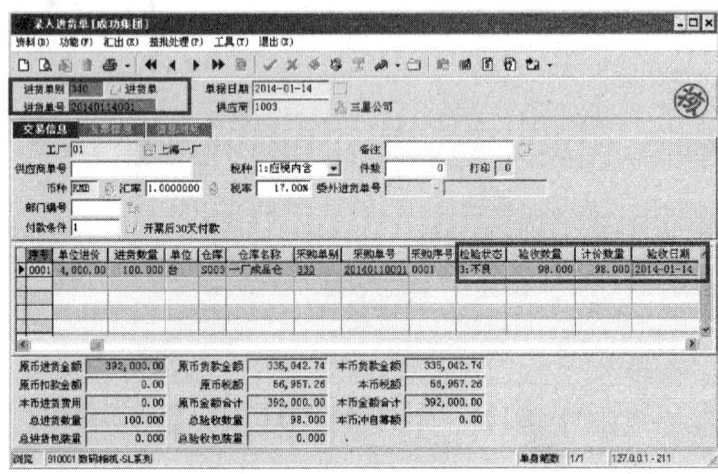

图4-32 “录入进货单”界面（三）

步骤四：在系统主界面执行“采购管理子系统”|“录入采购单”，进入“录入采购单”查询出这张进货单对应的采购单。可以看到，这张采购单的已交数量和结束状态（如图4-33所示）。

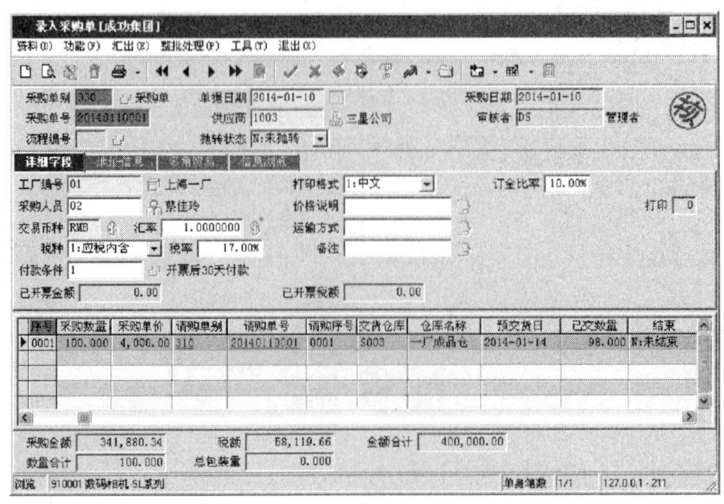

图4-33 “录入采购单”界面（七）

任务六 验 退

任务描述

当进货验收，发生验收数量小于进货数量时，表示该进货单有验退的情况。当供应商取回验退不良品时，在本作业记录。

成功集团通知三星公司将 2 pcs 不良品取回，并尽快补上 2 pcs 货品。

知识准备

验退流程如图 4-34 所示。

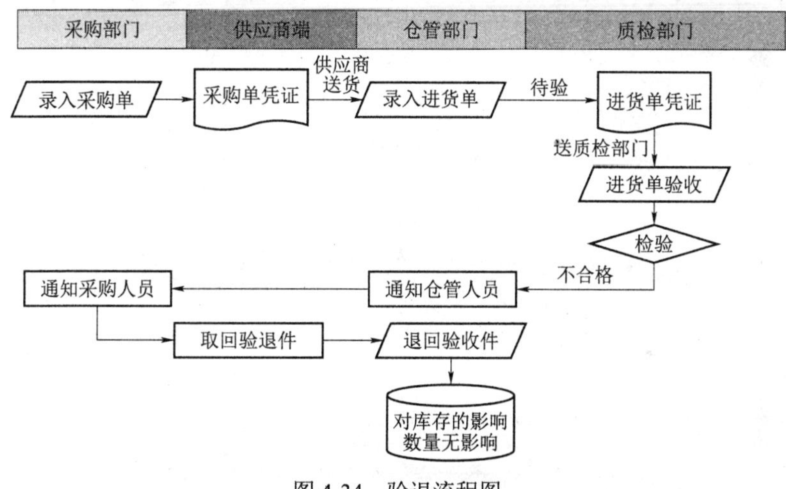

图 4-34 验退流程图

任务实施

步骤一：在系统主界面执行“采购管理子系统”|“退回验退件”，进入“退回验退件”开始新增单据内容（如图 4-35 所示）。

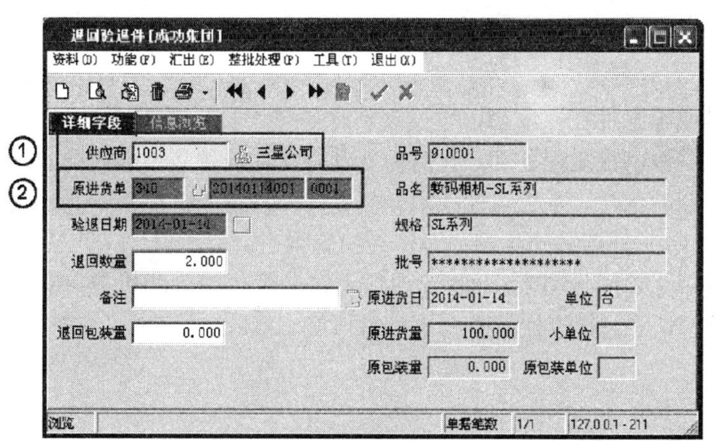

图 4-35 “退回验退件”界面

【作业重点】

（1）供应商："F2"键开窗选择要退回验退件的供应商。

（2）在"原进货单"字段开窗选择要退回哪一张"进货单"的验退品，系统会自动带出退回数量、品号、品名等资料。检查后，没有问题即可保存。

注：不合格的商品从来没有允收入库过，只是从企业的进料检验区退回给供应商，所以登录数据后，并不会影响应付账款。同时，对原有的库存数量也不会造成任何影响。

步骤二：从系统主界面执行"采购管理子系统"|"录入进货单"，进入"录入进货单"查询到进货单 340–20140114001 进行查看，验退码已经打勾（如图 4-36 所示）。

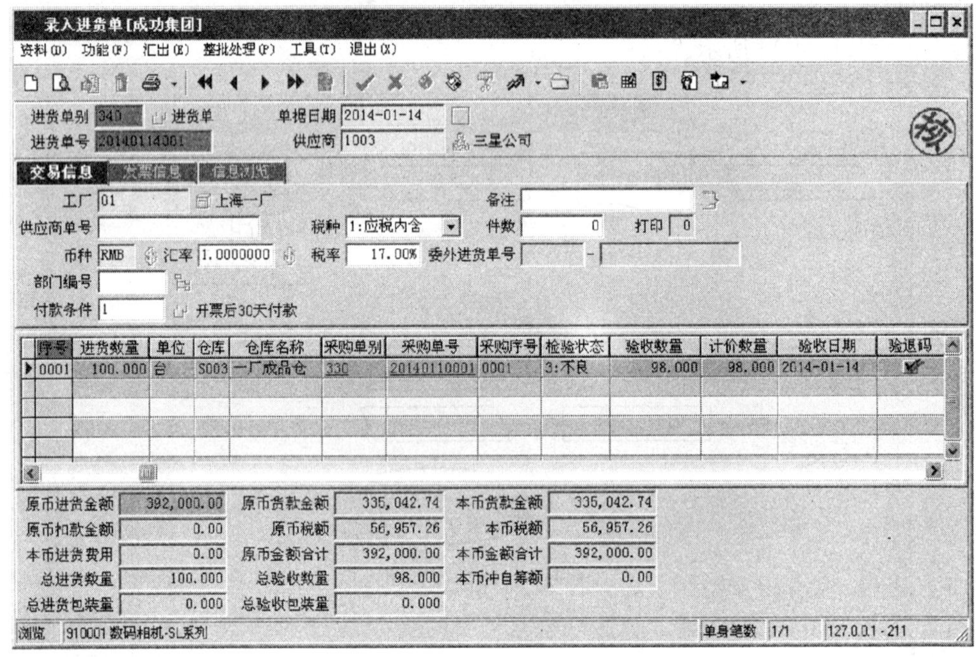

图 4-36 "录入进货单"界面（四）

任务七 进 货 退 回

任务描述

如果原材料或零组件在入库后，才发现料件质量不良，或因特殊原因必须将料件退回给原供应商时，就需按退货流程处理。有两种处理方式：一种是"退货"，产品确定退回，使用退货单记录退回商品信息，之后可能换取新货；另一种是"折让"，产品不退回，而以应付金额减少的方式处理。 处理方式不同，对库存的影响也会有不同。

成功集团发现之前向供应商 1002 大进公司进货的"防尘相机套–黑色"中的 5 pcs 有瑕疵，2014 年 1 月 14 日退货给供应商大进公司。

知识准备

退货流程如图 4-37 所示，折让流程如图 4-38 所示。

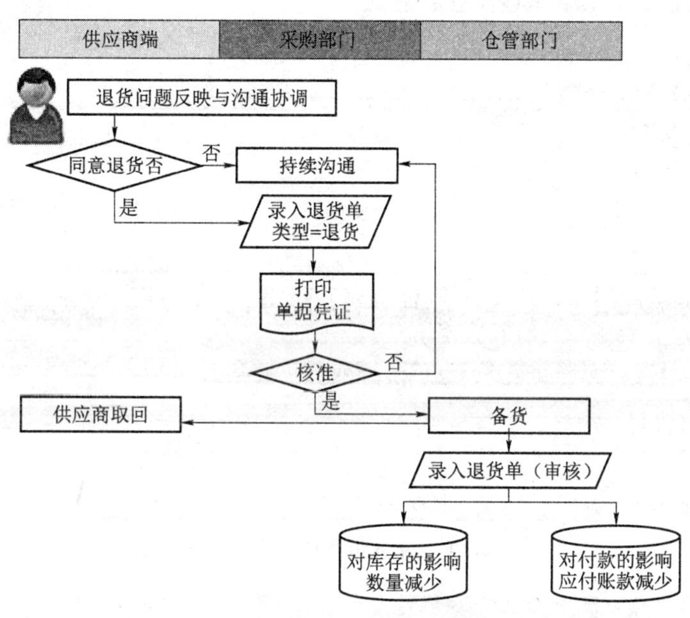

图 4-37 退货流程图

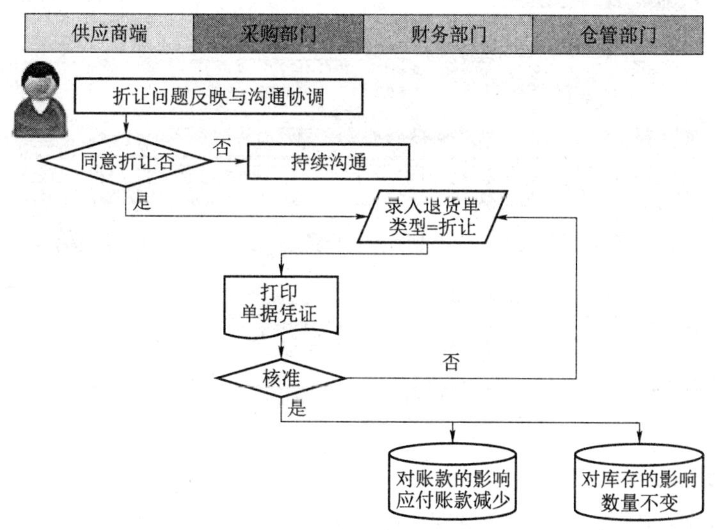

图 4-38 折让流程图

任务实施

步骤一： 在系统主界面执行“采购管理子系统”|“录入退货单”，进入“录入退货单”开始新增单据内容（如图 4-39、4-40 所示）。

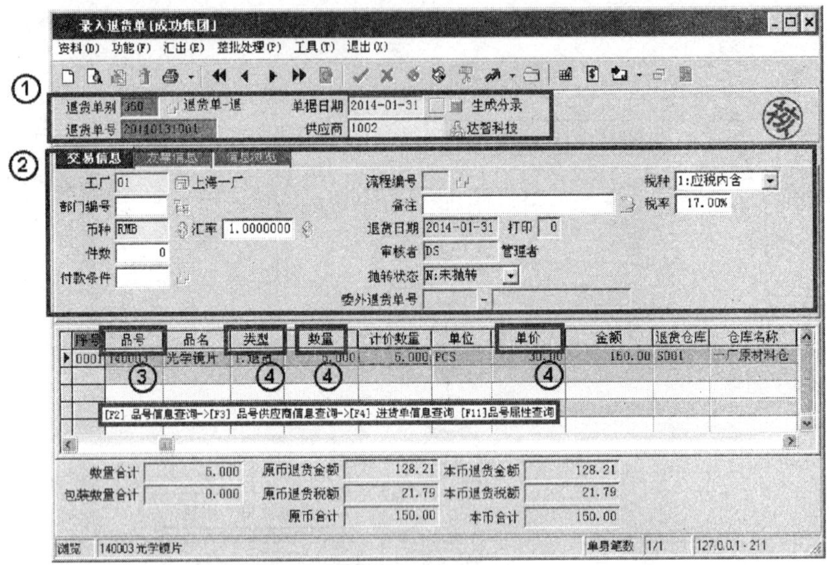

图 4-39 “录入退货单”界面（一）

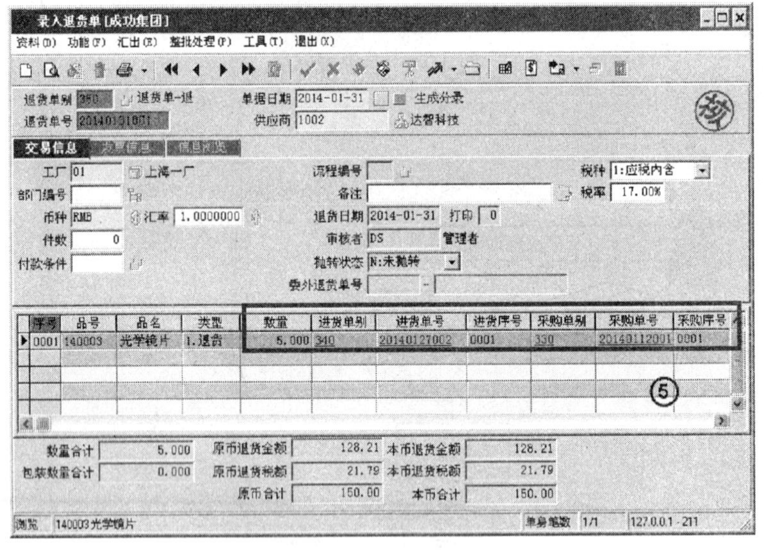

图 4-40 “录入退货单”界面（二）

【作业重点】

（1）退货单别：F2 键开窗选择单别（由于公司可能会将进货退回和进货折让分为不同的单别，所以选择时要注意）。选好后，系统会根据该单别单据性质的设定进行编号。输入单据日期、供应商时也可开窗选择。

（2）输入供应商后，会按照供货商信息的设定自动带出币种、付款条件、发货等信息，请检查这些信息的正确性，尤其当退货单必须对应原始进货单时，这些信息必须与原始进货单相符。

（3）单身品号字段的输入提供四种辅助功能键，“F2”键为品号信息查询，“F3”键为品号供应商信息查询，“F4”键为进货单信息查询，“F11”键为品号属性查询。本例利用“F4”键选择进货信息，系统会自动将进货单的内容复制过来，再加以修改部分信息就可以了。

（4）退货单上的类型有“退货”与“折让”，退货是指有将货品退回给供应商，会影响库存数量的增减，折让是针对金额上面的折减，不影响库存数量的增减。当选择“退货”时，还需要填写退货数量及单价是多少。

注：如果类型选择“折让”，则不可以输入数量，只要直接输入“折让的金额”即可。

（5）“进货单别–单号–序号”、“采购单别–单号–序号”：输入后，系统会将进货退回数量的信息，回写至前置单据。

步骤二：保存后的单据检查无误后即可审核（如图4-41所示）。

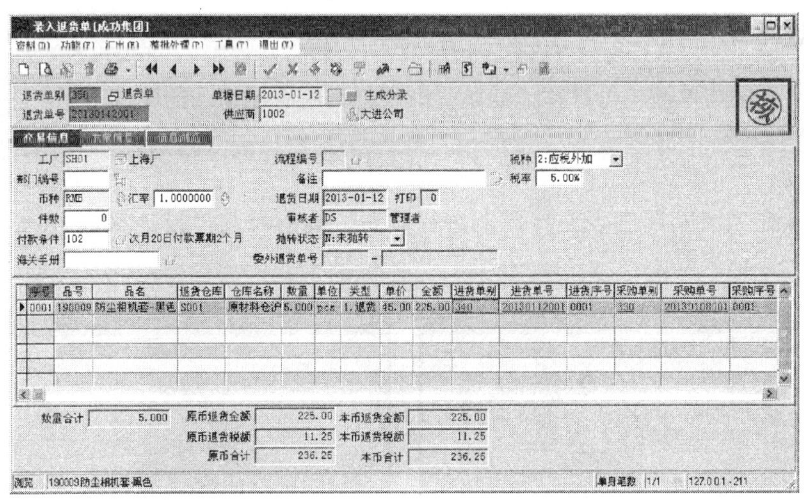

图4-41 “录入退货单”界面（三）

步骤三：在系统主界面执行“采购管理子系统”|“录入采购单”，进入“录入采购单”查询出做过退货的单据。可以看到，退货动作完成后，已交数量已经扣除了退货的数量，结束状态也变成了未结束（如图4-42所示）。

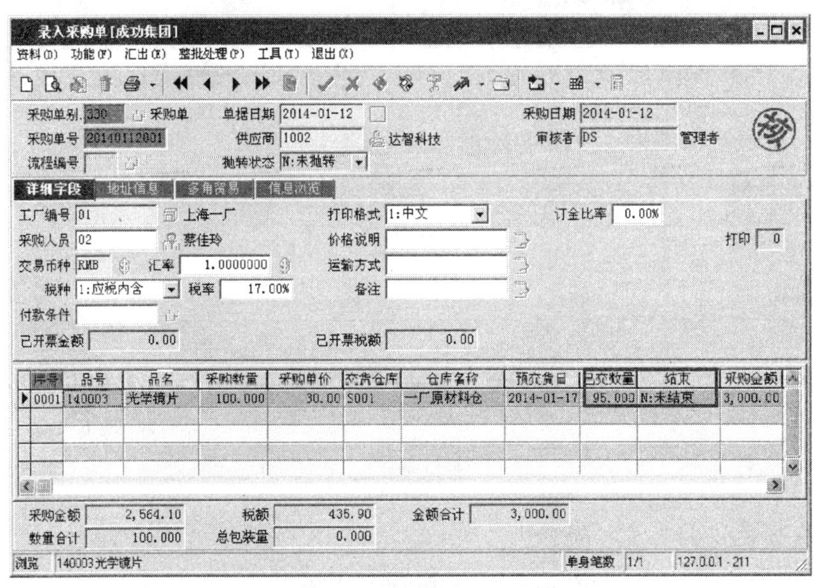

图4-42 “录入采购单”界面（八）

【作业重点】

结束：如果不再补货，则必须利用指定结束的方式结束这张采购单。

任务八　报表查询统计

一、请购单明细表

任务描述

采购人员下采购单前，可打印请购单明细表查询所有已请购的明细信息。

任务实施

步骤一：在“请购明细表”界面上进行设置，然后单击“设计报表”（如图 4-43、图 4-44 所示）。

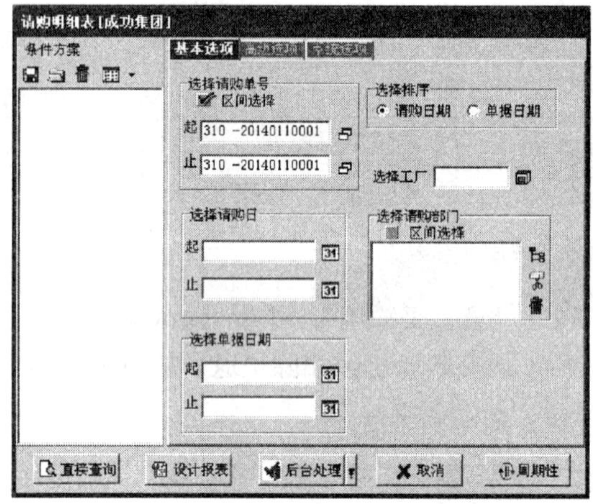

图 4-43 “请购明细表”界面（一）

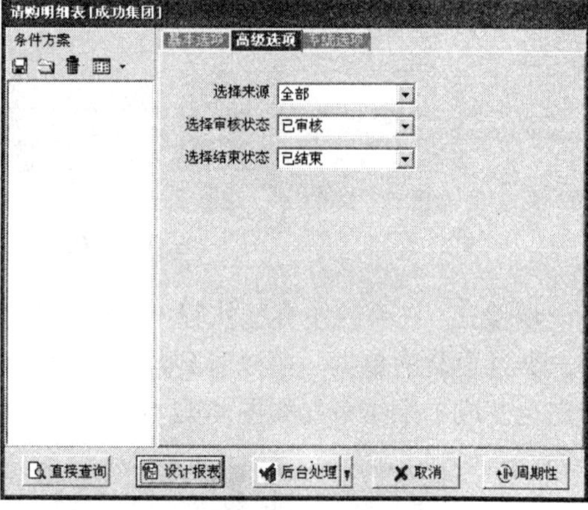

图 4-44 “请购明细表”界面（二）

步骤二：报表产出结果（如图 4-45 所示）。

阅览报表（请购明细表—工作编号：20091215000007-2009121500001）

成功集团

请购明细表

〈已审核〉

制表日期：2014-01-31　　请购日：　　至　　单据日：　　至　　第1页

请购日 请购单号	单据日 来源	工厂编号 工厂名称	请购部门 来源单号	数量合计	品号 仓库	品名 规格	请购数量 需求日期	单位 急料	审核	认可型号 结束
2014-01-10 310 -20140110001	2014-01-10 订单转请购	01 上海一厂	业务部 220-20140110001	100.000	910001 一厂成品仓	数码相机-SL系列 SL系列	100.000 2014-01-16	台 N	Y	 Y
			小计：	100.000			100.000			

〈结　束〉

座标(英寸)(10.89, 1.77)　(X: 1045, Y: 170)

图 4-45 “请购明细表”界面（三）

二、进货明细表

任务描述

查询某段期间内的所有进货信息。

任务实施

步骤一：在“进货明细表”界面上进行设置，然后单击“设计报表”（如图 4-46 示）。

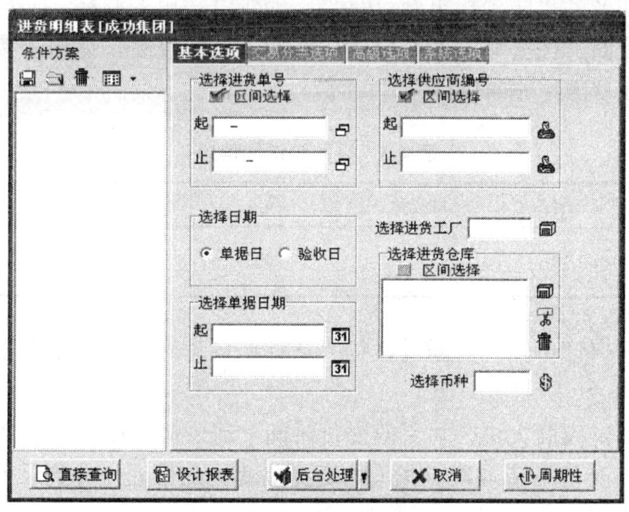

图 4-46 “进货明细表”界面（一）

步骤二：报表产出结果（如图 4-47 所示）。

阅览报表(进货明细表-工作编号:20091215000008-200912150001)

进货明细表

制表日期：2014-01-31　　进货期间：　　至　　第1页

单据日期 进货单号	供应商编号 供应商简称 供应商单号	发票种类 发票号码 发票日期	税种 税率% 件数	本币税额 本币货款金额 本币金额合计	总进货数量 总验收数量	序号	品号 品名 规格	验收日期 仓库 进货数量	验收数量 计价数量 验退数量
2013-12-31 340 20131231001	1001 冠军公司	可抵扣专用发票	应税内含 0.170	217.850 1,282.050 1,500.000	100.000 100.000	0001	190018 镜头刷	2013 12 31 一厂原材料仓 100.000	100.000 100.000
2014-01-14 340-20140114001	1003 三星公司	可抵扣专用发票	应税内含 0.170	56,957.260 335,042.740 392,000.000	100.000 98.000	0001	910001 数码相机-SL系 SL系列	2014-01-14 一厂成品仓 100.000	98.000 98.000 2.000
2014-01-27 340-20140127001	1002 达智科技	可抵扣专用发票	应税内含 0.170	101.710 598.290 700.000	20.000 20.000	0001	140004 镜头玻璃 XX	2014-01-27 客户仓 20.000	20.000 20.000
340 20140127002	1002 达智科技	可抵扣专用发票	应税内含 0.170	435.900 2,564.100 3,000.000	100.000 100.000	0001	140003 光学镜片	2014 01 27 一厂原材料仓 100.000	100.000 100.000
小计 4张	4笔			57,712.820 339,487.180 397,200.000	320.000 318.000			320.000	318.000 318.000 2.000

〈结　束〉

座标(英寸)(9.64, 3.46)　(X: 925, Y: 332)

图 4-47 “进货明细表”界面（二）

学习小结

本项目主要通过 ERP 采购管理的业务流程练习，让学生掌握请购、采购、进货收料、日常跟催管理及供应商管理的主要内容，了解企业采购管理除了详细记载从请购到采购再到收料进货的交易信息外，更重要的是实时提供各种相关报表，以供管理者了解所有的采购状况，以便能够做出合理正确的决策。

项目实训

（1）成功集团的产品“防尘相机套–黑色”，为买进卖出的商品，非自制品，已销售一段时间，有固定的供货商，按公司制度需要进行请购、采购程序。公司于接单后，向供应商大进公司（编号 1002）购买，详细信息见表 4-5。

表 4-5 采购单详细信息

请购部门	需求日期	供应商	品号	品名	数量/pcs	单价/元
1000 业务部	2014-3-30	1002 大进公司	190009	防尘相机套– 黑色	60	10

请先录入一张客户订单，之后通过执行“从订单自动转成采购单”生成采购单，执行时选择请购单别 310。

（2）成功集团向供应商大进公司更改交货时间，请供应商由原先的 2014 年 3 月 30 日改为 2014 年 3 月 20 日交货。请录入一张采购变更单变更此日期，并到录入采购单中查看历史变更信息。

（3）供应商 1002 大进公司于 2014 年 3 月 20 日送来货品“防尘相机套–黑色”60 pcs，由公司仓库人员收货放置于验收区，详细信息见表 4-6。

表 4-6 进货详细信息

供应商	工厂	品号	品名	进货数量 /pcs	仓库	验收 数量/台	验退 数量/台
1002 大进公司	SH001 上海厂	190009	防尘相机套–黑 色	60	S001 原材料仓沪	59	1

请录入进货单，以及进货验收单，完成销货流程。进货单别选择 340。销货单审核前后去查看库存数量的变化，以及订单中“已交数量”和“结束”码的变化。

项目五

ERP 存货管理

知识目标

1. 掌握出/入库、调拨、借入/借出管理。
2. 掌握库存盘点管理。
3. 掌握库存品号信息的管理及成本管理方法。

能力目标

1. 能用易飞 ERP 系统进行库存出/入库、调拨、借入/借出管理的业务实现。
2. 能用易飞 ERP 系统进行库存管理系统报表的查询统计。

引导案例

成功集团仓管部赶在系统上线时完成商品的库存开账作业后，开始忙着商品的入出库作业，除了一般的销货出库及原材料入库外，还有其他的事务也是需要仓管部处理的，例如下列事项如何处理呢？

2014/01/02 日 库存交易

研发部向仓管部领用 5 个主开关连动板，作为开发新产品使用。

2014/01/05 日 调拨

业务部预计销售的相机器材三脚架因在“上海一厂”库存不足，转向“上海二厂”调拨 12 组至“上海一厂”的成品仓备用。

2014/01/12 日 借出

办理公司产品“数码相机–SX 型”10 台借货给客户尖峰公司，10 台借货给客户茂圣公司作为其展会样品，预计 19 日归还。

2014/01/19 日 借出归还/借出转销货

接到业务部通知，收货客户尖峰公司如期归还的 10 台“数码相机–SX 型”；另外，出货 10 台“数码相机–SX 型”给茂圣公司。

2014/01/20 日 借入

仓管部接到两张入库单，是研发部请采购部分别向供应商冠军公司借用原材料“光学镜片”20 pcs，向达智科技借用“光学镜片”20 pcs，两家供应商都已经将货品送达公司了，预计 27 日归还。

2014/01/27 日 借入归还/借入转进货

接到采购部通知，准备备货归还向供应商冠军公司借用的 20 pcs 原材料“光学镜片”；另外向达智科技借用的 20 pcs “光学镜片”转办理进货收料事宜。

2014/01/31 日 盘点

仓管部针对“原材料仓”进行重要存货抽盘作业，同时协助财会人员进行 2014/01 存货成本计算及月结处理。

任务一 期初开账

任务描述

系统的开账是为了将开账时间点之前的库存信息录入 ERP 系统中。这样在开账时间点之后，库存信息才会准确。

成功集团计划于 2014 年 1 月 1 日正式上线易飞 ERP 系统，需将此日期之前的库存账输入系统里。为了实时掌握资料，选择在 2013 年 12 月 31 日，把到当天为止的库存账录入存货管理子系统中。企业余额导入的方式有两种，以盘点流程导入和存货账册直接导入。成功集团选择第二种导入方式。

知识准备

一、系统简介

（一）系统效益与特色

存货管理可以帮助企业在适合的时机，提供合理的物品及数量，避免出现因停工待料而延误交货的困境，同时也可避免因库存数量过多，而导致资金积压、周转困难、增加利息等管理成本增加的负担。除此之外，存货管理的基本工作，还要记载及保留出入库的交易资料，从而实时提供各种相关报表，以供管理者了解库存的状况，后续才能做出正确的采购或存货处理等决策。易飞 ERP 系统特色主要有以下几个方面。

（1）“存货管理子系统”主要用于管理库存的数量及金额，记录日常库存交易的数据，并提供各项料件实时的交易，以及存量的查询，使管理者可以快速掌握库存状况。

（2）提供各类账务性的报表供参考使用，如库存明细表、进耗存统计表等，以用来取代烦琐的人工账簿，同时也提高了存货管理的效率及正确性。除了账务性的报表外，本系统也提供了各种管理性报表，如库存 ABC 分析表、周转率分析表等，作为协助管理者制定物料管理政策的重要参考依据。

（3）提供各料件批号管理及项目管理的功能，管理者可以轻松的掌握料件批号的进出状况，更符合对各项料件追踪管理的需求。

（4）循环盘点及定期盘点是一定不会少的，可以利用盘点功能，来检核库存账务与实际库存量之间的差异，同时也可以作为物管人员绩效的参考。

（5）对于各项料件，同时提供四种不同的料件分类方式，以符合公司内不同职能管理部门对同一料件有不同分类的管理方式及账务需求。

（6）提供多个工厂、多个仓库的库存账务处理，以符合多厂区、多营业点、不同账务的管理需求。

（7）处理工厂内外仓库与仓库之间的调拨作业，对于在途料件的账务与调拨处理，可以配合实际的管理，真正符合权责分明的要求。

（8）系统提供每月存货计价与存货结转的作业，可以提供正确的库存成本金额及各项交易金额，方便财务人员录入相关账簿。

（二）库存管理交易活动流程

库存管理交易活动流程如图 5-1 所示。

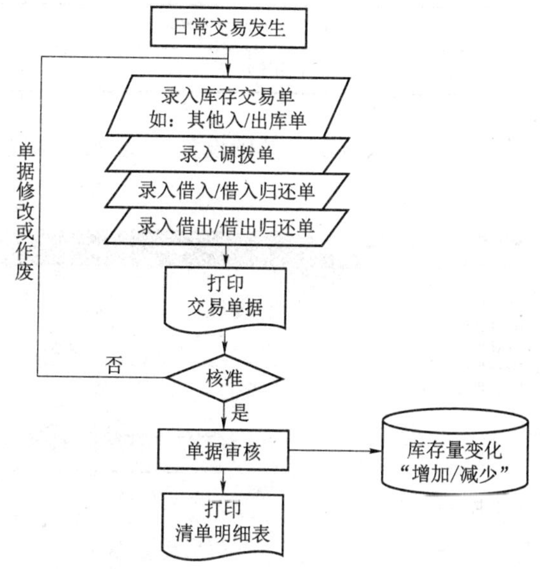

图 5-1　库存管理交易活动流程图

二、基础设置

（一）设置编码原则（基本信息子系统）

编码是将物料按其分类内容加以有次序的编排，用简明的文字、符号或数字，来代表物料的名称，规范其有关事宜的一种制度。尤其计算机化的信息处理更需借助编码统一管理物料以达到事半功倍的效果。

【业务场景】

成功集团针对品号编码的编码原则见表 5-1，可将这些编码规则设定在“设置编码原则”中，以方便录入品号信息时的编码设定。

表 5-1 品号编码原则

第 1 码	第 2 码	第 3—6 码
1 原材料	1 塑料类 2 电子类 3 金属类 4 玻璃类 5 包材类	流水号
2 物料	后 5 码全为流水号	
3 半成品	1 厂内自制 2 委外加工	流水号
4 成品	数码相机-SX 系列	流水号
5 附件	后 5 码全为流水号	
6 商品	后 5 码全为流水号	
9 外购品	后 5 码全为流水号	

从系统主界面执行“基本信息子系统”|“基础设置”，进入“设置编码原则”新增品号编码原则，如图 5-2 所示。

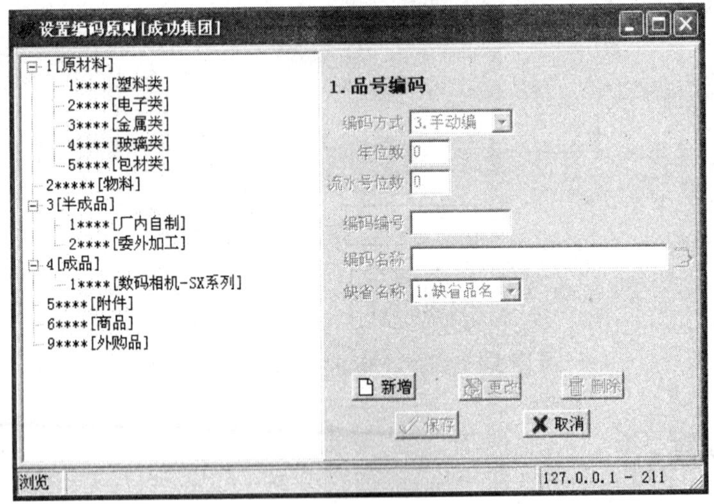

图 5-2 “设置编码原则”界面

【作业重点】

品号编码的原则如下。

（1）唯一性：以一个品号对应一个编号为原则。

（2）变动属性不可纳入：不建议把供应商纳入品号编码。

（3）弹性、可扩充性：避免未来无法新增品号编号。

（4）反映顺序：编号应有大小顺序，可让计算机发挥排序功能提高数据报表呈现阅读性及搜寻性。

（5）编码愈短愈好：8—12 码为较易记忆。

（6）不可用特殊符号：避免使用“.”“/”“?”“$”“#”“@”等。

（7）避免英文字母或数字混杂：以免英文字母与数字读音混淆，或输入时键盘切换的困扰。

注：品号编码原则适用性可视产业性质不同调整。

（二）设置进销存参数（基本信息子系统）

通过参数设定，使系统的管控点更符合公司现行制度。

【业务场景】

成功集团在2014年1月1日正式上线“存货管理子系统”，而存货的成本计价方式采用实际成本制的月加权平均成本制。从系统主界面执行“基本信息子系统”|“基础设置”，进入“设置共用参数”，然后切换到“设置进销存参数”页签（如图5-3所示）。

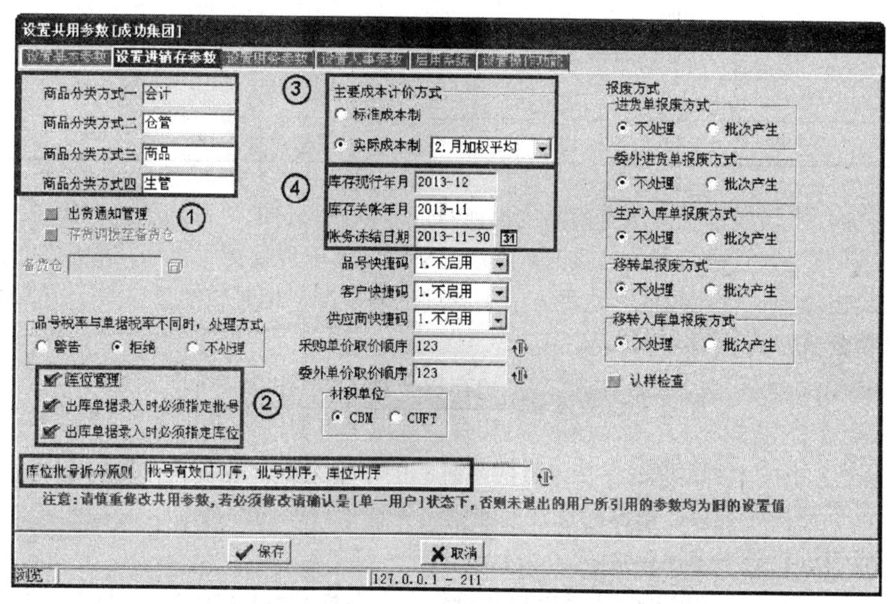

图5-3 “设置共用参数”界面（一）

【作业重点】

（1）商品分类。因为每一种职能管理品号的角度不同，可按不同的职能设定不同的分类。后续相关存货统计报表可按商品分类做汇总管理。

（2）库位管理。企业进行库位的管理可以很清楚地从单据中找到物品所在的存储位置。启动了库位管理，还可选择出库单据录入时是否必须指定批号或库位。在进行库位及批号管理后，当销货或领料时，若该批商品要出货的批号库存不足，则可根据拆分原则进行批号库存量的拆分处理。例如，有一张销货单出货数量200台，其中批号001存量有100台，批号002存量有200台，优先从批号001出100台，再从批号002中出100台。

（3）主要成本计价方式。用于决定进货料件，库存成本结存的计算方式，对整个系统而言非常重要，一旦设定后不要随意更改。更改计价方式应咨询公司会计师，根据实际需求再做决定。

成本计价方式分为标准成本制和实际成本制。实际成本制又可以分为标准成本制、月加权平均成本制、先进先出成本制、分批认定成本制。

① 标准成本制。标准成本制是指所有存货价值都以一定的金额来认定，且所有入出库单据皆以此成本计价。如某个料件，设定标准成本价格为 5 元，当存货有 200 pcs，其存货价值就是 1 000 元；后又进货 100 pcs 该货品，供应商特惠价为 4.5 元/pcs，这时因为存货计价方式是标准成本制，因此这 100 pcs 的总价值为 100×5=500 元，无关进货价格的高低。若发生销货，则出库 5 元就是销货单的价值（见表 5-2）。

表 5-2 标准成本制案例

实际交易明细					库存金额			
日期	交易	数量/pcs	成本单价/元	交易金额/元	成本单价/元	数量/pcs	金额/元	库存金额/元
1 月 31 日	期末				5	200	1 000	1 000
2 月 1 日	进货	100	4.5	450	5	100	500	1 500
2 月 10 日	销货	50	10	500	5	50	–250	1 250
2 月 12 日	进货	100	5	500	5	100	500	1 750
2 月 28 日	销货	40	11	440	5	40	–200	1 550

② 月加权平均成本制。所有商品的出库总成本以该月份的“平均单位存货成本×出库数量”计算。因此当该月进货单价较高时，该月份平均出库单价就会比较高，进货单价较低时，该月份平均出库单价就比较低。这种方法虽处理上略复杂，但是较能反应实际销货成本。

其计算公式：

$$加权平均成本=\frac{月初存货金额+本期进货净额}{月初存货数量+本期进货净量}$$

③ 先进先出成本制。根据存货入库成本时间的早晚来确定发货时存货的成本。每一批存货的进货单价都按序记录，出库时选货的原则是先选早入库的，再选晚入库的。出库的成本就按照对应的进货成本来计算。

例如，某一商品 2 月份共有 3 笔进货交易和 1 笔销货交易（见表 5-3）。执行成本计价后，依入库时间早晚选货，选出销货数量 12。

$$\frac{(3\times100)+(5\times100)+(4\times20)}{3+5+4}=73.33$$

表 5-3 先进先出成本制案例

实际交易明细				
日期	交易	数量/pcs	成本单价/元	交易金额/元
2 月 1 日	进货	3	100	300
2 月 10 日	进货	5	100	500
2 月 12 日	进货	10	20	200
2 月 28 日	销货	12	200	2 400

④ 分批认定成本制。商品在出库的时候先确定它销货的批号，然后去看这个商品的本次批号的进货成本是多少，得到的这个批号的进货成本就是该商品这次的销货成本。如某一商品 2 月份共有 3 笔进货交易和 1 笔销货交易，而销货的批号是 T002。从表 5-4 中可得知该批号产品于 2 月 10 日的进货成本单价为 100 元。

表 5-4　分批认定成本制案例

实际交易明细					
日期	交易	数量/pcs	成本单价/元	交易金额/元	批号
2 月 1 日	进货	3	100	300	T001
2 月 10 日	进货	5	100	500	T002
2 月 12 日	进货	10	20	200	T003
2 月 28 日	销货	2	200	400	T002

(4) 库存现行年月/库存关账年月/账务冻结日期。这与成本会计人员结成本账有非常密切的关系。库存现行年月为结算库存成本的年月，期初开账时需手动输入，后续则交由系统自动结转；库存关账年月为避免人员因疏忽而进行资料修改或重计，以致资料与原先所呈出的报表不同而设定，一般在会计师查完账后执行；账务冻结日期为在现行年月内，避免某日期内的数据被更动，而执行的暂时冻结工作。具体表示为：

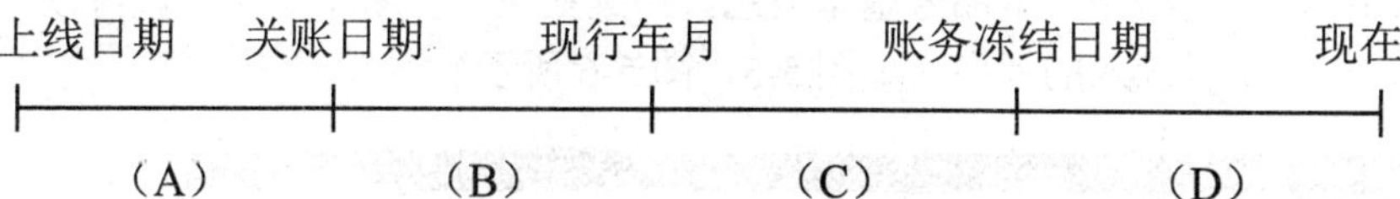

其中：(A) 表示库存交易资料不可以进行变动和修改。如经会计师审查交易凭证确定后，将不可修改。

(B) 表示可执行“重计现有库存”(关账年月＜开始重计年月≤现行年月)。

(C) 表示所有单据不可以“撤销审核”与“审核”，但可新增、修改、删除“未审核”单据。

(D) 表示可做库存交易单据的新增与修改。

(三) 录入品号类别

在“设置进销存参数”中已针对商品分类方式做了方式的设定，接续于“录入品号类别”中针对每一种方式设定其分类的内容。从系统主界面执行“存货管理子系统”|“基础设置”，进入“录入品号类别”。如以会计角度所做的品号类别可分为原材料、包装物、低值易耗品、半成品、库存商品等（如图 5-4 所示）。

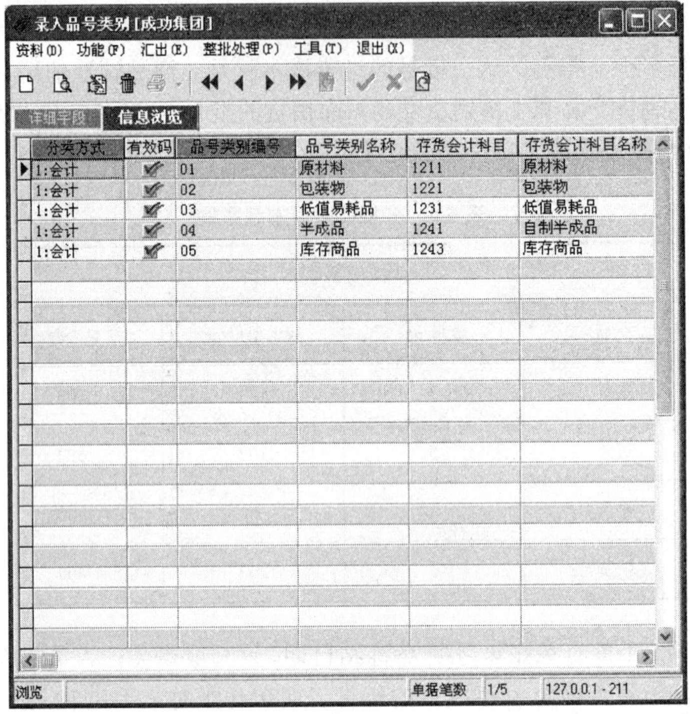

图 5-4 “录入品号类别”界面

（四）录入品号信息

需要记录的商品，都会给予一笔品号基本信息，后续在录入交易单据时，就可以一并带出录入好的信息，提高资料录入的效率（如图 5-5、图 5-6 所示）。

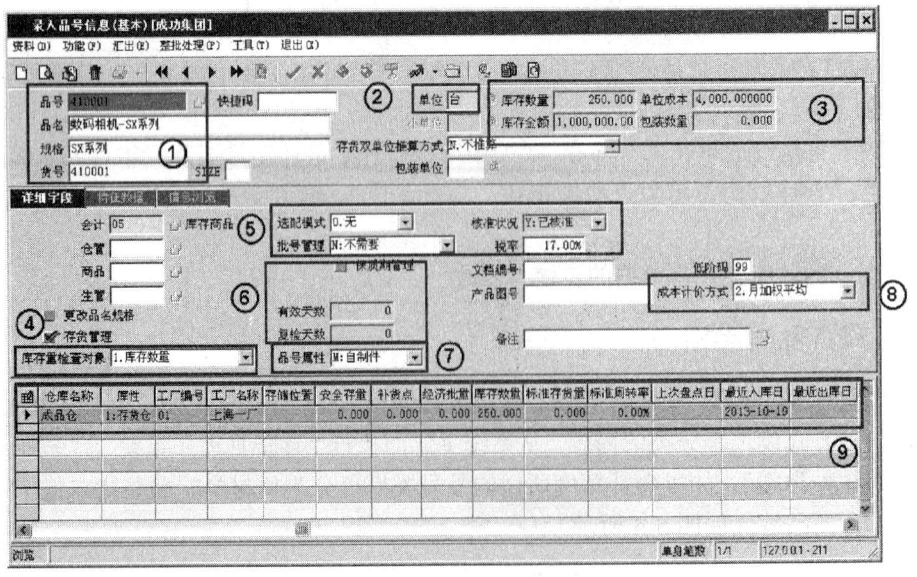

图 5-5 “录入品号信息（基本）”界面

【作业重点】

（1）品号：每个料件均会设定一个品号。品名：输入该料件的名称，如数码相机–SX 系列等。规格：可以输入该料件产品属性的描述，如 500 万像素、256 MB 等。

（2）单位：指库存单位，如个、件、pcs 等。

（3）库存数量：该料件目前的库存总数量（但仅指存货仓，不包含非存货仓）。库存金额：上述库存总数量的存货成本。单位成本：用库存金额除以库存数量得到的参考单位成本。

（4）库存量检查对象：库存存量的判断对象，当“设置共用参数”中的“数量表达方式”为“存货双单位”的时候，此字段为可选项。可选择的内容包含了“库存数量”“库存包装数量”“库存数量和库存包装数量”。后续的交易单据会按照这里的设置来判断库存量是否充足。

（5）批号管理：料件进货时因质量或来源因素，需针对该批进货资料进行识别及管理，管制其自入库、领用、不良品管理及出货等交易轨迹。

批号管理可按照严谨程度设定，有 4 种设定模式：“N：不需要”“W：仅需警告”“Y：需要但不检查库存量”“T：需要且检查库存量”。

① 在交易单据上的控管。如果在“录入品号信息”中设定了该商品必须进行批号管理，那么此商品在输入库存交易单据时（库存交易单、成本开账/调整单、进货单、退货单、销货单、销退单、生产入库单、领料单、委外进货单、委外退货单、移转单）均需定义交易的批号。

② 库存数量的查询。凡进行批号管理的商品在进行交易单据出库时，可于数量字段处开窗查询到各批号的结余数量。

（6）保质期管理/有效天数/复检天数：品号有时效性时，如牛奶、糖、面粉等，可勾选此选项来控管存货的先进先出，并输入“有效天数、复检天数”字段。有效天数为从进货或入库当日到失效的天数。但只有当批号管理选项没有选择“N：不需要”的时候，才可以勾选“保质期管理”。

（7）品号属性：此字段用于定义品号的材料类型，自制件、委外加工件或者是一般采购件。

品号属性区分如下。

“P：采购件”，一般不需加工的原料，经采购进货取得。

“M：自制件”，必须经过自行制造生产过程才能完成的成品或半成品。

“S：委外加工件”，一般指需经过委外供应商加工完成的成品或半成品。

“Y：虚设件”，为简化 BOM 结构，提高 BOM 管理效率而产生。

“C：配置件”，有选配的作用，用来归集相同特性品号，为构建 BOM 而虚拟化的品号。

（8）成本计价方式：用于设定单个品号的成本计价方式。当成本计价方式为“实际成本制”的时候此字段为可选项。可选择的内容包含了“月加权平均”“先进先出”及“分批认定”。

（9）单身会显示该品号存放在各个仓库的数量、工厂、最近入出仓库的日期等信息。

（10）主要仓库：料件所存放的主要仓库，系统中所有的库存相关交易单据（销货单、进货单、领料单、生产入库单、库存交易单等）将默认选择此处设置的仓库。

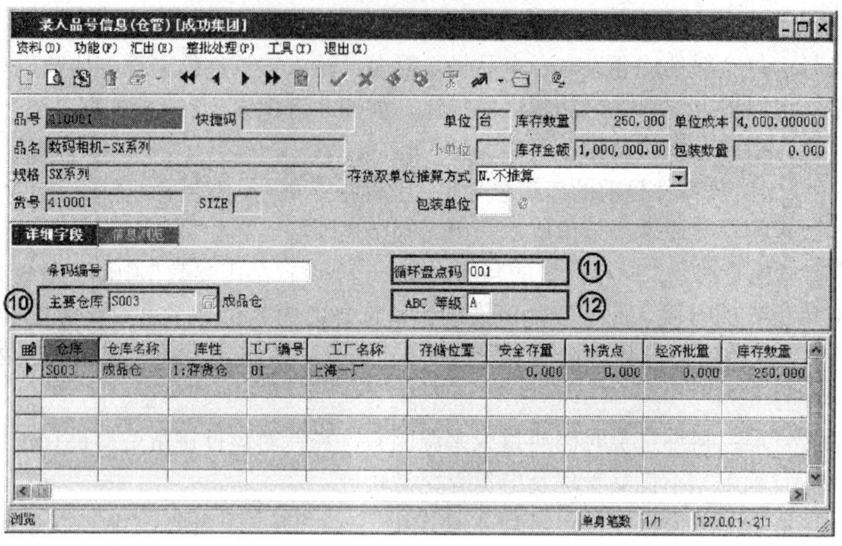

图 5-6 “录入品号信息（仓管）”界面

（11）循环盘点码：盘点时的群组码，可针对某些特定商品进行循环盘点码的规划。

（12）ABC 等级：存货耗用 ABC 等级，可由人工自行定义，或是系统上线后由“库存 ABC 分析表”来更新。

（五）设置库存单据性质

设置“存货管理子系统”所使用的交易单据，及其编码方式、性质、签核格式等。日后交易单据上使用到该单别，系统会默认抓取单据性质里的相关设定（如图 5-7 所示）。

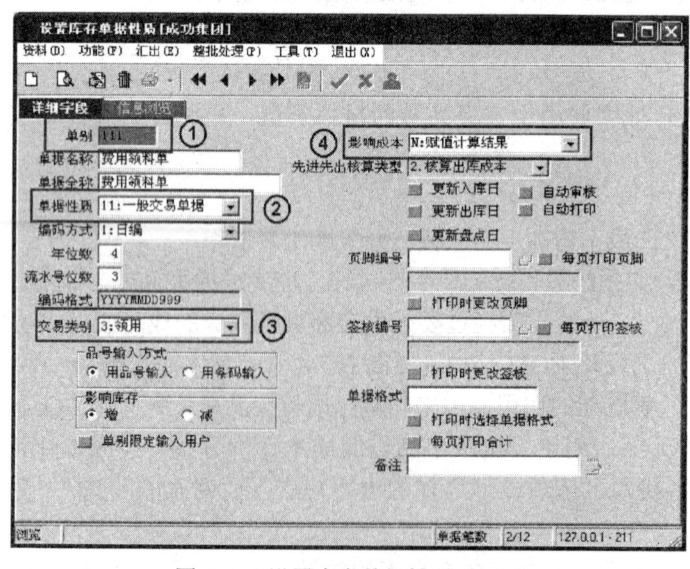

图 5-7 “设置库存单据性质”界面

【作业重点】

（1）单别：一种单据需设置一个单别编码。

（2）单据性质：根据交易类型共可设定 9 种单据性质，见表 5-5。

表 5-5　库存单据性质

单据性质	更新入库日	更新出库日	更新盘点日
11：一般交易单据	V	V	V
12：库存调拨单据	V	V	
13：借出调拨单据	V	V	
14：借入暂收单据	V	V	
15：借出归还单据	V	V	
16：借入归还单据	V	V	
17：成本开账/调整单据	V	V	
18：报废单据	V	V	
19：销毁单据	V	V	

注：V 表示可按公司管理需求进行个别设定。

“11：一般交易单据”，用于非生产性质的入/出库及调整单据，如部门领料、数量调整单、盘盈损单等。

“12：库存调拨单据”，常用于仓库与仓库之间数量移转时使用。

“13：借出调拨单据”，借出料件时使用的单据。

“14：借入暂收单据”，借入料件时使用的单据。

“15：借出归还单据”，料件借出后，对方归还时使用的单据。

“16：借入归还单据”，料件借入后要归还对方时所使用的单据。

“17：成本开账调整单据”，成本开账或成本调整时使用的单据。

“18：报废单据”，常用于不良品仓库与正常仓库之间数量移转时使用。

“19：销毁单据”，记录报废仓中的料件已进行销毁处理。

（3）交易类别分为入库、销货、领用、调拨、调整，一经设定请不要随意修改，因品号交易的数量及金额在单据审核时，会根据此类别自动归类，此归类将影响“进耗存统计表”的统计。

（4）影响成本：此字段的设定会直接影响“月加权平均单价”的计算结果。“存货管理子系统”中的各单据，则在此处设定“影响成本码”。其他子系统中与库存成本有关的单据是由系统自动设定“影响成本码”。如“工单/委外子系统”的生产入库、委外进货、委外退货、领退料；“采购管理子系统”的进货单、退货单；销售管理子系统的销货单及销退单。

$$\text{月加权平均单位成本}=\frac{\text{期初金额}+\text{本期进货净额}+\text{影响成本码为Y的单据金额}}{\text{期初数量}+\text{本期进货净量}+\text{影响成本码为Y的单据数量}}$$

① 成本计算来源“Y”：计算当月月加权平均单位成本的数据来源。此类单据包括：“采购管理子系统”的进/退货单；“工单/委外管理子系统”的生产入库单、委外进/退货单；“存货管理子系统”自行定义为 Y 的单据，如录入成本开账/调整单。

② 赋值计算结果“N”：单据的存货成本为品号该月的单位成本，也就是说该成本金额是被赋予的，不会影响当月月加权平均单位成本。此类单据包括：“销售管理子系统”的销货/销退单；“工单/委外管理子系统” 的领/退料单；“存货管理子系统”自行定义为 N 的单据，如盘盈损单。

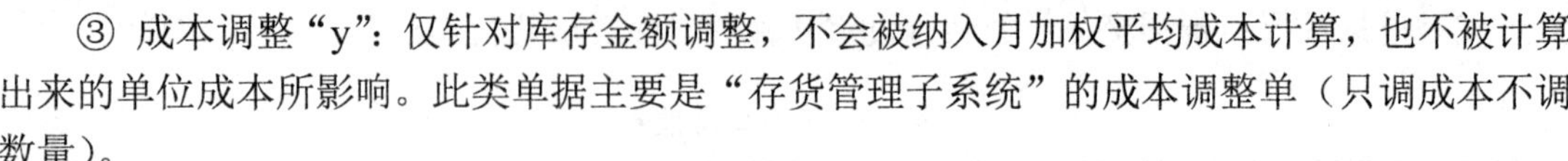

③ 成本调整“y”：仅针对库存金额调整，不会被纳入月加权平均成本计算，也不被计算出来的单位成本所影响。此类单据主要是“存货管理子系统”的成本调整单（只调成本不调数量）。

任务实施

步骤一：收集 2013 年 12 月 31 日的品号信息，数量由仓管提供，单位成本由财务提供，见表 5-6。

表 5-6 品号信息收集表

品号	品名/规格	属性	存放仓库	数量	成本
410001	数码相机-SX系列	自制件	S003成品仓	250	1000
310001	PCBA-Assembly Main	自制件	S002半成品仓	250	300
110001	主开关连动板	采购件	S001原材料仓	200	50
110002	模式按钮	采购件	S001原材料仓	200	0.1
110003	塑料前盖	采购件	S001原材料仓	100	1
110004	塑料后盖	采购件	S001原材料仓	100	1
…					

仓管　财务

步骤二：将收集到的信息手动输入“录入成本开账/调整单”。录入库存交易单如图 5-8 所示。

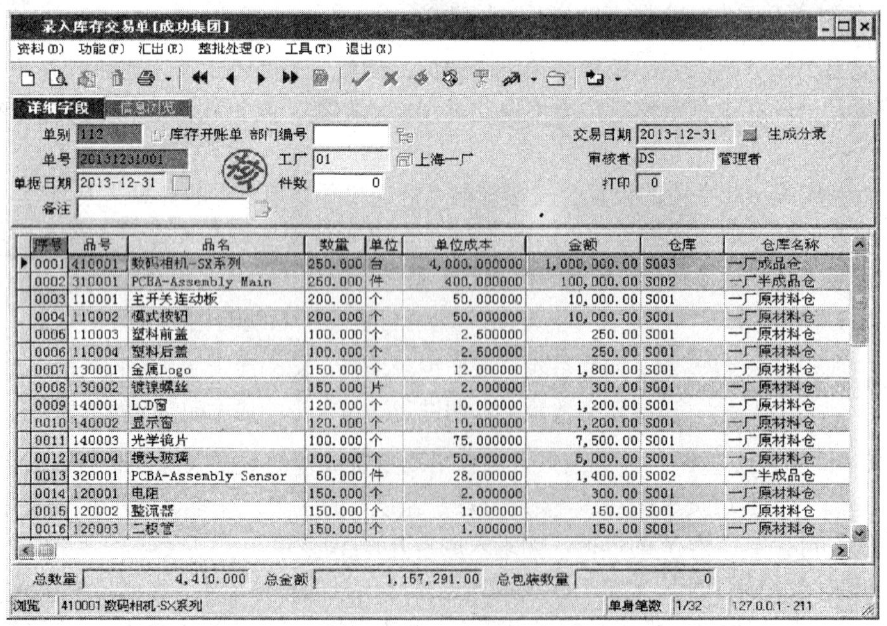

录入库存交易单[成功集团]

资料(D) 功能(F) 汇出(E) 整批处理(P) 工具(T) 退出(X)

详细字段 信息浏览

单别 112 库存开账单 部门编号　交易日期 2013-12-31 生成分录

单号 20131231001 工厂 01 上海一厂　审核者 DS 管理者

单据日期 2013-12-31 件数 0　打印 0

备注

序号	品号	品名	数量	单位	单位成本	金额	仓库	仓库名称
0001	410001	数码相机-SX系列	250.000	台	4,000.000000	1,000,000.00	S003	一厂成品仓
0002	310001	PCBA-Assembly Main	250.000	件	400.000000	100,000.00	S002	一厂半成品仓
0003	110001	主开关连动板	200.000	个	50.000000	10,000.00	S001	一厂原材料仓
0004	110002	模式按钮	200.000	个	50.000000	10,000.00	S001	一厂原材料仓
0006	110003	塑料前盖	100.000	个	2.500000	250.00	S001	一厂原材料仓
0006	110004	塑料后盖	100.000	个	2.500000	250.00	S001	一厂原材料仓
0007	130001	金属Logo	150.000	个	12.000000	1,800.00	S001	一厂原材料仓
0008	130002	镀镍螺丝	150.000	片	2.000000	300.00	S001	一厂原材料仓
0009	140001	LCD窗	120.000	个	10.000000	1,200.00	S001	一厂原材料仓
0010	140002	显示窗	120.000	个	10.000000	1,200.00	S001	一厂原材料仓
0011	140003	光学镜片	100.000	个	75.000000	7,500.00	S001	一厂原材料仓
0012	140004	镜头玻璃	100.000	个	50.000000	5,000.00	S001	一厂原材料仓
0013	320001	PCBA-Assembly Sensor	50.000	件	28.000000	1,400.00	S002	一厂半成品仓
0014	120001	电阻	150.000	个	2.000000	300.00	S001	一厂原材料仓
0015	120002	整流器	150.000	个	1.000000	150.00	S001	一厂原材料仓
0016	120003	二极管	150.000	个	1.000000	150.00	S001	一厂原材料仓

总数量 4,410.000　总金额 1,157,291.00　总包装数量 0

浏览 410001 数码相机-SX系列　单身笔数 1/32　127.0.0.1 - 211

图 5-8 “录入库存交易单”界面（一）

步骤三：执行 2013 年 12 月的月底存货结转，如图 5-9 所示。

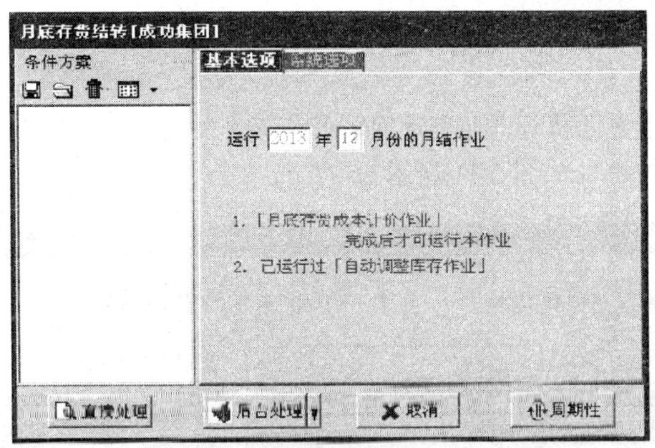

图 5-9 “月底存货结转”界面

任务二 库 存 交 易

任务描述

除采购进货、退货、营业销售、销退、厂内生产的领退料、生产入库、委外加工的领退料、委外进退货之外，其他与库存相关的库存交易进出（如盘盈亏单、其他入库单、其他出库单、报废单等），都可在本作业进行录入。

成功集团的研发部–陈登山因为研发数码相机新产品，需要领用 5 个主开关连动板，作为开发新产品使用，于是他要使用“录入库存交易单”的费用领料单来向仓管部领取数量 5 个的主开关连动板。

知识准备

库存交易流程如图 5-10 所示。

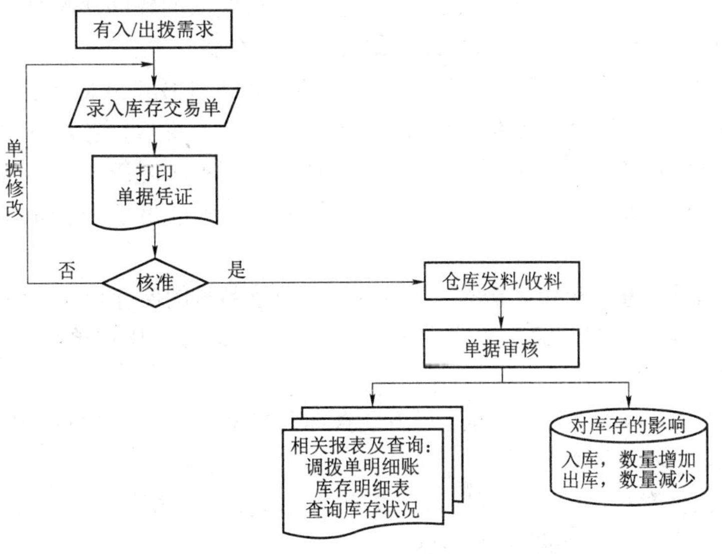

图 5-10 库存交易流程图

任务实施

步骤一：在系统主界面执行“存货管理子系统”|“录入库存交易单”，进入“录入库存交易单”开始新增单据内容（如图 5-11 所示）。

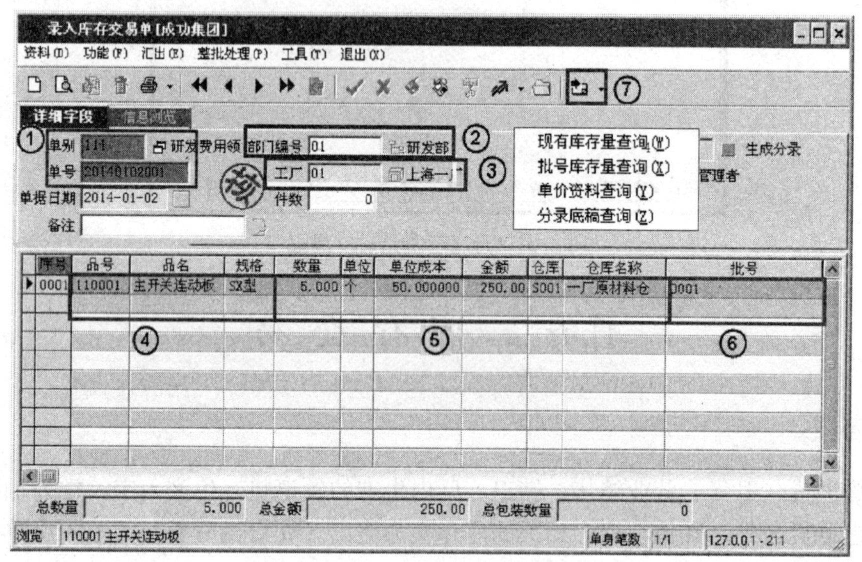

图 5-11 “录入库存交易单”界面（二）

【作业重点】

（1）可直接输入“单别”，或“F2”键开窗查询，选好单别后，系统按照单据性质中的设置自动带出单号。系统默认单据日期为当前日期。

（2）部门编号：输入交易部门代号。

（3）工厂：品号库存量是分厂分库管理的，所以需输入“工厂”。

（4）输入“品号”，系统带出“品名”“规格”。品号输入的辅助功能有三种：“F2”键品号信息查询，“F3”键整套组件展开，“F4”键按工单展料。

注：“F3”键整套组件展开。利用建立的产品结构表（Bill of Material，BOM）为基础，将某一个成品要使用的整套材料自动展开。“F3”键开窗后，可以设定要展开哪一个BOM 日期、哪一个主件品号下所需的用料及其数量，也可以选择要不要展算用料的损耗率，展算方式如何，从哪一个仓库转到哪一个仓库。一般常用于研发单位，新产品试产时的领料使用。

（5）输入领料的数量、单位、仓库。若想查看目前该品号的库存数量，可“F2”键查询。

（6）如果在“录入品号信息”中启用了“批号管理”功能，则在单身的“批号”字段还可以录入该品号的批号。

（7）工具栏上“资料查询”的选项可以方便查询到与该品号有关的库存量、批号库存量、单价资料等信息。

步骤二：单据保存后，确认无误即可送交审核。审核后，这次领出的仓库就会扣除 5 个主开关连动板的库存数量（如图 5-12 所示）。

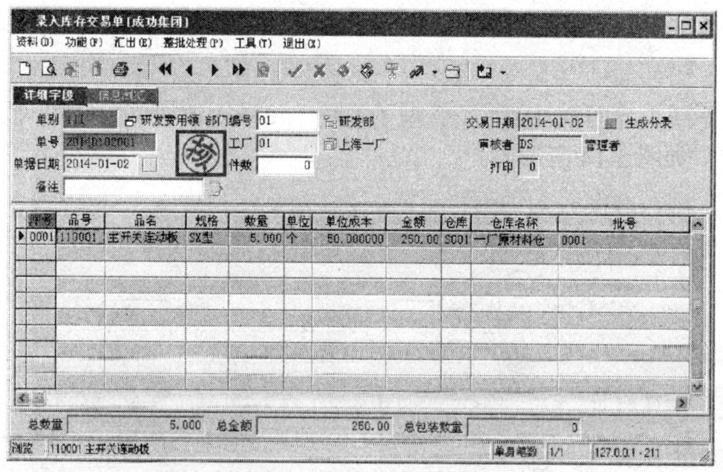

图 5-12 “录入库存交易单”界面（三）

任务三 库 存 调 拨

任务描述

因供应链仓库配货需求，可于本作业录入某品号在两个同性质仓库之间的移转挪动，如由原料仓转至现场仓，或者由原料仓调拨至委外供应商的委外仓等状况。

业务部–张明达近日预计销售相机器材–三脚架（品号：150007），但目前上海一厂的成品仓库存只剩 3 组，而上海二厂的成品仓尚有库存，于是 1 月 5 日业务单位填写转拨单据，由仓管部将 12 组三脚架调拨至上海一厂的成品仓，以待后续出货备用。

知识准备

库存调拨流程如图 5-13 所示。

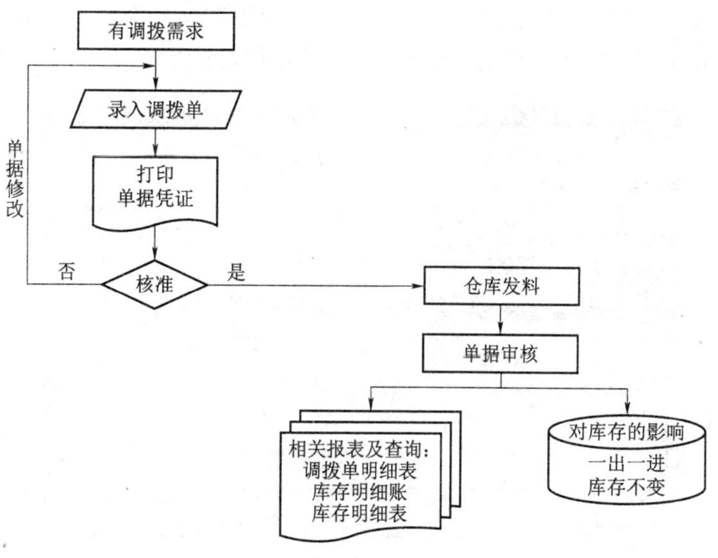

图 5-13 库存调拨流程图

任务实施

步骤一：在系统主界面执行“存货管理子系统”|“录入调拨单”，进入“录入调拨单”开始新增单据内容（如图 5-14 所示）。

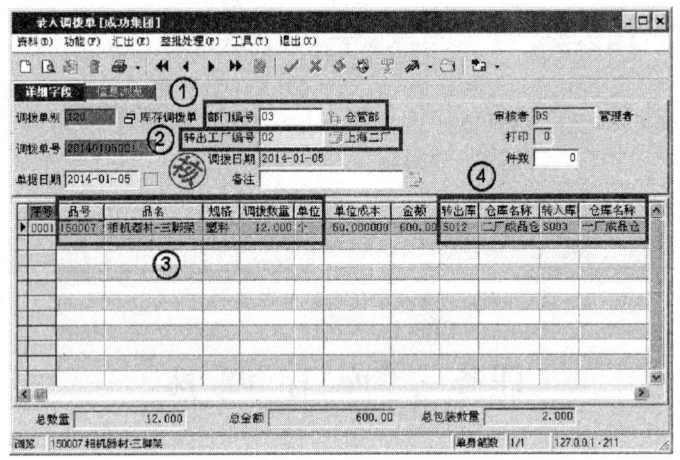

图 5-14 “录入调拨单”界面（一）

【作业重点】

（1）部门编号：输入调拨的部门编号。

（2）转出工厂编号：需输入料件是由哪一个厂所转出。本业务场景由上海二厂转出。

（3）单身输入调拨的品号、数量及单位。品号输入的辅助功能有三种：“F2”键品号信息查询、“F3”键整套组件展开、“F4”键按工单展料。

（4）调拨动作可以调拨不同工厂各仓库的间的货品，但是“转出库”一定要是单头所输入的“转出工厂”的仓库。

注：相同库性（存货/非存货仓）的仓库之间才可以调拨。

步骤二：输入完毕后，经审查无误，进行审核。由于该品号数量是一进一出，所以总数量并没有增加或减少，调拨前后存货价值也不变（如图 5-15 所示）。

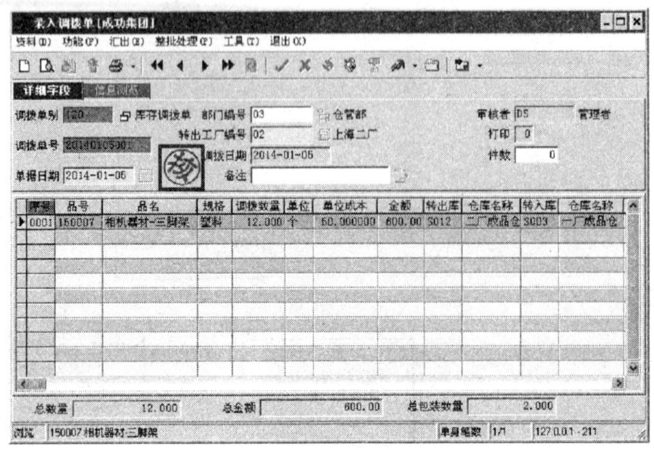

图 5-15 “录入调拨单”界面（二）

任务四　借出/借出归还

一、借出

任务描述

借商品、材料给供应商或他人使用时，可将借出的信息记录到“借出单”中。因商品只是借出去而已，所有权仍为公司所有，而且又不会有账款的产生，所以在账面上不做扣账的处理。但是为管理借出的数量，会虚设一个客户仓或供应商仓，商品借出时，从公司的仓库以调拨方式转至虚设的仓库。

1月12日，客户–尖峰公司来电给业务部–张明达，提出想先借用公司产品“数码相机–SX型”（品号：420001）10台，搭配自己公司其他产品，组合作为3C展会样品，预计19日活动结束后归还。稍后，业务部–张明达也接到客户–茂盛公司的来电，同样要借用“数码相机–SX型”10台作为其展会样品，预计19日归还。

任务实施

步骤一：需求部门–业务部在系统主界面执行“存货管理子系统”|“录入借出/入单”，进入“录入借出/入单”开始新增第一笔单据内容（客户–尖峰公司），如图5-16所示。

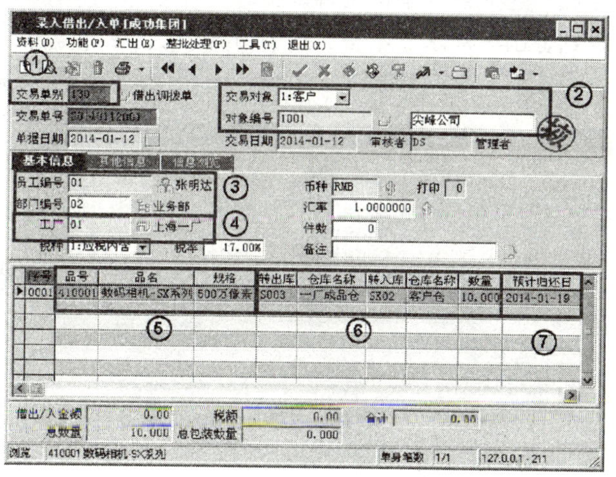

图5-16　“录入借出/入单”界面（一）

【作业重点】

（1）交易单别：选择借出单。

（2）交易对象：可供选择的对象有客户、供应商、人员及其他。当对象是客户时，可开窗查询及带入客户的信息，本例带出尖峰公司。

对象为其他时，则必须自行输入对象编号或直接输入名称。

（3）员工编号、部门编号：输入由哪个部门的哪位员工借出。

（4）工厂编号：需输入是由哪一个工厂借出。

（5）单身输入借出品号：品号输入的辅助功能有二种，即“F2”键查询品号数据，“F3”

键整套组件展开。

（6）转出库：从此仓库转出货品借给客户，转出库为正常使用的仓库。转入库为虚设的仓库，将借出品转放至此仓库。数量输入借出的数量

（7）预计归还日：可以注明客户预计要归还的日期。

步骤二：新增第二笔借出单–茂盛公司（如图 5-17 所示）。

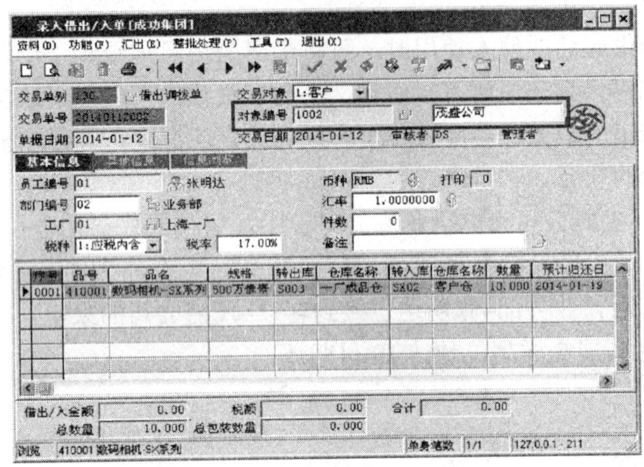

图 5-17 “录入借出/入单”界面（二）

步骤三：单据保存后，送交需求单位主管签核。

步骤四：仓管部收到借出单需求后，备货借出给客户。

步骤五：借出作业完成后，经仓管部主管审核，做调拨扣账处理（如图 5-18 所示）。

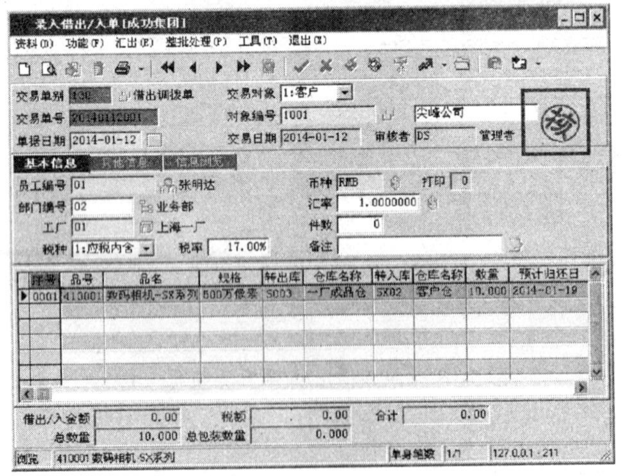

图 5-18 “录入借出/入单”界面（三）

二、借出归还

任务描述

在“录入借出/入归还单”记录后续归还时的信息为 2014 年 1 月 19 日客户尖峰公司如期

归还 10 台“数码相机–SX 型”，张明达此时要记录归还状况。

知识准备

借出/借出归还流程如图 5-19 所示。

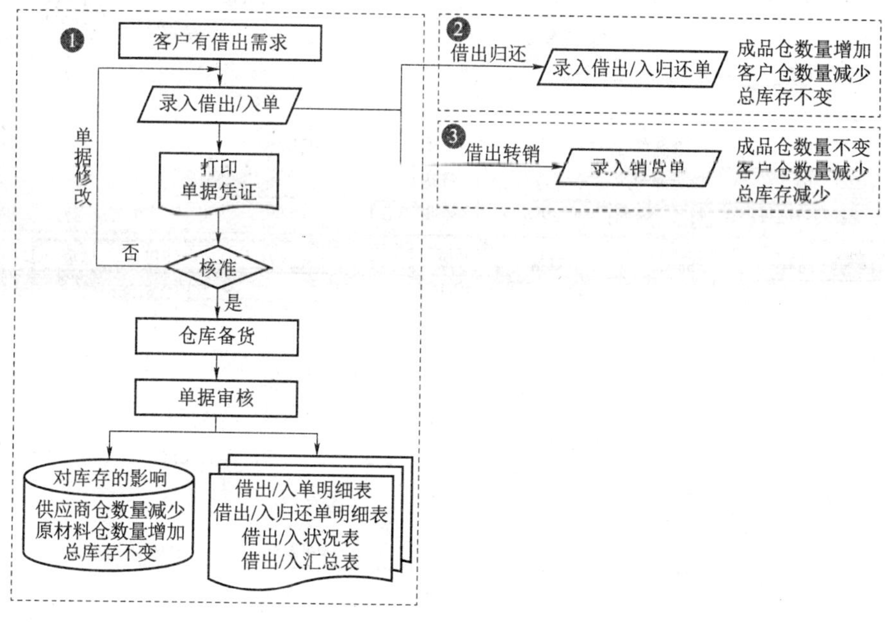

图 5-19 借出/借出归还流程图

任务实施

需求部门–业务部在系统主界面执行“存货管理子系统”|“录入借出/入归还单”，进入“录入借出/入归还单”开始新增单据内容（客户–尖峰公司），如图 5-20、5-21 所示。

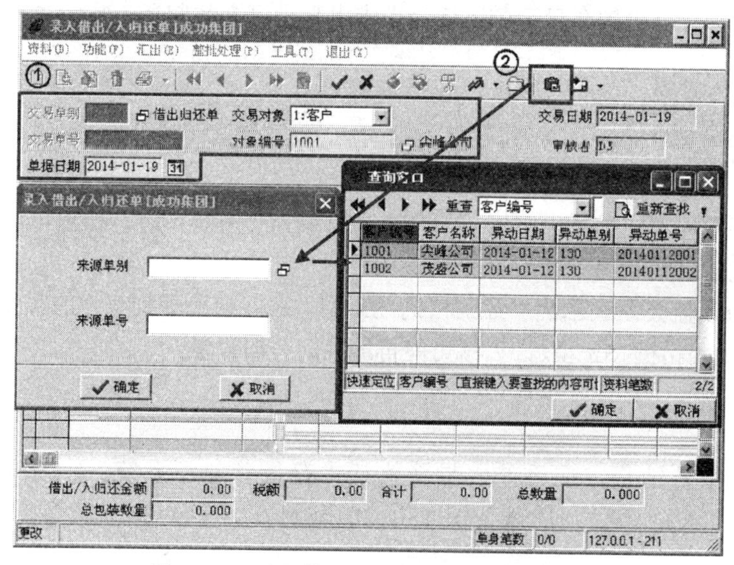

图 5-20 “录入借出/入归还单”界面（一）

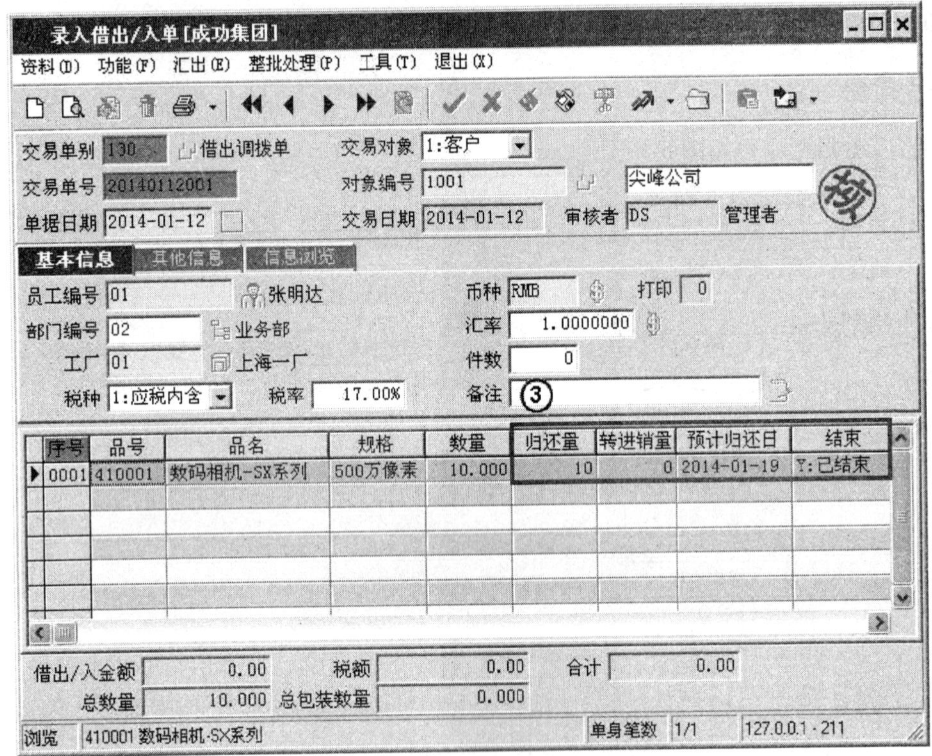

图 5-21 “录入借出/入单”界面（四）

【作业重点】

（1）交易对象：可供选择的对象有客户、供应商、人员及其他。

（2）可利用工具栏的“复制前置单据”按钮协助输入，系统会将当初借出的信息自动带出，包含“来源单别”“单号”。选择后，借出单中的信息被带到当前作业中。查看带出的资料，即品号、转出、转入仓库等。

（3）审核后，可以看到会显示归还量，当借出数量已全数归还，显示“Y：已结束”。

三、借出转销货

任务描述

借出后的正常程序应为借出归还，但当交易对象为“客户”时，借出可能未归还，而是转为销货，因此借出归还程序转为销货。

1 月 19 日，茂盛公司表示因“数码相机–SX 型”在展会上受到客户的喜爱，所以要直接购买这 10 台“数码相机–SX 型”，后续可能再继续向公司进货。

任务实施

步骤一：借出转销货，在系统主界面执行“存货管理子系统”|“录入借出/入单”，进入“录入借出/入单”找到茂盛公司 130–20140112002 的单据，查看借出单详情（如图 5-22 所示）。

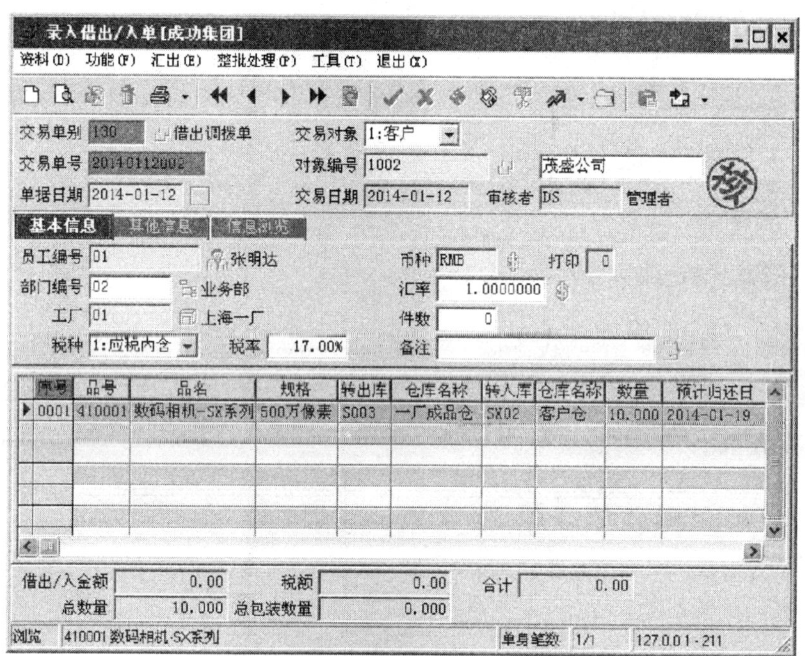

图 5-22 “录入借出/入单”界面（五）

步骤二：在系统主界面执行“销售管理子系统”|“录入销货单”，进入“录入销货单”开始新增转销货的信息（如图 5-23、图 5-24 所示）。

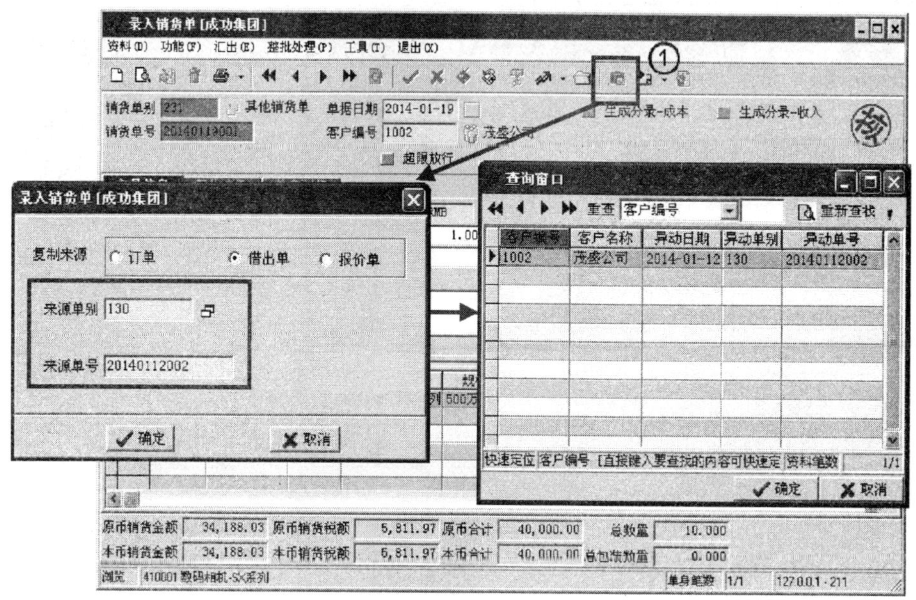

图 5-23 “录入销货单”界面（一）

【作业重点】

（1）新增销货单，单击“复制前置单据”按钮，复制来源选择“借出单”，再单击来源单别单号，选择是哪一笔借出要转为销货。

（2）检查借出的品号、数量、仓库以及借出单号等信息，或者输入销售单价。

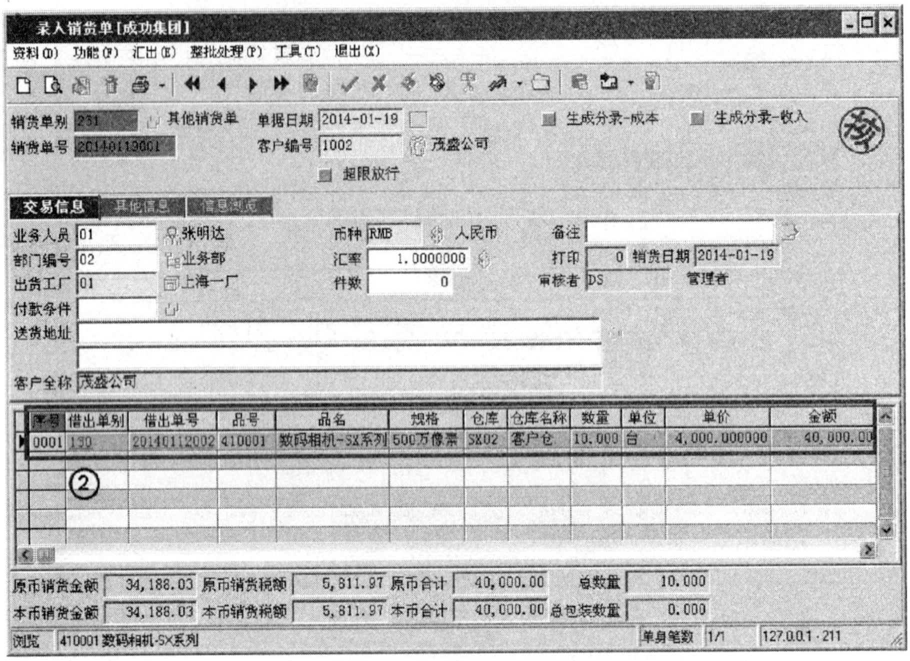

图 5-24 “录入销货单”界面（二）

步骤三： 保存后的信息检查无误后即可审核（如图 5-25 所示）。

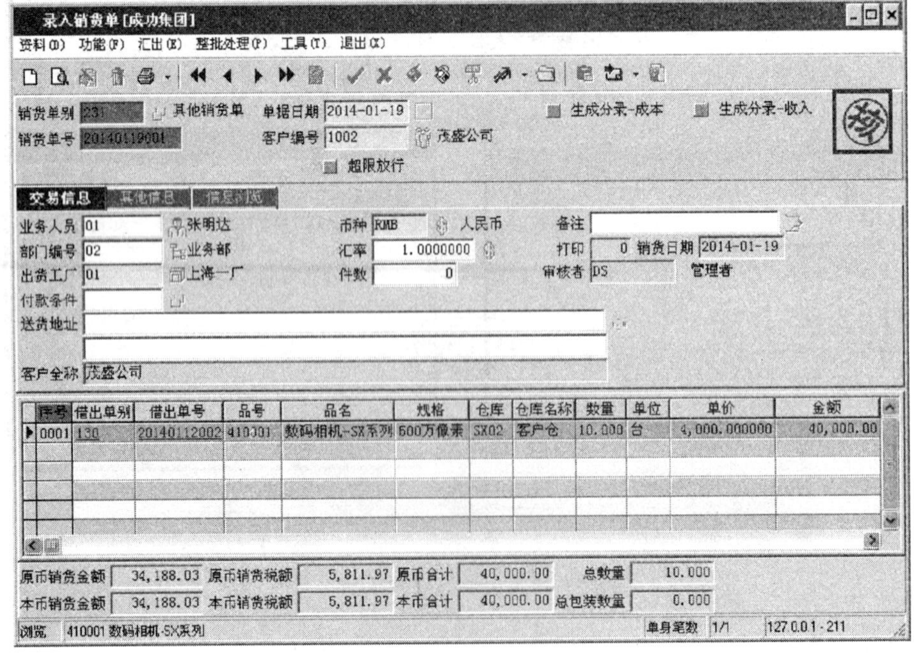

图 5-25 “录入销货单”界面（三）

步骤四： 在系统主界面执行“存货管理子系统”|“录入借出/入单”，进入“录入借出/

入单”查询 130–20140112002 借出转销货的详情（如图 5-26 所示）。

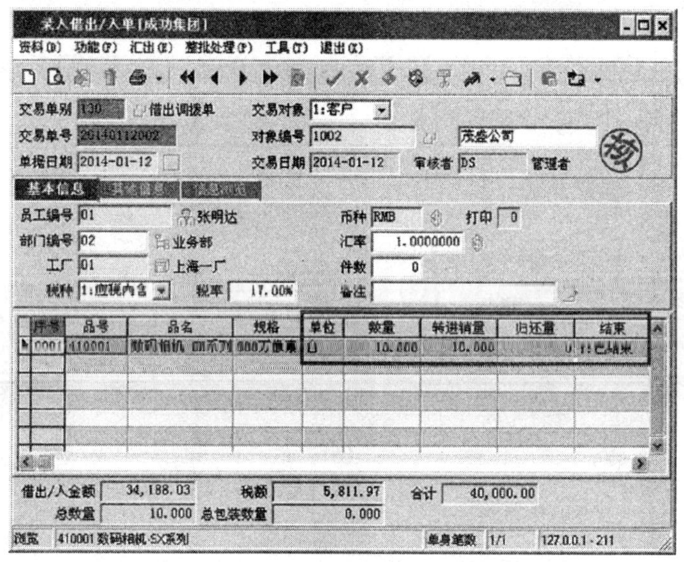

图 5-26 “录入借出/入单”界面（六）

【作业重点】

因为在销货单中有输入借出单号，所以销货单审核后将借出转销货数回写在借出单中的“转进销量”；本业务场景借出数量全数转销货，所以显示为“Y：已结束”。

任务五 借入/借入归还

一、借入

任务描述

因测试、生产、个人使用的需求发生了商品的借入，可将借入时的信息记录到借入单里。

2014 年 1 月 20 日，采购–蔡佳玲接到研发部工程师–陈登山需求，向供应商–冠军公司借用“光学镜片”，数量为 20 pcs，向达智科技借用“光学镜片”，数量为 20 pcs，用来测试新产品的适用性，并预计 27 日归还。

任务实施

步骤一：借入时，在系统主界面执行“存货管理子系统”|“录入借出/入单”，进入“录入借出/入单”开始新增单据内容（如图 5-27 所示）。

【作业重点】

（1）交易对象：可供选择的对象有客户、供应商、人员及其他。

（2）员工编号、部门编号：输入责任归属的员工与部门。

（3）工厂编号：输入借入库的工厂。

（4）在单身输入借入商品的品号、数量、单位。品号输入的辅助功能有二种，即“F2”键查询品号数据和“F3”键整套组件展开。

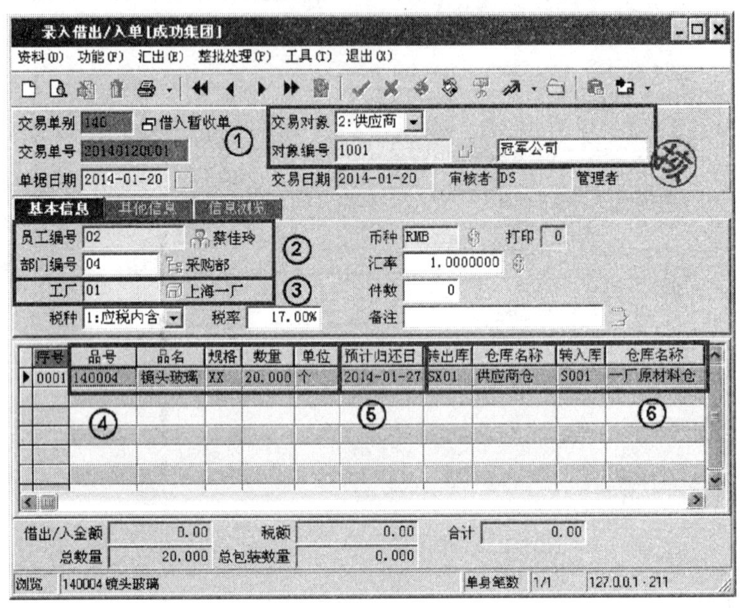

图 5-27 “录入借出/入单”界面（七）

（5）预计归还日：可以注明预计要归还的日期。

（6）转出库：通常会设定一个虚拟仓库，将借入品由此仓库借出，因为该货品只是向供应商借用，所有权仍为供应商所有。转入库：借入的料件转入此仓库。

步骤二：录入向达智科技借货的借入单（如图 5-28 所示）。

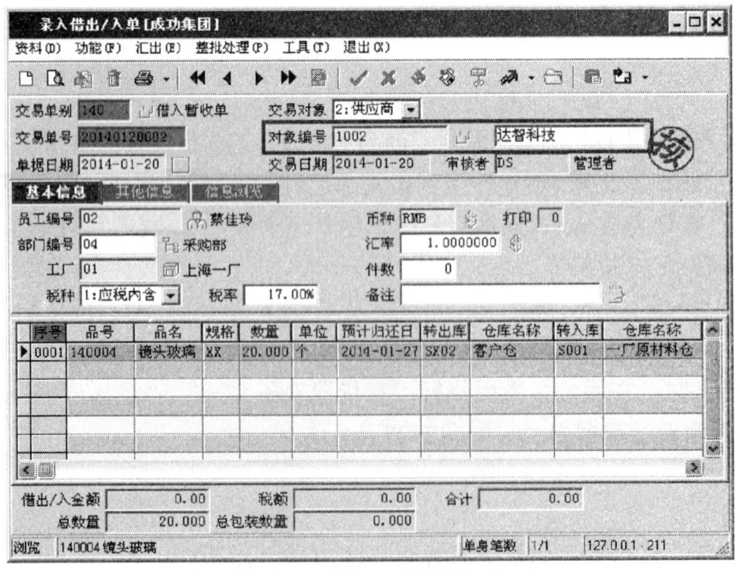

图 5-28 “录入借出/入单”界面（八）

步骤三：上述两张单据请采购主管审核，然后发出给供应商。

步骤四：仓管收到借入的商品后，再请主管将借入单进行审核。

二、借入归还

任务描述

因测试、生产、个人使用的需求发生了商品的借入，可将后续归还时的信息记录到借入归还单里。

2014 年 1 月 27 日，采购–蔡佳玲，如期归还向供应商–冠军公司借用的 20 pcs“光学镜片”。

知识准备

借入/借入归还流程如图 5-29 所示。

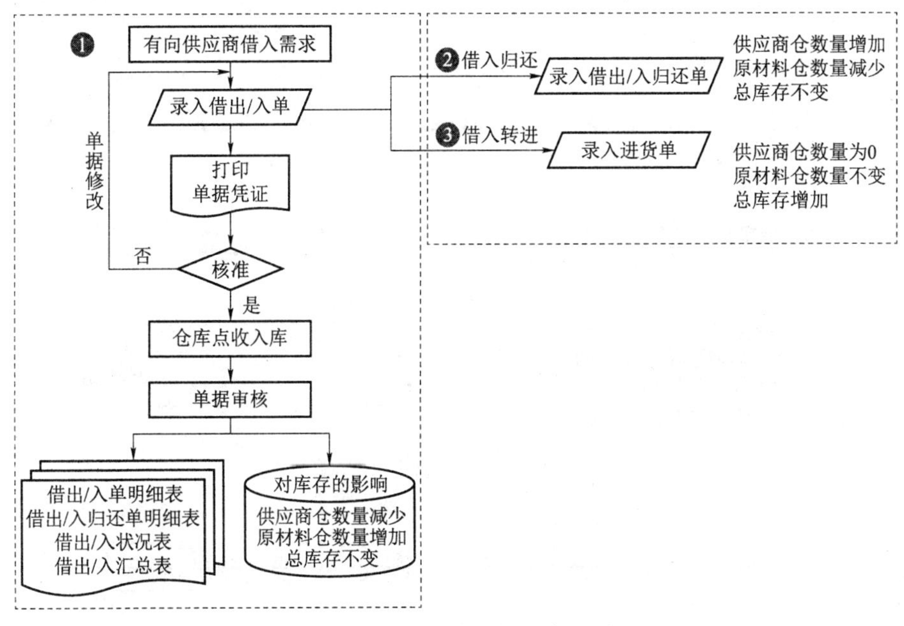

图 5-29 借入/借入归还流程图

任务实施

步骤一：在系统主界面执行“存货管理子系统”|“录入借出/入归还单”，进入“录入借出/入归还单”新增录入单据相关信息（如图 5-30、图 5-31 所示）。

【作业重点】

（1）交易对象：可供选择的对象有客户、供应商、人员及其他。

（2）单击“复制前置单据”按钮协助输入，系统会将当初借入的信息自动带出，包含“来源单别”“单号”。

（3）选择后，借入单中的信息被带到当前作业中。查看带出的资料：品号、转出、转入仓库等。

步骤二：单据确认无误后保存审核。

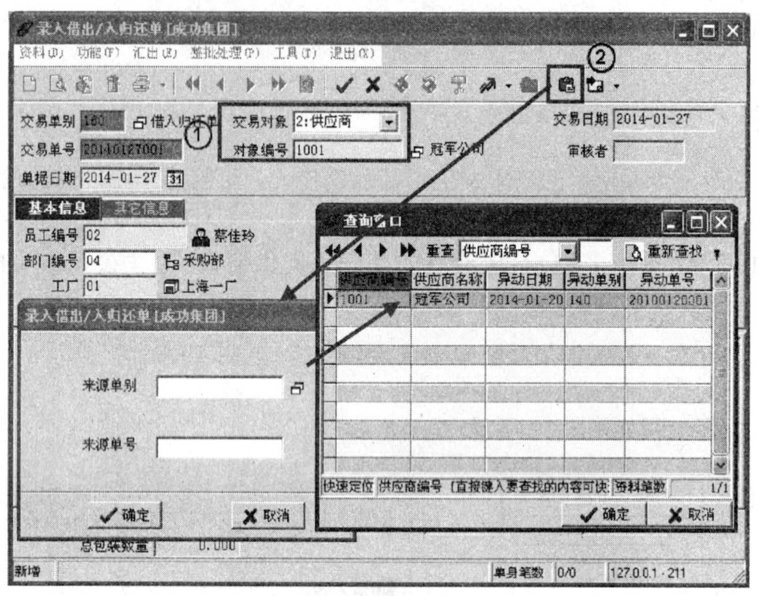

图 5-30 “录入借出/入归还单”界面（二）

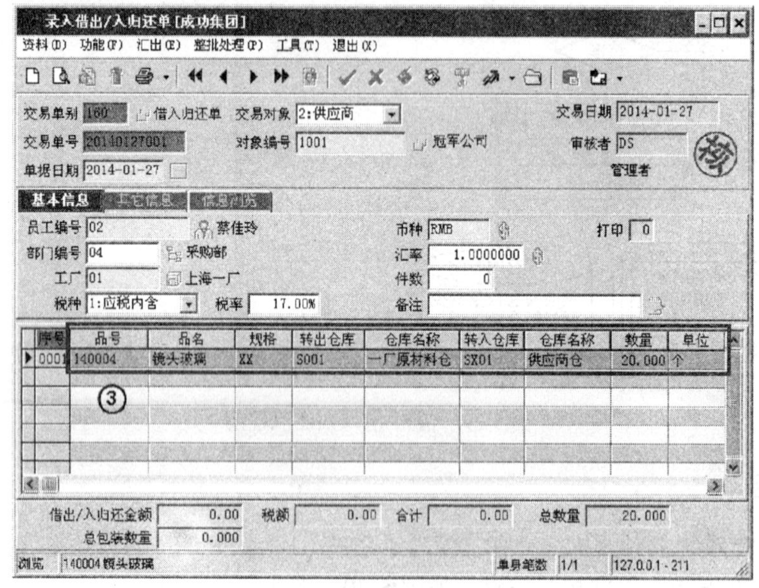

图 5-31 “录入借出/入归还单”界面（三）

步骤三：仓管部门需备货归还冠军公司。

步骤四：查看原始借入单。

【作业重点】

审核后，可以看到会显示“归还量”，若借入数量全数归还，会显示为“Y：已结束”（如图 5-32 所示）。

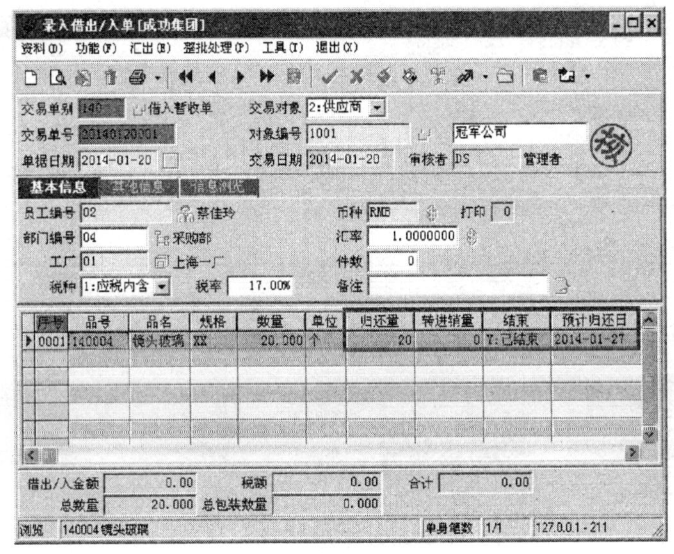

图 5-32 “录入借出/入单”界面（九）

三、借入转进货

任务描述

因测试、生产、个人使用的需求发生了商品的借入，借入的商品已确定不归还，改以采购时，必须录入“进货单”来冲销借入的商品。

2014 年 1 月 27 日，向达智科技借用的 20 pcs 光学镜片，经过研发部测试，结果良好，决定购买进行试产。

任务实施

步骤一：在系统主界面执行“采购管理子系统”|“录入进货单”，进入“录入进货单”新增录入单据相关信息（如图 5-33、图 5-34 所示）。

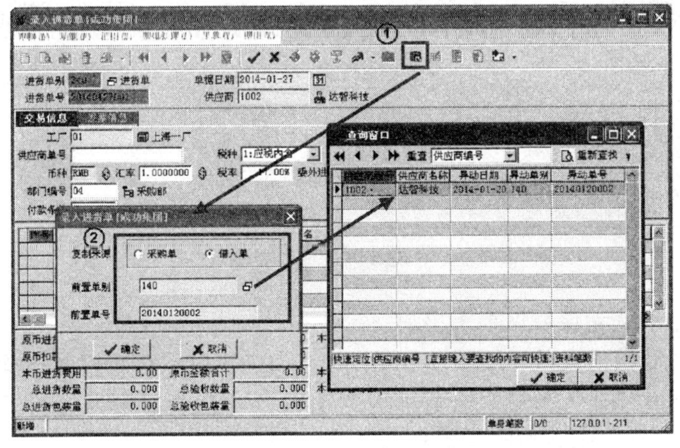

图 5-33 “录入进货单”界面（一）

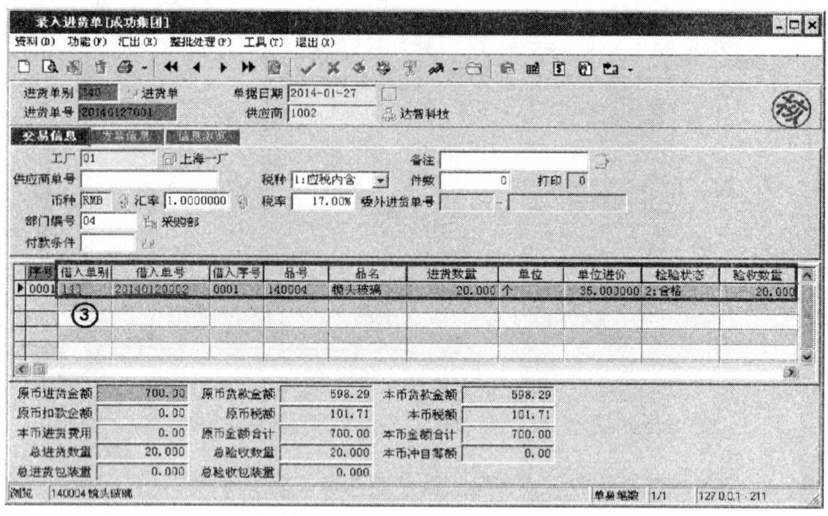

图 5-34 “录入进货单”界面（二）

【作业重点】

（1）单击“复制前置单据”按钮协助输入。

（2）复制来源选择借入单，再单击前置单别单号，选择是哪一笔借入单要转为进货。系统会将当初借入的信息自动带出，包含“前置单别”“前置单号”。

（3）选择后，借入单中的信息被带到当前作业中。检查转进的品号、数量、仓库及借入单号等信息。

步骤二：输入借入转进货的单位单价（如图 5-35 所示）。

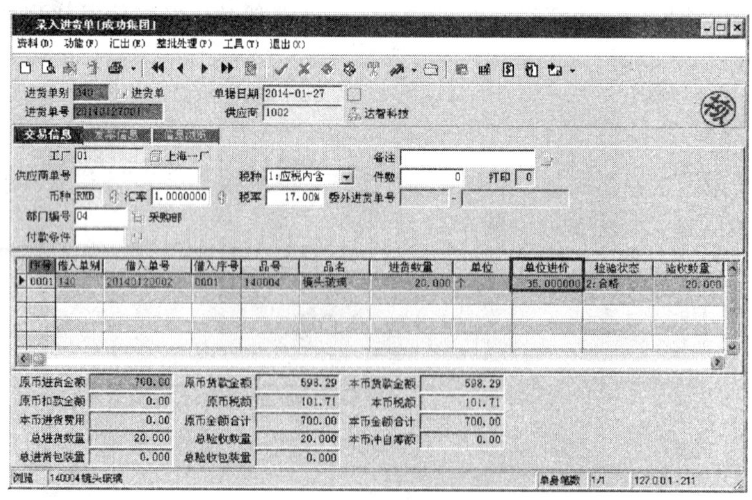

图 5-35 “录入进货单”界面（三）

步骤三：单据确认无误后保存审核。

步骤四：查看原始借入单（如图 5-36 所示）。当进货单保存审核后，“转进销量”字段会更新为已进货数量。当借入数量已全数进货，“结束”字段会显示为“Y：已结束”。

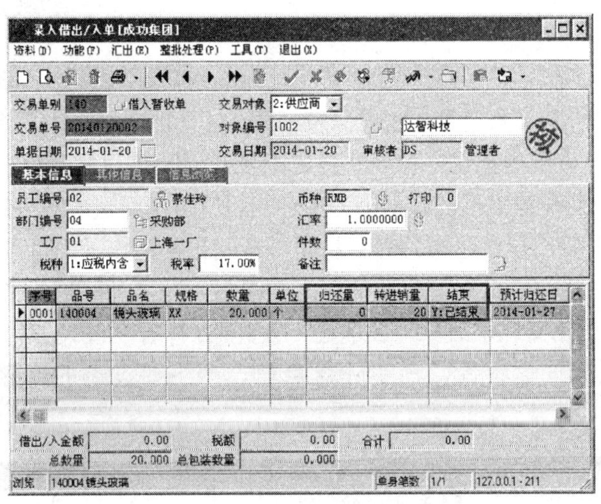

图 5-36 “录入借出/入单”界面（十）

任务六 库 存 盘 点

任务描述

2014 年 1 月 31 日，又是盘点的日期了，在这天，仓管部准备针对“原材料仓”进行重要存货抽盘作业。

知识准备

企业每天都进行大量出入库业务，期间发生的丢失、破损、报废等损耗，可能导致库存数量与账面数量不符。为了能确切掌握某时期内的库存数量以及损耗等信息，并据此分析库存盈亏、改善管理，这就需要定期进行库存盘点，查明原因后调整账面数，使账物相符。盘点作业流程如图 5-37 所示。

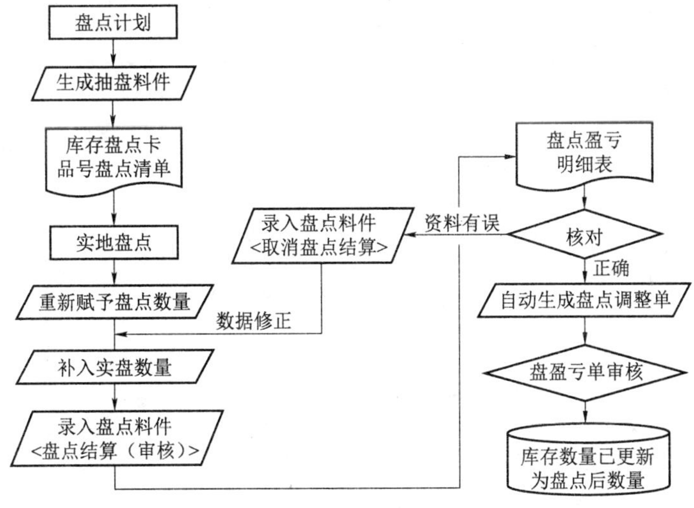

图 5-37 盘点作业流程图

任务实施

步骤一：盘点计划拟订。成功集团的仓管部，预计 2014 年 1 月 31 日进行“原材料仓”的重要存货盘点。1 月 28 日以前先拟订好相关的盘点计划。1 月 31 日实际盘点前，可以先将库存的进出账务冻结起来，以避免盘点后的数据因为库存的再度进出而造成账务混乱。2 月 1 日正式完成全部的实地盘点工作后，与库存相关的交易即可开始正常运作了。盘点的结果到 2 月 3 日已经全部输入完毕，同时也已经核对过相关的账面数量后，即可开始进行“盘盈亏”的结算，但盘盈亏单审核的日期需输入 1 月 31 日，表示这一天开始，库存已经调整为实际盘点后的数量。

步骤二：自动生成抽盘料件，在实际盘点前，产生要盘点的库存信息（如图 5-38～图 5-40 所示）。

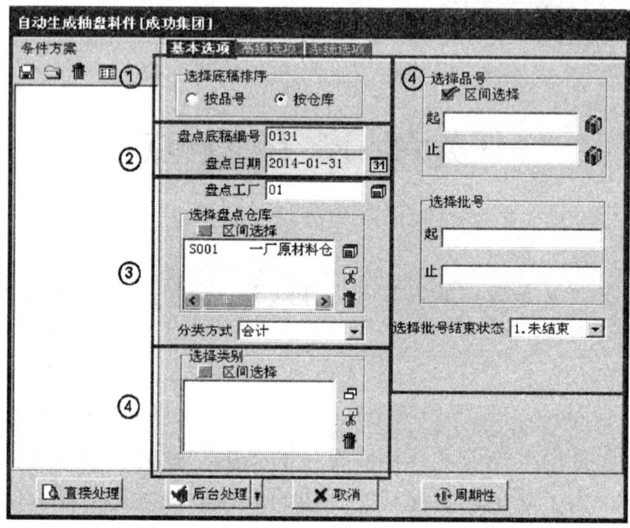

图 5-38 “自动生成抽盘料件”界面（一）

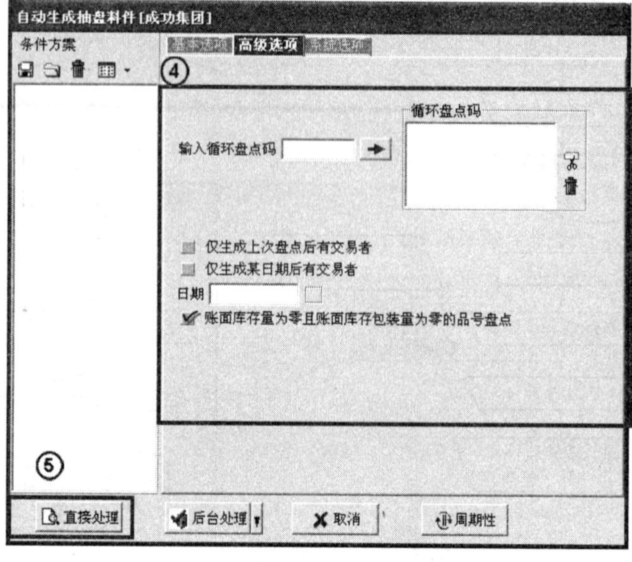

图 5-39 “自动生成抽盘料件”界面（二）

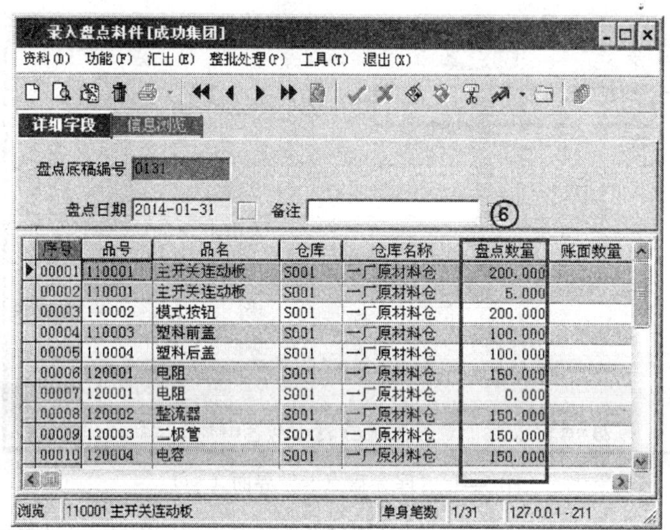

图 5-40 “录入盘点料件”界面（一）

【作业重点】

（1）选择底稿排序：为了方便实际盘点，可以设定盘点底稿的排序方式，让盘点者可以根据实际存储地点或状况，选择以“按品号”或“按仓库”打印盘点底稿。若选择“按品号”，表示盘点人员是按照品号顺序做盘点；若选“按仓库”，表示盘点人员是按仓库顺序（如原料仓、物料仓、半成品仓等）做盘点，成功集团要以“按仓库”作为底稿的排序方式，让不同盘点人员可按各仓库的盘点底稿进行实际盘点。

（2）盘点底稿编号、盘点日期：盘点底稿编号为此次盘点的盘点底稿编号，底稿编号由公司自行编订。后续要打印或查询盘点数据都是用这个编号来寻找。如果要盘点的品号很多而且品号分布的区域较广时，可用一个仓库一个底稿编号的方式进行编号，以方便很多人同时盘点。盘点日期即盘点的具体日期。

（3）盘点工厂、选择盘点仓库：盘点筛选条件，表示此次要进行盘点的工厂及仓库。

（4）选择品号：如果不是全面盘点，也可以选择某一类别的品号（如会计分类的产成品类），或者使用循环盘点码、仅生成某日期后有交易者等各种条件筛选盘点的范围。通过勾选“账面库存量为零且账面库存包装量为零的品号盘点”还可以选择是否要把账面数量为零的品号也盘点出来。

（5）直接处理：单击后即可生成盘点底稿。

（6）盘点数量：在“录入盘点料件”中查看生成的盘点底稿的内容，盘点数量为品号在系统中的当前数量。

步骤三：打印库存盘点卡或品号盘点清单，以作为盘点人员实际盘点的依据（如图 5-41～图 5-45 所示）。

【作业重点】

（1）选择盘点底稿编号：此盘点卡要打印的盘点底稿的编号。

（2）初盘人员、初盘数量、复盘人员、复盘数量：初盘人员在实际盘点后将初盘人员及初盘数量填写在盘点卡内并贴在标的物的料架上。后续复盘人员实际盘点后，再将复盘人

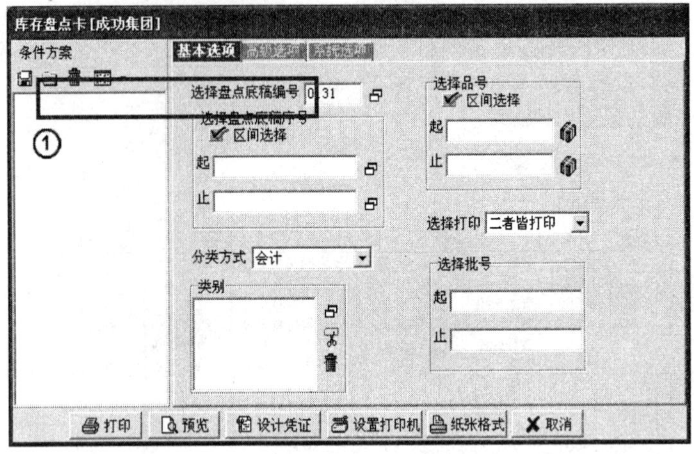

图 5-41 “库存盘点卡”界面（一）

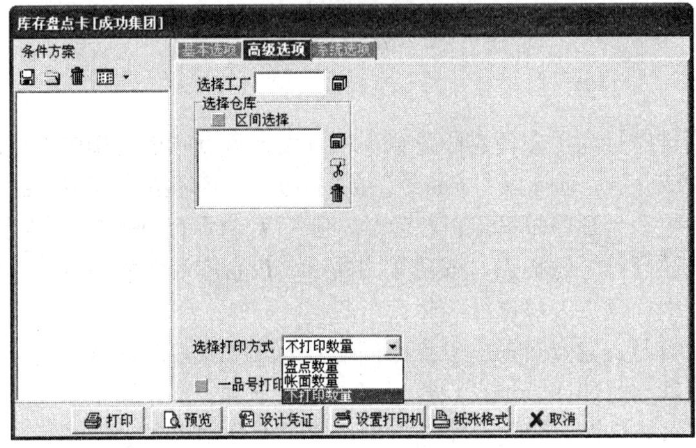

图 5-42 “库存盘点卡”界面（二）

库存盘点卡

盘点日期:2014-01-31 底稿编号:0131 -

仓 库:S001 一厂原材料仓

品 号:110001

品名规格:主开关连动板
SX型

批 号:********** 库存单位:个
批号说明: 包装单位:
存储位置: ② 小 单 位:

初盘包装数量: _______
初盘人员: _______ 初盘数量: _______

复盘人员: _______ 复盘数量: _______

备 注:

页次: 0001

库存盘点卡

盘点日期:2014-01-31 底稿编号:0131 -

仓 库:S001 一厂原材料仓

品 号:110001

品名规格:主开关连动板
SX型

批 号:********* 库存单位:个
批号说明: 包装单位:
存储位置: 小 单 位:

初盘包装数量: _______
初盘人员: _______ 初盘数量: _______

复盘人员: _______ 复盘数量: _______

备 注:

页次: 0001

图 5-43 “库存盘点卡”凭证预览界面

员及复盘数量填写至盘点卡内，并将盘点卡一联撕下来交给财务；另外一联则保留在料架上，提供抽盘人员再抽盘使用。

（3）选择盘点底稿编号：此盘点清单要打印的盘点底稿的编号。

（4）初盘数量、复盘数量：盘点后，将盘点的结果填写到“初盘数量”，再交给复盘人员进行复盘的工作，同样将复盘数量填写在这一张清单的“复盘数量”。

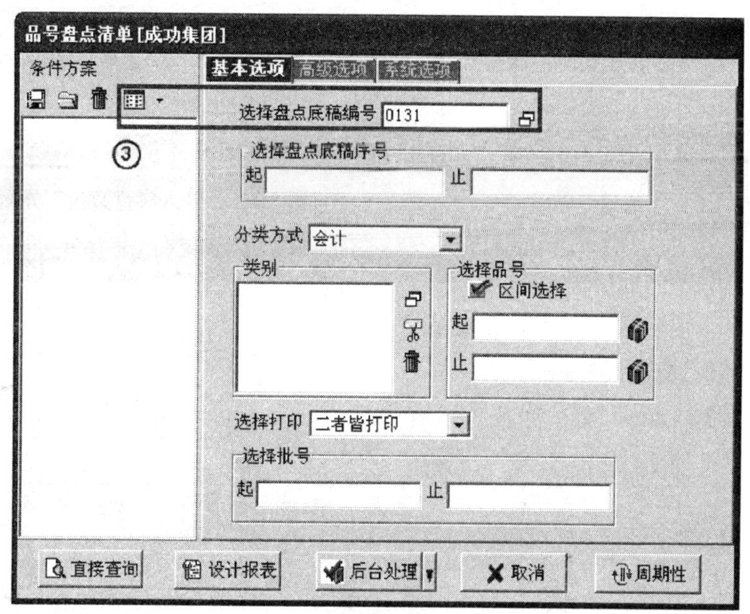

图 5-44 “品号盘点清单”界面（一）

品号盘点清单

制表日期：2014-01-31 ④ 第1页

底稿编号	底稿序号	品号	品名	仓库	仓库名称	单位	盘点数量	账面数量	初盘数量	复盘数量
0131	00001	110001	主开关连动板	S001	一厂原材料	个	200.000			
	00002	110001	主开关连动板	S001	一厂原材料	个	5.000			
	00003	110002	模式按钮	S001	一厂原材料	个	200.000			
	00004	110003	塑料前盖	S001	一厂原材料	个	100.000			
	00005	110004	塑料后盖	S001	一厂原材料	个	100.000			
	00006	120001	电阻	S001	一厂原材料	个	150.000			
	00007	120001	电阻	S001	一厂原材料	个				
	00008	120002	整流器	S001	一厂原材料	个	150.000			
	00009	120003	二极管	S001	一厂原材料	个	150.000			
	00010	120004	电容	S001	一厂原材料	組	150.000			
	00011	120005	变压器	S001	一厂原材料	組	150.000			
	00012	120006	IC,CMOS	S001	一厂原材料	个	130.000			
	00013	130001	金属Logo	S001	一厂原材料	个	150.000			
	00014	130002	镀镍螺丝	S001	一厂原材料	片	150.000			
	00015	130003	金属接片	S001	一厂原材料	片	130.000			
	00016	140001	LCD窗	S001	一厂原材料	个	120.000			
	00017	140002	显示窗	S001	一厂原材料	个	120.000			
	00018	140003	光学镜片	S001	一厂原材料	PCS	100.000			

图 5-45 “品号盘点清单”界面（二）

步骤四：实地盘点、盘点结果：品号 110001“主开关连动板”的盘点数量较账面数量少 5 pcs。

步骤五：实盘数量输入。执行“重新赋予盘点数量”（如图 5-46 所示），点击“直接处理”按钮将盘点到的实际数量，记录到相应的作业中，以作为盘盈亏及更新库存数量的依据。方式一：补入实盘数量（如图 5-47 所示）。方式二：录入盘点料件（如图 5-48 所示）。

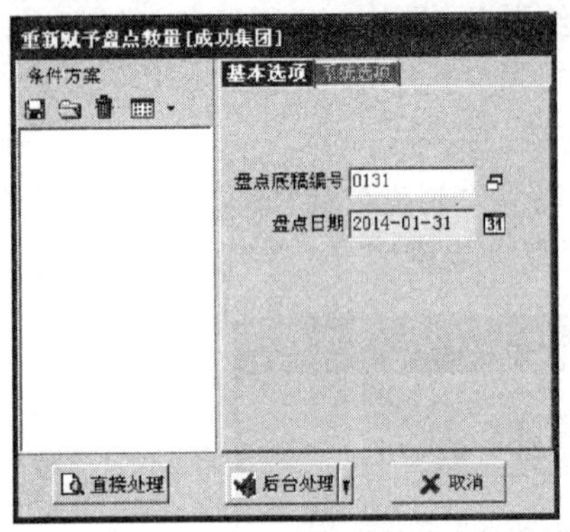

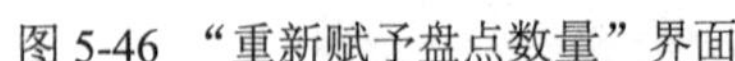
图 5-46 “重新赋予盘点数量”界面

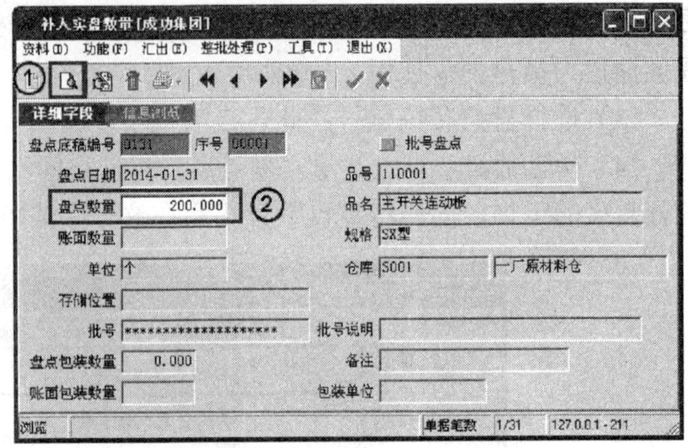

图 5-47 “补入实盘数量”界面

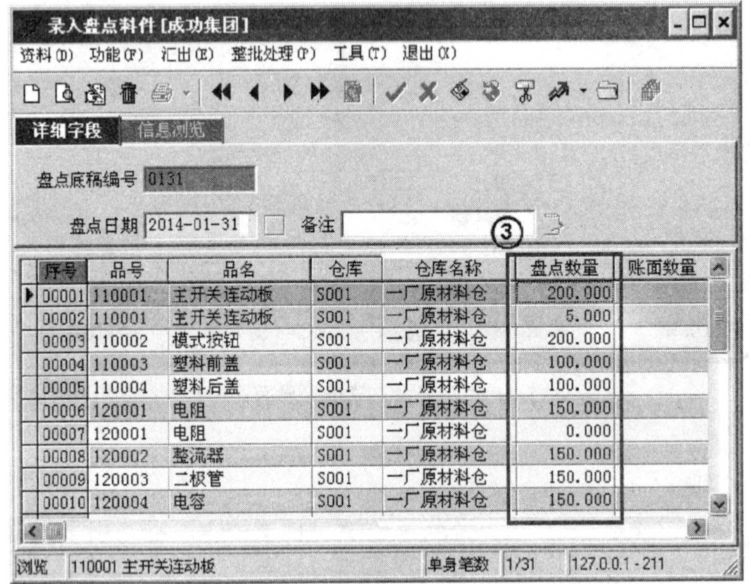

序号	品号	品名	仓库	仓库名称	盘点数量	账面数量
00001	110001	主开关连动板	S001	一厂原材料仓	200.000	
00002	110001	主开关连动板	S001	一厂原材料仓	5.000	
00003	110002	模式按钮	S001	一厂原材料仓	200.000	
00004	110003	塑料前盖	S001	一厂原材料仓	100.000	
00005	110004	塑料后盖	S001	一厂原材料仓	100.000	
00006	120001	电阻	S001	一厂原材料仓	150.000	
00007	120001	电阻	S001	一厂原材料仓	0.000	
00008	120002	整流器	S001	一厂原材料仓	150.000	
00009	120003	二极管	S001	一厂原材料仓	150.000	
00010	120004	电容	S001	一厂原材料仓	150.000	

图 5-48 “录入盘点料件”界面（二）

【作业重点】

（1）单击“补入实盘数量”｜“查询”按钮，找出要输入实际盘点数量的“盘点底稿编号”。

（2）将实际盘点到的数量输入到“盘点数量”的字段。输入完毕后，将单据保存即可。通过“补入实盘数量”输入现场实际盘点数量，优点是可以多人分工同时进行输入动作。

（3）使用“录入盘点料件”查询出该份盘点底稿，单击“修改”按钮，在“盘点数量”字段输入现场实际盘点的数量后保存。这种方式的优点是当输入实际盘点数量的人员只有一个人时，这种方式的输入速度比较快；缺点是一份底稿一次仅能一人输入，不能多人分工同时输入。

步骤六：盘点汇总，将盘点数量补入系统后，可在此作业中执行“汇总”动作，来确认盘点数据已正确，汇总后的数据才可进行盘盈亏比较（如图 5-49 所示）。

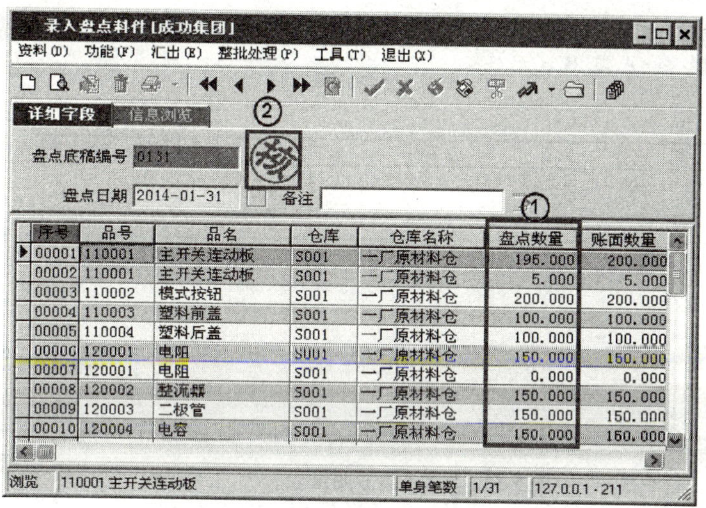

图 5-49 “录入盘点料件”界面（三）

【作业重点】

（1）当所有盘点信息输入完毕后（不论是用“补入实盘数量”还是“录入盘点料件”输入），接下来都需要到“录入盘点料件”作业，查询出该编号的盘点底稿，单身会显示该底稿的所有盘点资料，也会在单身看到实际盘点数量。

注：在“补入实盘数量”中输入的数量，之后也会显示在这里。

（2）确认资料无误后，就单击工具栏上的“盘点结算”按钮，单头会显示一个“核”字，单身会显示“账面数量”，即系统记录的库存数量。

注：盘点数量−账面数量=盘盈（盘点数量＞账面数量）

或　盘亏（盘点数量＜账面数量）

步骤七：打印盘点盈亏明细表，查看“盘盈亏状况”（如图 5-50、图 5-51 所示）。

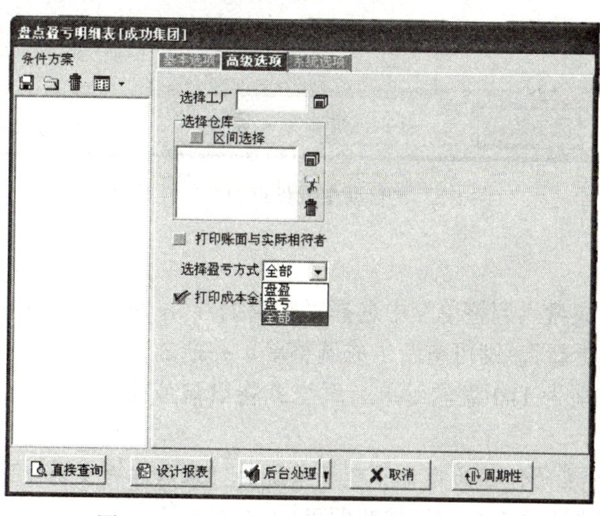

图 5-50 “盘点盈亏明细表”界面（一）

图 5-51 “盘点盈亏明细表”界面（二）

步骤八： 盘点后，账面数量与实盘数量有差异时，必须产生盘点调整单据（盘盈亏单）来调整库存账面量。调整单可利用本作业由系统产生，也可手动输入（如图 5-52～图 5-54 所示）。

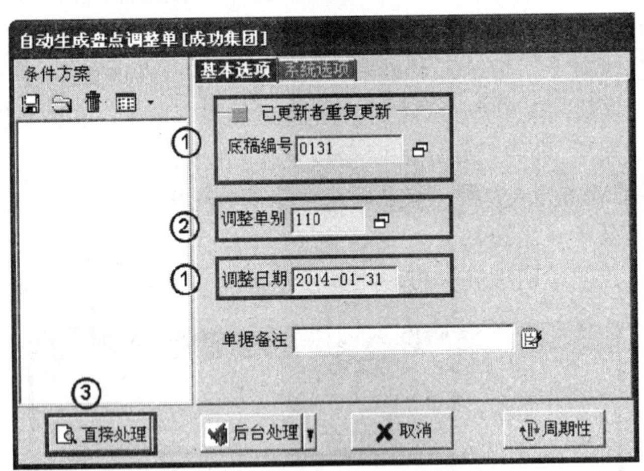

图 5-52 “自动生成盘点调整单”界面

【作业重点】

（1）在“自动生成盘点调整单”中选择“底稿编号”，系统会默认单据日期为盘点日期。勾选“已更新者重复更新”，则可重新生成调整单，并把之前的调整单替换掉。

（2）选择调整单别为 110 盘盈亏单。系统会将盘盈或盘亏的数量，产生至此单别的单据中。

注：“调整单”对应的作业为存货管理子系统的“录入库存交易单”。

（3）选好后，单击“直接处理”按钮即可。

（4）在“录入库存交易单”中查询出单别为 110，系统产生的盘盈亏单中品号若为盘盈，则产生的数量是正值，若为盘亏，则产生的数量为负值。

（5）当此“盘盈亏单”审核后，该品号的库存数量就会被调整。至此，整个盘点作业完成。

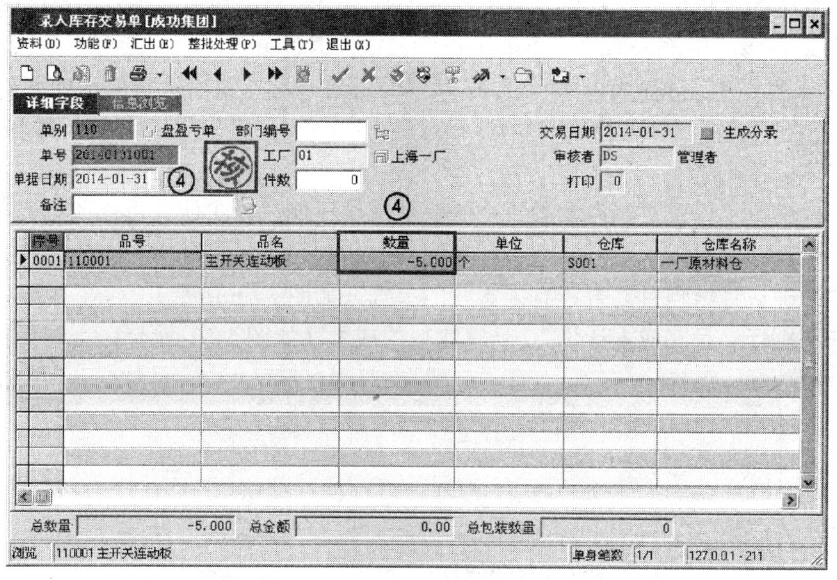

图 5-53 “录入库存交易单”界面（四）

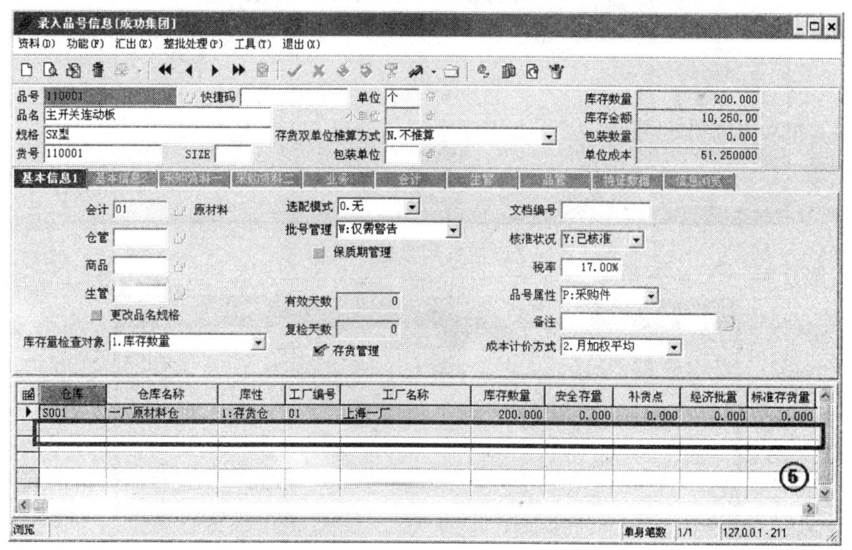

图 5-54 “录入品号信息”界面

任务七　存货月结

任务描述

执行存货月结的主要的目的：一方面是计算当期期末的存货价值，并且编制相关存货账册，以协助财务报表在编制时对存货方面的认定；另一方面是要将当月的期末存货结转到下一个月的期初，让这个月剩余的存货在下个月可以继续的使用。通常最适合做库存月结的时点是在下个月的月初。影响库存的单据包括：存货管理子系统的库存交易单据及成本调整单、采购管理子系统的进货单和退货单、销售管理子系统的销货单和销退单、工单/委外管理子系统的领料单/退料单、生产入库单、委外进货单、委外退货单等。

2014 年 1 月结束，成功集团财会人员–张秀娟正在进行 1 月份存货成本计算及月结处理。

任务实施

步骤一：修改“设置进销存参数”中的账务冻结日期，以防他人再修改当月交易的信息（如图 5-55 所示）。

步骤二：确认月结当月是否还有未审核的单据（如图 5-56 所示）。

步骤三：执行“月底成本计价”，计算物料的成本（如图 5-57 所示）。

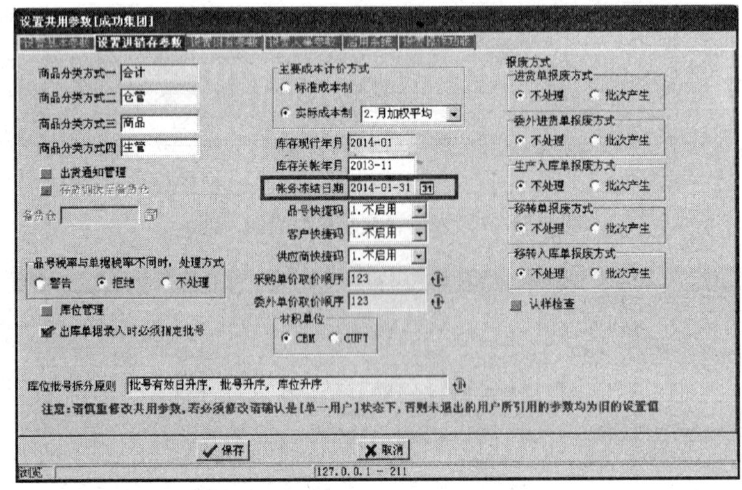

图 5-55 “设置共用参数”界面（二）

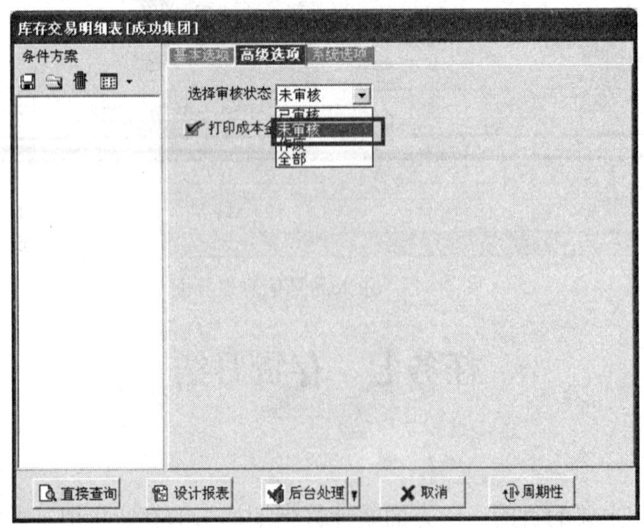

图 5-56 “库存交易明细表”界面

步骤四：执行“自动调整库存”，调整因小数点引起的金额尾差（如图 5-58 所示）。

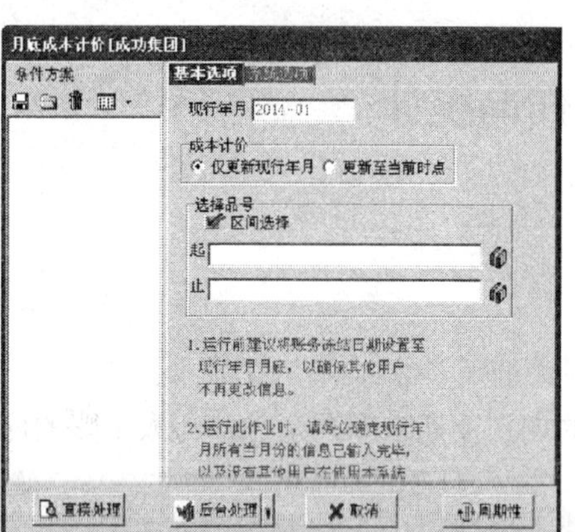

图 5-57 “月底成本计价”界面

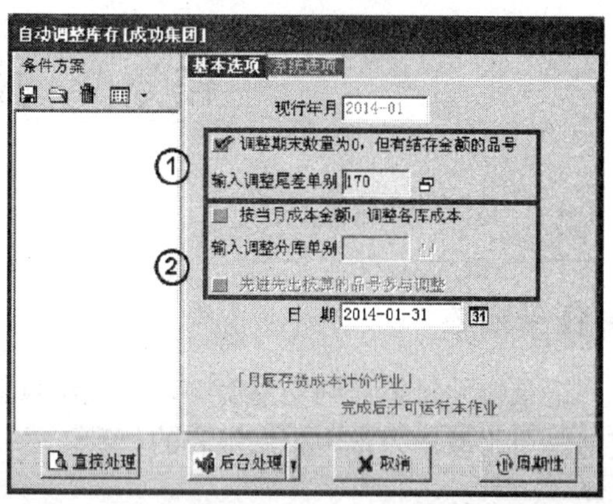

图 5-58 “自动调整库存”界面

【作业重点】

（1）调整期末数量为“0”，但有结存金额的品号：采用“月加权平均成本制”时，由于取位等原因，有时会导致库存数量为零，成本不为零，勾此选项之后，可将尾差的金额调整掉。

（2）按当月成本金额，调整各库成本：月加权单位成本要求每个仓库的单位成本都是一样的，所以勾选此选项，可以将当月的单位成本乘以每个仓库的库存数量，计算出各库的存货成本，并产生分库差异调整单。

步骤五：执行“月底存货结转”（如图 5-59 所示）。

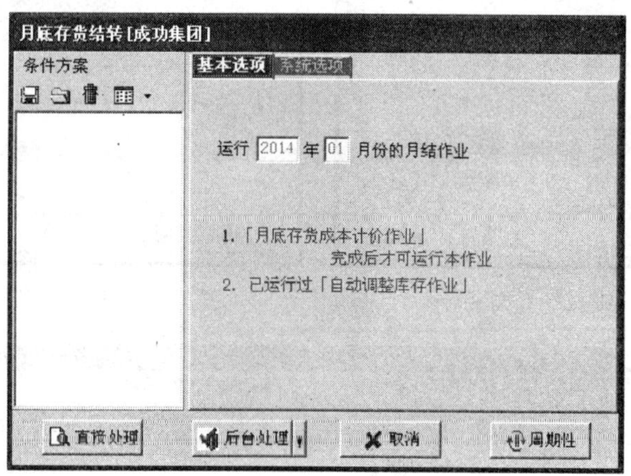

图 5-59 “月底存货结转”界面

【作业重点】

产生月结当月的“品号每月统计信息”，也称为“月档”。结算该月期末库存成本及数量，产生更新到下一个月档的“月初成本”与“月初数量”字段，并将“设置共用参数”中的“库存现行年月”自动加“1”。

注：所谓“月底存货结转”作业，相当于会计结账（或关账）动作。执行过后，该月及该月以前的各种影响库存交易的单据就不可再新增输入或撤销审核修改了。

任务八　报表查询统计

一、库存明细账

任务描述

记录料件每笔详细交易明细，并且结算料件的期初及期末库存余额，与人工账的库存量交易账册相似，为常用查账报表的一种。

任务实施

在“库存明细账”中进行设置，然后单击“设计报表”，显示报表结果（如图 5-60～图 5-62 所示）。

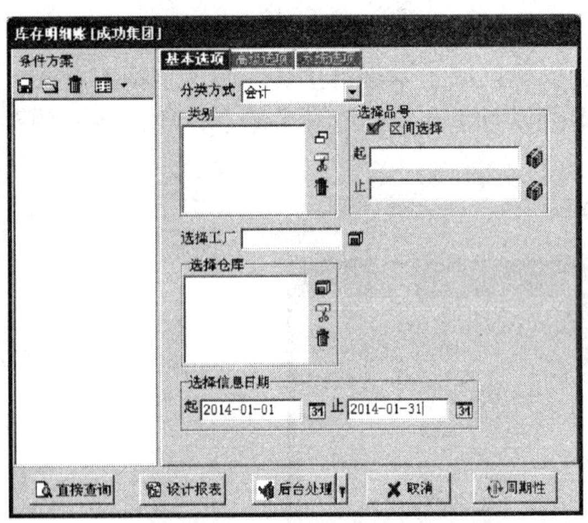

图 5-60 “库存明细账”界面（一）

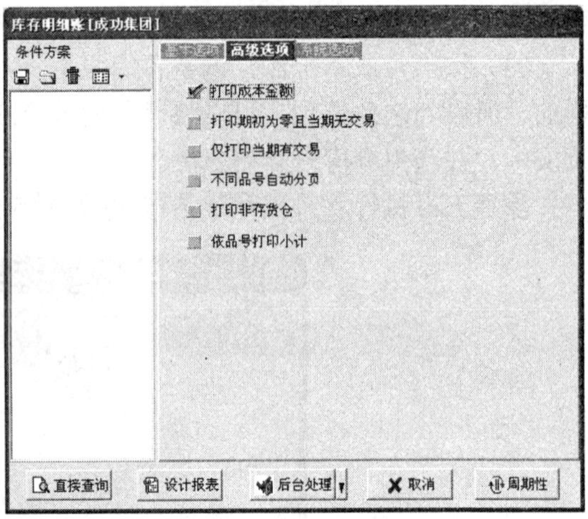

图 5-61 “库存明细账”界面（二）

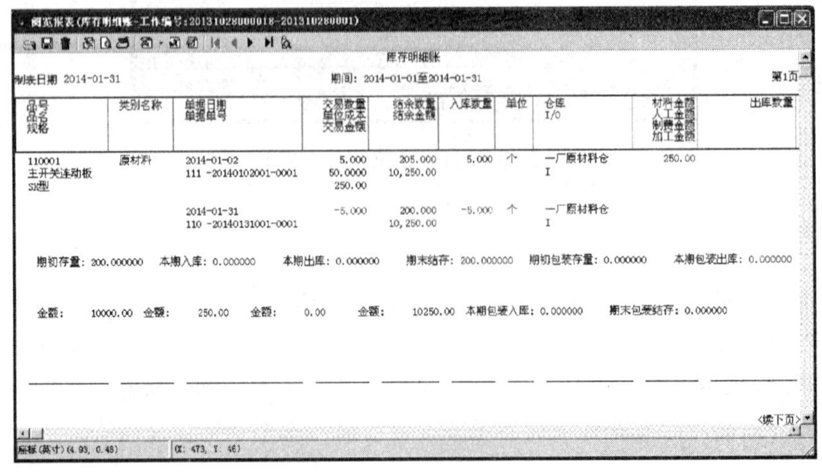

图 5-62 “库存明细账”界面（三）

二、库存交易统计表

任务描述

统计与库存相关的各单据明细金额资料，可与进耗存统计表进行对应。

任务实施

在“库存交易统计表”中进行设置，然后单击“设计报表”，显示报表结果（如图 5-63、图 5-64 所示）。

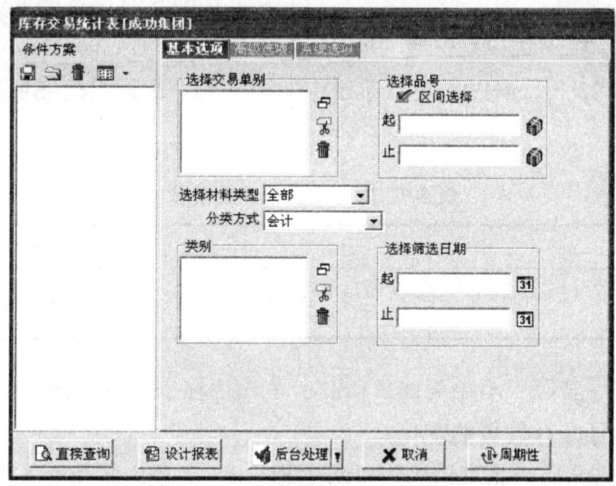

图 5-63 “库存交易统计表”界面

阅览报表(库存交易统计表-工作编号:20131028000021-201310280001)

库存交易统计表

制表日期：2014-01-31　　期间：　至　　第1页

单别	单据名称	品号	品名 规格	单位	交易数量	平均成本	交易成本	料-交易成本	人工-交易成本	制费-交易成本	加工-交易成本
110	盘盈亏单	110001	主开关连动板 SX型	个	-5.000						
		类别:	01 原材料	小计	-5.000						
				合计	-5.000						
	会计科目:	1211	原材料		-5.000						
111	研发费用领	110001	主开关连动板 SX型	个	5.000	50.0000	250.00	250.00			
		类别:	01 原材料	小计	5.000	50.0000	250.00	250.00			
				合计	5.000	50.0000	250.00	250.00			
	会计科目:	1211	原材料		5.000		250.00	250.00			
112	库存开账单	110001	主开关连动板 SX型	个	200.000	50.0000	10,000.00	10,000.00			
		110002	模式按钮	个	200.000	50.0000	10,000.00	10,000.00			
		110003	塑料前盖	个	100.000	2.5000	250.00	250.00			
		110004	塑料后盖	个	100.000	2.5000	250.00	250.00			
		120001	电阻	个	150.000	2.0000	300.00	300.00			
		120002	整流器	个	150.000	1.0000	150.00	150.00			
		120003	二极管	个	150.000	1.0000	150.00	150.00			
		120004	电容	组	150.000	1.0000	150.00	150.00			
		120005	变压器	组	150.000	10.0000	1,500.00	1,500.00			

<续下页>

坐标(英寸)(11.80, 0.78)　(X: 1104, Y: 73)

图 5-64 “库存交易统计表”阅览报表界面

学习小结

存货管理主要包括库存管理和存货成本核算。一方面，库存管理在于保存适当数量的物料，以避免发生停工待料或无法按时交货的困境；另一方面，却要兼顾经济因素，以避免因库存数量过多而导致资金积压、周转困难、增加利息，增加持有成本的负担。作为库存管理的基本工作，除了记载、保留出入库的交易信息外，还需要实时提供各种相关报表，供管理者了解库存状况，后续才能做出正确的采购或库存处理决策。存货成本核算定期进行库存的结算，统计当月的库存交易及库存结余，盘点账面是否相符，为库存管理及产品成本计算提供基本数据。

项目实训

（1）2014 年 3 月 25 日，研发人员从系统中领取一台“数码相机–SL 系列”做试验，明细见表 5-7。

表 5-7 库存交易单详细信息

工厂	部门编号	品号	品名	数量/台	单位成本/元	仓库
SH01 上海厂	6000 研发部	410001	数码相机– SL 系列	1	1 669.14	S003 成品仓沪

请在“录入库存交易单”中输入此笔信息，单别选择为“111 费用领料单”，并分别在单据审核前后，查看品号库存数量的变化。

（2）2014 年 3 月 25 日，北京厂因为“防尘相机套–黑色”缺货而需要向上海厂“原材料仓沪”调用，详细信息见表 5-8。

表 5-8 调拨单详细信息

部门编号	转出工厂	品号	品名	数量/pcs	转出库	转入库
5000 物管部	SH001 上海厂	190009	防尘相机套– 黑色	100	S001 原材料仓沪	B001 原材料仓京

请在“录入调拨单”中输入此笔信息，单别选择为“120 库存调拨单”，并分别在审核前后查看转出库和转入库的数量。

（3）2014 年 2 月份结束，请进行 2 月份存货成本计算及月结处理。

模块三 ●●●●

ERP 生产制造管理

企业生产制造营运流程是如何进行的？“生产制造”涵盖范围很广，现从产品结构、批次需求计划、工单/委外与工艺管理四方面来讨论。企业的生产需求与物料供需必须维持一定程度的平衡，才可达到最佳的生产效益与避免库存的积压，这就要靠批次需求计划的优良规划，计划来源包含订单、LRP 生产计划、MPS 生产计划与销售预测等。产品结构用料也是相当重要的环节，企业可依据需求生成“采购计划”与“生产计划”。采购部分，由采购人员执行采购管理流程；存货部分，数量会随着增加；生产部分，由生管人员产生“录入工单”，若不执行工艺管理，生产过程中，需记录领、退料信息，领料影响库存数量减少，退料使库存数量增加。生产完成时，厂内自制生产入库，录入在“厂内入库”；委外加工生产入库，录入在“委外进货”；成品入库，库存数量增加。若企业执行工艺管理，必须对每道制作程序控管，生产过程中录入每道工艺“生产投料”信息，“生产投料”信息会回馈给“领料”信息；每道工艺间的转移信息，也需详实记录；生产完成信息，则需记录工艺入库信息；工艺管理亦须即时记录报工信息。

项目六

产品结构管理

知识目标

掌握 BOM 的作用和含义。

能力目标

1. 能够利用易飞 ERP 系统录入 BOM 作业。
2. 能够利用易飞 ERP 系统录入 BOM 变更单作业。
3. 能够使用易飞 ERP 系统常用的 BOM 管理报表。

引导案例

【生产信息】

成功集团最畅销的产品是代号为 410001 的“数码相机–SX 系列”，该产品由上海一厂生产制造。其生产制造流程为前线的业务部接单后，生管部按研发部设置的产品用量表及生产线产能负荷状况规划出货排程，制造部再按生管部的排程表依序进行领料及生产，完工后的成品交由质检部进行成品检验，入库后的成品再于出货日期装运出货。

【系统上线后】

研发部将所有产品用量表设置完毕后，相关部门即可顺利进行日常业务流程，以下情境如何处理呢？

〈情境一〉研发部致力于新产品开发及产品改良中……

为了适应市场快速的变化，研发部需致力于新产品研发及旧产品改良，2014 年 1 月，研发部做了两次产品改良……

2014/01/14 日 BOM 变更–单笔

研发部在前一阵收到客服部反应的问题后，确定“数码相机–SX 系列”的镜头有松动的问题存在。经过一段时间的测试后，针对其中半成品“310001 PCBA–Assembly Main”进行改良，改良内容是增加 2 颗镀镍螺丝，增加镜头的稳定性。经过测试，确认问题已获得改善，于是研发部于 1 月 14 日正式变更“数码相机–SX 系列”的原产品用量表。

2014/01/20 日 BOM 变更–批次

产品会议上客服部反映客户信息：公司大部分数码相机，均未配有拉绳，以至于数码相机携带不便。会议上经过各部门决议后，总经理做出最后表决，为了使相机使用者携带方便，决定在数码相机的配件中新增配元件–皮绳。于是 1 月 20 日，产品会议结束后，研发部被赋予这项重要工作，增加一个品号为 190017 的“皮绳元件”至所有数码相机的产品用量表中。

〈情境二〉业务部推出组合商品促销……

2014 年 2 月 13 日是农历新年，为了庆祝新年的到来，业务部拟订了一个促销计划——“相机促销礼包”，促销商品是品号为 910001 的“数码相机–SX 系列”，赠送品号为 190018 的镜头刷，促销数量是 100 组，促销期间从 2 月 13 日至 2 月 20 日。

2014/02/08 日 组合

业务部设计出“数码相机–SX 系列”＋镜头刷的组合商品后，于 2 月 8 日录入组合单，审核后的组合单交由仓管部按组合内容进行备料及商品组合包装。

2014/02/22 日 拆解

新年过后，业务部统计“相机促销礼包”的销售数量后，得知尚有 2 组未销售，但促销活动已结束，需将已组合商品进行拆分，恢复个别销售。

2 月 22 日录入拆解单，审核后的拆解单交由仓管部进行商品组合的拆解及入库。

任务一 录入 BOM

任务描述

录入企业所有产品的结构信息，作为后续生产用料与成本计算的依据。

成功集团为了应对市场快速的变化，致力于新产品研发，日前研发部门研发出新一代明星级畅销商品“数码相机–SX 系列”，并将该新产品的材料用量记录在易飞 ERP 系统里。

知识准备

一、系统简介

企业导入了“产品结构子系统”，可以带来什么效益呢？制造业只要有制造生产的行为，就会有产品结构信息。而产品材料用量的信息是一个公司的命脉，所以记录的保存非常重要，在易飞 ERP 系统中就称为 BOM（Bill of Matcrial）。一个完整的 BOM 记载了一个产品的使用零件（或原材料）、使用数量、是否有损耗率、生产及组装的顺序、使用在哪些工艺中、安装的位置等信息。BOM 用料信息正确后，除了供平时的生产查询外，最主要是确保批次需求计划、生产计划与采购计划用量的正确性。如果用料信息错误，该生产的品号没纳入生产计划，会造成人工与机器的设备闲置、该采购的原物料遗漏未采购，进而会造成订单迟交影响信誉。

【系统特色】

（1）制造部可根据 BOM 来了解产品的用料结构，便于生产及物流上的管理。

（2）正确的用料结构，可避免因采购的遗漏而造成停工待料异常的发生。

（3）仓管人员或领料人员可根据 BOM 做批次领料，作为领料的基础，提高领料单单据输入的效率。

（4）生管人员可利用 BOM 执行产品毛需求的生产计划，提高录入工单及采购单的效率。

（5）成本会计人员可根据 BOM 分析产品的用料结构，除了研究如何降低生产成本外，还可迅速正确地计算产品的标准成本，加强标准成本的管理及减低成本人员计算的负荷。

“数码相机–SX 系列”的产品结构图，如图 6-1 所示，“数码相机–SX 系列”成品、半成品生产条件见表 6-1。

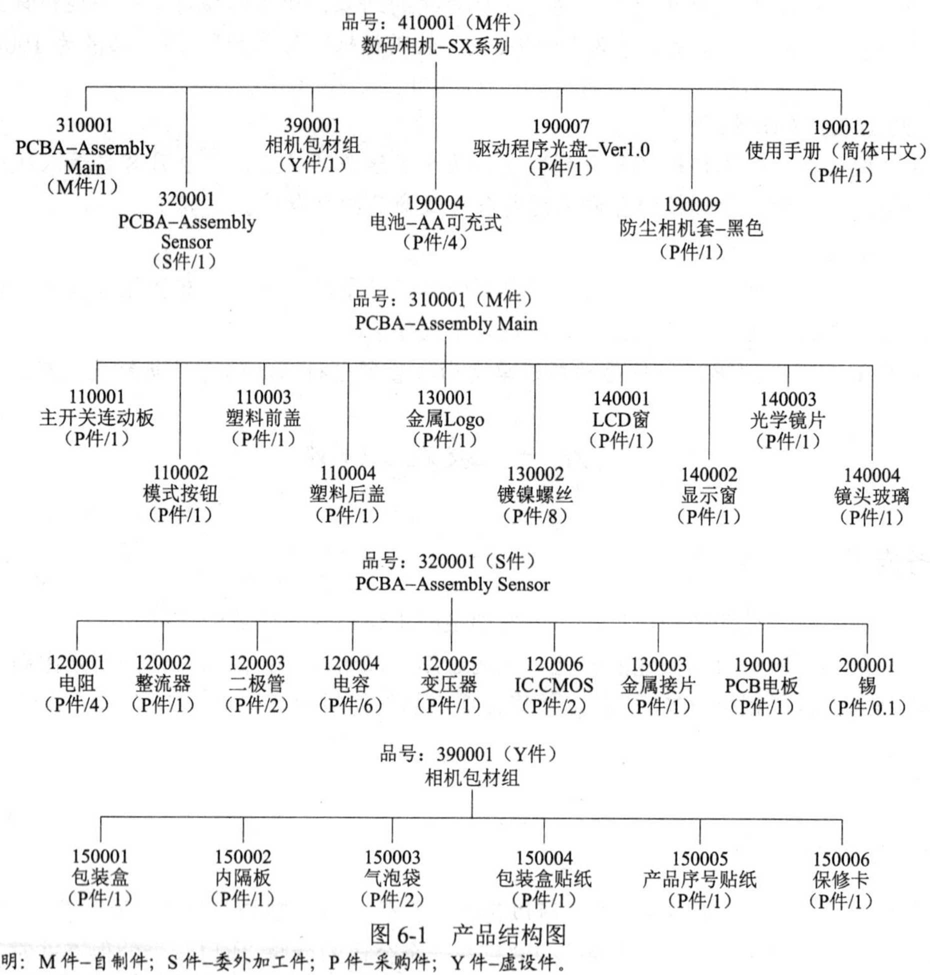

图 6-1 产品结构图

说明：M 件–自制件；S 件–委外加工件；P 件–采购件；Y 件–虚设件。
例：“P 件/1”，表示该品号为“采购件”，用量为“1”。

表 6-1 “数码相机-SX 系列”成品、半成品生产条件

工作中心：组装车间一组、组装车间二组
工艺路线：主体组装（成品包装）
工厂休假日：星期日休全天
生产计划人员：生管组长

品号	410001（M 件） 数码相机–SX 系列	310001（M 件） PCBA–Assembly Main	320001（S 件） PCBA–Assembly Sensor
固定天数	1	1	3
变动天数	1	1	1
检验天数	1	2	1
批量	200	1 000	1 000

【系统刚上线前】

上海一厂的厂长计划生产制造管理系统能与供应链系统一起于 2014 年 1 月 1 日正式上线，于是有一项开账资料需设置（见表 6-2）。

表 6-2 开账资料

负责部门	开账资料	导入系统
生管部	1. 未完工的工单 2. 委外供应商的价格资料	工单/委外子系统

成功集团针对其半成品都有做存货管理的管制，所以要用分阶次的方式，建立该 SX 系列数码相机的半成品及成品的产品结构，一共有四个 BOM 信息要录入。以下是建立该 BOM 的一般处理步骤。

（1）研发人员必须向文管部门申请产品的新品号，以及该产品会用到的新用料的品号。

（2）文管部门将核准的新品号信息，输入“存货管理子系统”|“录入品号信息”。

（3）研发人员将新产品用量信息，输入“产品结构子系统”|“录入 BOM”，如图 6-2 所示。

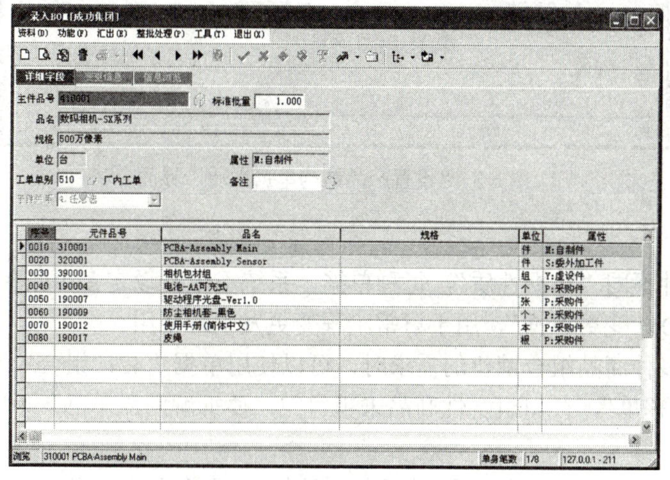

图 6-2 “录入 BOM”界面（一）

（4）新产品品号编码为 410001，品名为数码相机–SX 系列。此新产品共享两个半成品的用料，一个厂内自制件（品号为 310001–PCBA Assembly Main 系列）；一个将外包给委外供应商（品号为 320001–PCBA–Assembly Sensor 系列）。为了降低信息量及增加输入的效率，研发人员特意将各型号都使用到的包装材料，以虚设件建立包材组合（品号为 90001–相机包材组）。

（5）研发人员先建立两个半成品的产品结构（即品号为 310001 及 320001），再建立虚设件的产品结构（即品号为 390001），最后建立成品的产品结构（即品号为 410001）。

二、基础设置

（一）设置产品结构单据性质

【目的】

“设置产品结构单据性质”用来设定产品结构子系统里会使用到的单据。

任务实施

在系统主界面执行“产品结构子系统”｜“基础设置”｜，进入“设置产品结构单据性质”，如图 6-3 所示。

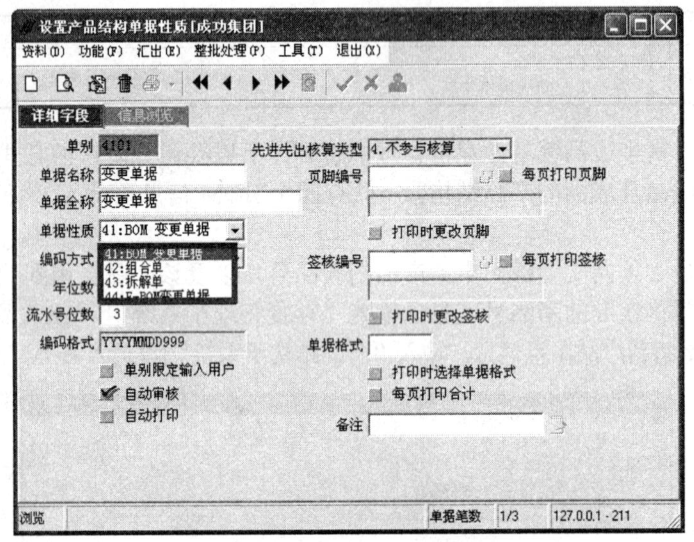

图 6-3 “设置产品结构单据性质”界面

【作业重点】

可以设定 4 种不同“单据性质”，每种单据，系统不限制设定多少张单别。

（1）“41：BOM 变更单据”，用于日常工程变更发生时使用。

（2）公司有多种商品组合销售的需求时，可以使用单据“42：组合单”。

（3）“43：拆解单”，公司组合性商品未销售完，要拆解回原单品入库时，需使用此单据性质。

（4）“44：E-BOM 变更单据”，针对新产品开发，在开发过程中记录工程 E–BOM 变更时使用的单据。

（二）作业流程

研发人员有开发新产品需求时，向文管部门申请产品新品号，以及该产品会用到的新用料的品号；文管部门将核准的新品号信息输入“存货管理子系统”|“录入品号信息”；研发人员才可将新产品用量信息输入“产品结构子系统”|“录入 BOM”作业；建立产品结构信息，可打印“材料用量清单”，让主管审核，若审核不通过必须重新修改 BOM 用料资料，核准的产品结构才视为生效；“材料用量清单”可作为留底存查；BOM 建立完成须执行“计算低阶码”，确保 BOM 用料阶码正确性。BOM 作业流程如图 6-4 所示。

任务实施

步骤一：在系统主界面执行“产品结构子系统”｜“录入 BOM”｜，进入“录入 BOM”，开始建立第一个 BOM 信息（品号为 310001–PCBA Assembly Main 系列）（如图 6-5 所示）。

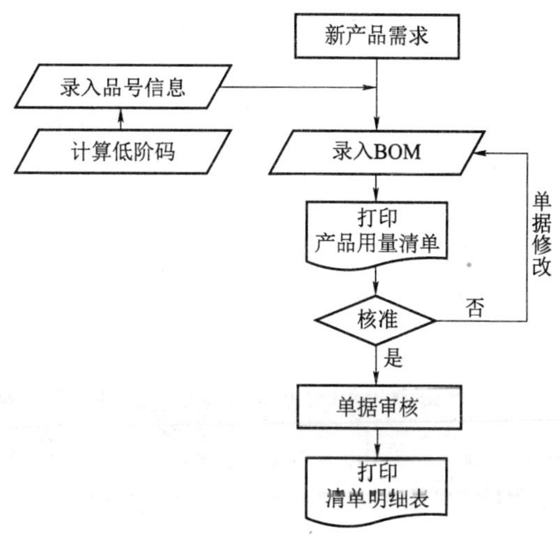

图 6-4 BOM 作业流程图

【作业重点】

（1）主件品号：直接输入“PCBA Assembly Main 系列”的品号 310001，或按“F2”键开窗查询选择。输入品号后，系统默认带出该新产品的品名、规格、单位及属性。

（2）标准批量：该 BOM 内元件的组成用量生产出来的主件数量，由于成功集团是一般装配业，故此例只需输入“1”即可。

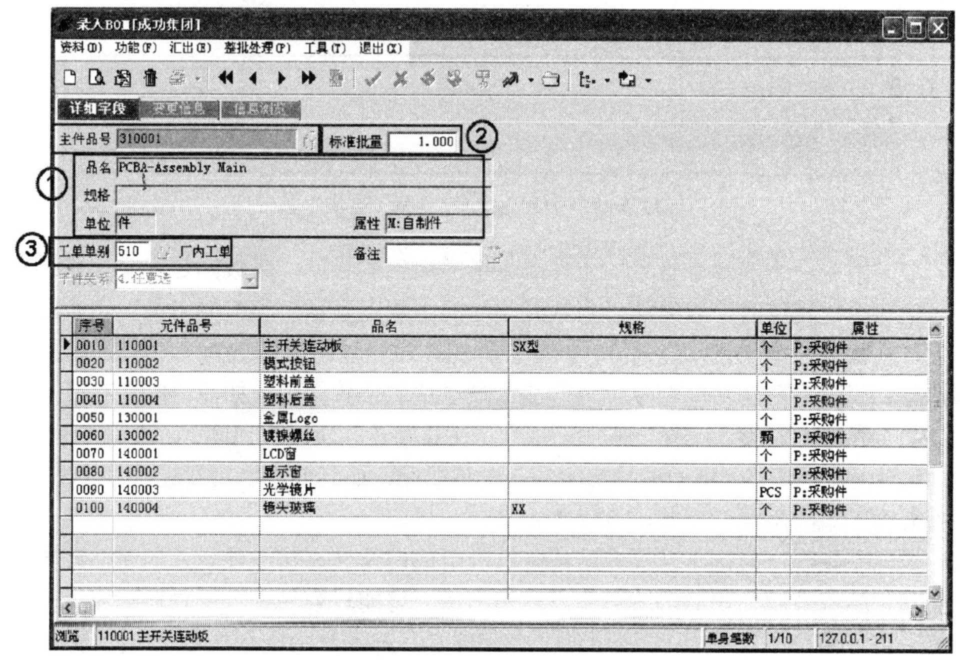

图 6-5 “录入 BOM”界面（二）

注：化工业或食品加工业因其生产过程中的机器设备、工艺、成本等因素，需扩大单位的生产量来降低成本或控制工艺，而设定一个标准批量，其 BOM 内所有元件的组成用量，均指生产此主件标准批量所需的组成量（如生产“茶类饮料”，熔炉运转一次至少产出 1 000 L，

则标准批量为 1 000，单身用料为生产 1 000 L 所需的原料）。

（3）在“工单单别”字段输入在生产时默认要新增的工单单别。在生产计划中，如果此主件需要生产，则系统将以此设定的“工单单别”来自动新增工单。

步骤二：将品号 310001 用到的材料以分阶次的方式输入单身，如图 6-6～图 6-9 所示。

（1）因为主件是由许多元件材料组成，所以可以序号区别，如 0010，0020，0030 等。在输入时，序号将自动以 10 进位的方式赋予，以方便日后可以插号补入新增的元件（如 0010 及 0020 之间可以加插 0011—0019 共 9 个序号）。

（2）输入元件品号后，系统默认带出元件品号、品名、规格、单位、属性。

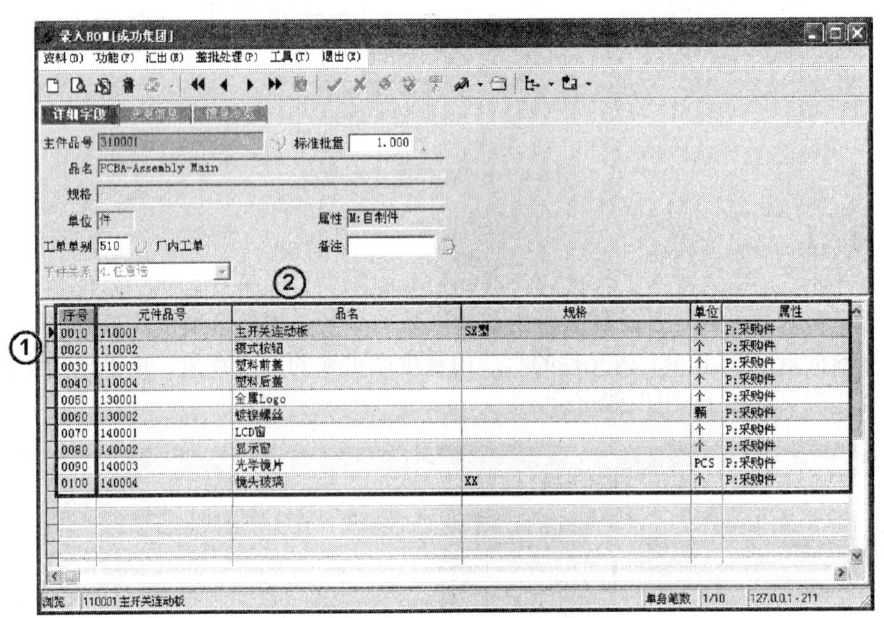

图 6-6 “录入 BOM”界面（三）

（3）组成用量是生产标准批量的主件品号所需用到的数量；底数则是用来计算组成用量的分母，建立组成用量时，若无法以整数或整除的小数点表示，其组成用量可用底数呈现。例如，生产一颗复合维生素片，需 0.1 g 维生素 B_1，这样以组成用量为 1，以底数为 10 来表达数量信息。底数也可解决库存单位与产品用量单位的换算问题，如涂料的库存单位为 kg，但其 BOM 内的单位用量为 5g，则可以建“组成用量=5”“底数=1 000”，表示“0.005 kg”（BOM 单位为库存单位）。由于成功集团是一般装配业，而且此产品用量无用量换算的问题，故此例只需输入组成用量，底数则设为 1 即可。

（4）损耗率指生产时因工艺因素造成除标准组成用量外，需额外投入的元件差异比率，如新产品刚开始制造时，组装较不熟悉，容易出错，可能较容易导致原物料毁坏，就必须考虑损耗率。假设生产 1 个成品 A 要用到 1 个元件 C，若生产 100 个成品 A 会用到 100 个元件 C（标准用量），可是据实际状况，每制造 100 个成品 A 要用到 105 个元件 C，所以设定“损耗率=5%”，即如果预计生产 100 个成品 A，则元件 C 的需求用量=标准用量×（1+损耗率）=100×（1+0.05）=105。

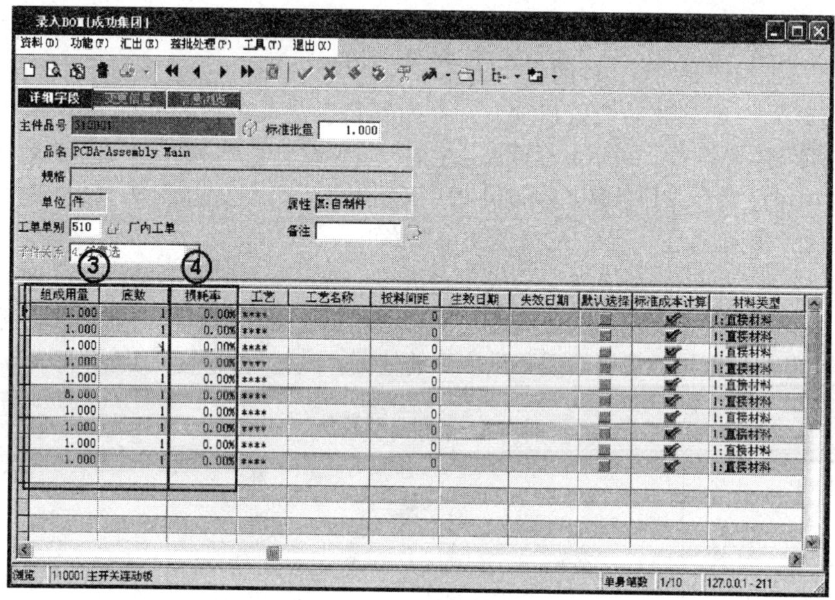

图 6-7 “录入 BOM”界面（四）

（5）工艺及工艺名称指组成元件在实际生产或备料时使用到的先后顺序（领料工艺）。若投料按工艺领料，可以设定其领料工艺，如生产循环很长，不希望将所有材料都囤积在现场；若生产循环短，每次投料都是将所需材料领到现场，则不须设定领料工艺，可以“****”取代。

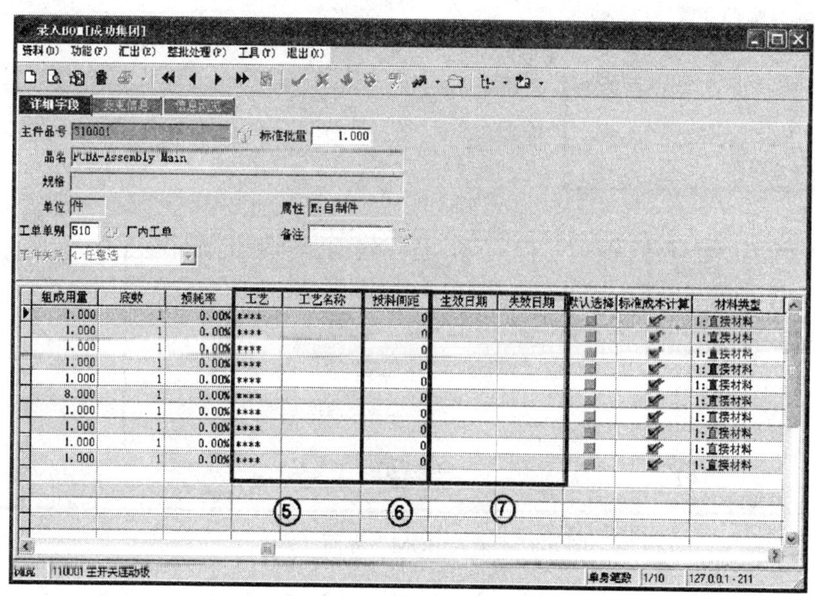

图 6-8 “录入 BOM”界面（五）

（6）生产时，如果有分段投料的控制，可区分不同的投料间距，新增工单时，用料的预计领料日就会依不同投料间距推算，如某一工单的预计开工日为 2 月 1 日，需领品号 A，而品号的投料间距设定为 2（天），表示开工后 2 天则要投入品号 A，也即 2 月 3 日需领品号 A。

在新增输入信息时，系统默认投料间距为 0（天），表示预计开工日就将所有材料提领完毕。

（7）生效日期指该元件对主件的生效日期，产品发料日未达生效日期的元件不得备料投入；失效日期则指该元件对主件的失效日期，产品发料日已达失效日的元件不得备料投入。若不设定生效日期及失效日期，表示此料件永久生效；若只设定生效日期，不设定失效日期，如生效日期=2014-01-01，表示该料件从“2014-01-01”开始生效后即永久生效，若到某一时间点发现该料件有失效日期，则可通过“录入BOM变更单”修正。

（8）材料类型。可以将所有材料分成 5 种类型。若材料类型属不发料者，将不做领料处理，但新增工单时，可让现场人员了解要使用哪些测试仪器。若材料类型属供应商供料，不做领料处理，用于结算材料费用给委外供应商的依据。具体材料类型的解释见表 6-3。

表 6-3 材料类型简介

材料类型	解　释
1. 直接材料	成本可直接归属至产出成品
2. 间接材料	成本不可或不容易直接归属至产出成品
3. 供应商供料	委托委外供应商提供的材料
4. 不发料	不需发料，如测试仪器、驱动程序版本等
5. 客户供料	由客户提供的材料（即本公司是委外加工商）

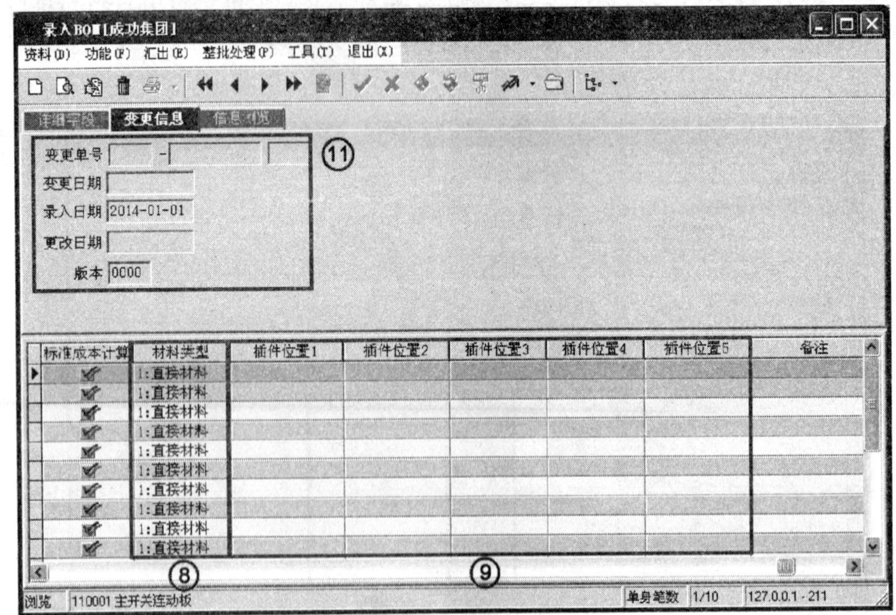

图 6-9 “录入BOM”界面（六）

（9）插件位置 1—5。可记录元件的插件位置，如电子组装业的电板元件插件位置；若同一个料件需安装在多个位置，可以分号来区隔。

（10）新增 BOM 信息时，只会看到 BOM 的录入日期，系统默认为系统日期，不需输入，并默认版本为“0000”；变更单号、版本、日期、更改日期遇有 BOM 变更时会回写，不需手动输入，在此新建阶段可不予理会。

步骤三：当信息输入完毕后，就可以将信息保存。

步骤四：研发人员依此方式逐一建置“320001 PCBA–Assembly Sensor”“390001 相机包材组”“410001 数码相机–SX 系列”的 BOM。

步骤五：当所有 BOM 信息建立完成后，找到新产品“410001 数码相机–SX 系列”，接着单击工具栏上的“展阶”，选择“多阶，下展”，表示要以“主件品号往下展看主件下的元件品号”（以“多阶用量”的角度呈现），如图 6-10 所示。

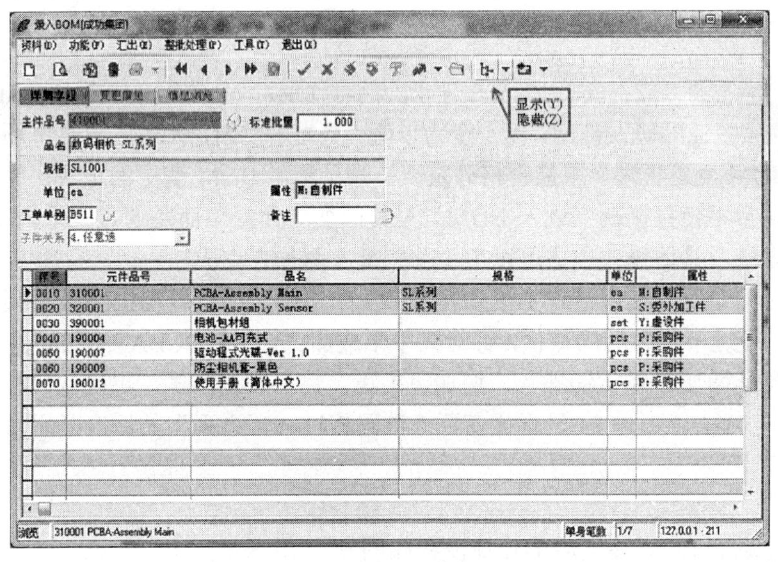

图 6-10 “录入 BOM”界面（七）

步骤六：查询“310001PCBA–Assembly Main 系列”，可以在品号处选择元件品号“140004”，接着选择“展阶”里的“多阶，上展”，表示要以“元件品号往上展看主件品号”，则会看到图 6-11 所示界面。

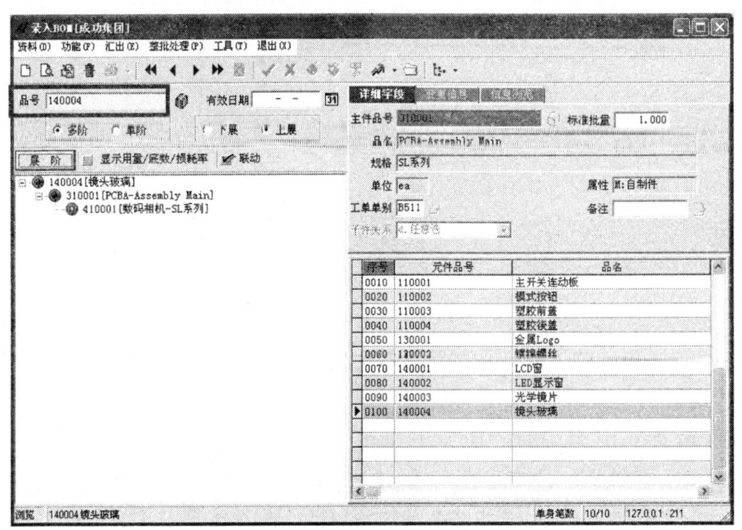

图 6-11 “录入 BOM”界面（八）

注：若一元件用于多处，例如包材的元件“150001–包装盒”用于成品“410001”及“420001–数码相机 SL/SX 系列”，则对元件“150001–包装盒”选择“展阶”里的“上展”，可看到此元件用于“410001”及“420001–数码相机”两种成品上。

任务二　BOM 变更管理

任务描述

企业的产品不会一成不变，尤其在快速求变的时代里，产品的生命周期（Product Life Cycle）更是短暂，各家企业的研发部门，无不全力以赴，努力研发新产品，以应对市场变化与需求，相形之下“BOM 变更管理”就显得格外重要。为了留下 BOM 变更的记录，并符合内部控制制度，企业通常不会直接在“录入 BOM”里修改变更数据，而是通过“录入 BOM 变更单”来保留修改记录，具体修改方式可以由手动或批次两种来完成。

成功集团的研发部在前一阵子接到客服部反映，确定“数码相机–SX 系列”的镜头存在松动的问题，经过一段时间的测试，针对其中半成品“310001 PCBA–Assembly Main”进行改良。改良内容是增加 2 颗镀镍螺丝，增加镜头稳定性，经过测试，也确认问题已获得改善，于是研发部于 2014 年 1 月 14 日正式变更“数码相机–SX 系列”的原产品用量表。

知识准备

一般企业遇到 BOM 变更时的作业流程如图 6-12 所示。

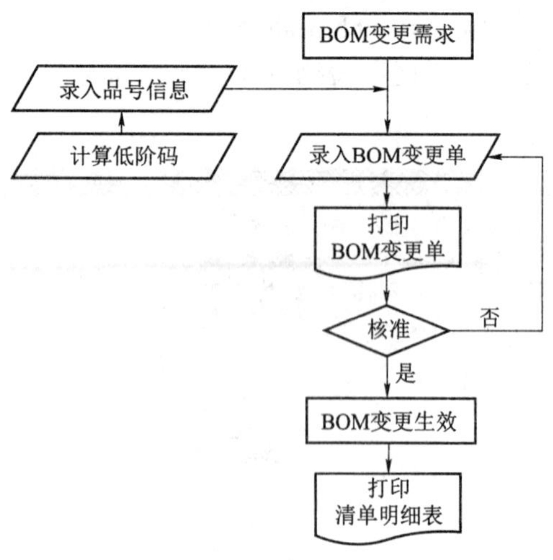

图 6-12　一般企业变更 BOM 的流程图

BOM 用量资料有变更需求时，研发人员可以执行“产品结构子系统”|“录入 BOM 变更单”，将工程变更的结果输入，若变更的用料是新品号，必须按照品号编码原则，申请新品号。申请核准后，将新品号信息输入“存货管理子系统”的“录入品号信息”，才可进行 BOM 变更作业的输入。建好的 BOM 变更信息，可以打印“BOM 变更单”凭证，让研发部门主管签

核，研发部门主管需至“录入 BOM 变更单”里，单击“审核”，该变更 BOM 结构开始生效；研发人员也需要将审核通过的变更信息打印成表，将副本送交相关部门，并留正本在该部门存查。最后，为了维护各品号的低阶码，还需执行“产品结构子系统”|“计算低阶码”，让系统自动将产品的低阶码重新计算。

任务实施

步骤一：从系统主界面执行“产品结构子系统”|“录入 BOM 变更单”，进入“录入 BOM 变更单”界面，点击新增后，开始输入 BOM 变更信息（如图 6-13 所示）。

【作业重点】

可直接输入“变更单别”，或按“F2”键开窗查询（需在“设置产品结构单据性质”里设好“单据性质=41:BOM 变更单据”的 BOM 变更单），由系统带出“单据日期”为系统日期，“变更单号”则依单据性质设定编号。

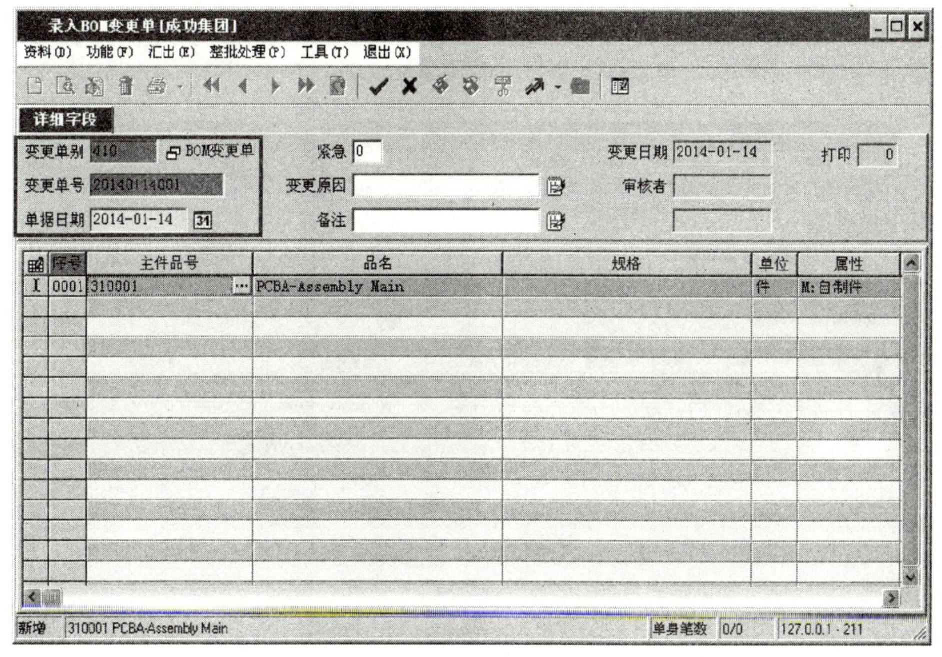

图 6-13 “录入 BOM 变更单”界面（一）

步骤二：在“主件品号”的字段，输入此次要修改的主件品号（如图 6-14、图 6-15 所示）。

【作业重点】

（1）输入主件品号“310001–PCBA–Assembly Main”：品名、规格、单位等信息，都不需手动输入，由系统带出默认值。

（2）由于这是第一次修改“310001”这个主件品号，所以会在“版本”字段，看到“0001”。另外，也可以在“变更原因”字段输入此次变更的原因。

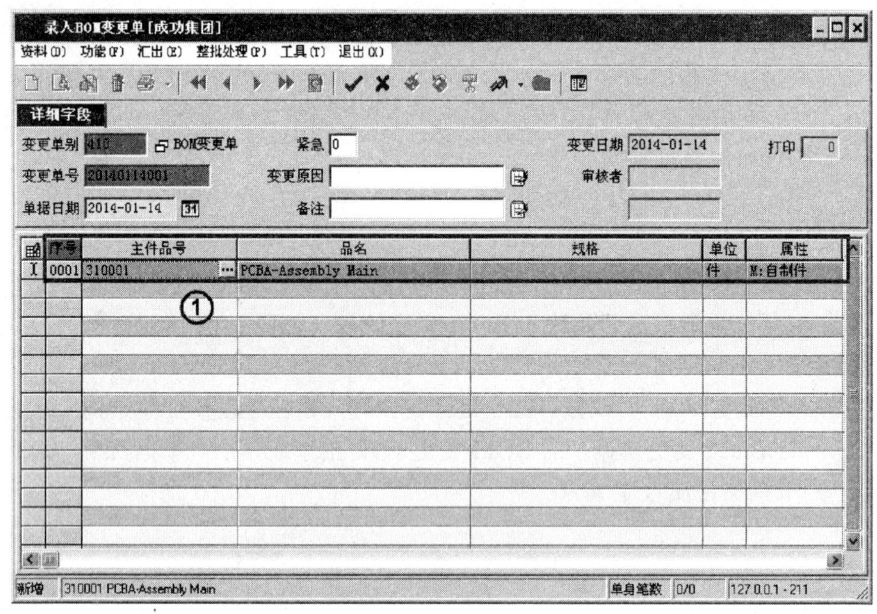

图 6-14 “录入 BOM 变更单”界面（二）

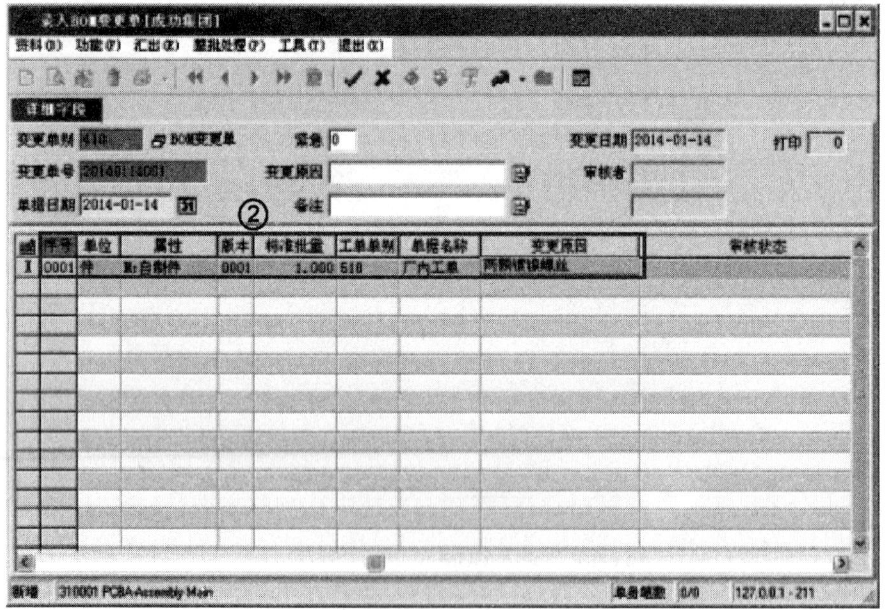

图 6-15 “录入 BOM 变更单”界面（三）

步骤三：单击单身左上角的“工程变更单子单身”，输入变更品号的信息（如图 6-16～图 6-21 所示）。

【作业重点】

（1）单击单身左上角的“工程变更单子单身”，单击“维护”，开始输入要变更哪些元件。

（2）在“BOM 序号”的字段，按“F2”键就可以看到此主件品号（即“310001–PCBA–Assembly Main”）下原本的所有元件品号。

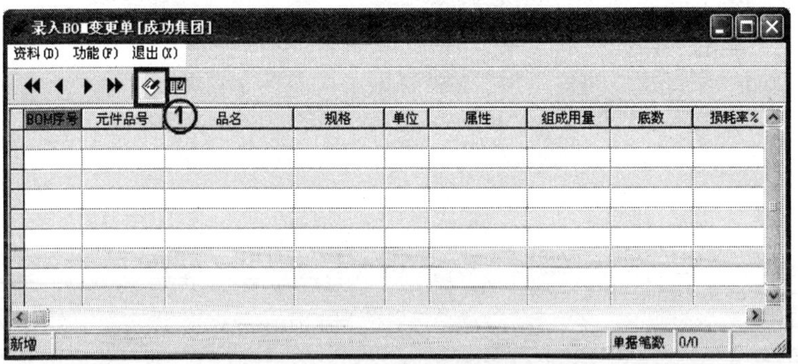

图 6-16 “录入 BOM 变更单子单身”界面（一）

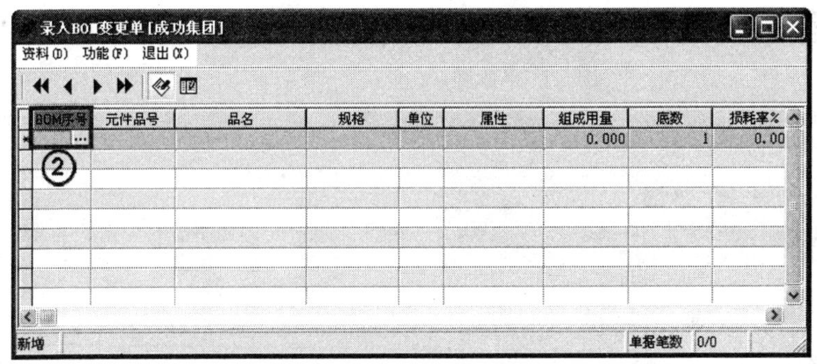

图 6-17 “录入 BOM 变更单子单身”界面（二）

（3）选择修改序号为“0060”的品号“130002 镀镍螺丝”，原组成用量为“8”，需增加使用 2 颗，选好后，单击“确定”。

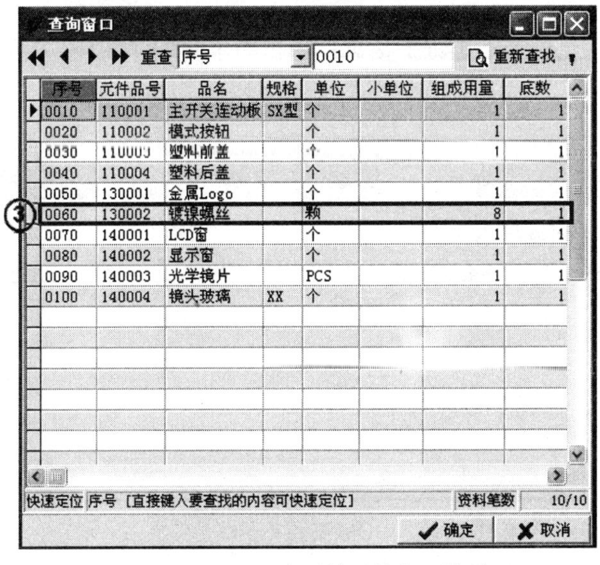

序号	元件品号	品名	规格	单位	小单位	组成用量	底数
0010	110001	主开关连动板	SX型	个		1	1
0020	110002	模式按钮		个		1	1
0030	110003	塑料前盖		个		1	1
0040	110004	塑料后盖		个		1	1
0050	130001	金属Logo		个		1	1
0060	130002	镀镍螺丝		颗		8	1
0070	140001	LCD窗		个		1	1
0080	140002	显示窗		个		1	1
0090	140003	光学镜片		PCS		1	1
0100	140004	镜头玻璃	XX	个		1	1

图 6-18 “录入 BOM 变更单子单身”界面（三）

（4）系统将“原始未变更前的信息”，带到变更单的子单身。

录入BOM变更单[成功集团]

资料(D) 功能(F) 退出(X)

BOM序号	元件品号	品名	规格	单位	属性	组成用量	底数	损耗率%
0060	130002	镀镍螺丝		pcs	P:采购件	8.000	1	0.00

浏览 单据笔数 1/1

图6-19 “录入BOM变更单子单身”界面（四）

（5）直接在“组成用量”字段将原本“8”颗的用量改为“10”颗。

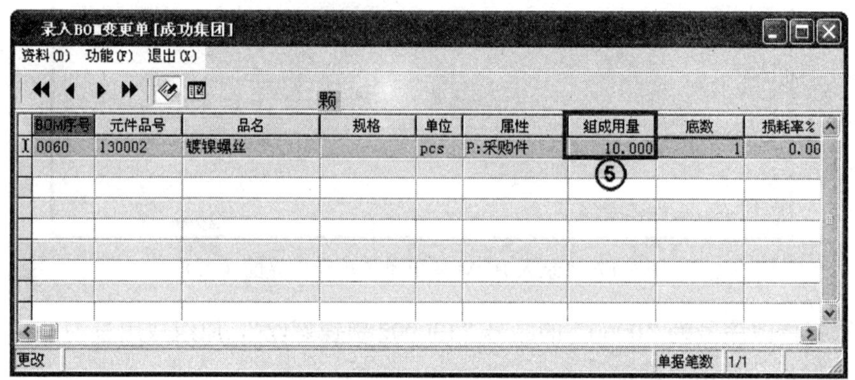

图6-20 “录入BOM变更单子单身”界面（五）

（6）单击“维护”，表示不再维护信息；单击右上角的“关闭”，离开“维护变更单子单身”的界面。

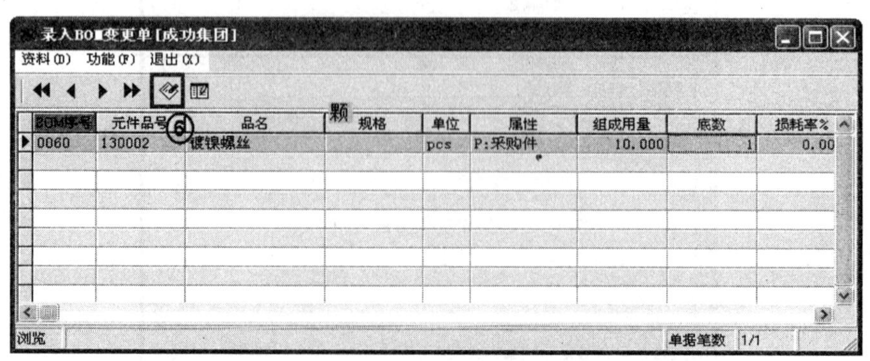

图6-21 “录入BOM变更单子单身”界面（六）

步骤四：系统回到“录入BOM变更单”界面，研发人员需将录入的信息保存（如图6-22

所示）。

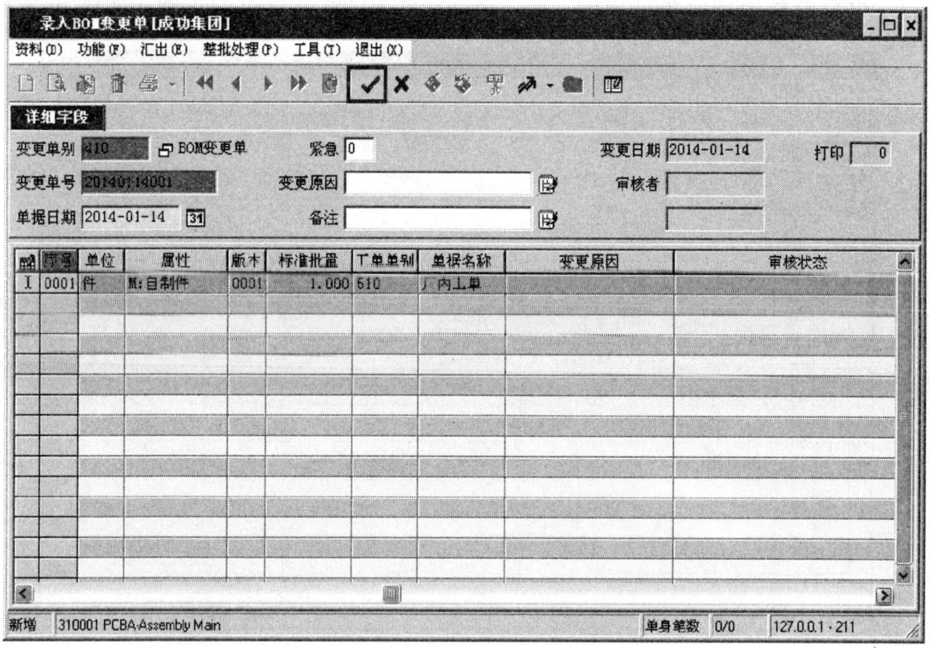

图 6-22 “录入 BOM 变更单”界面（四）

步骤五： 研发人员可在系统主界面执行“产品结构子系统”|“BOM”|“打印 BOM 变更单”，将输入的 BOM 变更信息打印呈交主管签核（如图 6-23 所示）。

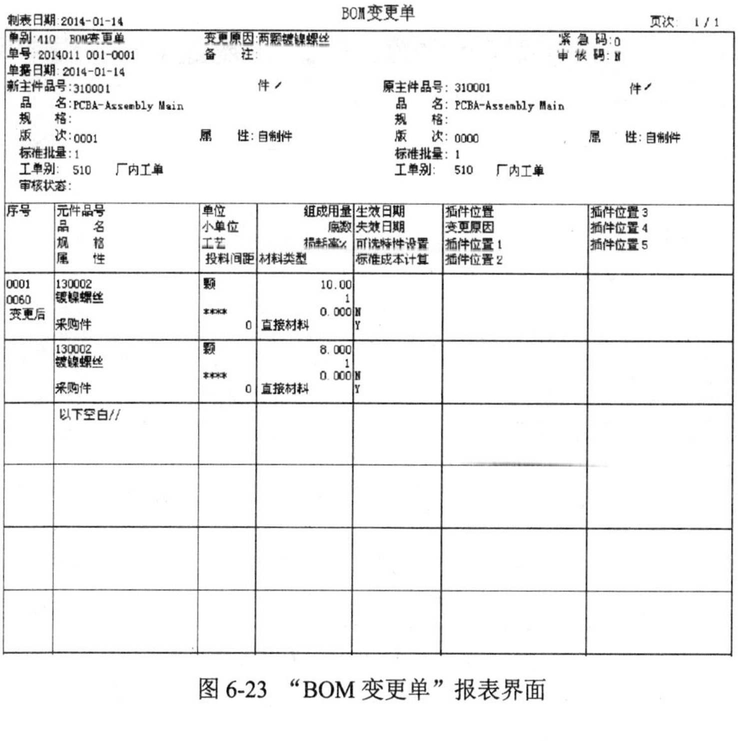

图 6-23 “BOM 变更单”报表界面

步骤六：研发主管将 BOM 变更单凭证签核后，再在“录入 BOM 变更单”中，单击“审核”按钮，单据就会出现一个红色的“核”字，则此 BOM 变更方为生效（如图 6-24 所示）。

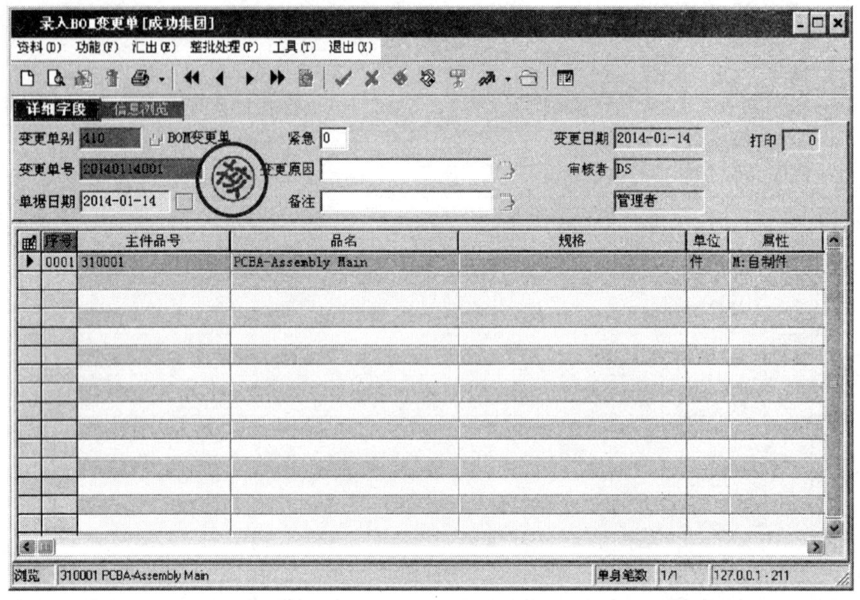

图 6-24 “录入 BOM 变更单”界面（五）

【作业重点】

（1）当 BOM 变更审核后，可以在“录入 BOM”中看到变更后的结果，同时也可以看到该单据会记录最新的变更单号、变更日期、版本、更改日期及单身变更好的用料信息（如图 6-25 所示）。

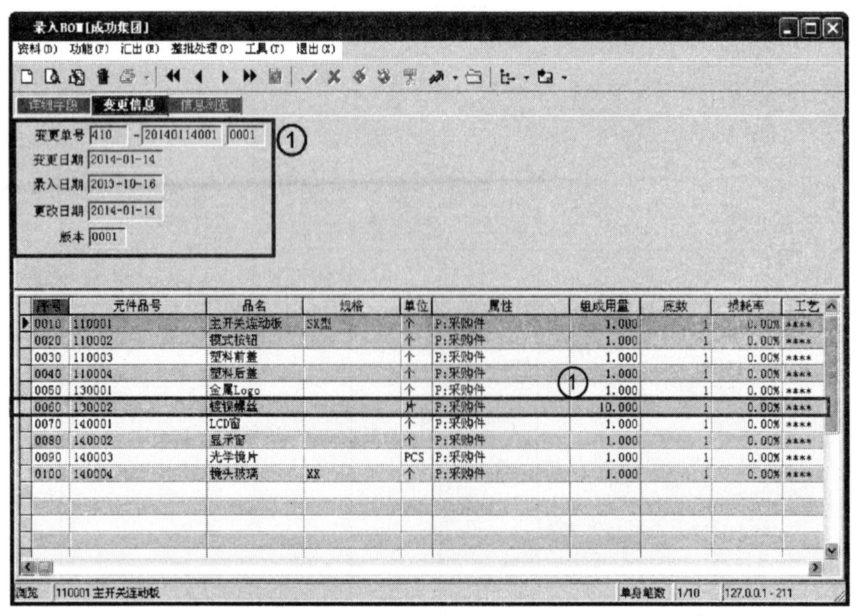

图 6-25 “录入 BOM”界面（九）

（2）若要查询变更前的数据，可以在“变更单子单身”中，先点选一个变更后的品号，如“130002 镀镍螺丝”，单击“查询原元件品号信息”，就可以看到变更前元件品号及其数据了（如图 6-26 所示）。

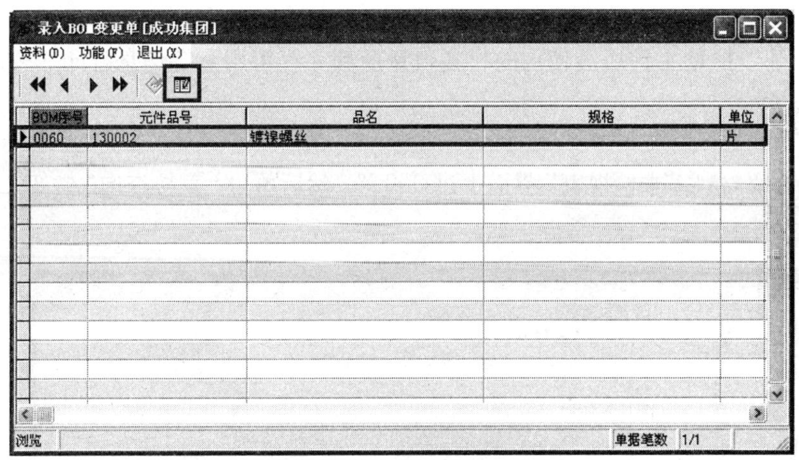

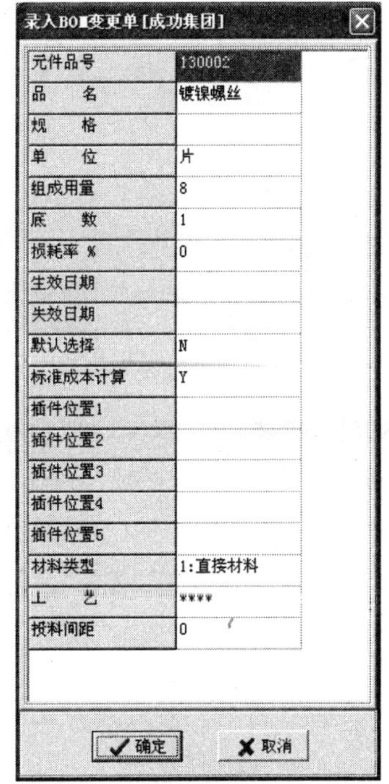

图 6-26 “录入 BOM 变更单子单身”界面（七）

步骤七：研发人员将副本送交相关部门，并留正本在本部门存查。

步骤八：研发人员再执行“计算低阶码”以确保各品号低阶码的正确性。

为了方便使用者更快捷且大批量地变更 BOM，系统提供了三项批次作业：“重排元件顺序”“整批变更元件”和“整批删除失效元件”。

任务三　报表查询统计

任务描述

可将生产某一批量主件所需使用的材料数量及其库存可用量等信息打印成表。

任务实施

步骤一：在“材料需求检视表”界面上进行设置，然后单击“直接查询”铵钮（如图6-27、图6-28所示）。

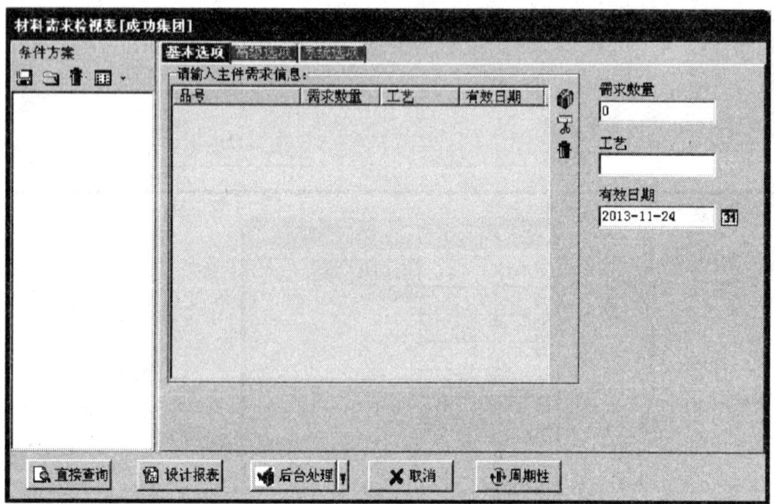

图6-27 “材料需求检视表”界面（一）

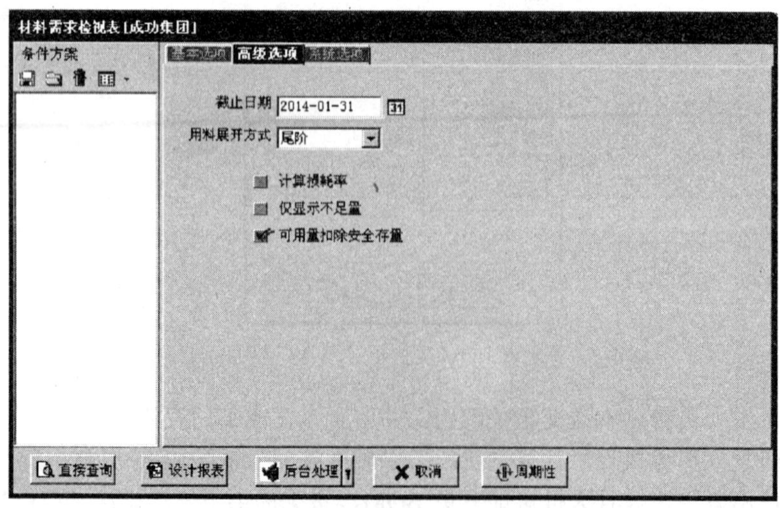

图6-28 “材料需求检视表”界面（二）

步骤二：呈现主件及元件使用的材料数量及库存可用量信息（如图6-29所示）。

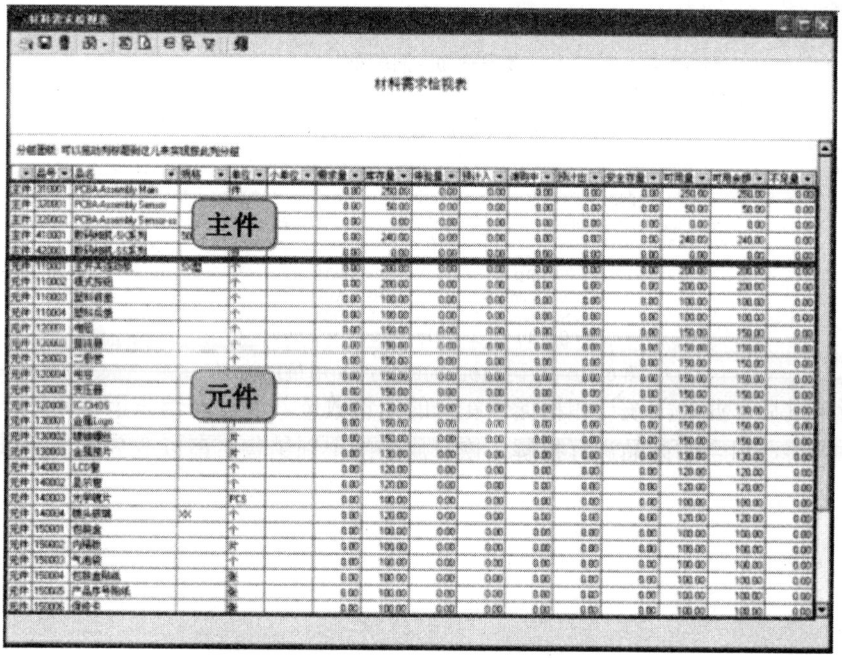

材料需求检视表

主件

元件

图 6-29 “材料需求检视表”报表界面

学习小结

制造业只要有制造生产就会有产品结构信息。而产品材料用量的信息，是一个公司的命脉，所以记录的保存非常重要。在 ERP 系统中称之为物料清单（Bill of Material，BOM）。一个好的 BOM 记载了一个产品使用零件（或原材料）的使用数量、是否有损耗率、生产及组装顺序、使用在哪些工艺中、安装的位置等信息。BOM 是产品结构的描述性文件，它表明了产品组件、子件、零件直到原材料之间的结构关系，以及每个组装件所需要的各下属部件的数量。物料清单是一种树形结构，又称为产品结构树、产品结构表、零件表、产品用量表、组成表、成本结构表等。

项目实训

（1）顺应市场的需求，成功集团研发中心推出了一款简配型数码相机，现需要将新产品的材料用量记录到易飞 ERP 系统。

图 6-30 所示是此款数码相机的产品用量情况，请以研发人员的身份将下列信息输入至系统中，并使其生效。

（2）成功集团研发中心在完成简配型的数码相机 BOM 建立后，发现此款相机的电池待机时间稍短，因此现需要将其修改成 190003 电池–AAA 可充式。请以研发人员的身份对 BOM 进行变更。

（3）为了庆祝新年到来，成功集团业务部拟订一个促销活动——相机促销礼包，促销商品是品号为 410009 的简配型数码相机，赠送品号为 190018 的镜头刷，促销数量是 100 组，促销期间从 2014 年 2 月 13 日至 2 月 20 日。请以业务人员的身份进行录入组合单。

品号：410009（M 件）

数码相机–简配型

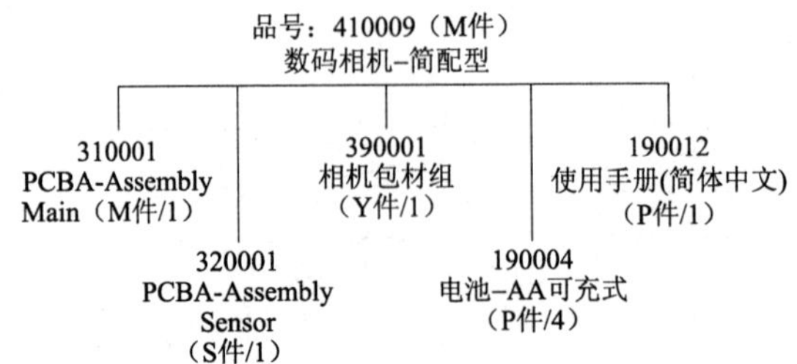

图 6-30 数码相机–简配型产品用量结构图

（4）新年过后，业务部统计相机促销礼包的销售数量，尚有 5 组未销售完毕，但活动已经结束，必须将已组合的商品进行拆解，恢复原来的个别销售。请以业务人员的身份进行录入拆解单。

项目七

批次需求计划

知识目标

掌握物料需求计划和批次需求计划的作用和内涵。

能力目标

1. 能熟练完成设置 LRP 作业。
2. 能熟练完成 LRP 计划生成作业。
3. 能熟练完成 LRP 生产计划和 LRP 采购计划的维护、锁定和发放作业。

引导案例

〈情境三〉生管部认真安排生产排程计划过程中，如何完成以下工作任务呢？

生管部的工作职责之一，是按业务部已经默认的订单及与客户共同协定的出货预测信息做准确的生产预测，满足短交期出货的订单交期。

2014/01/06 日 生成批次需求计划

这一天，生管部负责生产计划的人员针对预交日是 2014 年 1 月 20 日的订单执行生产计划及采购计划，完成后随即将计划批号以电子邮件的方式发送给生管部人员检视生产计划内容，发送给采购部检视采购计划结果。

生管人员检视结果无误后，进行单据锁定，表示已检视过，后续即可将已锁定的计划发放至工单，由制造部于开工日按单领料生产。

采购人员看到此次需采购的原材料品号：110001 主开关连动板，其主供应商日升公司已事先通知产能满载，需再等待一个月才能交货，经过协调，改由供应商冠军公司供应此料件。调整完毕后，将采购计划锁定，同样也将已锁定的采购计划发放至采购单，进行采购程序。

任务一　批次需求计划管理

任务描述

依据需求来源，由系统自动生成满足需求的生产计划与采购计划。

成功集团生管部负责生产计划的人员，针对预交日2014年1月20日的订单执行生产计划及采购计划，完成后随即将“计划批号”以电子邮件的方式发送给生管部人员检视生产计划内容，发送给采购部检视采购计划结果。

知识准备

一、系统简介

（一）系统效益与特色

优良的生产排程计划及正确的料件供应，是制造业长期以来追求的目标，却也是最困扰制造业的两个问题。优良的生产排程计划除了必须满足客户订单的出货外，还要兼顾工作中心的产能负荷状况，另外也要克服当采购或生产时间不能负荷接单出货的时间或适应市场需求变动的问题。至于料件供应的部分，如果补充太多或太快，将造成闲置积压的现象；如果补充太少或太慢，又将发生停工待料的状况，影响生产或出货的进度。因此，如何准确地计算出在什么时间需要多少数量的某种料件才能满足生产的需要，又不造成闲置的现象，一直是制造业者努力追求的目标。而且在市场的需求变动性大，产品的发展趋势是少量多样，产品的 BOM 用料变更频繁，接单出货的前置时间因环境关系被压缩才能提高竞争力等种种原因下，如何快速地计算及反映批次生产及物料供需的问题将是非常重要的。在今天这种竞争激烈的商业环境下，谁能够有效地解决料件的供应问题，谁就掌握了制胜的条件。而易飞 ERP 的“批次需求计划系统”就是生管人员的最佳帮手，它可以用最少的时间，达到正确产生生产或采购计划的目的。本系统特点主要有以下几个方面。

（1）可依据不同的计划来源，产生物料需求计划。可以自行定义供给和需求量的时间点，灵活按照各种物料需求状况进行设定。

（2）可通过“发放 LRP 工单”将生产计划生成正式的工单。

（3）可通过“发放 LRP 采购单”将采购计划生成正式的请购单或采购单。

（4）系统会记录计划的来源依据，保留详细的记录。

（5）可记录计划批号及计划的来源单号，作为后续跟催进度的依据。

（6）系统提供“需求计划基本信息检核表”，协助进行系统上线前数据检核，提高上线效率。

（7）处理紧急订单或插单的计划，以源工单为生产依据的管制类型；生产或采购计划须做来源追溯的作用。

（二）生产计划处理流程

生产计划处理流程分成4个阶段。第一个阶段是前置数据的建置，如仓库、企业假日表、品号、产品结构等信息；第二个阶段是计划产生的阶段，主要是指执行“生成批次需求计划”作业；第三个阶段是资料检核与调整，通过报表核对计划生产或采购数量是否有误，或者根据实际情形在维护作业中调整生产或采购的数量；第四个阶段是把审核无误的计划锁定后，把要产生工单或采购单的品号勾选起来，就可以执行“发放”的动作，产生工单或请采购单了。利用系统来展算，只需要执行“生成批次需求计划”，系统就会自动算出相应的采购或生产数量，接下来就只是核对及产生单据了（如图 7-1 所示）。

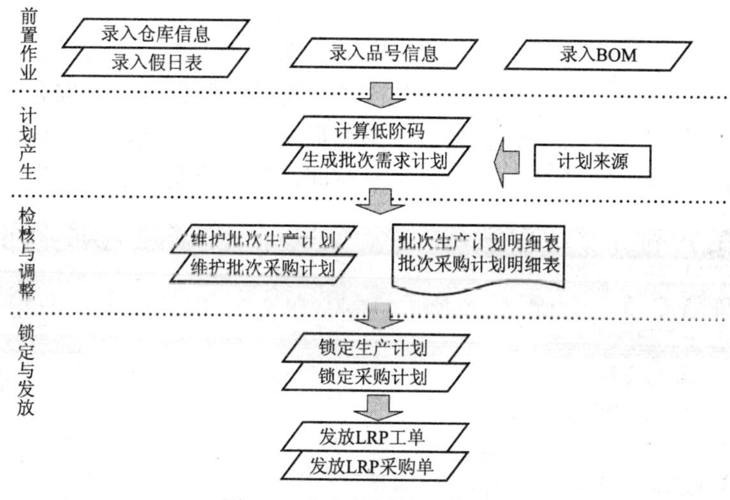

图 7-1 生产计划处理流程图

二、基础设置

（一）录入仓库信息

【目的】

检查“基本信息子系统”|“基础设置”|“录入仓库信息”里的仓库信息是否正确。特别是生管人员要检查准备纳入生产计算的仓库，是否勾选“纳入可用量计算”选项（如图 7-2 所示），有勾选的仓库，其库存数量才会纳入计划做规划。千万别遗漏而影响可用量的正确性，明明仓库还有库存量，却没有纳入计划，而造成购买了多余的原材料，或是生产了多余的成品，这样就失去了使用“批次需求计划系统”的意义。

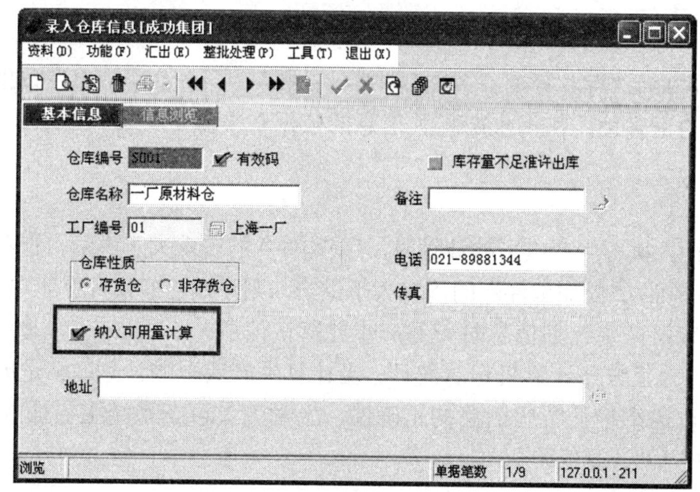

图 7-2 “录入仓库信息”界面

（二）录入假日表

【目的】

确定“基本信息子系统”|“基础设置”|“录入假日表”里，是否有设定“行业别”为“1:企业”的假日表（如图7-3所示），因为生产计划将以此假日表作为推算需求及供给日期的依据。这项基础设置信息如果设置错误，影响很大，例如计划日期错误，造成工作中心无法按照正确时间完工，而影响对客户的交货时间，进而连企业的信誉也赔上了。

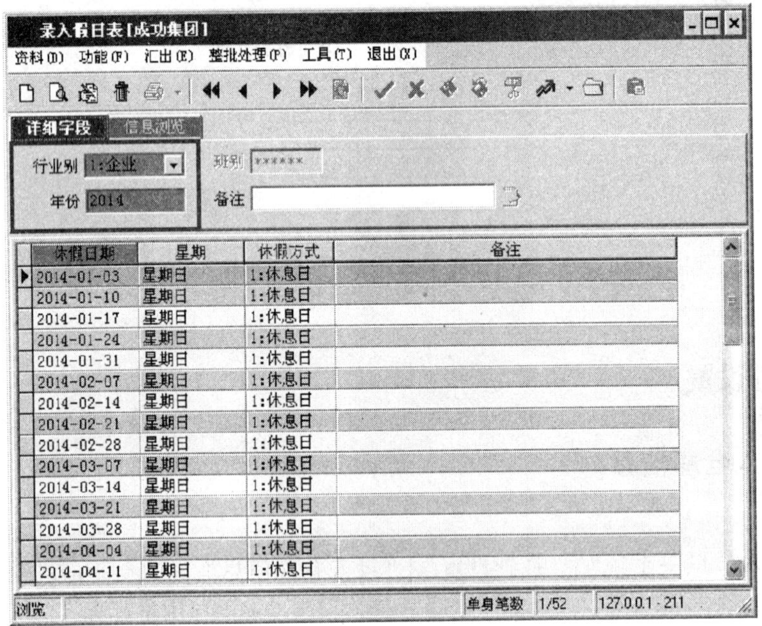

图7-3 “录入假日表”界面

（三）录入品号信息

【目的】

生管人员必须确保“存货管理子系统”|“基础设置”|“录入品号信息”（如图7-4～图7-9所示）里品号信息的正确性，作为生产相关信息的依据与来源。

【作业重点】

（1）品号属性：执行生产或采购计划时，“采购件”的需求大于供给，则系统会建议生管人员下采购单；“自制件/委外加工件”的需求大于供给，则系统会建议开立工单。

（2）主要仓库：产生计划信息时一并产生此默认信息。

（3）低阶码：为了方便计算机运算统计，当计算生产或采购计划时，是展开BOM并控制的结束指标，所以需维护低阶码信息的正确性，生管人员可在系统主界面执行“产品结构子系统”|“批处理”|“计算低阶码”。

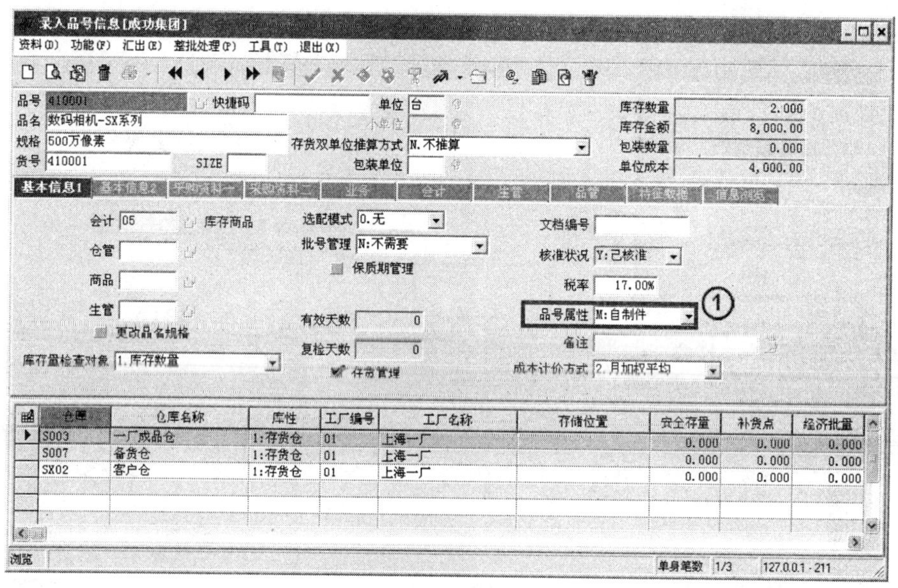

图 7-4 “录入品号信息”界面（一）

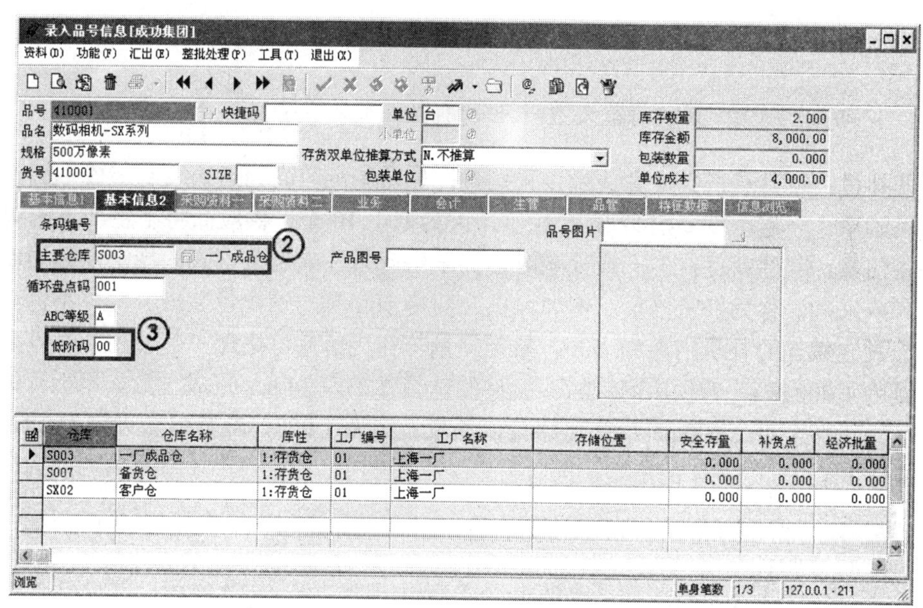

图 7-5 “录入品号信息”界面（二）

（4）采购人员：将需求发放到请/采购单时，可将特定采购人员负责的品号发放给指定采购人员。主供应商：产生计划信息时会一并产生此默认信息。

（5）补货政策：不同特性品号的库存补充方式不同（如按补货点），若要执行生产计划，则补货政策可设为“L：按 LRP 需求”或“M：按 MRP 需求”。

（6）固定前置天数、变动前置天数：对采购件而言，前置天数指的是从下采购单到商品进料所需的天数（采购天数）；对厂内自制件及委外加工件，则指从领料投料生产一直到完工所耗用的天数（生产天数）。固定前置天数指不管采购或生产数量多少都需耗用的时间；变动前置天数则会根据数量多少而改变，数量多则变动前置天数也多。

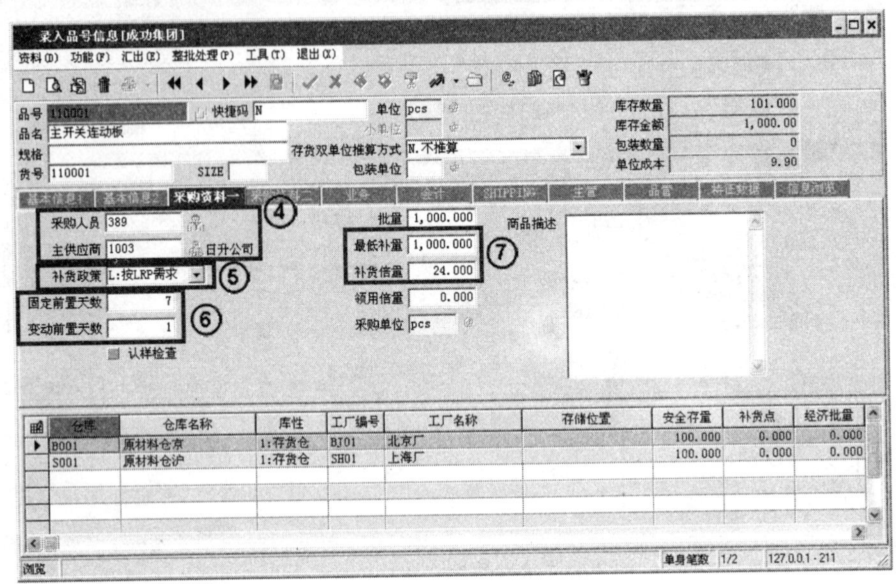

图 7-6 “录入品号信息”界面（三）

（7）采购/生产天数=固定前置天数+$\left(\text{变动前置天数}\times\dfrac{\text{预计产量}}{\text{批量}}\right)$。

最低补量：就是最低生产量或最少采购量，如轮胎供应商因运输及制造成本因素，限定每次下采购单，一定至少要购买 10 个轮胎，因为低于 10 个，供应商将不生产不送货。

补货倍量：某些料件在生产或采购时，碍于生产条件或包装方式的规定，必须以此量的倍数生产或采购，称为补货倍量。例如，供应商将 500 颗的螺丝包装成一包，不拆开分售，所以就会设定螺丝的补货倍量为 500。最低补量与补货倍量可搭配一起使用，假设某一料件的需求量为 1 000 pcs，若供应商针对该料件的包装方式为 24 pcs 包成一盒，不拆开散卖，而且限定必须采购至少 1 000 pcs，则可将最低补量设定为 1 000，补货倍量设定为 24。采购时必须下单 1 008 pcs（为 24 的倍数，同时符合至少采购 1 000 pcs），才符合供应商的规定及包装的限制。

（8）工作中心：若为自制件或委外加工件时才需输入，作为产生计划的默认信息。计划人员：若不同生管人员负责不同品号的生产或采购计划，可设定此字段，后续可作为工单/采购发放时的条件。

（9）检验天数：检验采购件、自制件或委外加工件的质量所耗用的时间。系统将根据采购/生产天数加上检验天数，推算出需求的预计交货日及预计完工日。

（10）安全存量：一般原材料数量的规划，若是依订单需求，订单数量为 100 片，则采购或生产数量就为 100 片，安全存量的字段就可以不设定；如果某料件常有异常发生，必须在仓库备有常态性数量，以防止紧急缺料，造成供应不及、停工待料的状况，则可设定该料件的安全存量。

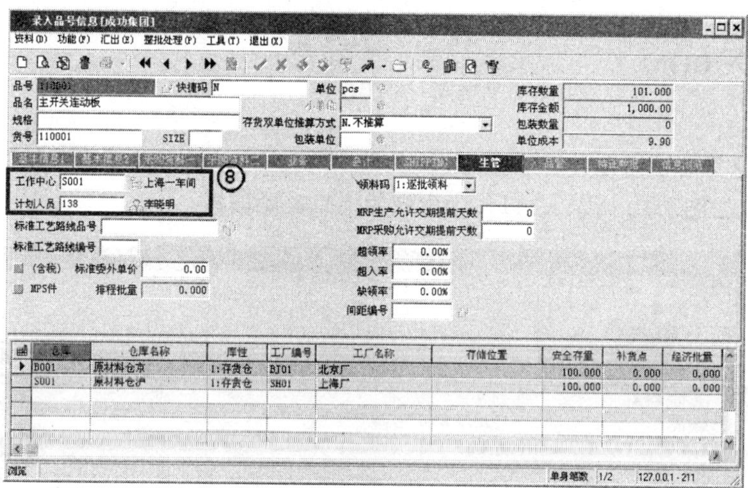

图 7-7 “录入品号信息”界面（四）

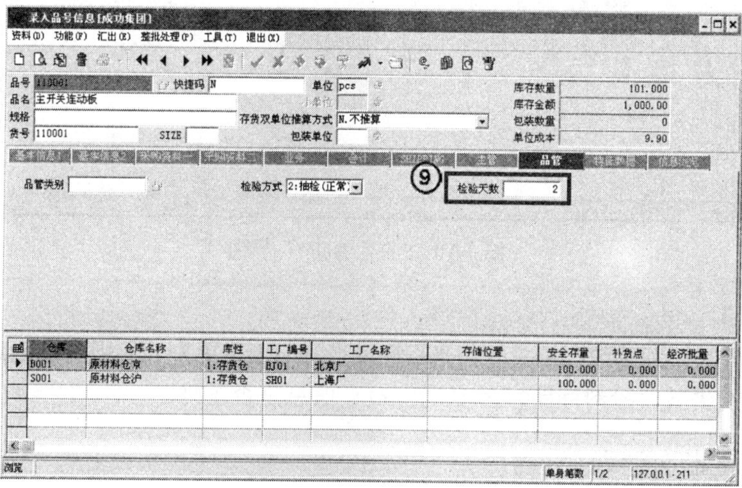

图 7-8 “录入品号信息”界面（五）

图 7-9 “录入品号信息”界面（六）

（四）录入 BOM

【目的】

生管人员必须确认研发人员是否有将产品结构信息输入“产品结构子系统”|“BOM”|“录入 BOM”里（如图 7-10 所示），以作为生产的信息来源依据。

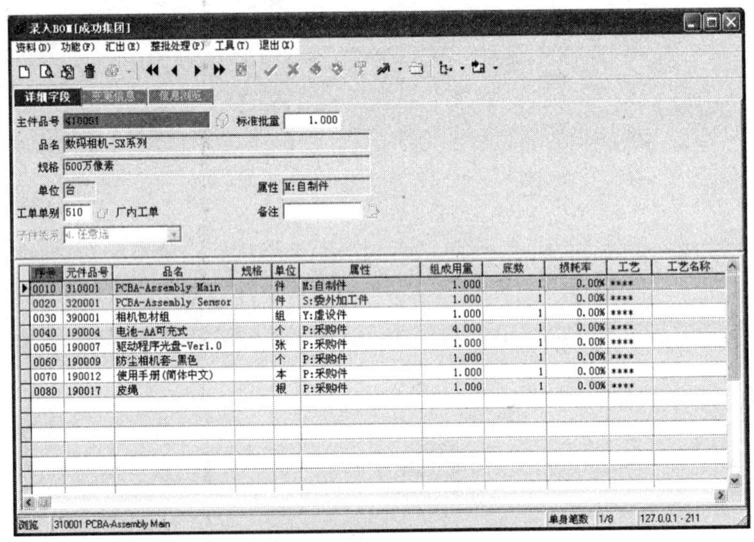

图 7-10 “录入 BOM”界面

【作业重点】

与“批次需求计划系统”相关的信息：标准批量、工单单别、各用料的组成用量、底数、损耗率、生效及失效、投料间距，务必确实检查信息是否正确。

（五）设置批次计划

【目的】

在系统主界面执行“批次需求计划系统”|“设置批次计划”（如图 7-11 所示），主要是设置批次计划在发放或是计算时的一些原则。

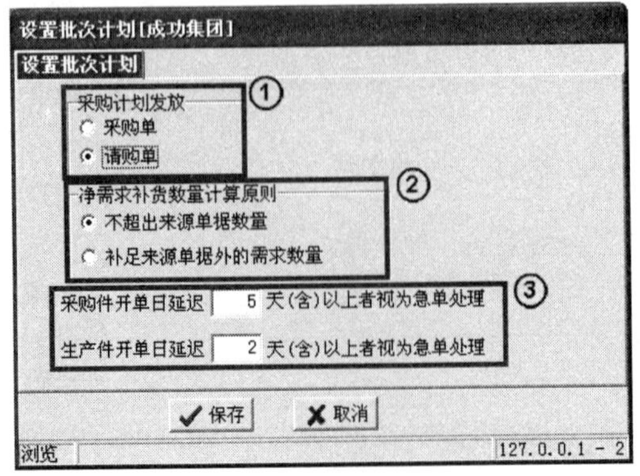

图 7-11 “设置批次计划”界面

【作业重点】

（1）选择将采购计划发放成采购单或是请购单。

（2）净需求补货数量计算原则：以来源单据的数量作为衡量依据，有两种方式，可以根据自己的需求进行选择，在净需求补货数量计算时是以不超出来源单据的数量为原则还是补足来源单据外的需求数量。

（3）发放出来的采购单实际开单日，已经比批次需求计划展算的预计采购日晚，就要视为急单处理，急单就是在单据上备注“急料”，来提醒相关人员注意及跟催。

（六）需求计划基本信息检核表

【目的】

生管人员可利用“批次需求计划系统”|“批次需求计划”|“需求计划基本信息检核表”查看基本信息是否齐全（如图 7-12、图 7-13 所示）。

【作业重点】

（1）进入“需求计划基本信息检核表”，设置选项条件。

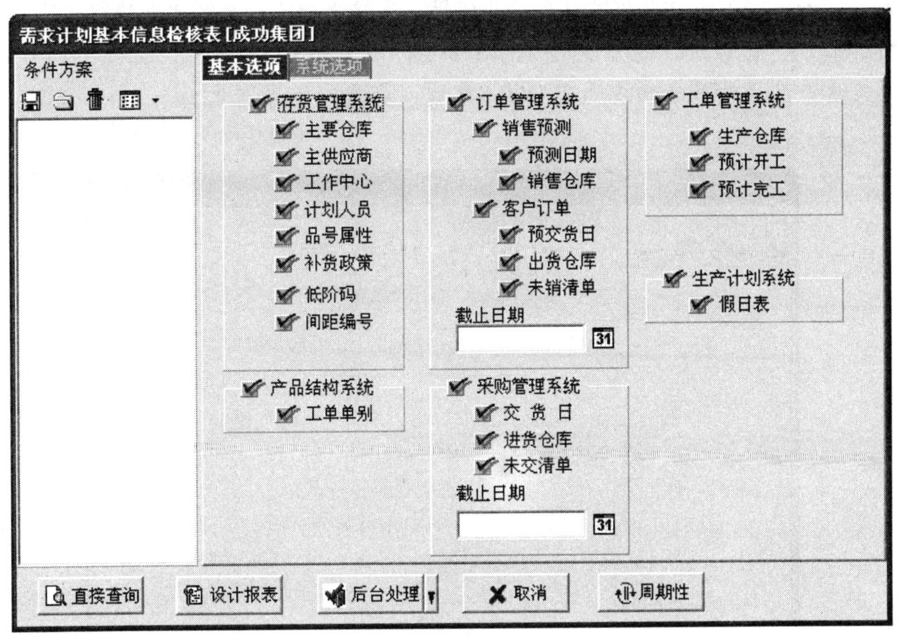

图 7-12 “需求计划基本信息检核表”界面

（2）报表产出结果。“空白”表示数据不够完整，可能会影响生成出来的结果，所以必须要在这个字段所属的作业下面，将数据维护完整，才不会影响生产计划的结果。

阅览报表(需求计划基本信息检核表-工作编号:20100102000012-20100102000I)

需求计划基本信息检核表

制表日期：2014-01-02 第1页

品号	仓库 主供应商	工作中心 计划人员	品号属性 补货政策	间距编号	工单单别	日期 未(销)交清单	预计开工 预计完工	假日表
<存货管理系统>								
110001	空白	空白		品号间距编号为空				
110002	空白	空白		品号间距编号为空				
110003	空白	空白		品号间距编号为空				
110004	空白	空白		品号间距编号为空				
120001	空白	空白		品号间距编号为空				
120002	空白	空白		品号间距编号为空				
120003	空白	空白		品号间距编号为空				
120004	空白	空白		品号间距编号为空				
120005	空白	空白		品号间距编号为空				
120006	空白	空白		品号间距编号为空				
130001	空白	空白		品号间距编号为空				
130002		空白		品号间距编号为空				
130003	空白	空白		品号间距编号为空				

<续下页>

坐标(英寸)(11.30, 14.88) (X: 1085, Y: 1428)

图 7-13 “需求计划基本信息检核表”阅览报表界面

任务实施

步骤一：为了确保生产及采购计划的正确性，生管人员需在系统界面执行“产品结构子系统”|“批处理”|“计算低阶码”。若无 BOM 变更，可免去执行此步骤（如图 7-14 所示）。

注：只要产品结构是新增或遇有 BOM 变更，都需执行此作业。

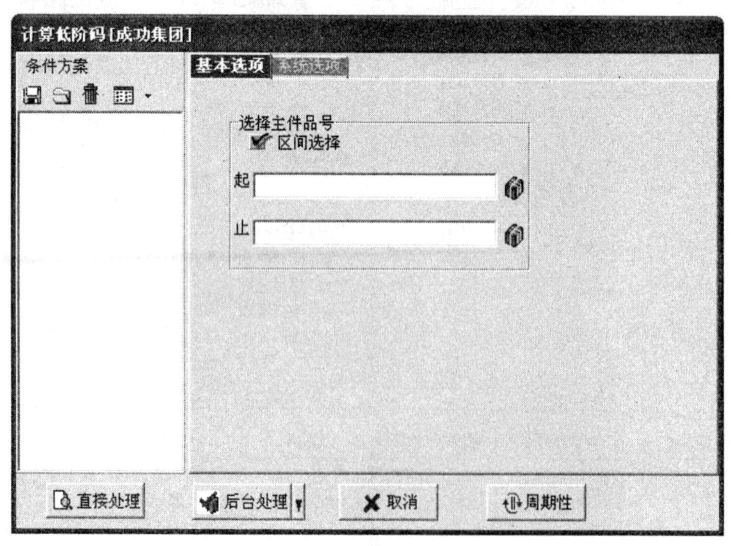

图 7-14 “计算低阶码”界面

步骤二：确认低阶码无误后，在系统主界面执行“批次需求计划系统”|“批次需求计划”|“生成批次需求计划”（如图 7-15～图 7-22 所示）。

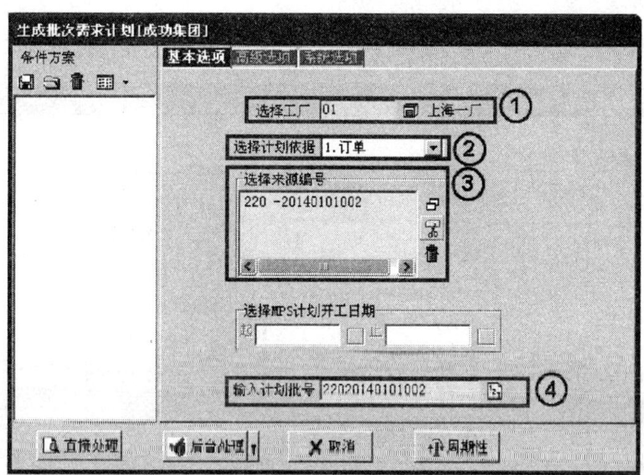

图 7-15 “生成批次需求计划”界面（一）

【作业重点】

（1）选择工厂：设为上海一厂，需求计划是分厂计算的。

（2）选择计划依据：共有 5 种方式，即“1. 订单”“2. 工单”“3. LRP 生产计划”“4. MPS 生产计划”“5. 销售预测”，本例为“1. 订单”。

（3）选择来源编号：单击“F2”键只可选择单别，若一张单据有两笔信息，则两笔信息都会纳入生产计划计算；单击“F3”键可按单别、单号及序号选择来源的信息。

（4）输入计划批号：选择来源编号后，系统会显示默认的计划批号，但使用者可自行修改。

（5）选择仓库：可指定要将哪一个仓库的可用量纳入计划考虑，若不特别指定，系统会将该工厂纳入可用量计算的仓库都纳入计算。

（6）选择补货政策：可选择按 MRP 需求、按 LRP 需求、全部（指按 MRP 及 LRP 需求）。

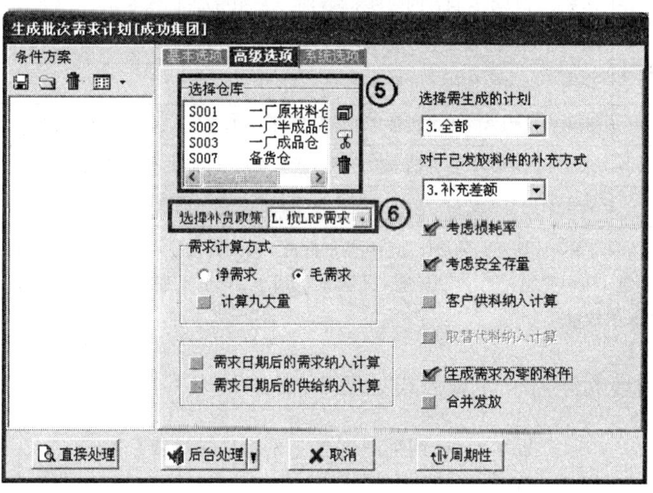

图 7-16 “生成批次需求计划”界面（二）

（7）需求计算方式。

① 净需求：依目前需求来源品号的现有库存量及九大量的考虑，计算出净需求量。例

如，毛需求量为100 pcs，现有库存量为20 pcs，则净需求量为80 pcs，产生计划需求量为80 pcs。

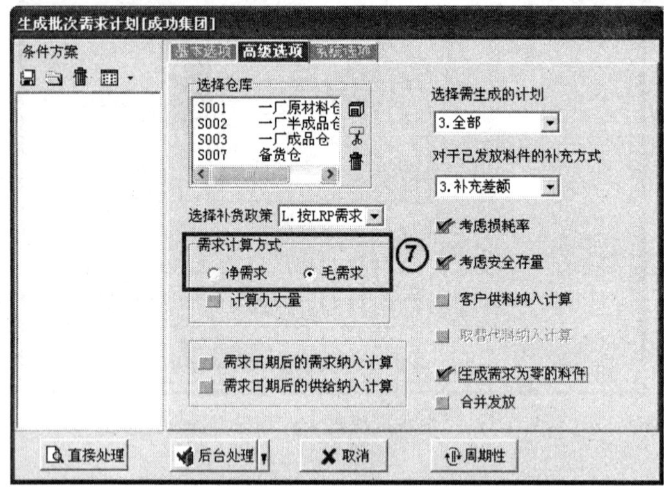

图 7-17 “生成批次需求计划”界面（三）

② 毛需求：依目前需求来源品号的需求量，直接以BOM用料产生计划需求量，不考虑九大量（见表7-1）及现有库存量。

表 7-1 批次需求计划中九大量的说明

九大量项目	说　明
计划销售量	未实现的销售预测量（预测数量−已售订量）
计划领料量	相关需求的料件需求量（生产计划档上阶主件的元件需求量）
预计销售量	未结束订单的未销货数量（订单数量+赠品量−已交数量−赠品已交量）
预计领料量	未完工工单单身料件的应领未领料量（需领用量−已领用量）
计划生产量	生产计划内的预计生产量（生产计划档的生产数量）
计划采购量	采购计划内的预计采购量（采购计划档的采购数量）
预计进货量	未结束采购单的未进货量（采购数量−已交数量）
预计生产量	未完工工单单头主件的未生产量（预计生产量−已生产量−报废数量）
预计请购量	未更新的请购数量（请购单已审核未转成采购单的请购数量）

注：计划生产量、计划领料量、计划采购量是计划所衍生的数量，而其他数量如计划销售量（销售预测）、预计销售量（客户订单）、预计领料量（工单需领）、预计进货量（采购单）、预计生产量（工单产出）及预计请购量（请购单）是系统内实际单据所统计出来的数量。

计划生产/采购量的净需求计算公式见表7-2。

表 7-2 计划生产/采购量的净需求计算公式

出库	＋计划销售
	＋计划领料
	＋预计销售
	＋预计领料

续表

入库	一现有库存量
	一计划生产
	一计划采购
	一预计进货
	一预计请购
	一预计生产
	净需求

（8）计算九大量。

① 勾选：表示计算毛需求时，也同时计算九大量，但是不参与最后的计划计算。

② 不勾选：表示计算毛需求时，不计算九大量，只有毛需求量。当选择净需求时，本身计算逻辑中必须计算九大量，所以这里会显灰，不可选择。

（9）需求日期后的需求纳入计算/需求日期后的供给纳入计算。

① 勾选：在考虑日期因素下，料件需求日期之后的九大量纳入计算。

② 不勾选：不考虑日期因素，料件需求日期之后的九大量不纳入计算。

例如，某料件 1 月 30 日的净需求为 100 pcs，若不勾选“需求日期后的供给纳入计算”，表示 1 月 30 日的供给量 80 pcs 无法应急（如无法将需求日期后的供给提前考虑），所以需求日期之后的九大量不纳入计算，建议生产/采购量为 100 pcs（悲观想法）；若勾选“需求日期后的供给纳入计算”，表示 1 月 30 日的供给可应急（如可将需求日期后的供给提前考虑），需求日之后的九大量将纳入计算（乐观想法）。

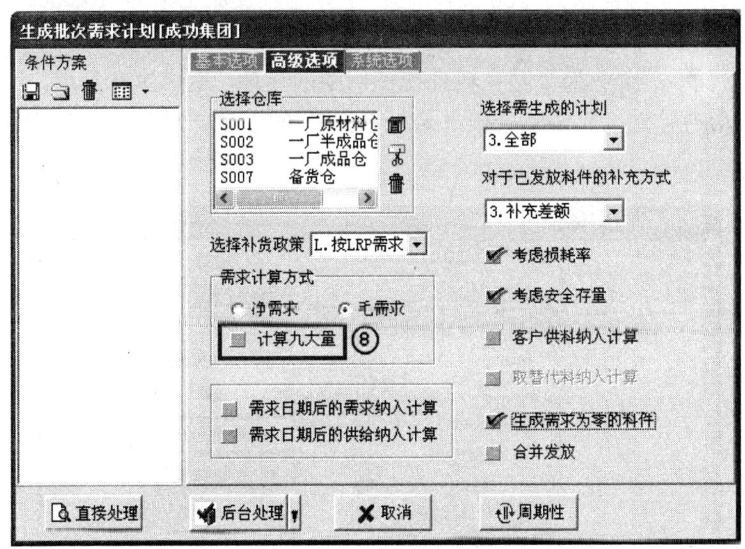

图 7-18 “生成批次需求计划”界面（四）

（10）选择需生成的计划：提供三种计划方式，即“1. 生产计划”“2. 采购计划”“3. 全部”。若选择全部，则针对品号信息中主要来源为采购件者，产生采购计划，主要来源为自制件或加工件者，也同时产生生产计划；如果零件是属于尾阶用料，要产生采购计划前，一定要先有生产计划。

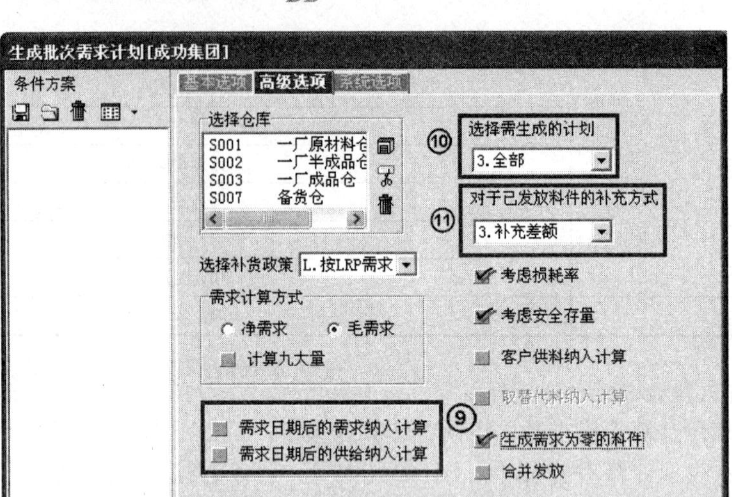

图 7-19 “生成批次需求计划”界面（五）

（11）对于已发放料件的补充方式：仅对“毛需求”的计算方式有用。

① 不再补充：相同计划来源的品号，若存在于工单或请/采购单，则不产生计划（即已发放者不再补充）。

② 重新补充：不管相同计划来源的品号是否存在于工单或请/采购单，则一律需产生计划。

③ 补充差额：相同计划来源的品号，若存在于工单或请/采购单，则仅需产生计划量的差额数。例如，原订单来源需求为 100 pcs，已产生计划且发放工单为 100 pcs，因订单变更为 120 pcs，再次按相同订单来源产生需求时，只会产生差额数 20 pcs。

（12）考虑损耗率：企业为了避免料件在使用中的损耗，造成生产延迟，所以会设定损耗率，如果这个字段有勾选，系统就会依“录入 BOM”的设定，自动在生产计划中带出损耗率默认值。

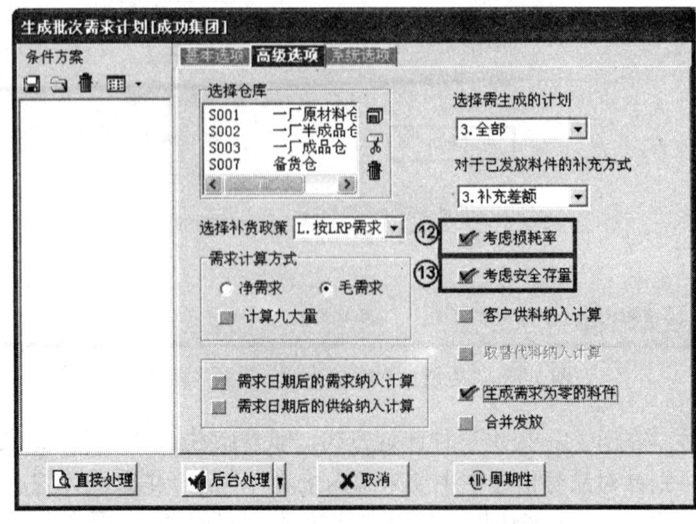

图 7-20 “生成批次需求计划”界面（六）

（13）考虑安全存量：勾选，系统会将该品号在“存货管理子系统”|“基础设置”|“录入品号信息”设定的安全存量纳入考虑，以防止紧急缺料，造成供应不及时，停工待料的状况。例如，若某品号的需求量为 100 pcs，现有库存量为 120 pcs，安全存量设定为 50 pcs，若考虑安全存量，该品号的库存可用量，即现有库存量减安全存量（120–50=70 pcs），所以净需求毛需求量扣掉库存可用量（100–70=30 pcs），即系统会建议该品号须采购或生产 30 pcs。

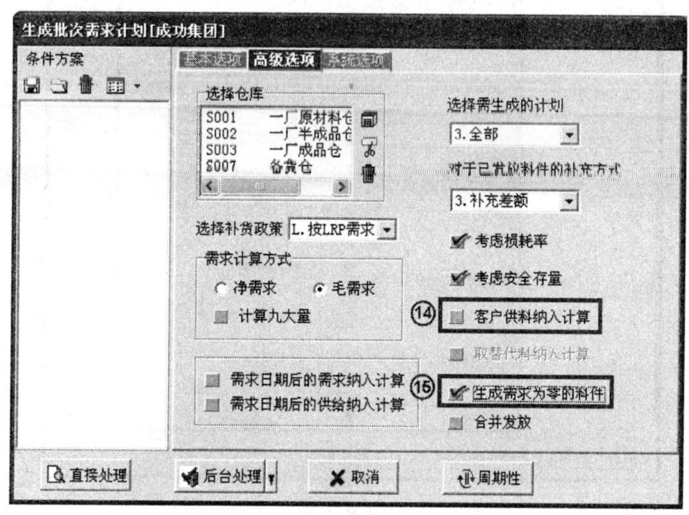

图 7-21 “生成批次需求计划”界面（七）

（14）客户供料纳入计算：若企业是委外供应商，所需原料需向客户提领（或部分由客户供料），则可勾选此选项，系统会根据“产品结构子系统”|“BOM”|“录入 BOM”，该料件“材料类型=客户供料”的计划计算出来，方便向客户统计提领。

（15）生成需求为零的料件：在生成净需求时，如果毛需求量小于库存可用量，即不需要生成该料件。如果勾选此选项，那么该料件还会显示；但数量为 0，如果不勾选，则该料件不会在计划中显示。

任务二　生产计划发放

任务描述

将系统排定的生产与采购计划发放执行，作为生产与采购的依据。当生管人员检核生产计划信息没问题后，即可将信息发放成工单，由制造部按单领料开工生产。

任务实施

步骤一：在系统主界面执行“批次需求计划系统”|“发放 LRP 工单”，进入“发放 LRP 工单”界面，对其发放条件进行设置（如图 7-22、图 7-23 所示）。

【作业重点】

（1）将“维护批次生产计划”里维护好的信息，选择特定的品号、预计完工日、计划批号、工厂、生产仓库、锁定状态（可只发放已锁定的计划）、工单单别（可选择发放在计划里维护好的工单单别）、工单性质（厂内或委外工单）、计划人员，然后发放到“工单委外子系统”|“录入工单”（如图7-22所示）。

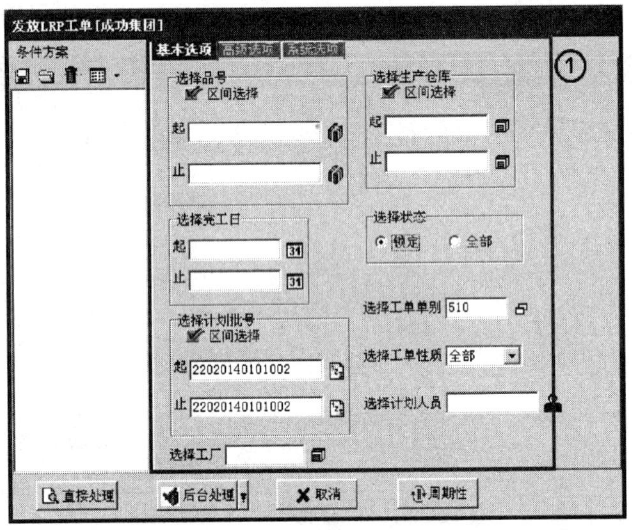

图7-22 “发放LRP工单”界面（一）

（2）产生工单时，可依“计划批号”或“品号”作为发放排序依据。

（3）若相同计划批号有不同预计开工日的相同品号，可合并一起发放成工单。系统会将同一个计划批号的相同品号的生产数量累加，并以最早一笔预计开工日的信息，记录在工单单头相关字段里。

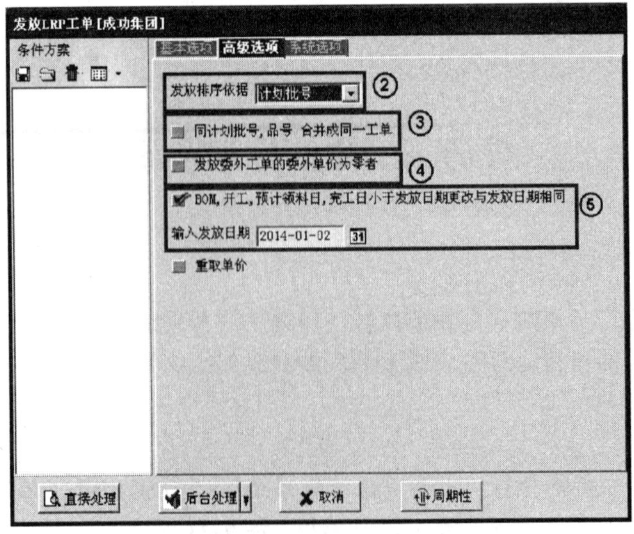

图7-23 “发放LRP工单”界面（二）

（4）可勾选“发放委外工单的委外单价为零者”的选项，即使产生的生产计划委外单价为零，也会发放到工单。若不勾选，表示希望委外单价需再进行确认，在“维护批次生产计划”补入确认后的委外单价后，再发放委外工单。此选项的目的，主要是担心信息众多，单价为零者没有事先查看就发单而产生问题。

（5）若计划产生的开工日、预计领料日及完工日小于发放日期，可选择“以输入发放日期”作为发放工单的预计开工日及预计完工日。

步骤二：在系统主界面执行“工单/委外子系统”|“录入工单”作业，查看发放出来的工单（如图7-24所示）。

【作业重点】

发放的工单上，会记录计划批号、订单单号等相关信息。

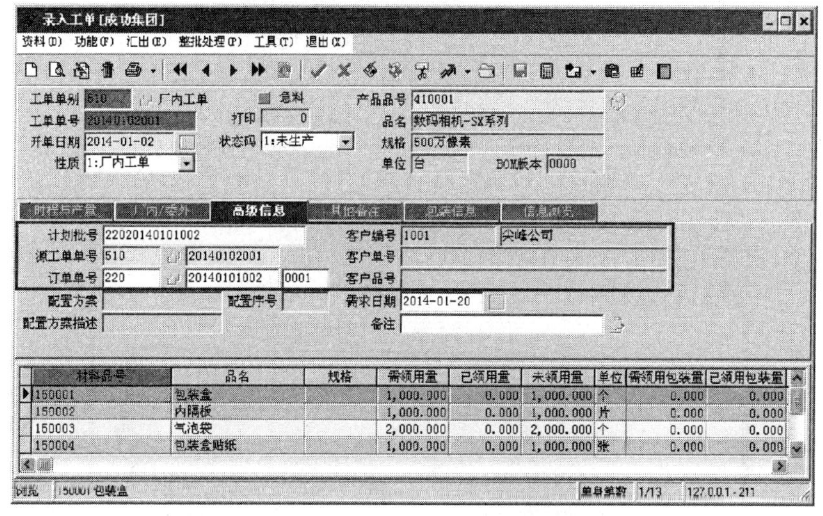

图7-24 “录入工单”界面

任务三　采购计划的发放

任务描述

当采购计划信息正确无误时，采购人员即可将信息发放成请购单或采购单，进行请采购程序。

任务实施

步骤一：在系统主界面执行“批次需求计划系统”|“发放LRP采购单”，进入“发放LRP采购单”界面，对其发放条件进行设置（如图7-25、图7-26所示）。

【作业重点】

（1）可在“维护批次采购计划”里选择特定的供应商、品号、采购日、计划批号、工厂、

仓库、币种、锁定状态、计划人员等信息发放到“采购管理子系统”|“录入请购单或录入采购单”里。

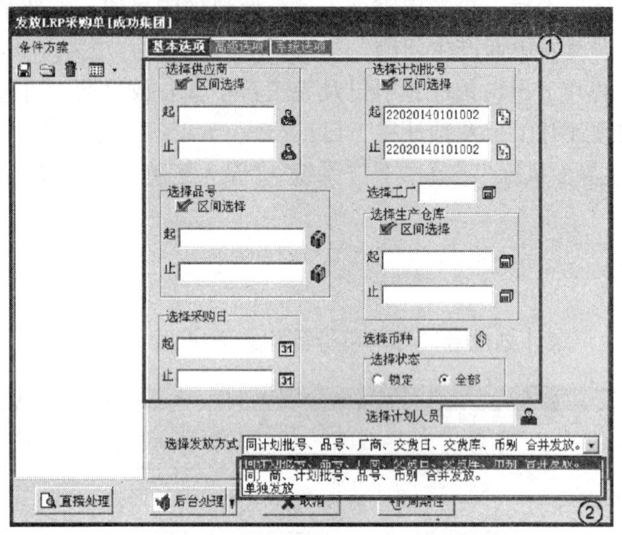

图 7-25 “发放 LRP 采购单”界面（一）

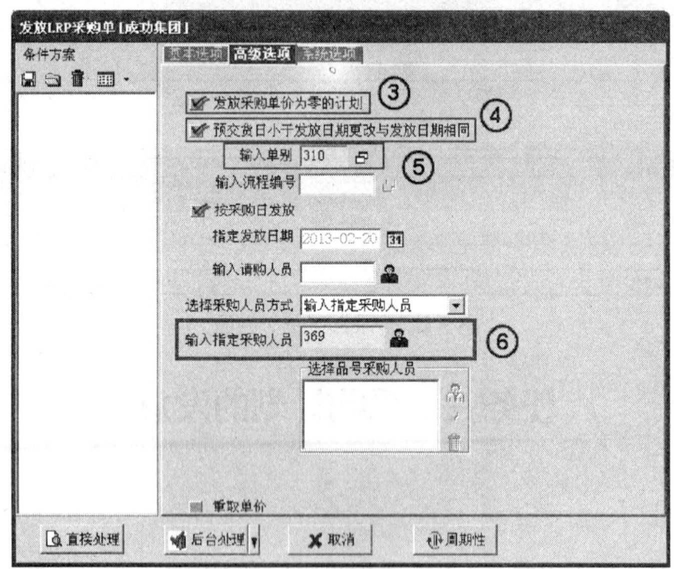

图 7-26 “发放 LRP 采购单”界面（二）

（2）选择发放方式有以下三种方式。

① 同计划批号且同品号、厂商、交货日、交货库、币别的采购计划，是否要将数量累加合并发放。

② 同厂商且计划批号、品号、币别的采购计划，是否要将数量累加合并发放。

③ 所有品号都单独发放。

（3）可勾选“发放采购单价为零的计划”的选项，即使产生的采购计划采购单价为零，也会发放到请购单或采购单，由采购人员在采购流程与供应商议完价后再补入（维护请购信息）。若不勾选，则表示采购单价需再进行确认，并在“维护批次采购计划”中补入确认后的采购单价，再发出请购单或采购单。

（4）若预交日小于发放日期，可选择“预交货日小于发放日期更改与发放日期相同”，作为发放请购单或采购单的预交日。

（5）系统会根据“设置批次计划”指定的发放单据性质，让使用者在“输入单别”中带出请购单或采购单的单别。

（6）可指定属于特定采购人员负责的品号发放请购单或采购单。

步骤二：在系统主界面执行“采购管理子系统”|“录入采购单”作业，查看发放出来的采购单（如图 7-27 所示）。

【作业重点】

发放的采购单上，会记录来源单号（即计划批号）、参考单别、请购单号、请购序号等信息。

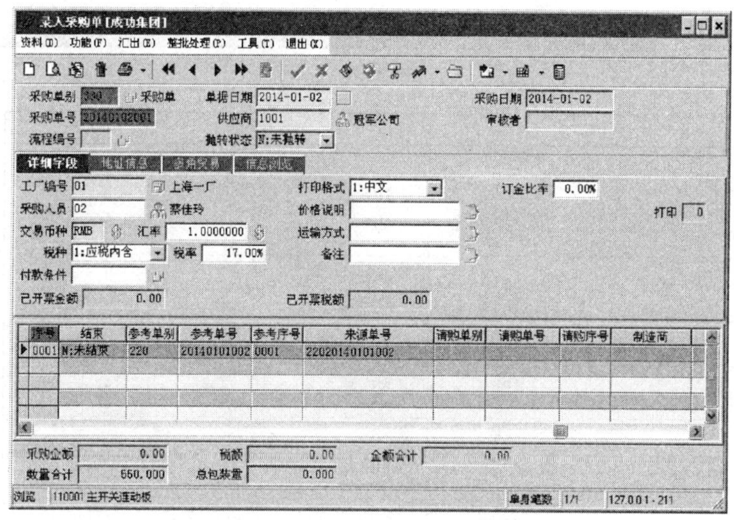

图 7-27 “录入采购单”界面

任务四 报表查询统计

一、品号供需明细表

任务描述

以品号及截至时点来呈现未来供给需求的“九大量明细资料”及“库存预计结余数量”，以确实掌握料件的供需平衡，同时也可以作为“产能变动”分析借调、用料可行性的参考报表。

任务实施

步骤一：在“品号供需明细表”|“基本选项”中进行设置（如图 7-28 所示）。

步骤二：在“品号供需明细表”|“高级选项”中进行设置，单击“设计报表”按钮（如

图 7-29 所示）。

步骤三：报表产出结果（如图 7-30 所示）。

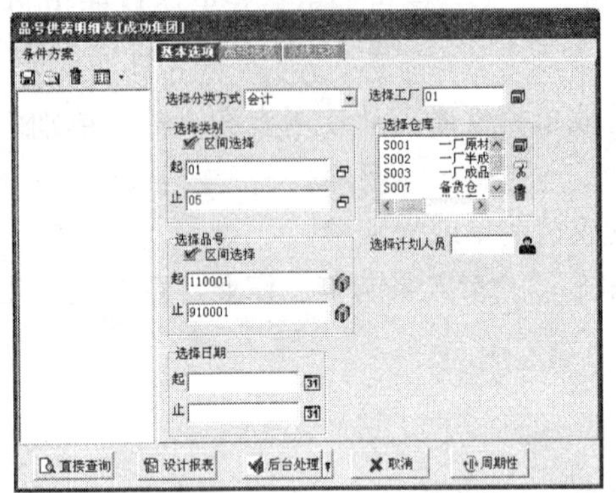

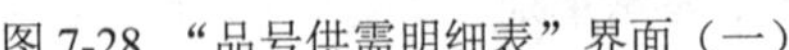
图 7-28 “品号供需明细表”界面（一）

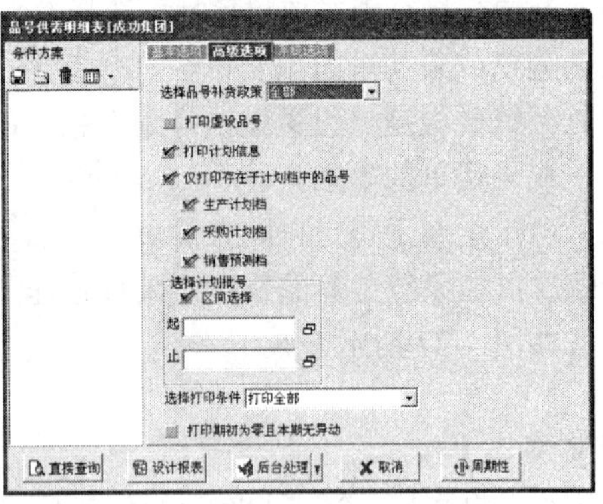
图 7-29 “品号供需明细表”界面（二）

品号供需明细表

制表日期：2014-01-02　　期间：2014-01-01至2014-01-31　　第1页

品号	品名 规格	单位 小单位	日期 异动别	仓库 仓库名称	异动数量 预计结存	结存<安全存量	备注
120001	电阻	个	期初存量:				
					150.000		
			2014-01-02	S001	3,650.000		22020140101002
			计划进货	一厂原材料仓	3,800.000		
			2014-01-04	S001	3,800.000		22020140101002
			计划领用	一厂原材料仓			
120002	整流器	个	期初存量:				
					150.000		
			2014-01-02	S001	800.000		22020140101002
			计划进货	一厂原材料仓	950.000		
			2014-01-04	S001	950.000		22020140101002
			计划领用	一厂原材料仓			
120003	二极管	个	期初存量:				
					150.000		
			2014-01-02	S001	1,750.000		22020140101002
			计划进货	一厂原材料仓	1,900.000		
			2014-01-04	S001	1,900.000		22020140101002
			计划领用	一厂原材料仓			
120004	电容	组	期初存量:				
					150.000		
			2014-01-02	S001	5,550.000		22020140101002
			计划进货	一厂原材料仓	5,700.000		
			2014-01-04	S001	5,700.000		22020140101002
			计划领用	一厂原材料仓			
120005	变压器	组	期初存量:				
					150.000		
			2014-01-02	S001	800.000		22020140101002
			计划进货	一厂原材料仓	950.000		
			2014-01-04	S001	950.000		22020140101002
			计划领用	一厂原材料仓			

<续下页>

图 7-30 “品号供需明细表”界面（三）

二、品号供需统计表

任务描述

以“每日”或“每周”“每旬”“半月”及“每月”的汇总方式，打印出某品号在特定截至时点的未来供给需求的“九大量资料”及“库存预计结存数量”。

任务实施

步骤一：在“品号供需统计表”|“基本选项”中进行设置（如图 7-31 所示）。

步骤二：在“品号供需统计表”|“高级选项”中进行设置，然后单击“设计报表”按钮（如图 7-32 所示）。

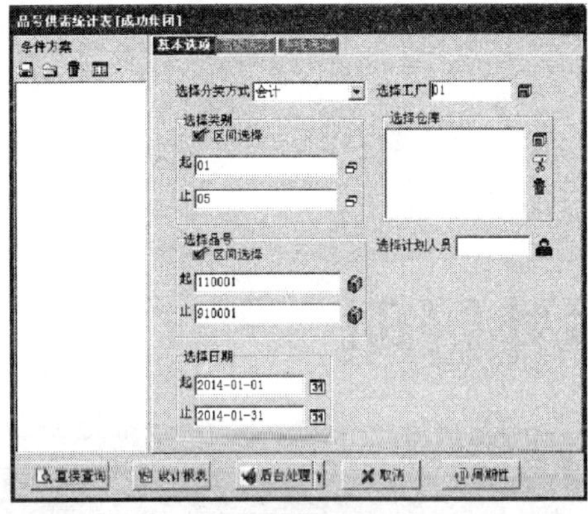

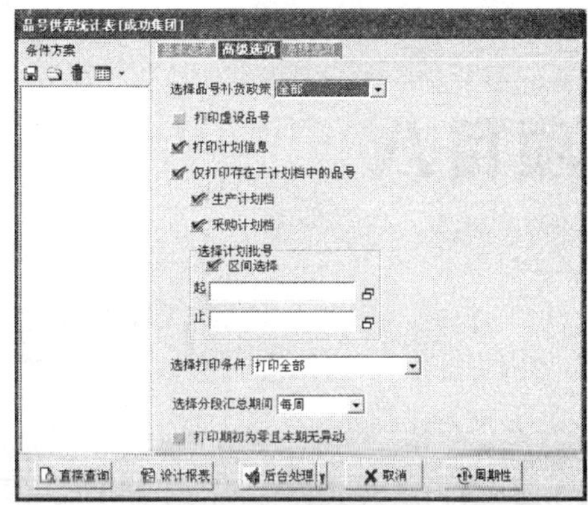

图 7-31 “品号供需统计表”界面（一）　　图 7-32 “品号供需统计表”界面（二）

步骤三：报表产出结果（如图 7-33 所示）。

阅览报表（品号供需统计表-工作编号：20100102000023 201001020001）

品号供需统计表

〈每周〉

制表日期：2014-01-02　　期间：2014-01-01至2014-01-31　　第1页

品号	品名 规格	单位 小单位	日期	预计销售 计划销售	预计领用 计划领用	预计生产 计划生产	预计进货 计划进货	预计请购 预计结存	结存<安全存量
110001	主开关连动板	个	期初存量：						
	SX型							285.000	
			2014-01-04						
					1,000.000		1,000.000	285.000	
			小计：						
					1,000.000		1,000.000		
110002	模式按钮	个	期初存量：						
								-5.000	
			2014-01-04						*
					1,000.000		1,000.000	-5.000	
			小计：						
					1,000.000		1,000.000		
110003	塑料前盖	个	期初存量：						
								-5.000	
			2014-01-04						*
					1,000.000		1,000.000	-5.000	
			2014-01-11		100.000				*
								-105.000	
			小计：		100.000				
					1,000.000		1,000.000		
110004	塑料后盖	个	期初存量：						
								-5.000	
			2014-01-04						*
					1,000.000		1,000.000	-5.000	
			2014-01-11		100.000				*
								105.000	
			小计：		100.000				
					1,000.000		1,000.000		

〈续下页〉

座标(英寸)(7.76, 0.51)　(X: 745, Y: 49)

图 7-33 “品号供需统计表”界面（二）

学习小结

项目实训

（1）成功集团接到这样一张订单，由客户 1001 第一公司订购 250 台品号为 4100001 的数码相机，单价为 3 000 元。现在以生管人员的身份根据此订单生成批次需求计划，包括生产和采购两部分，计算方式选择毛需求。

（2）上题中生成出的生产计划和采购计划可以分别存放在维护生产计划和维护采购计划中，可以看到在维护生产计划中有三笔生产信息，除了成品还有两批半成品，由于发现仓库里的“320001 PCBA–Assembly Sensor”有 40 台库存，所以只需要生产 210 台即可，请在维护生产计划中修改相关生产数量。

（3）请将上题中修改的品号的生产计划锁定，并只将其发放成工单/委外子系统中的工单。

项目八

工单与委外管理

知识目标

1. 掌握工单及工单变更单的作用及内涵。
2. 掌握领料单及退料单的作用及内涵。
3. 掌握生产入库单和委外进货单的作用及内涵。

能力目标

1. 能够利用易飞 ERP 系统进行工单及工单变更单的录入。
2. 能够利用易飞 ERP 系统进行领料单及退料单的录入。
3. 能够利用易飞 ERP 系统进行生产入库单和委外进货单的录入。
4. 能够利用易飞 ERP 系统进行常用报表的查询。

引导案例

生管部除了可通过客户订单或生产计划自动生成工单外，也可按状况手动录入工单，针对以下情境应该如何处理呢？

〈情境四〉工单生产过程……

2014/01/08 日 录入工单

业务部接到一张来自客户茂圣公司的急单，订购品号为 410001 的“数码相机–SX 型”200 台，预交货日为 1 月 26 日，因目前无库存，经过产销协调后，生管部同意插单生产，于是按该相机的产品结构，录入以下三张工单。

工单 1：生产成品“数码相机–SX 型”（品号为 410001，厂内生产，预计产量为 200 台，预计开工日为 1 月 22 日，因为成品组装后需要包装所以派工给厂内工作中心组装车间二组加工）。

工单 2：生产半成品“PCBA–Assembly Main”（品号为 310001，厂内生产，预计产量为 200 台，预计开工日为 1 月 12 日，派工给厂内工作中心组装车间二组加工）。

工单 3：生产半成品“PCBA-Assembly Sensor”（品号为 320001，预计产量为 150 台，预计开工日为 1 月 13 日，委托外包厂商达智科技进行加工）。

工单经过主管审核后，分别将工单凭证送至制造部按此生产，送至仓管部以利开工生产前准时备料完成，委外工单则发送外包组以利委托厂商进行加工。

2014/01/09 日 工单变更

收到 1 月 8 日工单的部门向生管部提出协调，仓管部反映原本委外生产的半成品库存已挪作他用了，制造部反映电阻（品号：120001）及二极管（品号：120003）的生产损耗率有提高，建议多备料。生管部评估后，变更工单内容。变更事项一：原本工单的委外生产数量为 150 台，将该工单预计产量增加至 200 台。变更事项二：电阻的需领用量由原本的 1 260 pcs（生产 200 台半成品的用量）增加至 1 320 pcs，二极管的需领用量由原本的 400 pcs（生产 200 台半成品的用量）增加至 408 pcs。

变更完毕后，发送委外工单凭证至外包组以利通知厂商，发送仓管部通知工单的需领用量已变更。

〈情境五〉制造部接单生产中……

2014/01/11 日 半成品–厂内生产领料

仓管部于“PCBA–Assembly Main”工单生产前，将料件备妥交由“组装车间二组”进行生产。

2014/01/11 日 半成品–委外生产领料

仓管部按外包组的领料单，于委外开工生产前夕，将料件备齐送交委外厂商达智科技。

2014/01/12 日 半成品–厂内工单开工

“PCBA–Assembly Main”的工单组装车间二组开始生产。

2014/01/13 日 半成品–委外工单开工

“PCBA–Assembly Sensor”的委外工单在厂商达智科技开始生产。

2014/01/16 日 半成品–委外生产进货/验收/验退

委外厂商达智科技将完工的 200 台送回公司，外包组收料后，通知质检部进行验收，检验结果有 2 台品质不合格，退回达智科技重新加工，剩余的 198 台则办理入库。

2014/01/16 日 半成品–委外退料

达智科技将工单加工完成后，剩下一些未用的材料，包含电阻（品号：120001）有 50 pcs 未使用，二极管（品号：120003）剩下 5 pcs 未使用，为避免零件放置过久闲置或损坏，因此将余料退回成功集团，外包组收到余料后，随即录入委外退料单，并通知质检部检验后，余料即可入库存放。

2014/01/19 日 半成品–委外退货

仓管部发现已入库的半成品“PCBA–Assembly Sensor”，其中 5 个外壳有脱落的现象，通知质检部前来检验，判定为加工品质不良，通知外包组将这 5 个不良品退回达智科技重修。

2014/01/20 日 半成品–厂内工单完工

组装车间二组完成工单“PCBA–Assembly Main”生产，完工数量 200 台，将剩余料件主开关连动板（品号：110001）2pcs 退回仓管部。

2014/01/21 日 半成品–检验入库

制造部通知生管部办理半成品“PCBA–Assembly Main”生产入库事宜，并通知质检部进行入库前的品质检验，检验结果全数合格，通知仓管部进行点收及入库。

任务一 期初开账

任务描述

工单/委外子系统的开账是为了将开账时间点之前还在制造车间生产的在制信息录入易飞 ERP 系统中，也就是未完工的工单信息。这样在开账时间点之后，生产车间就可以根据这张工单开展后续的生产动作，如领料、完工入库，以确保生产信息和成本信息的完整性和可追溯性。另外还要导入“委外供应商的委外单价”，主要是为了管理委外加工的单价。在系统正式上线前，先导入这些信息有助于后续在输入委外工单及委外进货时，直接就可以带出已经核准的委外单价。这样除了可以节省后续单据输入的时间外，最重要的是，不用每次输入单据时都要再检查一次单价，可以减少人工输入错误单价的次数。

成功集团计划于 2014 年 1 月 1 日正式上线易飞 ERP 系统，针对工单生产类部分，公司必须将 2013 年 12 月 31 日前未结束的工单信息导入系统。

知识准备

一、系统简介

（一）系统效益与特色

在不同的企业里，“工单”都有不同的名称，如工单（Job Order，Shop Order，Work Order）、生产工单（Production Order）等。工厂内的一切活动都是以生管部门发出的“工单”作为办事的依据。因此，如果能确实掌握所有工单的状况，就能让工厂内的一切活动有条不紊，按部就班地进行。系统带来的效益有以下三个方面。

（1）系统提供了厂内及委外工单的建立，日常生产的领、退料及产成品生产后的入库动作。另外，如果产品外包时，委外加工的领退料、完工后的委外加工进退货及委外单价的管理等，这些和工厂生产相关的日常工作活动都能记录。

（2）系统提供多种与生产相关的管理报表，如工单生产状况表、工单需求检视表、料件缺料状况表、工单用料分析表、委外价格异常表等，让管理者从系统中可以取得与生产相关的信息，充分掌握信息以避免生产异常所造成的损失。

（3）“工单/委外子系统”的日常单据都是成本结算时搜集成本信息的来源，如工单、领退料单及生产入库单、委外进退货单等。

系统特色有以下几个方面。

（1）系统符合多任务、多工作中心的生产形态，可以同时兼做厂内生产工单及委外工单的管理。

（2）在厂内工单管理方面，提供生产进度表、工单需求检视表、料件缺料状况表、工单欠料状况表、料件预计领用表、工单用料分析表等多张报表。

（3）委外管理方面，提供委外加工的委外加工记录表，还有管理委外进货异常数据的委外价格异常表、委外进货异常表等多张报表。

（4）日常工作中常见和生产有相关的单据，如工单、领料单、生产入库单及委外进退货单等，都可以在系统中按照内部管理的需要，自行制定符合内部管理的签核流程。

（5）系统提供多种不同的领料方式，无论是采用备料制、领料制还是自动扣料制，系统都可以按照企业内部管理来灵活运用。

（6）工单用料展开时，如果工单需要使用的材料有短缺，系统提供“取替代料”来提醒这个材料建立有替代料，可以达到实时替换料件的功能，以避免重复购买。

（7）如果运用 LRP、MRP 或 MPS 时，可以按照库存数量和料件的预计进出库的状况，来自动计算料件的生产顺序和备料的数量，并自动产生工单，这样就能精确地计算出每一段期间内应准备的材料。

（二）生产制造流程

业务部门接到客户订单，公司召开产销协调会，各部门进行产能、物料的初步协调。生管部门执行需求计划排定，并将针对所产生的采购计划发放成采购单，后续采购流程由采购人员跟催；同时也将针对所产生的生产计划，视产能状况，发放成厂内工单或委外工单。若有订单、用料、日期等信息调整，就需执行工单变更调整。实际开工时，记录相关领退料信息。完工后，对于厂内自制件，记录入库信息。委外加工件，在委外进货单中记录信息。如果在进货检验发现不良品，可立即退回加工厂商；完成品入库后发现有不良时，要跟委外供应商协调做退货处理。单据输入完进行保存，可以打印各种报表，如经常会使用到的单据凭证、单据的清单及明细表，以及工单系统所提供的管理报表（生产进度表、工单需求检视表、工单在产品材料明细表）等。上述的生产制造流程如图 8-1 所示。

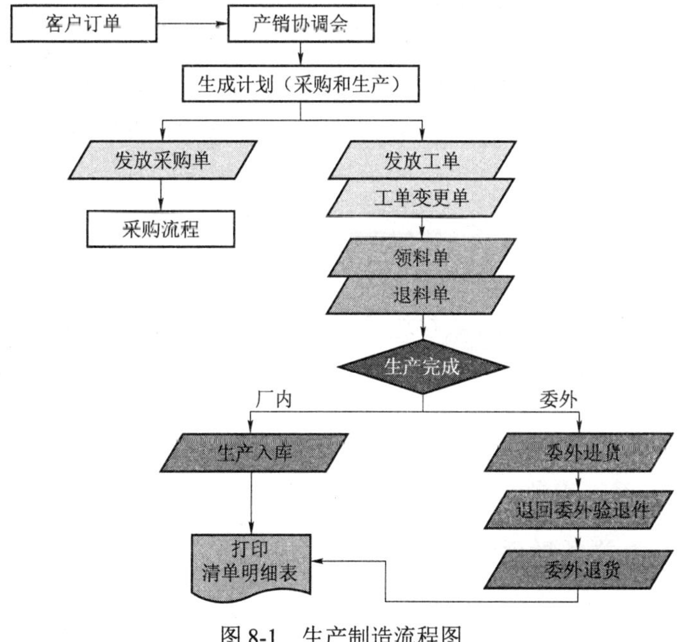

图 8-1　生产制造流程图

二、基础设置

（一）录入品号信息

【目的】

检查“基本信息子系统”|“基础设置”|“录入品号信息”里的领料码是否正确，以作为生产信息的来源依据（如图8-2所示）。

【作业重点】

领料码是设定工单/委外子系统生产成品时所用组成料件的领料模式，有逐批领料、自动扣料、单独领料三种。

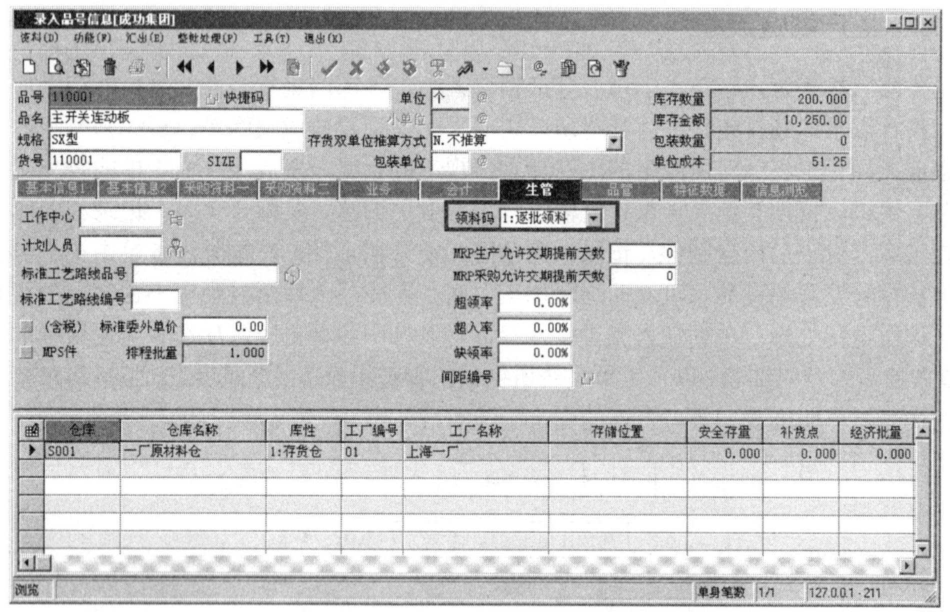

图8-2 “录入品号信息”界面

逐批领料：当生产产成品时，下阶的用料必须逐批填写领料单才可领出生产。一般制造业的批次用料都是采用这种管理模式。

自动扣料：多发生在塑料业或素材加工业，这些用料也必须管制其库存，但是因为包装方式特殊无法分割，所以等成品入库时，用产成品入库数量倒推下阶的标准用料来产生领料单扣除库存。

单独领料：需要区别其他料件单独领用时使用，如特别贵重的部件、一些生产时所需使用的费用性材料（手套、模型、模具等），这一类的料件，就可以设定为“单独领料”。

（二）设置工单单据性质

【目的】

检查“工单/委外子系统”|“基础设置”|“设置工单单据性质”里的各类单据性质是否建

立完整（如图 8-3 所示）。

【作业重点】

（1）单别：最多可编 4 码，建议以数字或英文字母作为单别的代号。

（2）单据性质：工单/委外子系统中共可以设置 11 种不同的单据性质。

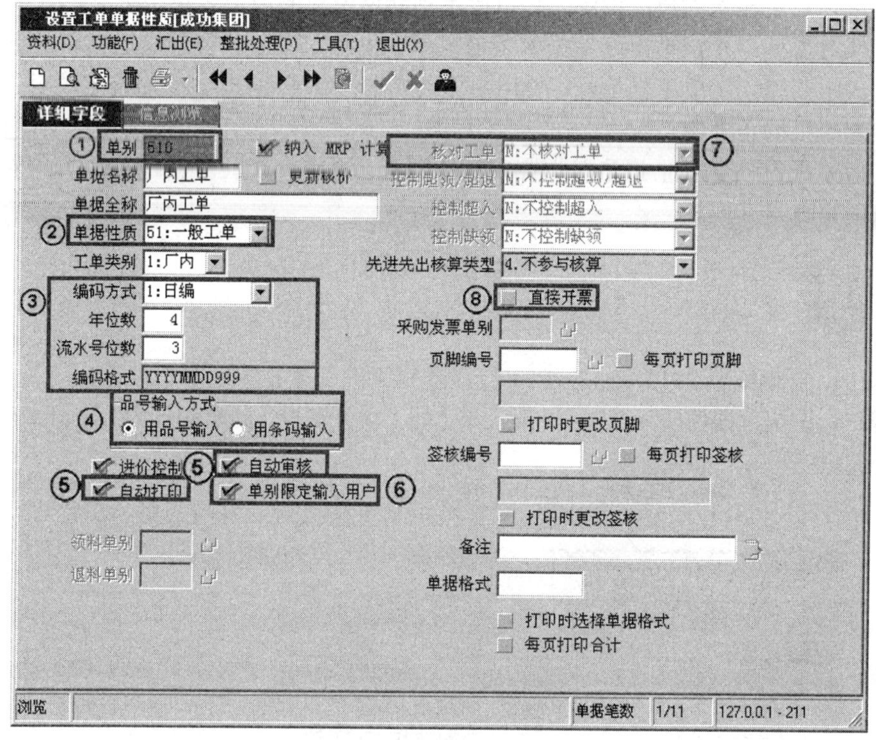

图 8-3 “设置工单单据性质”界面（一）

①“51：一般工单”：日常在录入工单时候使用。

②“52：返工工单”：已入库产品质量发生异常，需要重新加工或更换零件等状况时使用。

③“54：厂内领料”：仓库备料或现场工作中心领料时使用。

④“55：委外领料”：发料给委外供应商时使用的领料单据。

⑤“56：厂内退料”：生产完工有余料，需要退回仓库时使用的单据。

⑥“57：委外退料”：委外供应商加工完毕有余料，要退回厂内时使用。

⑦“58：生产入库”：质检合格后的产品入库时使用的单据。

⑧“59：委外进货”：委外供应商加工完成后，进货入库时使用的单据。

⑨“5A：委外退货”：委外供应商产品入库后发现质量问题，要将产品退还给委外供应商时使用的单据。

⑩“5B：核价单”：产品给委外供应商或是旧品号变更委外单价时使用。

⑪“5C：挪料单”：生产发生料件短缺，同时有其他批工单已经完工但还有余料没有退料，可使用挪料单据，来挪用作其他批工单的用料。

（3）编码方式、年位数、流水号位数、编码格式：共 4 种编码方式（日编、月编、流水

号、手动编号），系统默认“设置共用参数”|“日期格式”的年码格式，在“编码格式”字段里，可看到单号格式，编码总长度不可以超过 11 码。

（4）品号输入方式：如果结合条形码扫描器输入品号数据，可选择“用条码输入”。

（5）自动审核、自动打印：单别在数据输入后，要立即审核，可设定“自动审核”；单别在数据输入完毕保存后要马上打印，可设定为“自动打印”。

（6）单别限定输入用户：设定允许以此单别新增资料的用户名单。

（7）核对工单：管控进出库单据如领退料单、生产入库单、委外进退货单、挪料单在输入时是否一定要输入工单单别单号；使用易飞“成本计算子系统”，必须设定核对工单，以确保成本计算结果的正确性。

（8）直接开票：委外进/退货单据在审核的同时，系统会在应付管理子系统产生一张采购发票，这就是直接开票。

任务实施

步骤一：收集截至 2013 年 12 月 31 日，未完工的工单相关信息。

步骤二：设定单据性质为“51：一般工单”的工单开账单，此单别仅为工单开账时使用（如图 8-4 所示）。

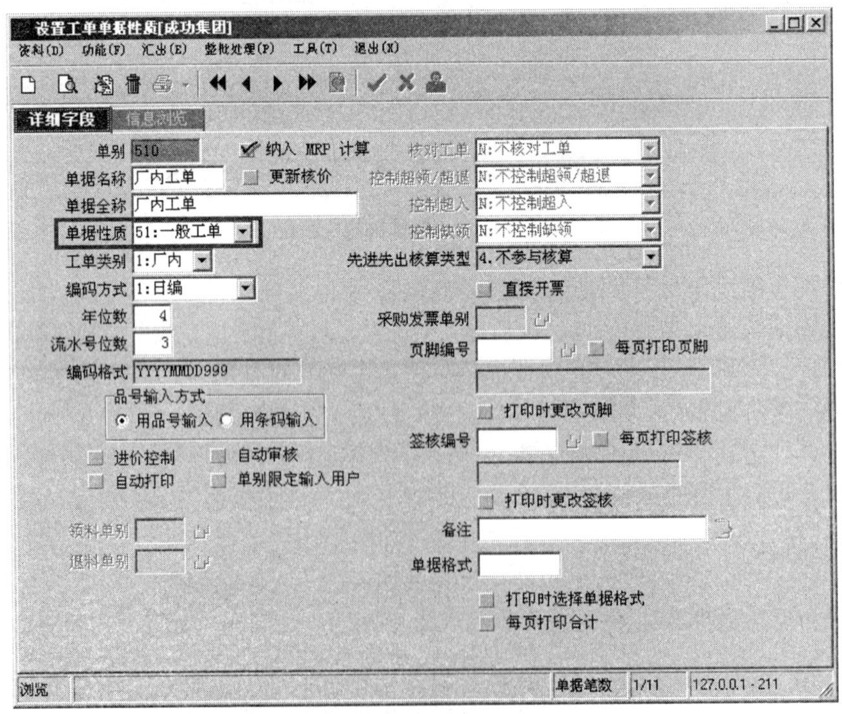

图 8-4 “设置工单单据性质”界面（二）

步骤三：手动输入未完工的工单领料信息，不需输入领料单，直接通过工具栏的“输入已领用量”输入开账时间点之前的已领料数量（如图 8-5、图 8-6 所示）。

【作业重点】

（1）单击工具栏的“输入已领用量”，系统弹出如图 8-6 所示的界面。

（2）输入开账时间点之间的已领用量。

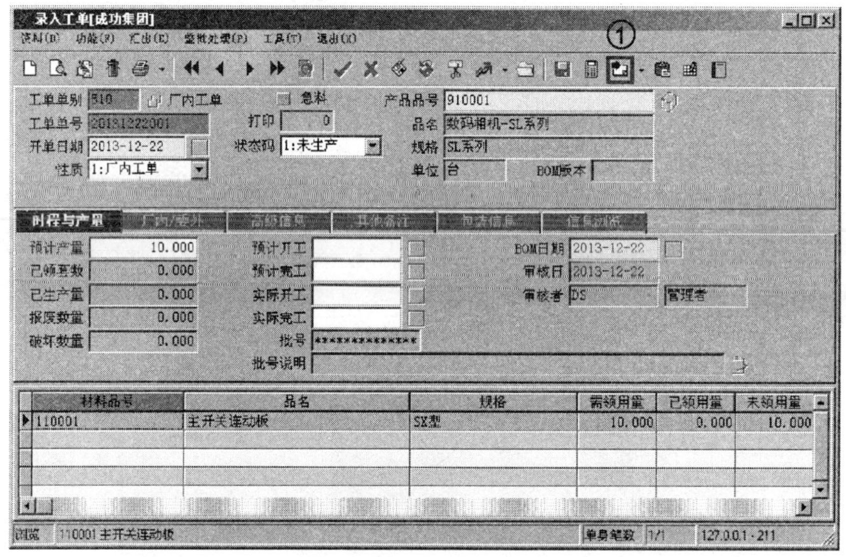

图 8-5“录入工单”界面（一）

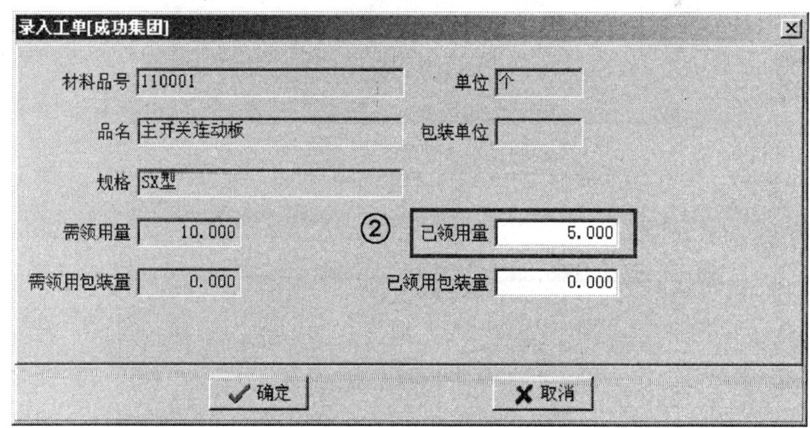

图 8-6 “录入工单”界面（二）

步骤四：手动输入 2013 年 12 月 31 日前未完工的工单入库信息，不需输入入库单，直接通过工具栏的“输入产品已生产相关信息”输入开账时间点之前的已生产数量（如图 8-7、图 8-8 所示）。

【作业重点】

（1）单击工具栏的“输入产品已生产相关信息”，系统弹出如图 8-8 所示的界面。

（2）输入开账时点的已生产量等数量。

图 8-7 “录入工单”界面（三）

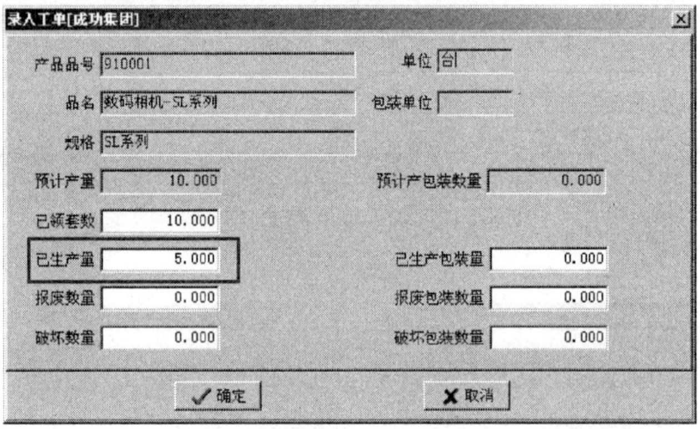

图 8-8 “录入工单”界面（四）

步骤五：打印工单明细表，检查余额是否正确（如图 8-9 所示）。

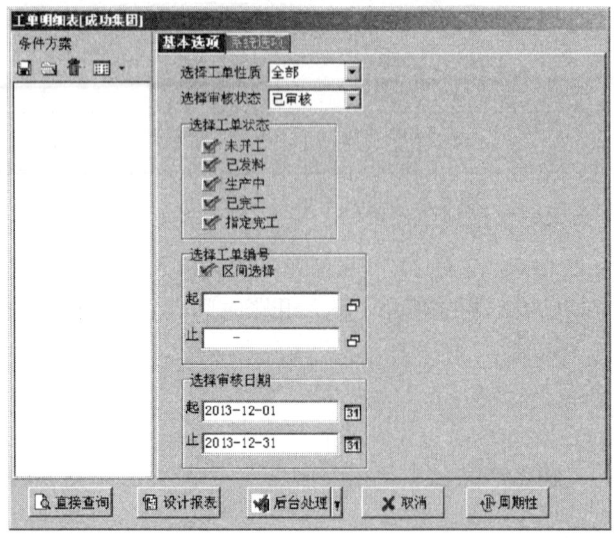

图 8-9 “工单明细表”界面

步骤六：输入与公司有往来的委外供应商的委外单价（如图 8-10 所示）。

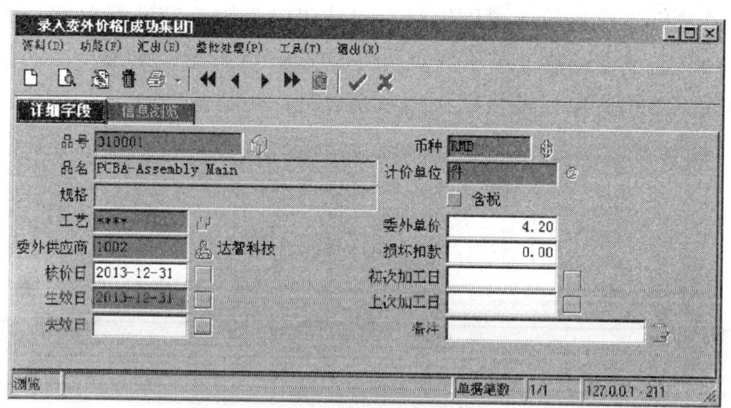

图 8-10 “录入委外价格”界面

任务二 录入工单

任务描述

2014 年 1 月 8 日成功集团业务部接到来自客户茂圣公司的急单，订购品号为 410001 的“数码相机–SX 型”200 台，预计 1 月 26 日交货。因目前“数码相机–SX 型”无库存，经过产销协调后，生管部同意插单生产，于是按该相机的产品结构，录入三张工单。工单 1：生产成品“数码相机–SX 型”（品号为 410001，厂内生产，预计产量为 200 台），预计开工日为 1 月 22 日，因为成品组装后需要包装，所以派工给厂内工作中心组装车间二组加工（另外两张工单见本任务的“业务场景”）。

知识准备

工单的录入，可以正确记录工厂生产产品所需的材料、时间及产量。依企业流程上的不同而有所差异，其信息来源有以下几种。

（1）客户订单：若企业为接单生产，可在接到客户订单后，直接在“销售管理子系统”|“订单管理”|“录入客户订单”里记录，再在“工单/委外子系统”|“从订单自动生成源工单”，将客户的需求直接转为工单。

（2）生产计划：若企业在生产前需执行生产计划，可执行“批次需求计划系统”|“批处理”|“生成批次需求计划”，由系统产生计划建议，计划确认后，再执行“发放生产计划”，将计划转为正式的工单。

（3）生管人员也可自行在“工单/委外子系统”|“工单管理”|“录入工单”里新增工单。

任务实施

步骤一：在系统主界面执行“工单/委外子系统”|“录入工单”，进入“录入工单”，开始建立工单信息（如图 8-11、图 8-12 所示）。

【作业重点】

（1）在“工单单别”直接输入单别编号，或按“F2”键开窗选择单别，可选择厂内及委外性质的单别（单别需在“设置工单单据性质”设好），选好后，系统会自动带出该工单的性质信息，无需输入。工单开单日期将默认为系统日期，可修改。

图 8-11 “录入工单”界面（五）

（2）“状态码”的信息会根据此工单在不同的生产阶段而有所变化。

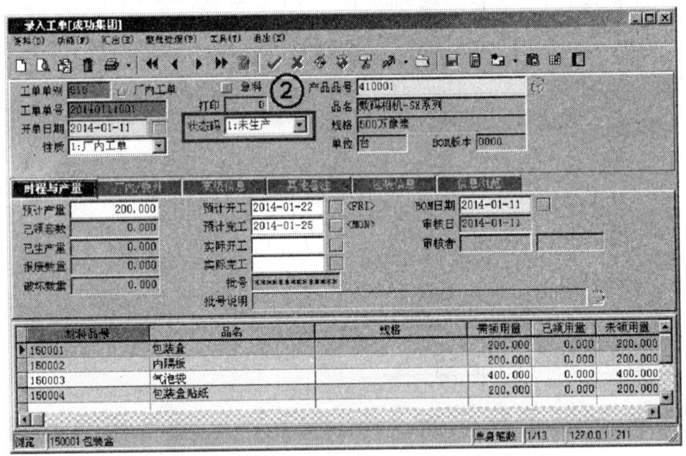

图 8-12 “录入工单”界面（六）

① 未生产：工单输入完毕后的默认值。

② 已发料：工单已经有了领料单，进入了发料的阶段。

③ 生产中：工单已发料且已部分入库。

④ 已完工：最后一批入库使得“已生产量＋报废数量+破坏数量”≥“预计产量”时，该生产入库单或委外进货单的日期将被赋予实际完工日。

⑤ 指定完工：工单开工生产后，因故必须终止生产（如订单被取消或生产到一半确定不再生产），则必须将此工单指定结束，以避免生产及用料计划的误差。若要将某一工单指定完工，可通过工单变更单或工单中的“指定完工”按钮来执行工单指定完工的动作。

步骤二：输入产品品号（如图 8-13 所示）。

【作业重点】

输入要生产的产品品号，也可按“F2”键开窗选择品号，系统会默认带出品名、规格及单位，使用者不需再手动输入。

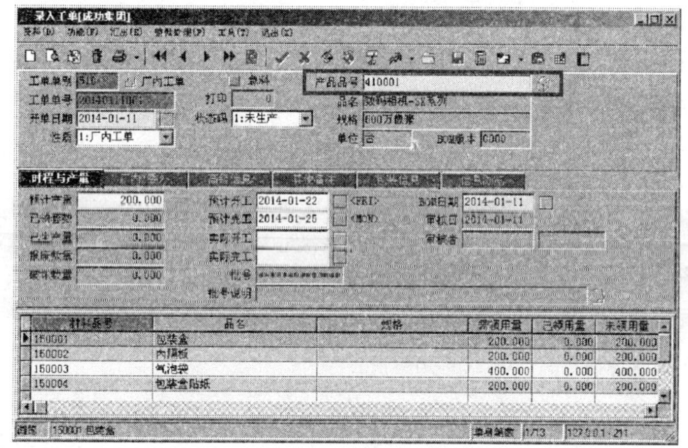

图 8-13　“录入工单”界面（七）

步骤三：决定预计生产数量（如图 8-14 所示）。

【作业重点】

输入预计生产的数量，此预计产量也是单身材料品号需领用量的推算依据。已领套数是领料单审核回写的；已生产量、报废数量及破坏数量是半成品或成品完工入库时，由生产入库单（厂内自制件）或委外进货单（委外加工件）审核后回写，使用者无需手动输入。

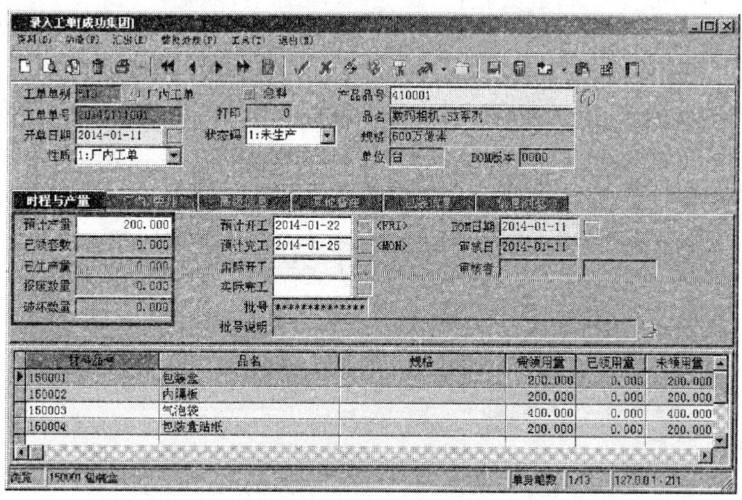

图 8-14　“录入工单”界面（八）

步骤四：输入预计开工日期（如图 8-15 所示）。

【作业重点】

输入预计开工日期，系统会根据此生产品号在“录入品号信息”里设定的前置天数，加上“行业别=1. 企业”的假日表设定（系统将自动排除假日表上的休假日），计算所需的生产天数，推算出预计完工日期，让管理者可以掌握生产状况。实际开工日是第一张“领料单”审核后将审核日期回写；实际完工日是第一张“生产入库单”或“委外进货单”审核后回写。若后续输入“生产入库单”或“委外进货单”的入库或进货日期比本字段的日期还大，也将会回写最新实际完工日。

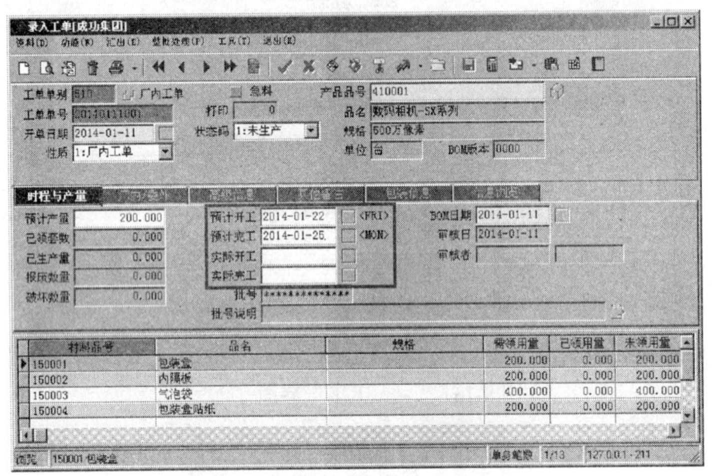

图 8-15 “录入工单”界面（九）

步骤五： 输入负责生产的工厂、工作中心或委外供应商（如图 8-16 所示）。

【作业重点】

选择页签“厂内/委外”，指定负责生产的工厂、工作中心（若产出产品为厂内自制件）或委外供应商（若产出产品为委外加工件，该委外供应商的基本数据需先在“采购管理子系统”|“供应商管理”|“录入供应商信息”设定好）。若为委外加工件，负责外包的生管人员，可在“工单/委外子系统”|“委外管理”|“录入委外核价单”，输入与委外供应商谈妥的加工单价，则在录入工单、输入产品品号及委外供应商时，系统会自动带出单价等信息。若加工单价在完工后才知道，也可在录入工单时不输入，等半成品或成品完工入库后，在“委外进货单”中记录。

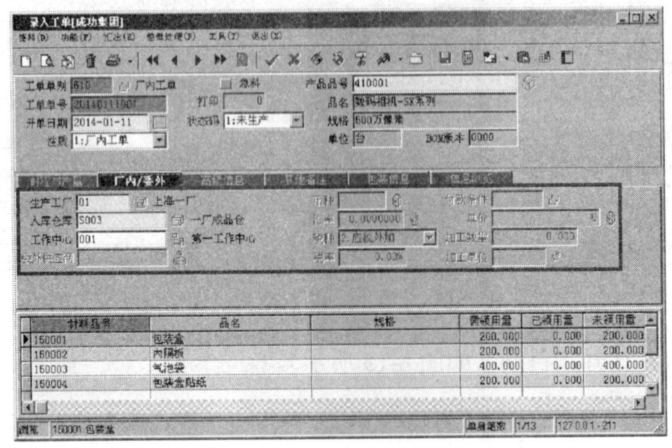

图 8-16 “录入工单”界面（十）

步骤六：记录工单录入的来源（如图 8-17 所示）。

【作业重点】

若手动录入工单，可输入源工单单号。若遇多阶 BOM 生产时，输入源工单单号，能让低阶码较大的半成品追溯到生产来源，也利于后续工单进度的追踪查询（如"订单生产进度表"）。生管人员也可输入订单单号，系统将自动带出客户编号、客户单号及客户品号等信息。若企业在决定生产时需执行生产计划，可执行"批次需求计划系统"|"生成批次需求计划"，由系统产生计划建议，计划确认后，再执行"发放生产计划"，将计划转为正式的工单，则产生的工单将记录"该计划的计划批号"，以便于后续物管人员追踪。

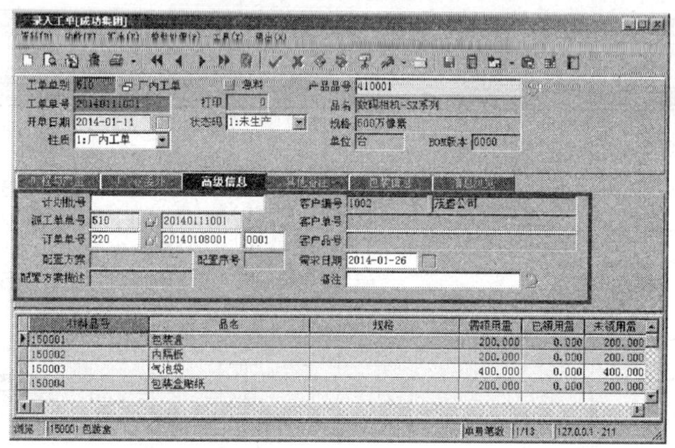

图 8-17　"录入工单"界面（十一）

步骤七：输入产品品号的用料（如图 8-18～图 8-20 所示）。

【作业重点】

（1）单击"录入工单"单身字段，系统自动弹出展阶的窗口，根据此窗口的选项，计算出生产此产品所需的材料及其所需用量。

（2）展开方式：生产此产品是使用单阶材料还是尾阶材料。若选择"单阶"，则系统将针对生产此产品的单阶 BOM 展开所需料件；若选择"尾阶"，则把生产此产品的所有材料都展算出来，但不包含半成品。

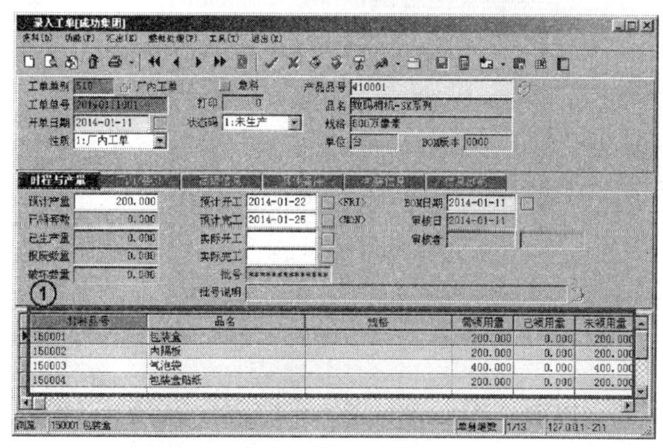

图 8-18　"录入工单"界面（十二）

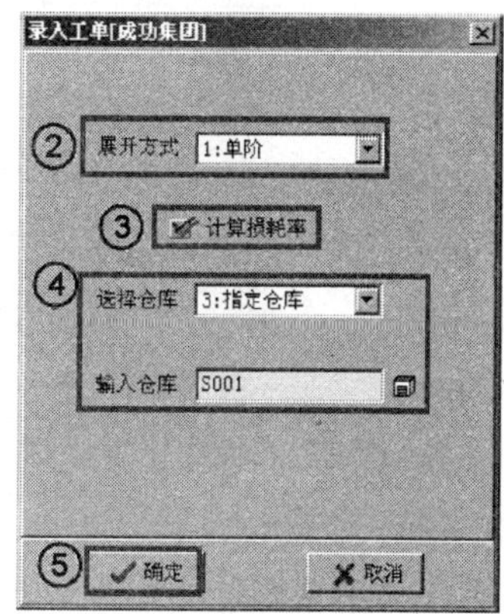

图 8-19　"录入工单单身展阶"界面

（3）计算损耗率：将依“录入 BOM”里设定的损耗率计算所需的材料用量。例如，产出 100 台成品，材料 A 的标准用量为 100 件。若预计在生产的过程中，此材料会产生耗损状况，则可设定某一百分比的损耗率，如 5%，则仓库将多发 5%的材料给工作中心，即会发 105 件材料 A 给工作中心。

（4）选择仓库：要从哪一个仓库领料。共有三个选项：“1. 主要仓库”，表示此材料品号在录入品号信息里有设定主要仓库，则领料时可以选择领取此仓库的材料；若选择“2. 入库仓库”，指生产产品的入库仓库；选择“3. 指定仓库”，则必须输入从哪一个仓库领料。

（5）单击“确定”，系统将自动展算用料信息。

（6）生管部门主管审核，将副本分发给生产部门、物管部门及委外供应商（若为委外加工件的外包），并将正本留存生管部门备查。

厂内工单

制表日期:2014-01-11　　　　页次: 1/5

工单编号:510 -20100111001　产品品号:410001　台　生产工厂:01　上海一厂
开单日期:2014-01-11 ＜一＞　品　名:数码相机-SX系列　入库仓库:S003　一厂成品仓
预计开工:2014-01-22 ＜五＞　规　格:500万像素　工作中心:001　第一工作中心
预计完工:2014-01-25 ＜一＞　订单单号:220 -20140108001 -0001　委外供应商:
BOM 日期:2014-01-11 ＜一＞　客户单号:　急料: N　预计产量:200　税种:　审核码:未审核
性　质:厂内　客户编号:1002　预计包装产量: 0　委外单价:0　应税外加　币　种:
状 态 码:未生产　客户简称:茂盛公司　加工单位:　包装单位:　汇　率:0
源工单单号:510 -20100111001　客户品号:　备　注:
生产批号: ******************　批号说明:

材料品号 / 备注	品 名 / 规 格	单位	需领用量	已领用量	仓库	工艺	材料类型
150001	包装盒	个	200	0	S001 一厂原材料	****	直接材料
150002	内隔板	片	200	0	S001 一厂原材料	****	直接材料
150003	气泡袋	个	400	0	S001 一厂原材料	****	直接材料

图 8-20 “录入工单凭证”界面

【业务场景】

对于第二张半成品品号为 310001 的“PCBA-Assembly Main”工单，采用同样的方式录入完毕（如图 8-21 所示）。

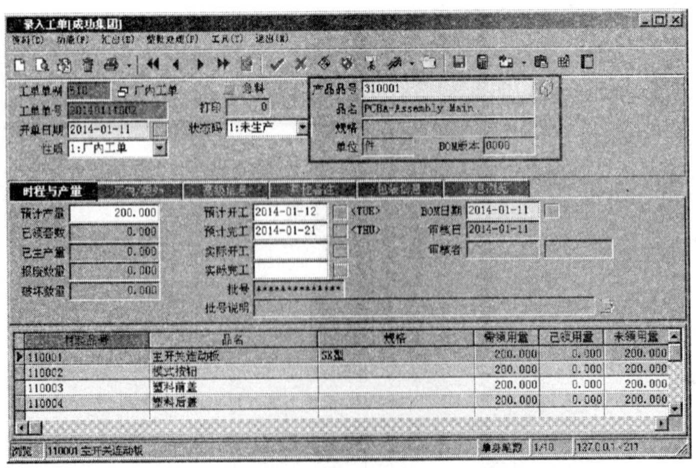

图 8-21 “录入工单”界面（十三）

对于第三张半成品品号为 320001 的“PCBA-Assembly Sensor”工单，采用同样的方式录入完毕即可。

任务三　工 单 变 更

任务描述

2014 年 1 月 9 日，收到 1 月 8 日工单的部门向生管部提出协调，仓管部反映原本委外生产的半成品库存已挪作他用，制造部反映品号为 120001 电阻及品号为 120003 的二极管生产损耗率有所提高，建议多备料。外包组评估后，变更工单内容。变更事项一：原本工单的委外生产数量为 150 个，将该工单预计产量增加至 200 个。变更事项二：电阻的领用量由原本的 800 个增加至 824 个，二极管的需领用量由原本的 400 个增加至 408 个。

知识准备

当产能、产量、用料、需求等有变更时，生管人员可在“录入工单变更单”里做修改，指定完工及打印工单变更的相关信息，则可保留原始工单记录。可以变更的工单信息包括：

（1）可变更预计产量、预计开工及预计完工日；

（2）可变更生产工厂、工作中心或委外供应商；

（3）可变更用料；

（4）可将因故不再生产的工单指定完工，避免生产及用料计划的误差。

任务实施

步骤一：选择需要变更的工单（如图 8-22 所示）。

【作业重点】

在“工单单别”按“F2”键开窗选择要变更哪一张工单，选好后，会在“变更版本”的字段看到“0001”，表示这一张工单目前是第一次做变更；“变更日期”会默认为系统日期。系统会默认单头的信息是原始工单的信息，如产品品号、工单性质等，不可修改。

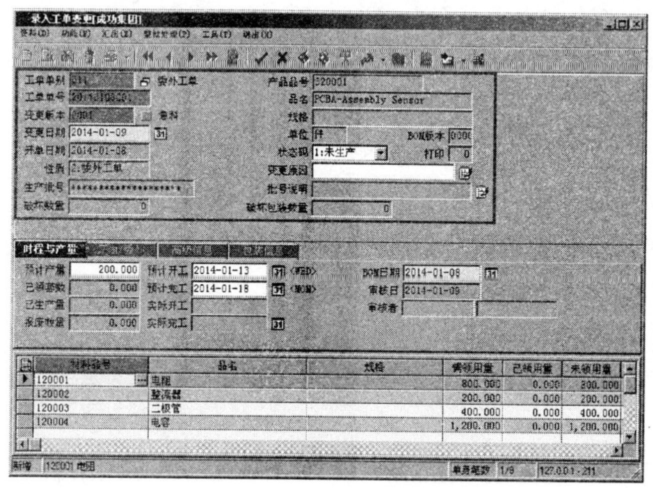

图 8-22 “录入工单变更”界面（一）

步骤二： 输入变更事项（如图 8-23～图 8-26 所示）。

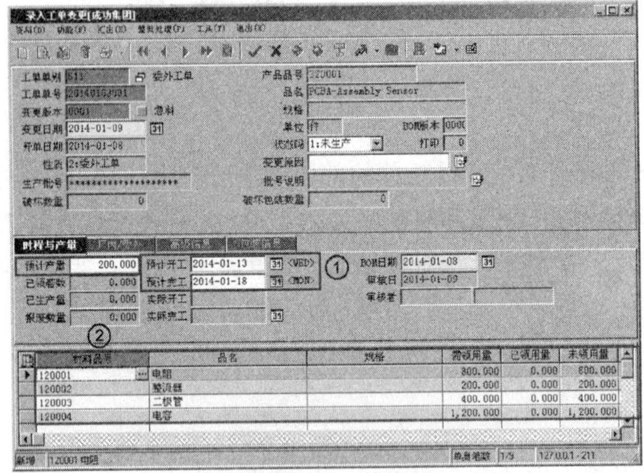

图 8-23 “录入工单变更”界面（二）

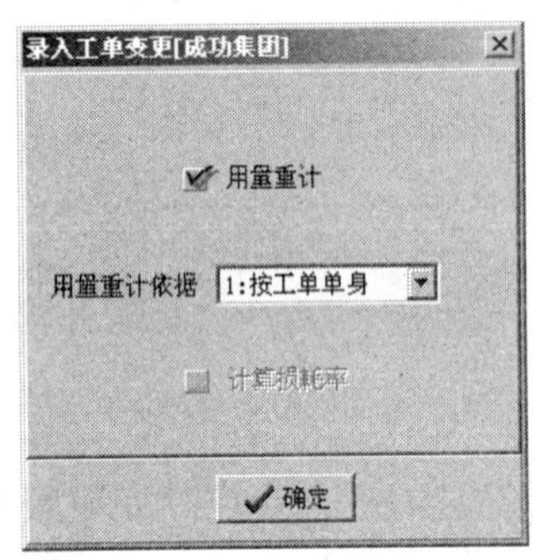

图 8-24 “录入工单变更”界面（三）

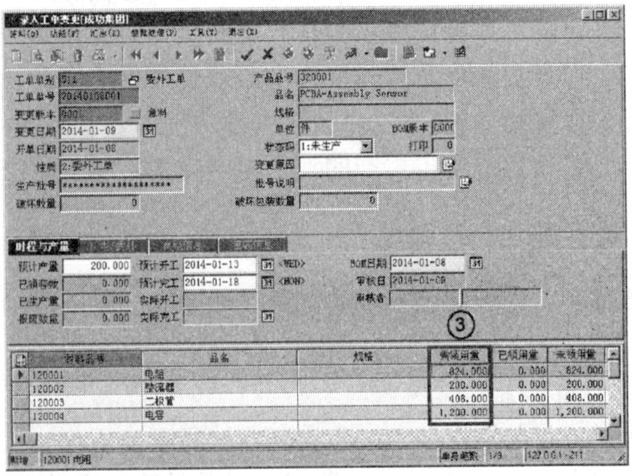

图 8-25 “录入工单变更”界面（四）

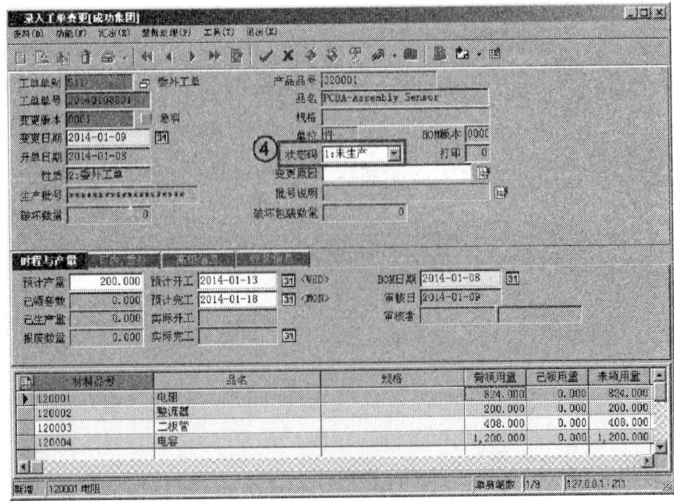

图 8-26 “录入工单变更”界面（五）

【作业重点】

（1）变更预计产量200，直接在相关字段修改即可；预计完工日有变更需求时，同样直接修改该字段内容即可。

（2）鼠标单击单身材料品号时，系统会显示如图8-24的提示，询问是否要重计用料的用量。

（3）单击“确定”后，单身的“用量”发生相应的变更。

（4）若要指定完工，只需将状态码改为“y:指定完工”即可。

注：若将工单指定完工，系统会以变更日期作为该工单的实际完工日期，后续产品成本计算时，是计算在制成本的依据。

步骤三：审核工单变更单（如图8-27所示）。

【作业重点】

工单变更需经过生管部门主管审核，再将副本分发给生产部门、物管部门及委外供应商（若是委外加工件的外包），并将正本留存生管部门备查。

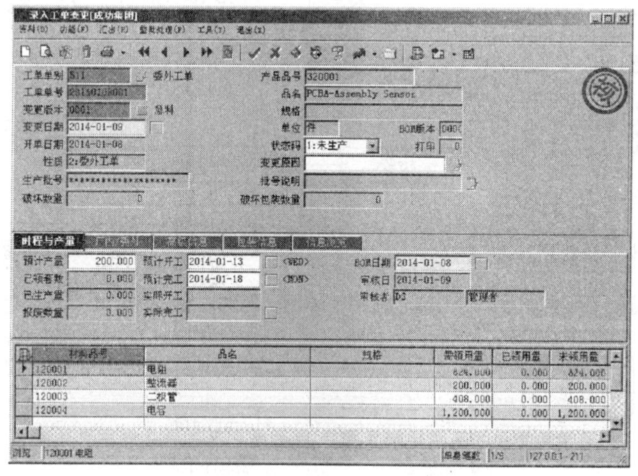

图8-27 “录入工单变更”界面（六）

注：变更后的信息会马上在“录入工单”显示。

任务四 生产领料

任务描述

制造车间有材料才能开工生产，也就是要领料。制造业发料原则一般有两种：一种是领料制，另一种是备料制（发料制）。

（1）领料制：生产现场根据工作中心的派工指令，填写领料单向物管部门申请发料，主动权在制造车间。

（2）备料制：物管部门根据生产排程表，将料件准备好，发送到制造车间，主动权在物管部门。

有关发料、领料制度的规划必须配合料件的管理属性来管理。BOM 中有些材料是难以或无经济效益做批次发料的，如螺丝、螺帽、胶带，这些材料如果要跟着工单分批来领料，不仅要点数量及过秤，还要标示及管理，花费时间太多，因此这些料件通常会以采购的包装单位来领用，采用的是领料制。使用者可以在“存货管理子系统”|“基础设置”|“录入品号信息”里，设定该料件的领料码（如设定为“单独领料、自动扣料”）作为控管点。

2014 年 1 月 11 日，仓管部在“PCBA–Assembly Main”工单生产前，开使录入领料单，并且按用量表检料，将料件备妥交组装车间二组。

知识准备

工单就绪，相关部门就要开始行动，例如仓管部门要备料、制造部要准备机器及领取所需材料等，厂内生产流程如图 8-28 所示。

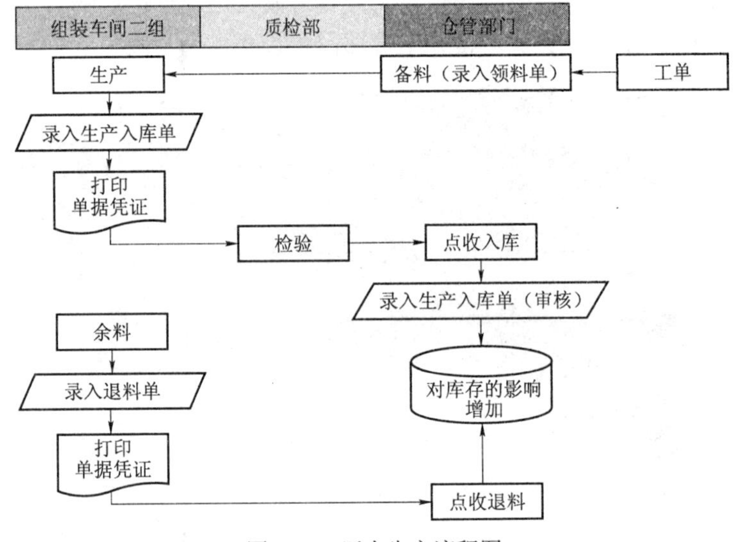

图 8-28 厂内生产流程图

仓管部根据工单需求，准备相关所需材料，送至组装车间二组。生产完成，车间二组将完工的成品或半成品信息记录到生产入库单，且打印凭证通知质检部检验，检验完成，再通知仓管人员点收入库，入库后才可将生产入库单审核，仓库的数量就会增加。若车间有未使用的余料，则需将余料做退料处理，要录入退料单，打印凭证交由仓库人员点收入库，单据审核后，增加库存数量。

任务实施

步骤一：在从系统主界面执行“工单/委外子系统”|“录入领料单”，进入“录入领料单”，开始建立领料信息（如图 8-29 所示）。

【作业重点】

在“领料单别”字段直接输入单别编号（厂内自制件及委外加工件领料须分开），或按“F2”

键开窗选择单别（单别需在“设置工单单据性质”设好），选好后，系统将默认系统日期为领料单录入的单据日期，可修改。

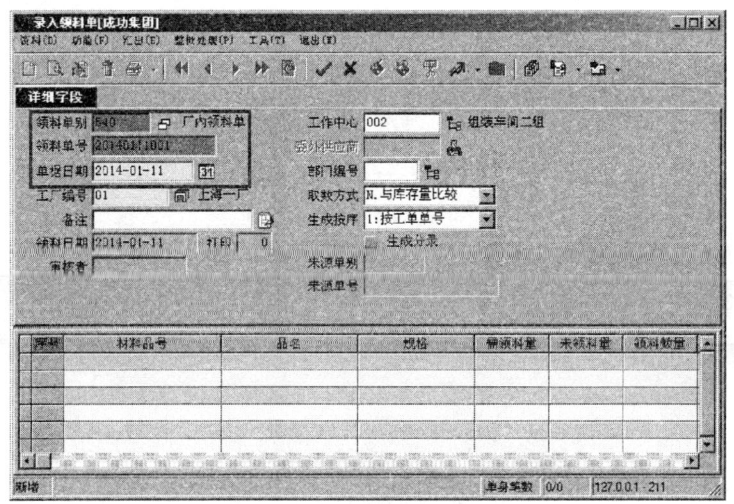

图 8-29　“录入领料单”界面（一）

步骤二：选择领料的工厂及工作中心/委外供应商（如图 8-30 所示）。

【作业重点】

在“工厂编号”字段选择领料的工厂，若为厂内自制，则可记录领料的工作中心，若为委外加工，则可记录领料的“委外供应商”。

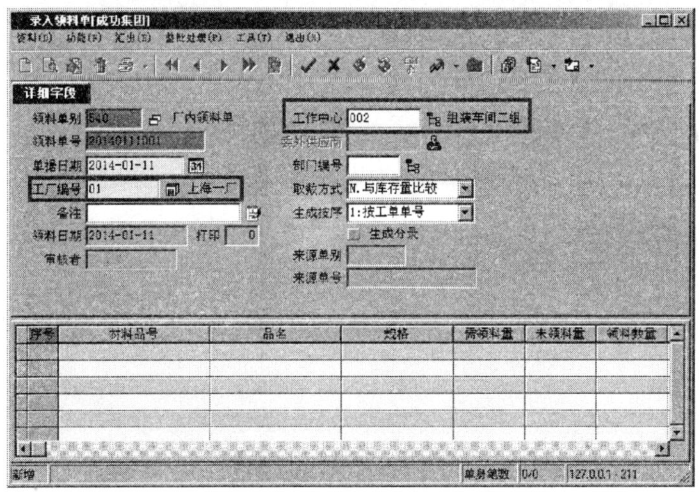

图 8-30　“录入领料单”界面（二）

步骤三：选择要领哪一张工单的用料及领料方式（如图 8-31～图 8-38 所示）。

【作业重点】

（1）可单击工具栏的“工单信息输入”，系统自动显示如图 8-32 所示的窗口，输入要领哪一张工单的用料及其领料方式。

（2）需单击工具栏上的“维护”，方可选择工单信息。

（3）在“工单单别”字段，按“F2”键开窗选择指定工单单号。

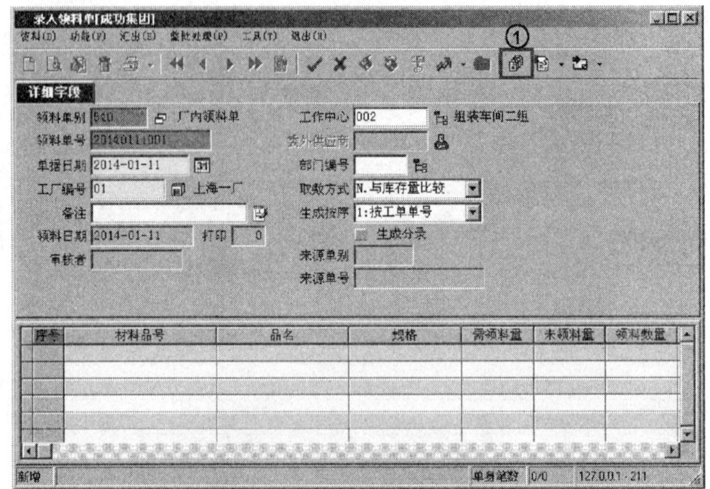

图 8-31 “录入领料单”界面（三）

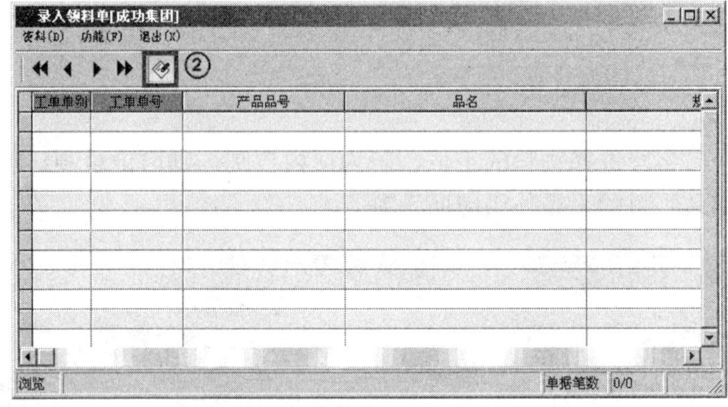

图 8-32 “工单信息输入”界面（一）

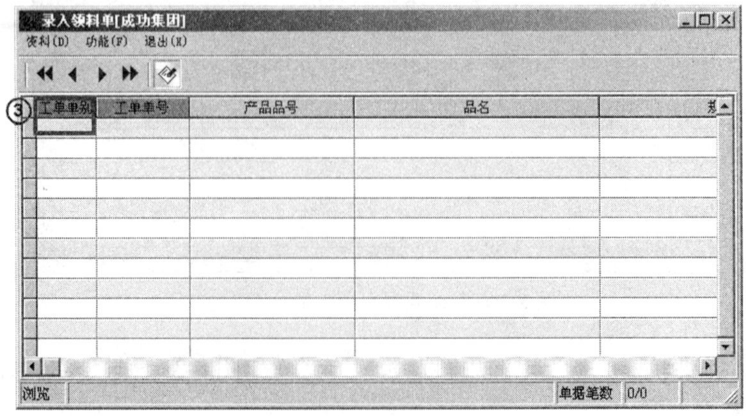

图 8-33 “工单信息输入”界面（二）

（4）选好领料的工单单号，单击“确定”，即可回到前一画面，系统将自动带出该工单单号要生产的产品品号、品名及规格。

图 8-34 “工单单别开窗”界面（一）

（5）指定领料方式。假设某一工单，其预计产量为 100 套成品 A，此成品 A 需领材料 B、C 及 D 各 100 pcs。若第一次领料时只领 50 套成品 A 所需的用量，所以设定领料方式为“1. 成套领料”，应该提领材料 B、C 及 D 各 50 pcs。但是由于材料 D 的库存量不足，所以在第一次领料时，只领了以下的材料：

第 1 次领料（1. 成套领料）	
B	50 pcs
C	50 pcs
D	48 pcs

那第二次领料时，有两种方式可选择：

第 1 种方式 第 2 次领料（2. 补足已领套数）		第 2 种方式 第 2 次领料（3. 补足需领用量）	
B	0 pcs	B	50 pcs
C	0 pcs	C	50 pcs
D	2 pcs	D	52 pcs
↓		↓	
☺ 第三次需要再领料 50 套！		☺ 材料已经全部领完了！	

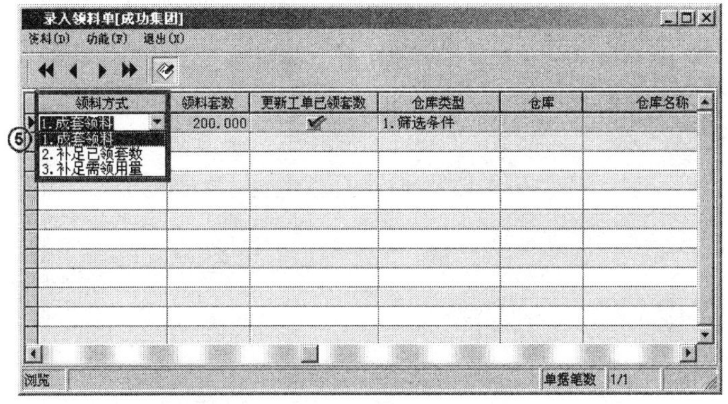

图 8-35 “工单单别开窗”界面（二）

（6）可利用“录入品号信息”中的领料码特性（“1. 逐批领料”“2. 自动扣料”“3. 单独领料”），输入领料码作为领料时过滤的条件。

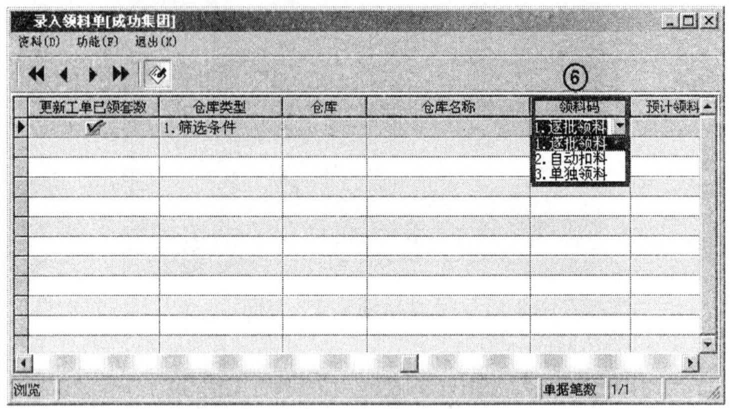

图 8-36 “工单单别开窗”界面（三）

（7）选择领用材料的材料类型，除了供应商供料以委外进货单的入库数量反推供应商代买的材料，其余类型都可在此作业记录领料信息。

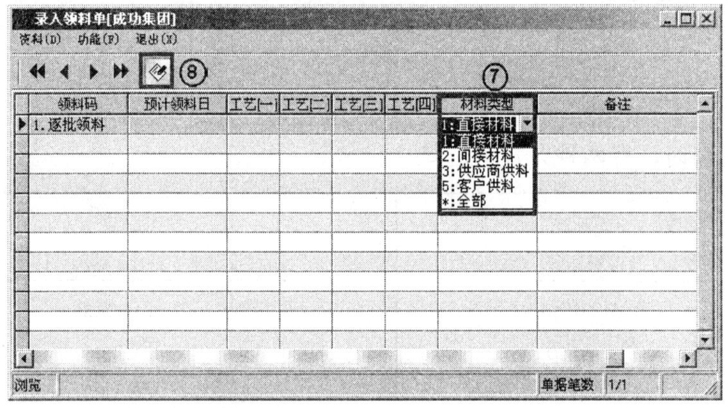

图 8-37 “工单单别开窗”界面（四）

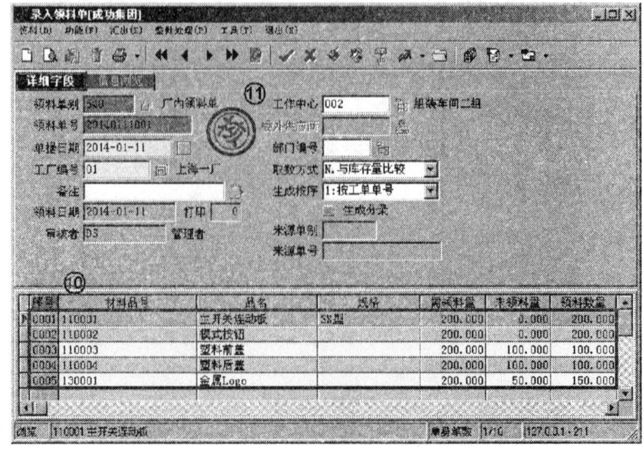

图 8-38 “录入领料单”界面（四）

（8）单击“维护”，离开此界面。

（10）系统根据设定的条件选项，自动在领料单单身产生需领用的材料品号，要将此单据保存。

（11）发料时，仓管人员需将领料单审核，并经领料人（如工作中心负责人员）签收，而领料单副本也需交给成本会计人员，用于成本计算。

步骤四：审核领料单（如图 8-39 所示）。

【作业重点】

领料单审核后，系统回写工单的已领套数、已领用量、实际开工日等；工单状态码改为“2. 已发料”。领料单审核表示该用料数量已从仓库中扣除。

注：“工单自动生成领料单”，可以将工单的指定用料及用量以批次的方式快速产生领料单。执行“基本选项”|“高级选项”，设定好产生领料单的条件，单击直接处理后，系统便会自动生成录入领料单(如图 8-40 所示)。

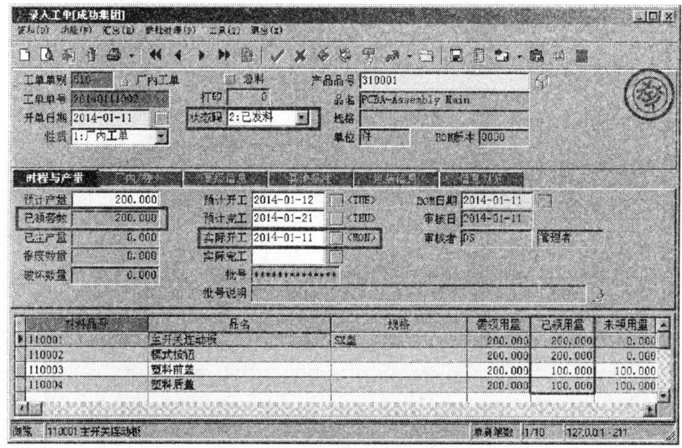

图 8-39 “录入工单”界面（十四）

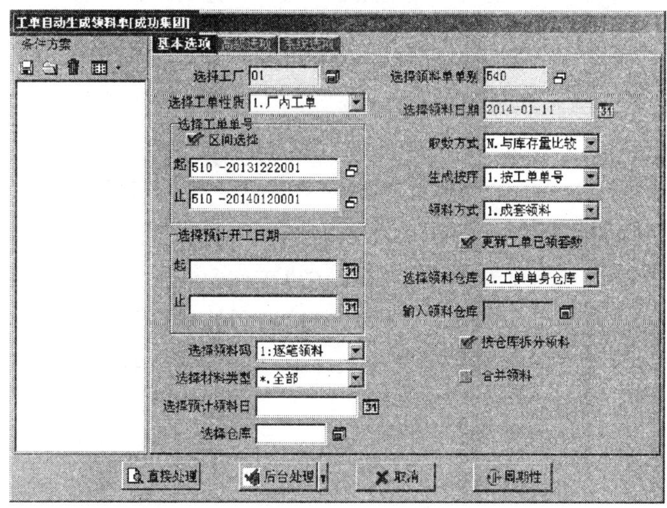

图 8-40 “工单自动生成领料单”界面

任务五 生产入库

任务描述

当成品或半成品完工时，可在系统里记录入库信息，作为成本计算依据。

2014 年 1 月 21 日，制造部办理半成品“PCBA–Assembly Main”的生产入库事宜。

任务实施

步骤一：在系统主界面执行“工单/委外子系统”|“录入生产入库单”，进入“录入生产入库单”界面，开始建立入库信息（如图 8-41 所示）。

【作业重点】

在“入库单别”字段直接输入单别编号，或按“F2”键开窗选择单别（单别需在“设置工单单据性质”设好），选好后，系统将默认系统日期为入库单录入的单据日期，可修改（如图 8-41 所示）。

图 8-41 “录入生产入库单”界面（一）

步骤二：选择入库的工厂及工作中心（如图 8-42 所示）。

【作业重点】

在“工厂编号”字段选择入库的工厂，也在“工作中心”字段选择入库的工作中心，这是“成本计算子系统”搜集及分摊人工成本、制造费用的依据。

步骤三：指定入库的工单、品号及输入入库数量（如图 8-43～图 8-45 所示）。

【作业重点】

（1）在“产品品号”字段按“F2”键，选择未完工的工单，系统根据选择的工单默认带出剩余的未入库量，以及工单单号、订单单号等相关信息。

（2）输入要入库到哪一个仓库。

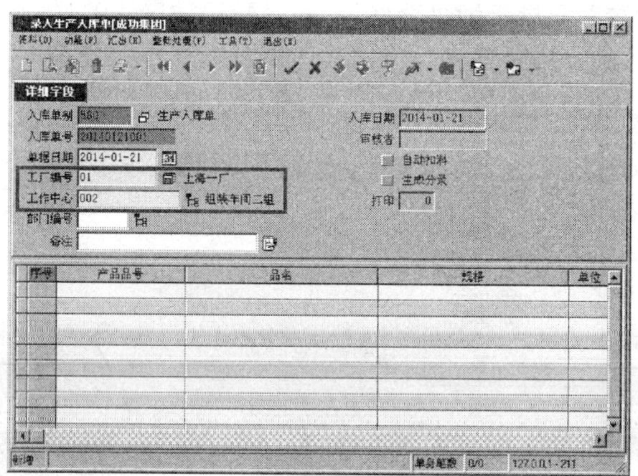

图 8-42 “录入生产入库单”界面（二）

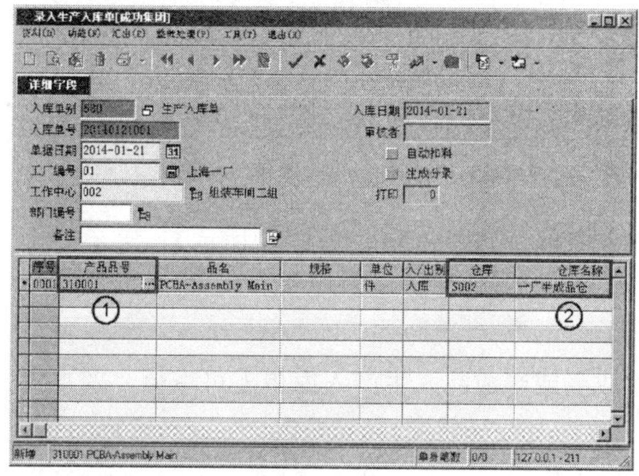

图 8-43 “录入生产入库单”界面（三）

（3）检验合格数量输入“验收数量”，不良的部分输入到“验退数量”，报废的部分输入“报废数量”，破坏的部分输入“破坏数量”。

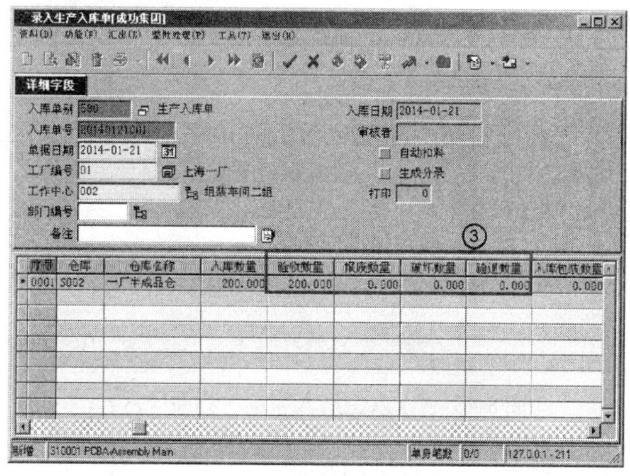

图 8-44 “录入生产入库单”界面（四）

（4）若“入库数量=验收数量”或“报废数量=0，验退数量=0，入库数量≥验收数量+破坏数量”，则“检验状态”会显示为“合格”；若“验退数量>0，报废数量>0，入库数量≠验收数量+破坏数量”，则“检验状态”显示为“不良”。

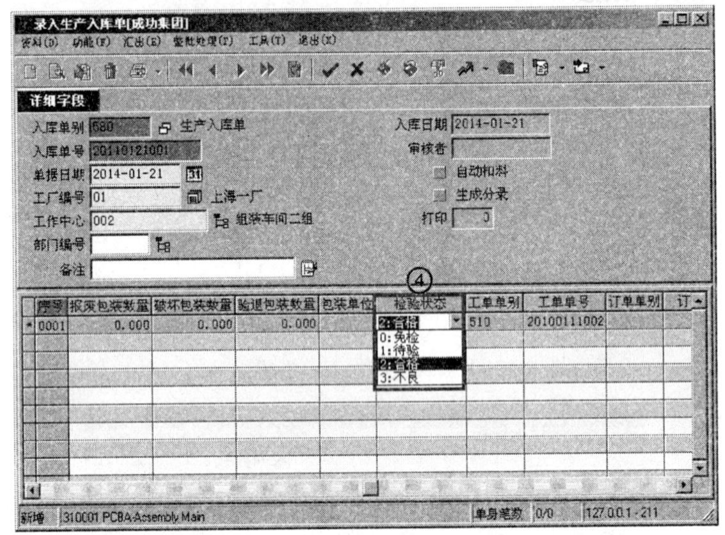

图 8-45 “录入生产入库单”界面（五）

步骤四：审核生产入库单（如图 8-46、图 8-47 所示）。

【作业重点】

（1）仓管人员点收成品或半成品，生产入库单方可审核，副本将交由成本会计人员作为计算成本的依据。

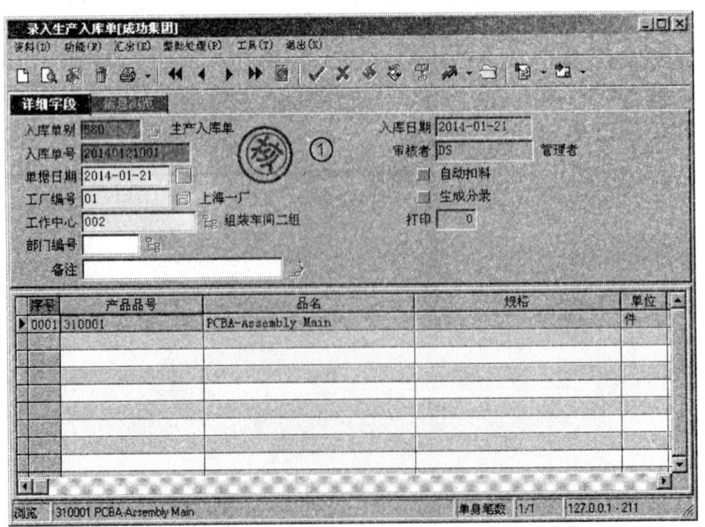

图 8-46 “录入生产入库单”界面（六）

（2）生产入库单审核，单据的验收数量与报废数量会回写到工单的已生产量与报废数量，并记录完工日期；若“已生产量+报废数量+破坏数量≥预计产量”，则工单状态码将自动由系统更新为“Y:已完工”（如图 8-47 所示）。

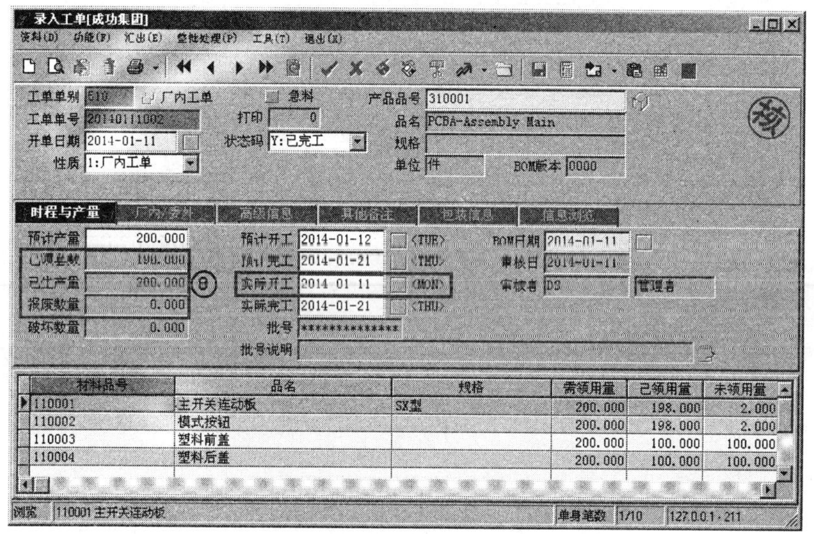

图 8-47 “录入工单”界面（十五）

任务六 委外进货

任务描述

录入委外生产过程的进货、验收、验退信息，作为成本计算依据。

2014 年 1 月 16 日，委外供应商达智科技已经加工完成“PCBA–Assembly Sensor”，并且将完成数量 200 件送回公司，由外包组负责收料。

知识准备

公司外包人员录入外包工单及录入委外领料单，仓管部备料完成并送货至委外供应商；委外加工件由委外供应商完工送回厂时，由外包人员输入“委外进货单”，记录送回厂的数量；由质检人员根据“委外进货单”信息进行检验，检验完成，到“委外进货单验收”中记录验收数量；最后仓管人员点收入库。若检验过程中发现有瑕疵或不良时，则不良数量不入库，直接验退，并将验退信息记录到“退回委外验退件”，财务仅针对验收合格的产品给付加工费用；加工完成，若有余料，委外供应商将余料送回，外包组记录在“录入退料单”中，通知质检部检验，由仓管部点收入库；若发现已验收入库者有瑕疵或不良，则可按照与委外供应商谈妥的合同或条款，以退货的方式退还给委外供应商。如图 8-48 所示为委外生产流程。验退与退货的差异如下。

（1）验退：进料检验时（未入库）就发现不良，需退回给供应商（不影响库存及账款）。

（2）退货：已经验收入库的料件，在事后发现质量不良需退回供应商（库存减少且应付账款也会减少）。

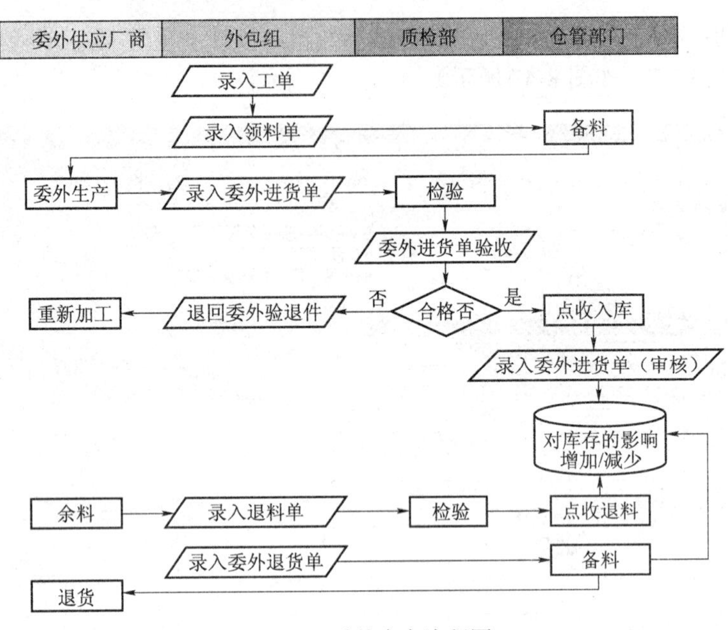

图 8-48 委外生产流程图

任务实施

步骤一：在系统主界面执行“工单/委外子系统”|“录入委外进货单”，进入“录入委外进货单”，开始输入委外进货信息（如图 8-49 所示）。

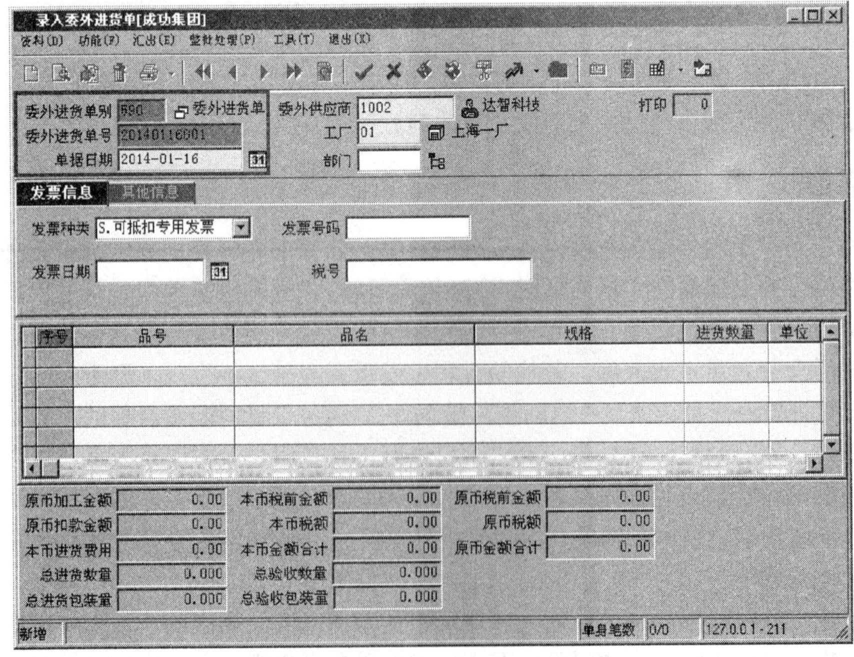

图 8-49 “录入委外进货单”界面（一）

【作业重点】

在“委外进货单别”字段直接输入单别编号，或按“F2”键开窗选择单别（单别需在“设置工单单据性质”里设好），选好后，系统将默认系统日期为委外进货单录入的单据日期，可修改。

步骤二：选择委外进货的委外供应商及工厂（如图 8-50 所示）。

【作业重点】

在“委外供应商”字段选择委外供应商，同时需在“工厂”字段选择进货工厂（如图 8-50 所示）。

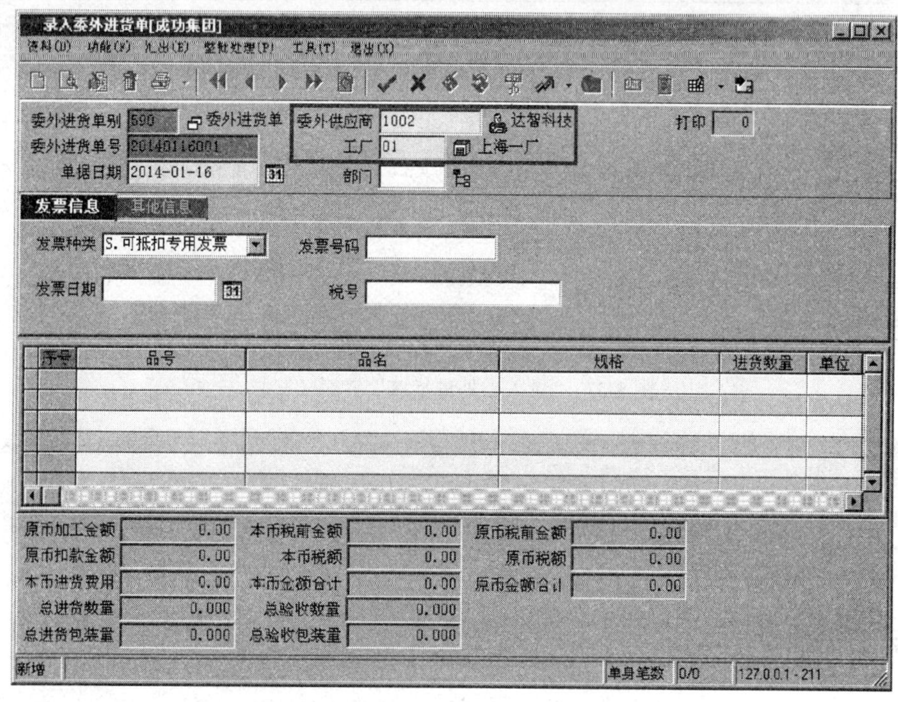

图 8-50 “录入委外进货单”界面（二）

步骤三：补入发票信息（若为随货附发票）（如图 8-51 所示）。

【作业重点】

若委外供应商在送货时就随货附发票，则可输入发票信息，如发票号码、发票日期、发票种类、税号等信息。

步骤四：指定委外进货的工单、品号及输入进货数量（如图 8-52～图 8-54 所示）。

【作业重点】

（1）在“品号”字段按“F3”键，选择未完工的工单，系统根据选择的工单默认带出剩余的未进货量、工单单号等相关信息。

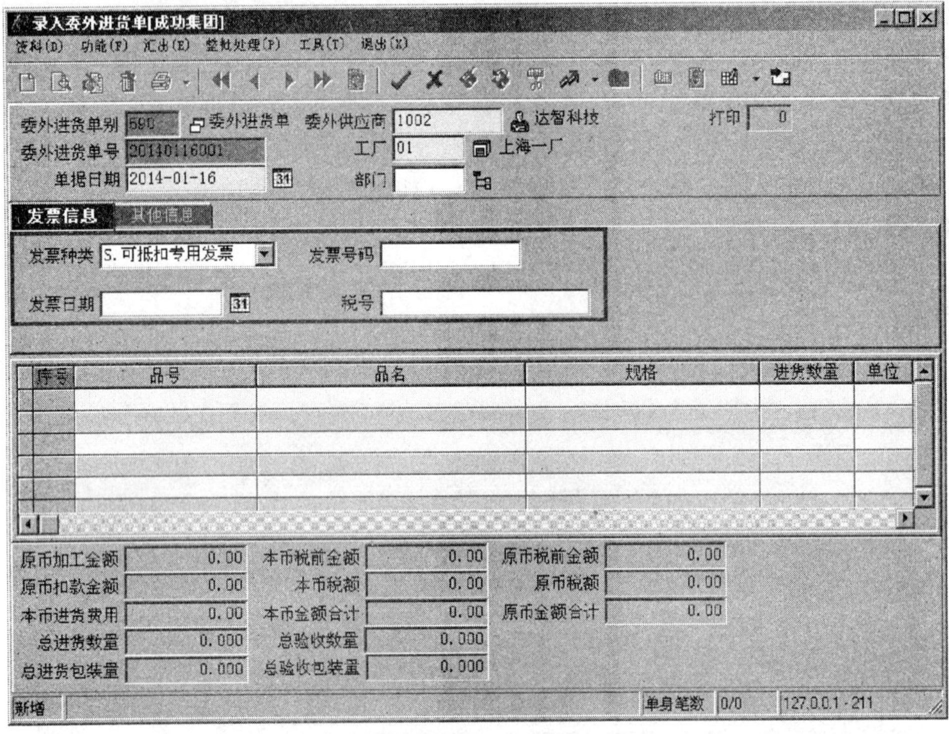

图 8-51 “录入委外进货单”界面（三）

录入委外进货单[成功集团]
资料(D) 功能(F) 汇出(E) 整批处理(P) 工具(T) 退出(X)
委外进货单别 590 委外进货单 委外供应商 1002 达智科技 打印 0
委外进货单号 20140116001 工厂 01 上海一厂
单据日期 2014-01-16 部门
发票信息 其他信息
发票种类 S.可抵扣专用发票 发票号码
发票日期 税号

序号	品号	品名	规格	进货数量	单位
0001	320001	PCBA-Assembly Sensor		200.000	件

①

原币加工金额 0.00 本币税前金额 0.00 原币税前金额 0.00
原币扣款金额 0.00 本币税额 0.00 原币税额 0.00
本币进货费用 0.00 本币金额合计 0.00 原币金额合计 0.00
总进货数量 0.000 总验收数量 0.000
总进货包装量 0.000 总验收包装量 0.000
新增 320001 PCBA-Assembly Sensor 单身笔数 0/0 127.0.0.1 - 211

图 8-52 “录入委外进货单”界面（四）

（2）输入检验合格后要入库到哪一个仓库及进货数量等信息。

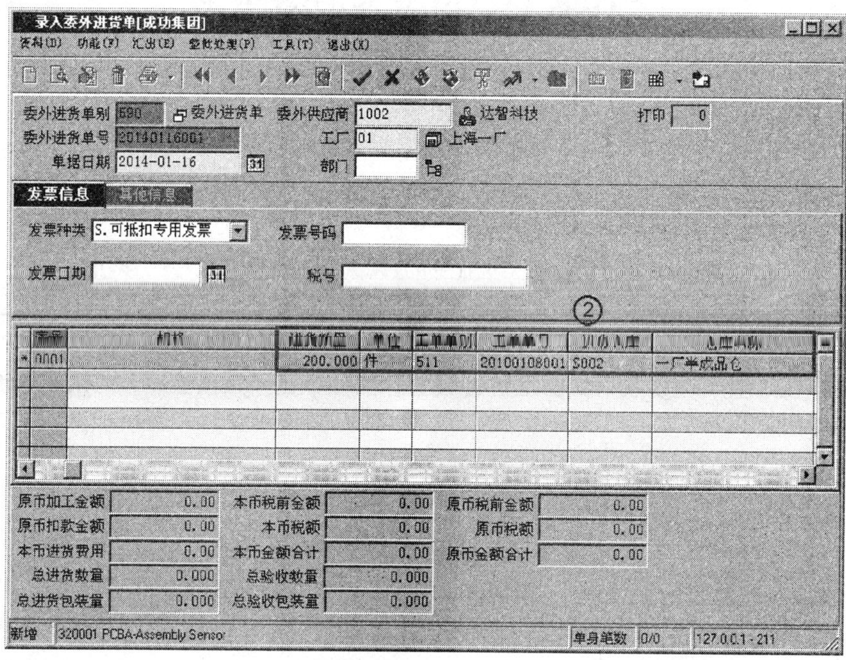

图 8-53 “录入委外进货单”界面（五）

（3）确认委外单价、加工金额、进货费用等信息是否正确。

（4）将委外进货单保存，交由质检部门执行检验工作。

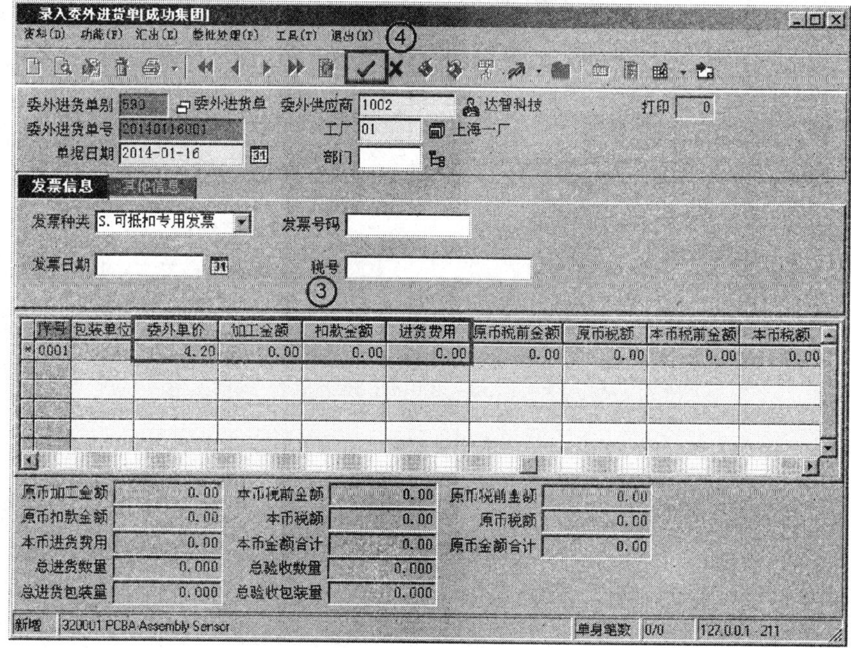

图 8-54 “录入委外进货单”界面（六）

任务七　报表查询统计

一、生产进度表

任务描述

以工单或者供应商的角度检视一段期间内的生产状况，便于提供给相关部门掌握生产进度。

任务实施

步骤一：在“生产进度表”界面上进行设置，然后单击“直接查询”（如图 8-55、图 8-56 所示）。

【作业重点】

（1）选择工单性质，有厂内工单或者委外工单两种，在选择时也可指定查看的工厂。若“选择工单性质”选择“厂内工单”，则可在“选择工作中心”筛选“工作中心”的资料；若选择“委外工单”，则可选择委外供应商资料；也可以把工单的开工日及工单单头的入库仓库作为筛选依据。

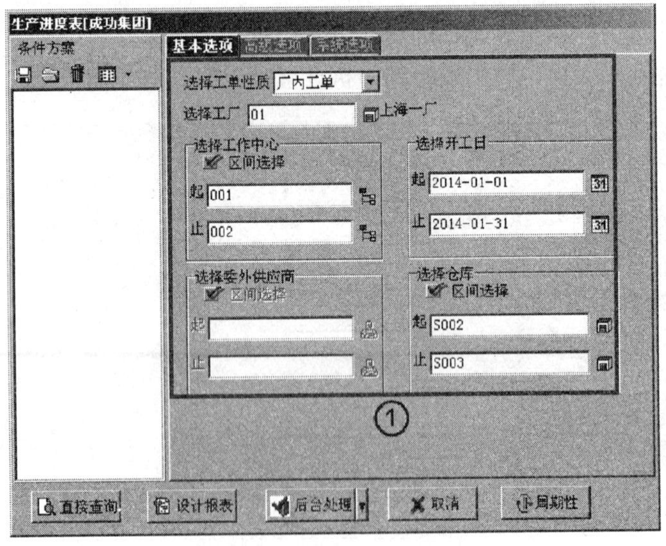

图 8-55　“生产进度表”界面（一）

（2）选择查询工单的审核状态，根据工单状态筛选需要查看的工单。报表数据排序方式可自由选择，“选择排序方式”为“工作中心加预计开工日”，“工作中心不同分页”才能勾选，代表可以对不同的工作中心分页呈现信息；“选择排序方式”为“委外供应商加预计开工日”，“委外供应商不同分页”才能勾选，表示可以对不同的委外供应商分页呈现。

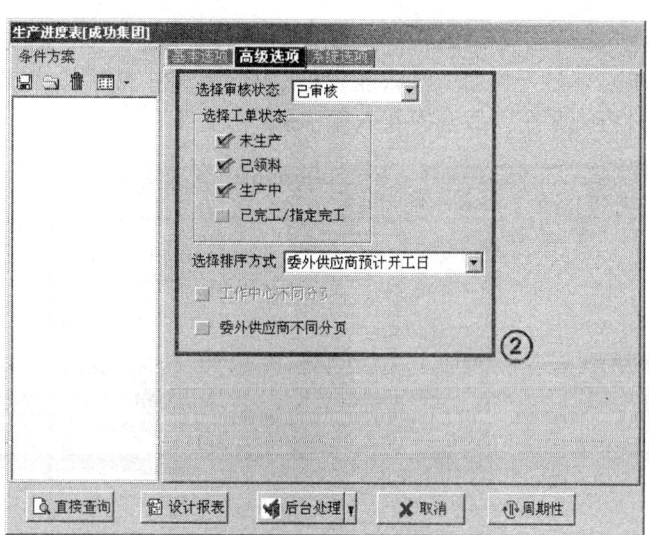

图 8-56 “生产进度表”界面（二）

步骤二：报表产出结果（如图 8-57 所示）。

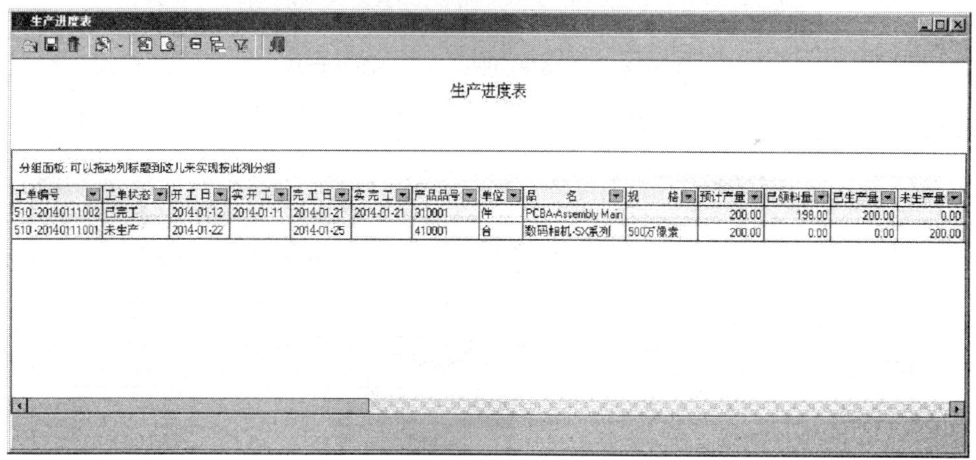

工单编号	工单状态	开工日	实开工	完工日	实完工	产品品号	单位	品名	规格	预计产量	已领料量	已生产量	未生产量
510-20140111002	已完工	2014-01-12	2014-01-11	2014-01-21	2014-01-21	310001	件	PCBA-Assembly Main		200.00	198.00	200.00	0.00
510-20140111001	未生产	2014-01-22		2014-01-25		410001	台	数码相机-SX系列	500万像素	200.00	0.00	0.00	200.00

图 8-57 “生产进度表”界面（三）

二、工单生产明细表

任务描述

以工单的角度，查询某段期间内的生产入库的明细数据。

任务实施

步骤一：在“工单生产明细表”界面上进行设置，然后单击“直接查询”（如图 8-58 所示）。

【作业重点】

筛选查询的工厂时，选择工单性质及指定的工单单据，工单性质分为厂内工单、委外工单、全部，系统根据选择的工单性质来筛选要查询的工单单别单号。例如，工单性质为厂内工单，那么在工单单别单号开窗后，就只能看到厂内的工单；然后指定要查询哪一段期间的入库单数据，或者只查询某个入库仓库及入库单别。

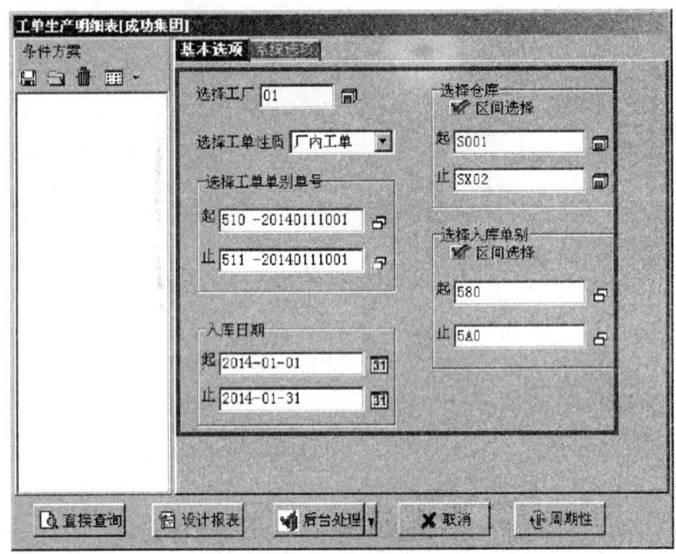

图 8-58 “工单生产明细表”界面（一）

步骤二：报表产出结果（如图 8-59 所示）。

工单生产明细表

分組面板：可以拖动列标题到这儿来实现按此列分組

工单编号	产品品号	单位	品名	规格	订单单号	源工单号	入库单号	入库日	异动别	数量	包装数量	工艺	急料	生产仓库
510 -20140111002	310001	件	PCBA-Assembly Main			510 -20140111002	580 -20140121001	2014-01-21	生产入库	200.00	0.00		N	S002
							小计:	1笔		200.00	0.00			
511 -20140108001	320001	件	PCBA-Assembly Sensor			511 -20140108001	590 -20140116001	2014-01-16	委外进货	198.00	0.00	***	N	S002
511 -20140108001	320001	件	PCBA-Assembly Sensor			511 -20140108001	5A0 -20140119001	2014-01-19	委外退货	5.00	0.00	***		S002
							小计:	2笔		193.00	0.00			
							合计:	3笔		393.00	0.00			

图 8-59 “工单生产明细表”界面（二）

学习小结

制造企业工厂内的一切活动都是以生产管理部门发出的工单作为生产执行的依据，因此，如果能确实掌握所有工单的生产状况，就能让工厂内的一切生产活动有条不紊、按部就班地进行。在不同的制造企业里工单有不同的名称，如工单、生产工单等，通过易飞 ERP 系统，可以提供录入工单、工单变更、领料、退料、生产入库和委外管理等功能。

项目实训

（1）成功集团生产部门 2014 年 3 月 30 日需要生产 500 台品号为 410001 的数码相机，由上海厂一车间负责开工生产，预计开工日在 4 月 5 日，产成品的最终入库仓库是 S003 成品仓，单身材料品号直接以单阶形式展开进行领料即可。

（2）2014 年 4 月 4 日，仓管人员备完需要的材料后即可让车间人员进行领料，车间人员将所有的材料一次领完，并且是根据工单单身的材料用量领取的，领料完毕后，需要在 ERP 系统中输入领料单，请以车间人员的身份手动输入一张领料单。

（3）产品经过一系列的加工生产，最终在 4 月 25 日完工入库，并且所有品产品都验收合格，请以车间人员的身份手动输入生产入库单。

项目九

工 艺 管 理

知识目标

1. 掌握工作中心、工艺信息、工艺路线等的作用及含义。
2. 掌握投产单、转移单、入库单等工单的工艺流程管理。

能力目标

1. 能用易飞 ERP 系统进行工作中心、工艺信息、工艺路线等的基础设置。
2. 能用易飞 ERP 系统进行投产单、转移单、入库单等工单的工艺流程管理。
3. 能用易飞 ERP 系统进行工艺管理常用报表的查询统计。

引导案例

生产车间如何针对以下情景利用 ERP 系统进行投产、转移、报工呢?

〈情境六〉制造部接单生产中……

2014/01/22 日 成品–投产

生产“数码相机-SX 系列”所需的材料及半成品都到货后，仓管部备妥材料，交给工作中心组装车间二组，进行工单第一道工艺主体组装。

2014/01/23 日 成品–转移

组装车间二组完成工单第一道工艺主体组装加工作业后，第二道工艺成品包装的工作中心包装车间组接手加工。

同日，包装车间组完成加工后，产出“数码相机-SX 系列”的成品 200 台，由仓管部进行点收，并通知质检部进行检验，检验结果全数合格。

2014/01/23 日 报工

制造现场的组长在“数码相机-SX 系列”加工完毕后，将发生在工作中心的人时及机时如实填写在报工单上。

任务一 录入工单工艺

任务描述

2014 年 1 月 22 日，生产“数码相机-SX 系列”所需的材料及半成品都到货后，第一道工序是在工作中心组装车间二组，进行主体组装；第二道工序是在工作中心包装车间组，进行成品包装。

知识准备

系统的工艺管理是以生管部门发出的工单（Manufacturc Ordcr）为主线，管理每一张工单所需的每一道工艺，进而了解每一道工艺的在制品、生产现场的库存、机器稼动率、人员效率等信息，所以工艺管理的第一个步骤就是生管部门必须先录入工单，生产部门再以该工单作为依据，决定工单的工艺路线。产生工单工艺的方式有两种：自行在“录入工单工艺”里指定每一张工单要经过哪几道工艺（因为同一品号产品可以有多个工艺路线）；若工单采用标准工艺路线时，只要在“录入品号信息”里，指定该品号的标准工艺路线，就可执行“从产品工艺自动生成工单工艺”来批次指定工单工艺，以节省逐张工单指定工艺的时间。

一、系统简介

（一）系统效益与特色

工艺管理子系统可称为现场管理系统（Shop Floor Control System），生产某一数量的产品时，从第一道工艺开始到最后一道工艺完成所要经过的时间，有时候需要几天甚至几周，站在管理者的立场，有必要随时了解该批零件的生产进度：各道工艺分别已经完成多少数量，差多少数量未完成，还要花多少时间才能完成，以及各道工艺目前在制量为多少等信息。当该批产品生产完毕时，则需要了解各工艺实际投入的工时与标准的差距，以衡量各工作中心效率。因此易飞的工艺管理子系统提供了环环相扣的工艺管理来依照工艺的流程记录追踪每一道工序的生产进度和在制情况，从而协助企业对每一道工艺进行生产控制；通过转移单或报工单，搜集工时数据，以备后续成本计算或可用于分析实际工时的合理性；并且还能对机器的负荷状况做出分析。系统的特色主要以下几个方面。

（1）针对每一道工艺，系统提供了在产品数量、完成数量、报废数量、返工数量、待转数量等数量的控制。

（2）系统允许多项产品对应同样产品工艺路线，减少产品工艺路线建立的时间，增加了使用弹性。

（3）工单工艺路线在输入时，提供了由产品工艺路线文件复制的功能，以节省资料输入的时间。

（4）工艺路线的转移可以按现场的情况调整，不需要完全按照工单工艺的标准顺序来转移。随时按实际需求增加，具备转移的弹性，充分发挥中小企业对于生产的灵活运作。

（5）系统提供各工作中心的转移单作业，并自动更新工单工艺路线的进度、在产品、返工与耗用工时状况。

（6）系统提供产品标准工艺及工时信息的录入，以作为生产效率评估及标准人工、制费的计算依据。

（7）转移单除记载各工艺完工数量外，也记载损坏、退回及返工数量信息。并对工艺路线的实际耗用工时做完整记录。

（8）工时的搜集除了由转移单搜集外，用户也可选择由报工单进行工时的回馈，方便资料搜集且可统一处理。

（二）工艺管理流程

一般企业完整的工艺处理流程（如图 9-1 所示）：生管部开立工单，通知车间组准备开工；生产部派工前，先确定生产工艺路线，在工单开工前，由车间人员向仓库领料或由仓管部门发料到制造车间；领料后，开始投产，工艺管理就是从这一段开始；每一道工艺完工要转移到下一道工艺时，车间人员必须详实地记载转移数量；最后一道工艺完成时，则需将半成品或成品入库。针对每位车间人员及生产机器的投入工时要详细地记录，以作为“生产工时明细表”的统计依据。

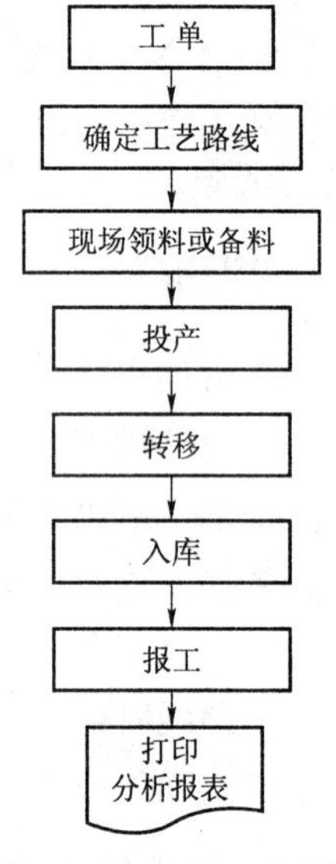

图 9-1　工艺管理流程图

工单和工艺的区别

那工艺管理与工单管理有什么区别呢？其差异见表 9-1。

表 9-1　工单与工艺的区别

比较项目	工单管理	工艺管理
生产管理的重点不同	管理的用料和入库，是属于整个生产开头和结尾的管理，着重点在于出库与入库	管理工艺路线的加工，也就是生产现场的加工部分
在制管理的深度不同	已领料未入库就算在制材料	深入了解每道工艺的进度和在制状况
管理产品进度的具体对象不同	工单仅仅是对品号做产品进度管理	工艺则是把品号和工艺顺序两者相结合来进行产品进度管理

二、基础设置

车间人员正式使用易飞 ERP 系统中的工艺管理子系统，进行投产、转移、入库的流程，需先确定基础设置的正确性。

（一）录入工作中心

【目的】

需检查“基本信息子系统”|“基础设置”|“录入工作中心”里的信息是否建立完整（如图 9-2 所示）。其目的是为了日后开立工单时，决定由哪个工作中心负责生产；也是为了搜集工作中心的工时，以便计算成本时可以依据工时分摊工作中心的人工成本与制造费用。

【作业重点】

（1）输入所有工作中心资料，后续在工艺系统中，所有的“工作中心”字段按“F2”开窗，可以直接从工作中心信息档里面抓取资料；并且在此作业中搜集的工时可作为分摊人工及制造费用的依据。

（2）每日人工产能：工作中心每日的可用人工小时数。假设工作中心有 20 人，每人每日出勤 8 小时，则在此处即可输入 160 人时。

（3）每日机器产能：工作中心每日的可用机器小时数，也可以由单身工作中心的各机器产能加总而得到，单身可以输入工作中心里每一台机器的具体产能和负荷率。

（4）标准人工效率和标准机器负荷：若实际在计算负荷时，无法以每日人工或机器产能的百分之百效率来衡量，如机器换模具的时间、人员休息用餐的时间，如此一来产能可能会打些折扣，这两个栏位就是输入具体折扣值的地方。

（5）与制费分摊相关的字段，这些字段是指工作中心“每单位”的标准人工成本及标准制费，对于“制费分摊依据”，系统提供了三种分摊依据，分别是人时、机时和人工，在成本计算时，系统就会依据这个字段选择的内容进行制费的分摊。

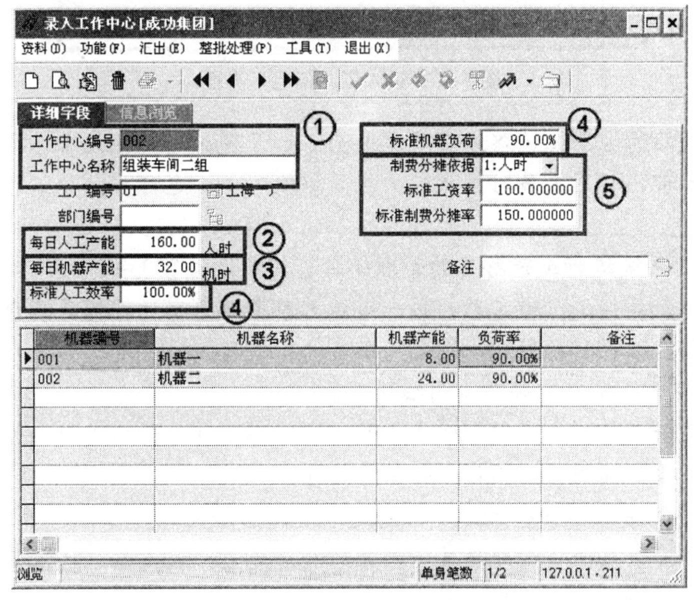

图 9-2 “录入工作中心”界面（一）

（二）录入工艺信息

【目的】

需检查“基本信息子系统”|“基础设置”|“录入工艺信息”里的各种工艺类型是否建立完整（如图 9-3 所示），日后在“工艺代号”的字段就可以开窗查询所有工作站的信息。

【作业重点】

需输入要管理的厂内工艺信息，若某一工艺路线中有部分委托委外供应商生产时，为了管理委外的在制品数量，也需输入“性质=2. 委外”的工艺信息，并输入相关委外供应商数据。

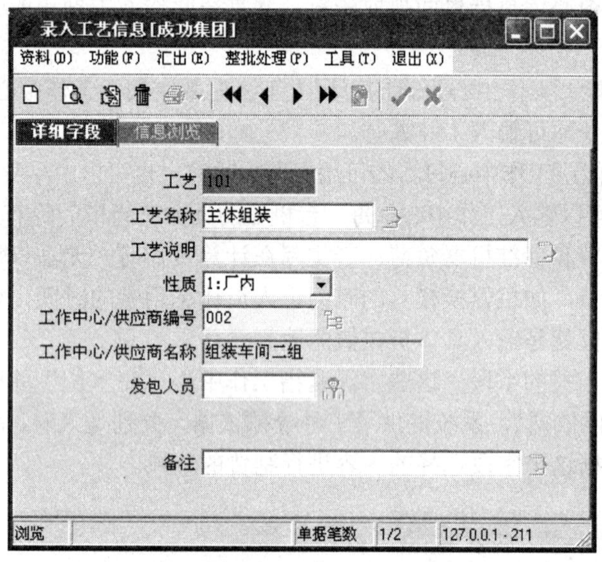

图 9-3 “录入工艺信息”界面

注：若某一产品的生产工艺路线有多道工艺，如 7 道工艺，假设工艺之间的转移时间比较短，为避免生产部门耗用太多时间及精力在单据输入上，也可将部分工艺合并，合并或分割的原则如下。

① 原则 1：由系统进行工艺存货的管理（工艺间要做转移）。

例如，若某一产品经过三道工艺，每一道工艺都有其自有的现场存货仓，每一道工艺的完工品在转移时都需做存货的管理，则不可合并工艺信息。

② 原则 2：料件的发料或领料要明细到工艺。

例如，假设某一产品的生产循环时间很长，用料不是在一开始就全部领走，而是不同工艺在不同的时段领各自的用料，不可合并工艺信息。

③ 原则 3：委外加工时一个加工单价就是一个工艺分隔。

例如，同一委外供应商负责处理某一产品的两道工艺，假设每一道工艺都分别有其加工单价，而非合并付款给委外供应商，则不可合并工艺信息。

（三）录入品号信息

【目的】

需检查“存货管理子系统”|“基础设置”|“录入品号信息”里与工艺相关的信息是否建立完整，作为工艺信息来源依据（如图 9-4 所示）。

【作业重点】

“录入品号信息”中与工艺系统有关的字段是“标准工艺路线品号”和“标准工艺路线编号”，设定品号的标准工艺路线有一定的顺序：先在“基本信息子系统”的“录入工艺信息”

里，定义好所有可能的工艺信息；再到“产品结构子系统”的“录入产品工艺路线”，设定各种工艺路线信息。以上两项资料设定完成，才可在“录入品号信息”里指定品号的标准工艺路线；输入标准工艺路线数据后，可以在“录入工单工艺”定义工单的工艺时，由系统自动带出该张工单产出品号的标准工艺路线，也就是此处录入的默认工艺路线，可以节省输入工单工艺的时间。

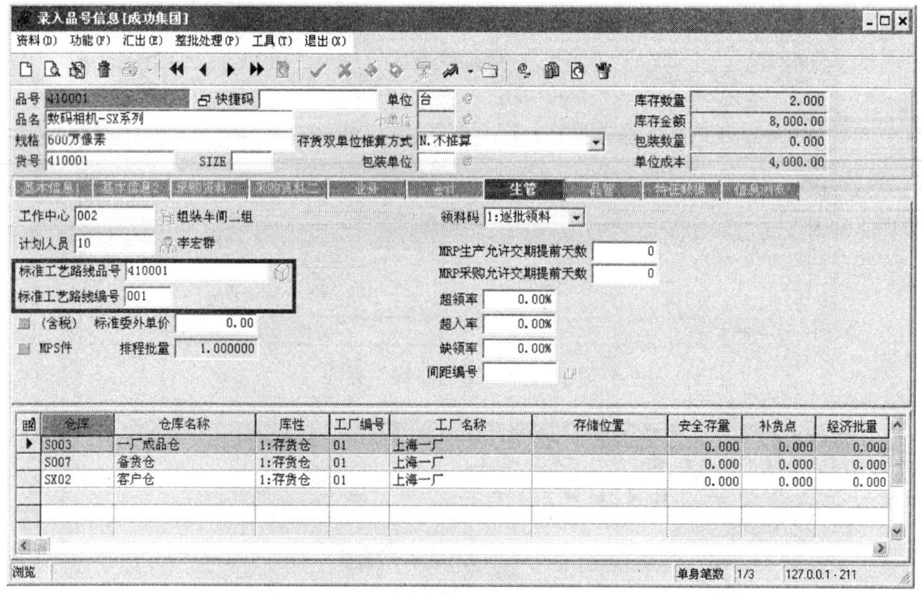

图 9-4 “录入品号信息”界面

（四）录入产品工艺路线

【目的】

需检查“产品结构子系统”|“基础设置”|“录入产品工艺路线”里的各种工艺类型是否建立完整（如图 9-5～图 9-7 所示），作为工单的预设工艺，同时用来计算各工艺的预计开工日、预计完工日与标准工时和标准成本。

【作业重点】

（1）设定每个产出产品的工艺路线信息，后续作为工单指定工艺路线的依据。

（2）工时批量：计算工艺变动人时和变动机时的基础批量。固定人时：产品在这一道工艺加工时，固定需要耗用的人工准备时间。变动人时：依照输入的工时批量，计算需要耗用的人工时间。固定机时：产品在这一道工艺加工，固定需要耗用的机器准备时间。变动机时：依照输入的工时批量，计算所需要耗用的机器时间。

（3）转移批量：用来计算变动天数的批量。固定天数：产品在这一道工艺加工，固定所要耗用的准备天数。变动天数：产品在这一道工艺加工，一次转移批量所需要耗用的天数。落后天数：落后前一道工艺的预计开工日期的天数，也就是要计算本道工艺的预计开工日。

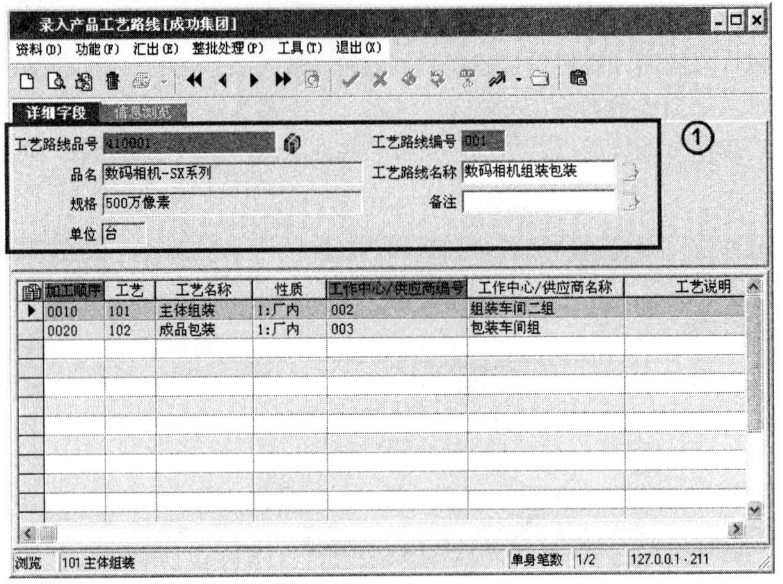

图 9-5 “录入产品工艺路线”界面（一）

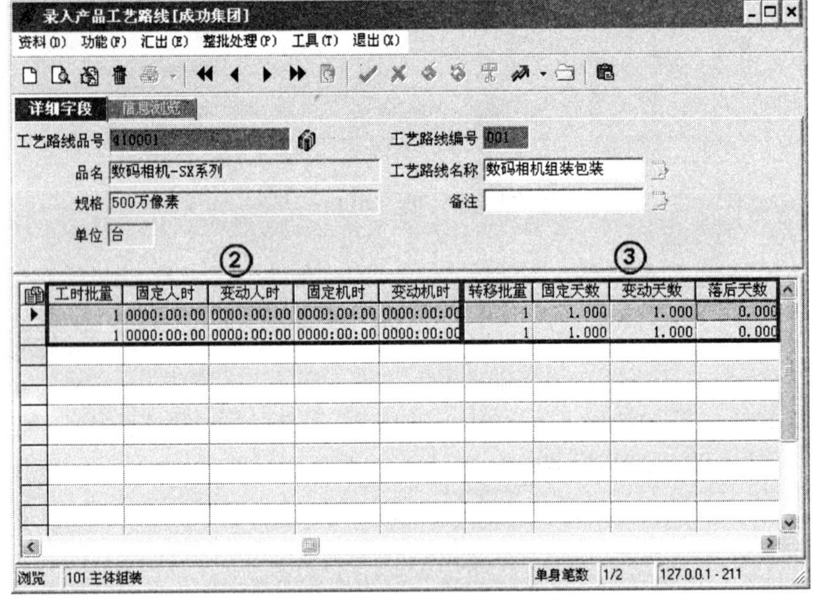

图 9-6 “录入产品工艺路线”界面（二）

（4）币种、计件单价及加工单位：用来计算标准的加工费时使用，属于委外加工性质的工艺才需要输入。检验方式：可自行定义工艺的检验方式，“0”代表免检，“1”代表抽检（减量），“2”代表抽检（正常），“3”代表抽检（加严），“4”代表全检，依实际的状况来设定。检验天数：每一道工艺生产完毕后，产品的检验时间需要多久，将来在“工艺管理子系统”开立“录入工单工艺”时，会默认带出这里的设定。

注：一个产品可有多条工艺路线。

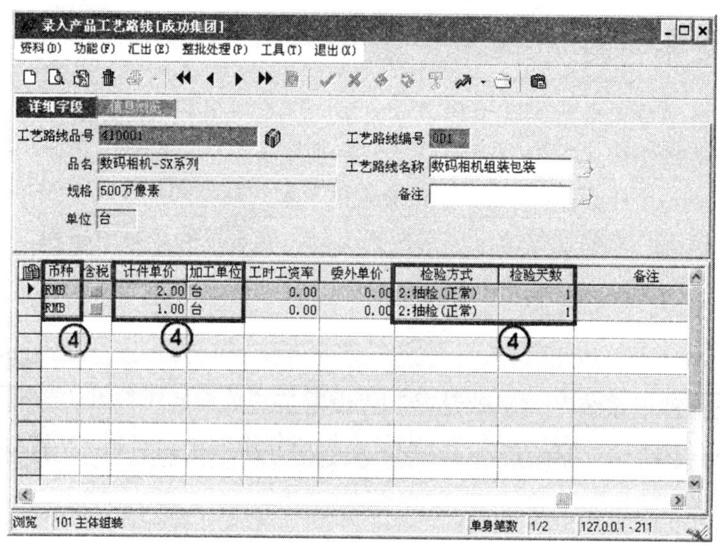

图 9-7 “录入产品工艺路线”界面（三）

（五）设置工艺参数

【目的】

设置系统的工时搜集依据与实际工时包含信息（如图 9-8 所示）。

【作业重点】

（1）设置系统的生产工时搜集依据及实际工时包含信息等内容。

（2）生产工时搜集依据：包括报工单和转移单，是指企业需要用哪个作业上的数据搜集生产工时。两者间的区别在于报工单是从工作中心加上员工或机器的角度搜集工时；转移单则是从工单加上工艺的角度搜集工时，具体如何选择，取决于工厂便于用哪种方式搜集工时信息。如果选择报工单，则转移单上工时搜集字段，如使用人时、使用机时将会隐藏起来。

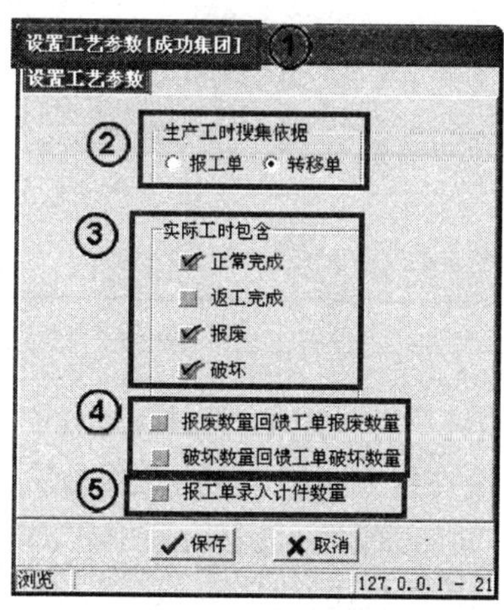

图 9-8 “设置工艺参数”界面

（3）实际工时包含：包括正常完成、返工完成、报废、破坏四个选项，会直接影响录入工单工艺中实际工时的搜集，进而影响成本的计算结果，如报废和破坏要归属到费用类科目，这里就不用勾选。

（4）报废数量回馈工单报废数量和破坏数量回馈工单破坏数量：若勾选，则每道工艺的报废数量或破坏数量会计入工单，否则只有入库的数量才会反馈到工单。

（5）报工单录入计件数量：勾选后，“录入报工单”单身增加计件工资的相关字段，若工厂有计件工资的情况且需要通过报工单来搜集工时，就可以勾选这个字段。

（六）设置工艺单据性质

【目的】

检查“工艺管理子系统”|“基础设置”|“设置工艺单据性质”里的各类单据性质是否建立完整（如图 9-9、图 9-10 所示），工艺管理子系统所使用的单据有投料、转移单、入库单等。

【作业重点】

（1）单别最多编至 4 码，以数字或英文字母做代号。单别是绿色字段，保存就不能再修改。单据名称最多 10 码，即 5 个中文字；单据全称最多 20 码，即 10 个中文字。单据名称和单据全称保存后仍可修改。

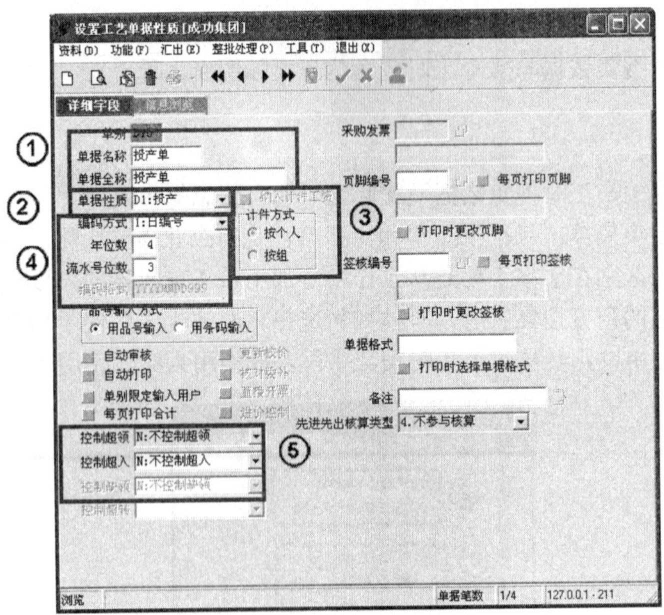

图 9-9 “设置工艺单据性质”界面

（2）单据性质包括四种：“D1：投产”“D2：转移”“D3：入库”“D4：报工”。“D1：投产”：生产刚刚开始时，材料从仓库投入到工作中心或委外供应商时使用。“D2：转移”：生产过程中，材料在工作中心或委外供应商之间转移时使用。“D3：入库”：生产完成后，产成品从工作中心或委外供应商送回仓库时使用。“D4：报工”：用来以工作中心为单位搜集工时的时候使用。

（3）纳入计件工资在满足以下两条件时，才会显示：一是“设置工艺参数”作业中生产工时搜集依据要选择报工单；二是必须同时勾选报工单录入计件数量。单据性质选择“D4：报工”，纳入计件工资选项会亮起，可以创建纳入计件工资的报工单别，同时选择计件方式是按个人还是按组。

（4）编码方式有四种：日编、月编、流水号、手动编号。年位数：系统默认设置共享参数里日期格式的年码格式。流水号位数：可在编码格式里看到单号格式，不管采用什么样的设定，单号编码总长度不可以超过 11 码。

（5）控制超领：只有单据性质为投产时，才可选择设置该项，有控制超领、控制超领且警告、不控制超领三种选项。控制超入和控制缺领：只有单据性质为入库时，才可以选择设置。控制超入可以选择控制超入、控制超入且警告、不控制超入；控制缺领可以选择控制缺领、控制缺领且警告、不控制缺领。

（6）若想所有单据性质打印在一张表上查看，系统提供“工艺单据性质清单”，可以查看在设置单据性质中设置的每一个字段。

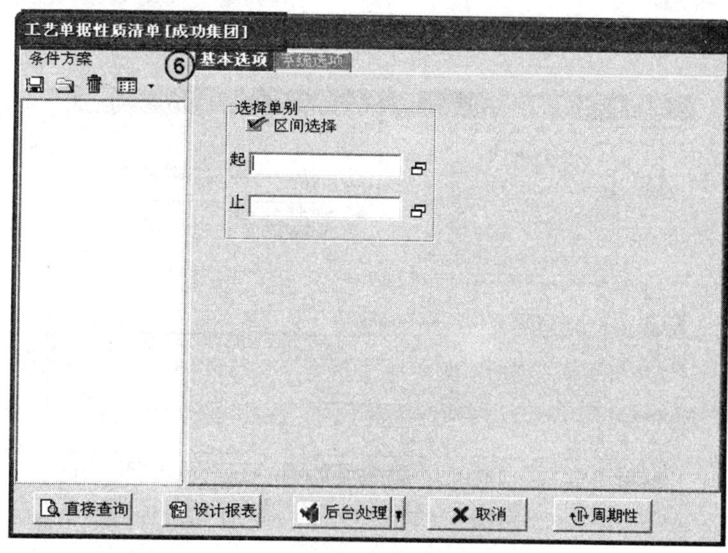

图 9-10 “工艺单据性质清单”界面

任务实施

步骤一：开启“录入工单工艺”，以“查询”方式找出要指定工艺的工单（如图 9-11 所示）。

【作业重点】

（1）单击工具栏的“查询”按钮，找出要指定工艺的工单。

（2）单头信息来源于原始工单的信息，不可删除或修改。

（3）未指定工单工艺前，单身相关工艺信息都为空白。

步骤二：指定工单工艺（如图 9-12～图 9-14 所示）。

【作业重点】

（1）单击工具栏上的“修改”按钮，系统显示图 9-13 所示的界面。

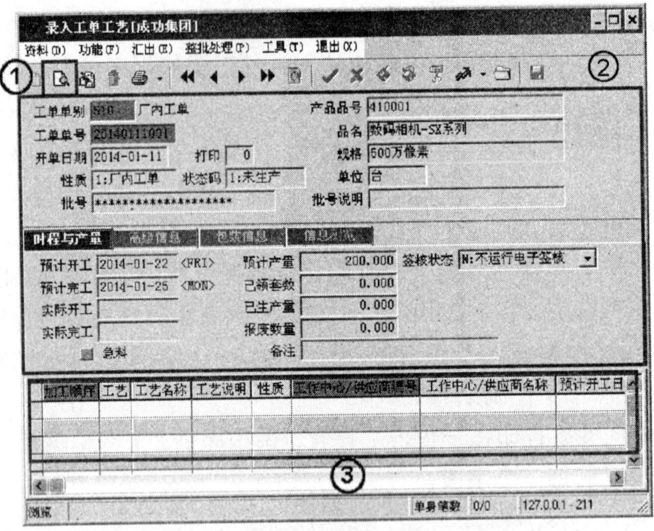

图 9-11 “录入工单工艺”界面（一）

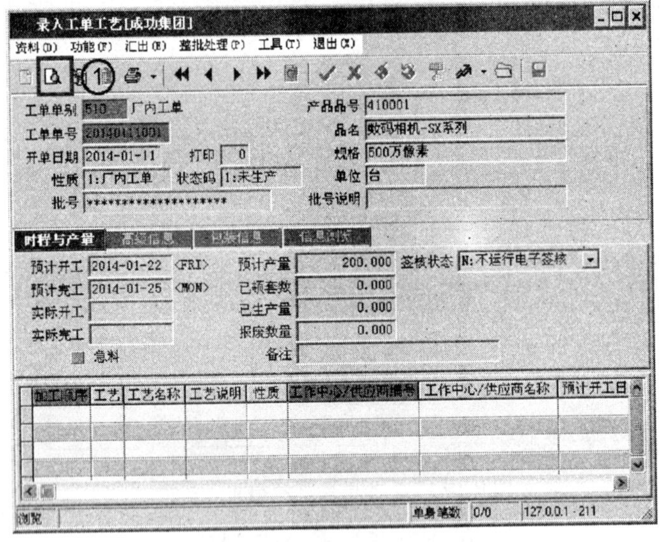

图 9-12 “录入工单工艺”界面（二）

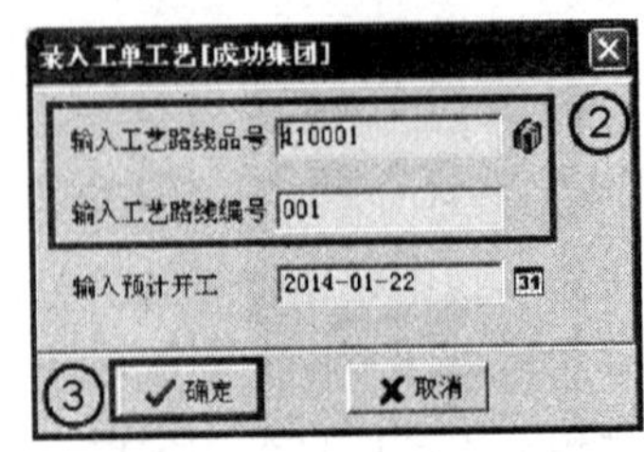

图 9-13 “录入工单工艺”界面（三）

（2）系统默认该产出产品的工艺路线为标准工艺路线，使用者可修改为非标准工艺路线（该工艺路线需先在系统主界面执行“产品结构子系统”|“基础设置”|“录入产品工艺路线”作业进行设定）。

（3）单击“确定”按钮，系统根据指定的工艺路线，将该工艺路线的各工艺展开列在此作业的单身若有任何变更（未生产前），可在此作业修改。

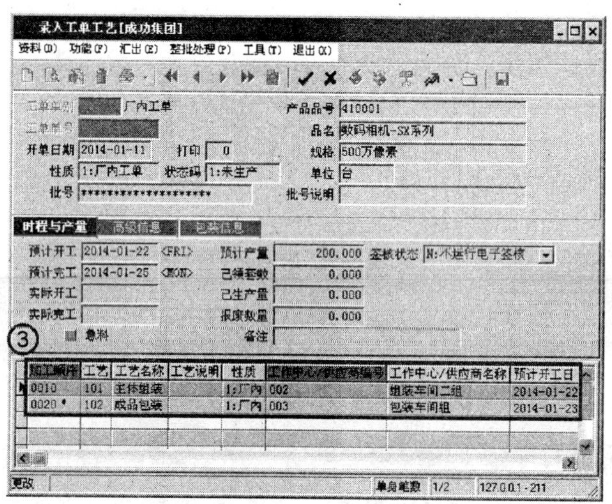

图 9-14　“录入工单工艺”界面（四）

注：若有工艺路线变更，如增加工艺，可在单身按“Ins”键，加工顺序可设定为前后加工顺序间的数字，如要在加工顺序“0010”和“0020”之间加插新的工艺，可输入的加工顺序为“0011—0019”共九个序号；若要删除某工艺，则必须在修改状态下，先点选要删除的加工顺序，再同时按下“Ctrl+Del”键删除，但是请注意，该道工艺已有转移的信息，则该道工艺无法在此作业进行删除。

步骤三：打印“工艺派工凭证”，将工艺派工单分发到工作中心，现场人员将以此派工单处理该工单的各项工艺（如图 9-15 所示）。

制表日期: 2014 01 11　　页次: 1/2

品号 410001	品名 数码相机-SX系列	规格 500万像素	工单编号 510 -20140111001	预计产量 200	预计开工日 2014-01-22
生产批号 *************	批号说明	急料 N		计价单位：台 币　种：RMB	预计完工日 2014-01-23
加工顺序 0010	工艺（工艺名称） 101 主体组装	前道工艺（工艺名称）	后道工艺（工艺名称） 102 成品包装	含税：不含税 单价：　0	开始时间
工艺说明	工作中心/供应商 002 组装车间二组	前道工作中心/供应商	后道工作中心/供应商 003 包装车间组		完成时间

制表日期: 2014-01-11　　页次: 2/2

品号 410001	品名 数码相机-SX系列	规格 500万像素	工单编号 510 -20140111001	预计产量 200	预计开工日 2014-01-23
生产批号 *************	批号说明	急料 N		计价单位：台 币　种：RMB	预计完工日 2015-01-23
加工顺序 0020	工艺（工艺名称） 102 成品包装	前道工艺（工艺名称） 101 主体组装	后道工艺（工艺名称）	含税：不含税 单价：　0	开始时间
工艺说明	工作中心/供应商 003 包装车间组	前道工作中心/供应商 002 组装车间二组	后道工作中心/供应商		完成时间

图 9-15　“工艺派工凭证”界面

注：对“录入工单工艺”（如图 9-16 所示）中的数量字段说明如下。

投入数量：由上一个工艺转移到本工艺的数量。

完成数量：系统根据转移单选择“类型=正常完成”回写的数量。

报废数量：系统根据转移单输入“报废数量”回写的数量。

返工投入：系统根据转移单选择“类型=退回返工”回写的数量。

返工完成：系统根据转移单选择“类型=返工完成”回写的数量。

拨转数量：同一工序转拨其他工作中心加工的数量，系统根据转移单选择“类型=拨转”回写的数量。

盘盈亏量：系统根据转移单选择“类型=盘盈盘亏”回写的数量。

待转数量：该道工艺验收合格剩余待转数量。

在产品数量：该道工艺未转移到下一站的数量，包括验收合格及不良的。

破坏数量：系统根据转移单输入“破坏数量”回写的数量。

上述的所有数量，系统都会自动更新信息，无需手动输入。

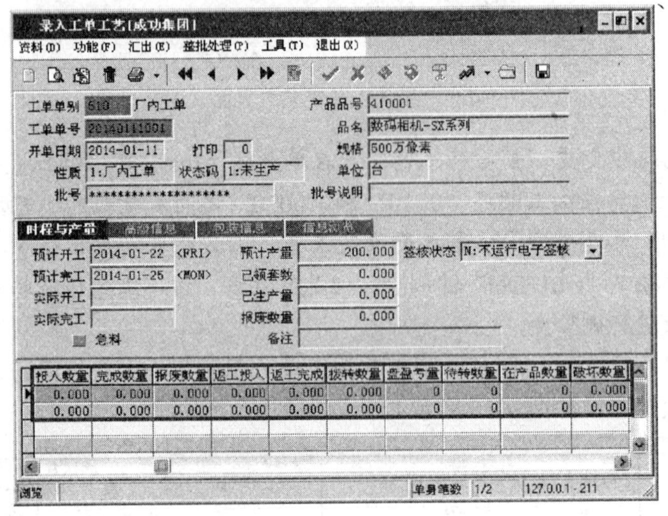

图 9-16 “录入工单工艺”界面（五）

若公司采用标准工艺路线，可以执行“从产品工艺自动生成工单工艺”作业（如图 9-17 所示）。

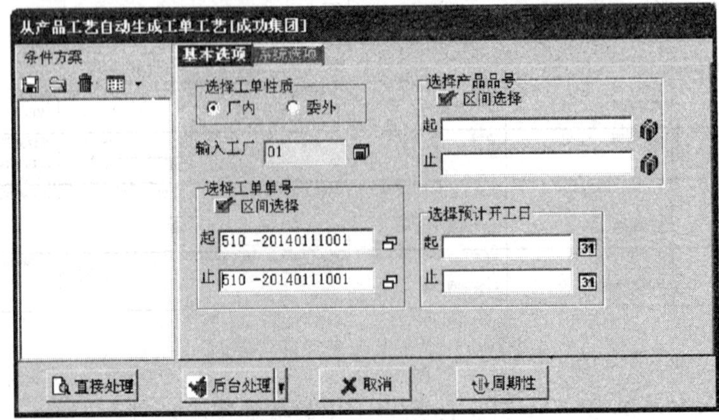

图 9-17 “从产品工艺自动生成工单工艺”界面

任务二 录入报工单

任务描述

2014 年 1 月 23 日，“数码相机–SX 系列”加工完毕后，车间人员将发生在工作中心组装车间二组的人时及机时如实填写报工单。

知识准备

企业为了管理生产人员及机器的实际耗用时间，通常会要求厂内的生产人员填写日报表（若工艺属于委外加工者则不需管理委外供应商的工作人员）。在本系统里，生产人员可将日报表输入“录入报工单”中，后续可作为生产、生管及财务部门的分析或统计信息，其用途如下。

（1）有效管理生产在线的工作人员。

（2）可作为搜集工单工时的依据，方便成本会计人员后续分摊人工制费。

（3）可搜集生产在线机器耗用的时间或人员工作的时间，以便分析机器稼动率及人员效率。

任务实施

步骤一：车间人员执行“工艺管理子系统”|“录入报工单”，进入“录入报工单”界面，开始输入报工的信息（如图 9-18 所示）。

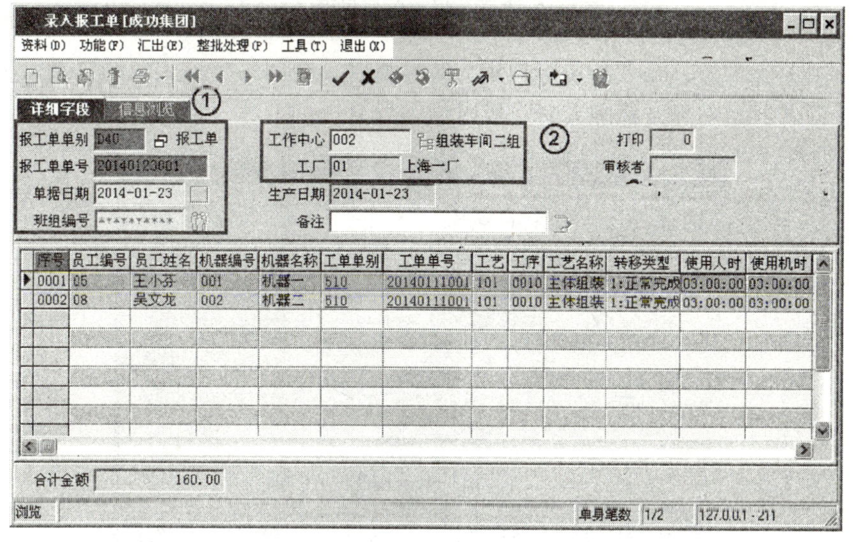

图 9-18 “录入报工单”界面（一）

【作业重点】

（1）在“报工单单别”字段直接输入“单据性质=D40”的单别编号，或“F2”键开窗选择单别（单别需在“设置工艺单据性质”中设好）。单据日期将默认为系统日期，可修改。

（2）选择报工单所属的工作中心。

步骤二： 输入员工姓名、机器名称、相关工单工艺信息及耗用时数信息后审核报工单（如图 9-19、图 9-20 所示）。

【作业重点】

（1）在单身输入员工姓名、机器名称、相关工单工艺信息及确实为此工单身生产所耗用的时数。

（2）报工单经上司审核，打印凭证，将副本交由生管及财务部门各存查一联。

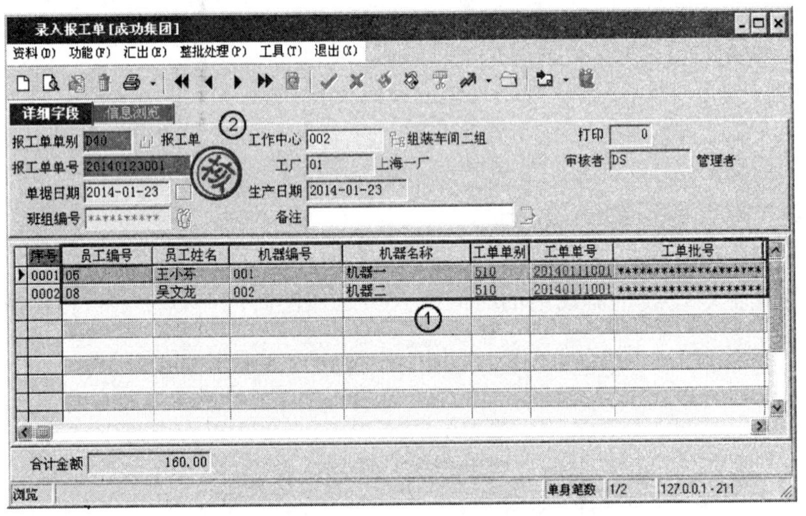

图 9-19 “录入报工单”界面（二）

（3）报工单经审核，输入的实际耗用人时及机时，会回写到该工单的“录入工单工艺”中，方便管理者针对实际及标准人时、机时做差异分析。

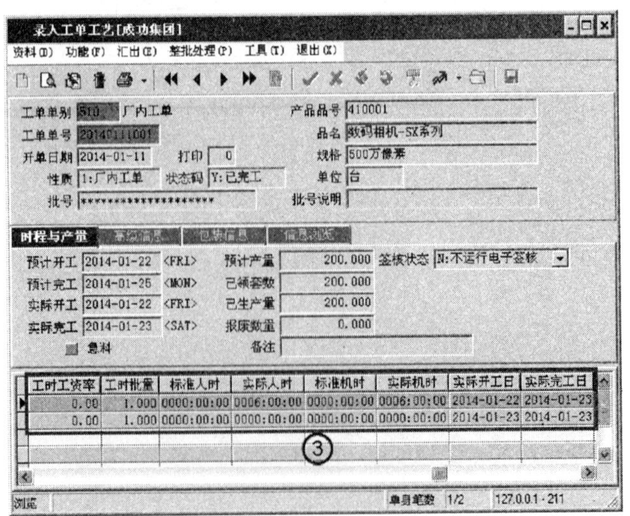

图 9-20 “录入工单工艺”界面（六）

任务三 报表查询统计

一、工单工艺生产状况表

任务描述

按订单编号或源工单编号查询对应的未完工的工单工艺生产状况。

任务实施

步骤一： 在“工单工艺生产状况表”界面上进行设置，然后单击“设计报表”（如图 9-21、图 9-22 所示）。

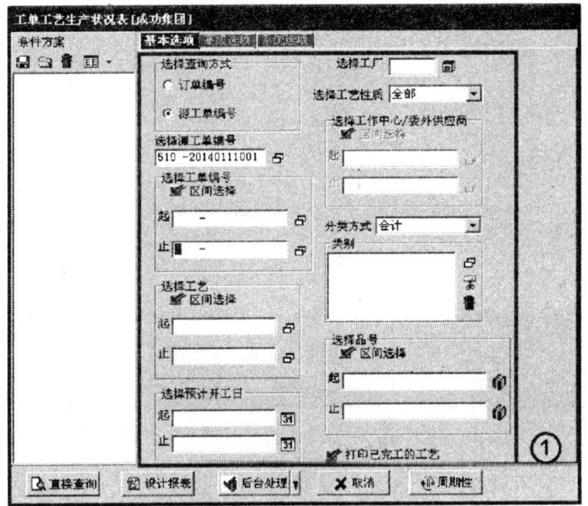

图 9-21 “工单工艺生产状况表”界面（一）

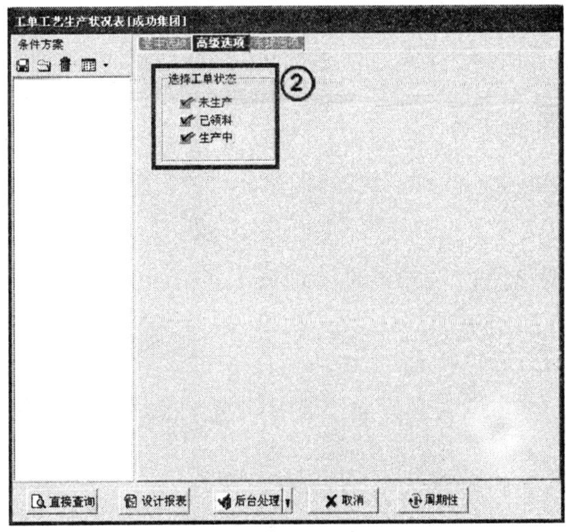

图 9-22 “工单工艺生产状况表”界面（二）

【作业重点】

（1）可以选择订单或源工单编号查询；也可选择要查询的工单编号，以及工艺和预计开工日查询；选择工厂、选择工作中心/委外供应商、分类、品号也都可作为筛选条件；空白则代表全部；打印已完工的工艺，勾选后则将已经完工的工单工艺生产状况也显示出来。

（2）高级选项可选择工单的状态，包括未生产、已领料、生产中三种状态。

步骤二：报表产出结果（如图9-23所示）。

阅览报表(工单工艺生产状况表-工作编号:2014012300004-201401230001)

工单工艺生产状况表

制表日期：2014-01-23　　预计开工期间：　　至　　第1页

工单编号 产品品号 品名 规格	订单编号 源工单号 预计产量 工单状态	工艺顺序 工艺名称 工作中心/供应商编号 工作中心/供应商名称	预计开工 预计完工	完成数量 返工完成量	待转数量 在产品数量	报废数量 破坏数量	①完工率% 报废率%	标准人时 实际人时 标准机时 实际机时	②尚需人时 尚需机时
510 -20140111001 410001 数码相机-SX系列 500万像素	220 -20140108001 510 -20140111001 200.000 生产中	101 主体组装 002 组装车间二组	2014-01-22 2014-01-23	200.000			100.00	0000:00:00 0006:00:00 0000:00:00 0006:00:00	-0006:00:0 -0006:00:0
		102 成品包装 003 包装车间组	2014-01-23 2014-01-23		200.000			0000:00:00 0000:00:00 0000:00:00 0000:00:00	0000:00:00 0000:00:00
			小计：					0000:00:00 0006:00:00 0000:00:00 0006:00:00	-0006:00:0 -0006:00:0
			合计：					0000:00:00 0006:00:00 0000:00:00 0006:00:00	-0006:00:0 -0006:00:0

坐标(英寸)(9.09, 6.51)　(X: 873, Y: 625)

图9-23 “工单工艺生产状况表”阅览报表界面

【作业重点】

（1）完工率=（完成数量+返工完成+破坏数量）÷（投入数量+返工投入数量+盘盈亏数量−拨转数量+破坏数量）×100%。

（2）尚需人时=标准人时−实际人时；尚需机时=标准机时−实际机时。

二、生产工时明细表

任务描述

将各工作中心对各工单所投入的工时记录按工作中心、按时序打印成表。

任务实施

步骤一：在“生产工时明细表”界面上进行设置，然后单击“设计报表”（如图9-24、图9-25所示）。

步骤二：报表产出结果（如图9-26所示）。

模块四 ●●●●

ERP财务管理

企业财务整体流程如何进行？对于采购付款循环，当企业采购进货验收后，就可以用收到的供应商发票请付货款。财务收到发票的同时就会将应付账款立账；如果后续发现进货商品有不合格，需折让金额或直接将进货退回时，那么发票金额和应付账款就会相应调整。企业如果有委外生产情况的话，委外进退货也要建立应付账款，并用发票请款。请款之后等到相关主管审核通过，就会正式支付货款给供应商。对于销售收款循环，当企业按照客户订单销货出库后，就可以通过税控接口开具发票寄送给客户，开票的同时确立应收账款。如果有销退或折让的情况，那销售发票和应收账款也会对应地调整。比如根据销退或折让金额开红字冲销发票，同时减少应收账款。等确实收到客户打来的款项，财务人员就会将应收账款做核销。采购的进货与退货，销售的销货与销退，还有生产领料与入库都会影响存货状况，而这些就会涉及财务流程中的成本会计部分。以上这些和财务账务有关的交易，最终都要建立对应的会计凭证。每个月，财务人员都会将一个月内发生的所有会计凭证都整理过账，确认每笔业务都正确且没有遗漏之后，就可将账务月结。结账之后，便可以查看系统提供的各种财务报表，以了解企业的财务状况与经营结果，如资产负债表、损益表、试算表等。

项目十

ERP应付管理

知识目标

1. 掌握一般企业应付管理业务流程。
2. 掌握易飞 ERP 系统应付账款开票及付款核销的方法。
3. 掌握易飞 ERP 系统应付账款月结方法。
4. 掌握易飞 ERP 系统暂估账款核算管理及常用报表。

能力目标

1. 能熟练应用易飞 ERP 系统实现应付账款的流程管理。
2. 能熟练应用易飞 ERP 系统进行应付管理的常用报表查询。

引导案例

成功集团财务部计划集团内与应收、付账款，税控处理，会计处理有关的事务，能于 2014 年 1 月 1 日与供应链系统一起正式上线，这些事务平时是财务部的会计组负责。

会计组从采购部那里收到二笔进货资料，进货商 笔为三星公司， 笔为达智科技， 笔为大进公司，收到资料后，开始处理供应商账款……

会计组针对如下业务如何处理应付账款开票及账务处理？

2014/01/14 日 开票–随货发票

这一天，一批由供应商三星公司按 2014 年 1 月 10 日的采购单送交 100 台“数码相机-SL 系列”，采购人员佳伶已维护进货单及发票信息。商品在通过质检部验收后直接入库，该批商品的发票金额为 400 000 元，预计付款日为 1 月 20 日。由于是随货附发票请款，系统自动开票，因此会计人员于系统中找出该笔应付账款，核对后审核。

2014/01/20 日 付款

按与三星公司的交易条件，这一天要支付三星公司账款，出纳组收到会计组准备好的付款资料后，开立一张应付支票送交供应商三星公司，金额为 400 000 元。然后会计组录入付款单，核销 1 月 14 日应付账款 400 000 元。

2014/01/31 日 开票–月结发票

大进公司于 2014 年 1 月 11 日进货 50 台“数码相机-SL 系列”，金额为 200 000 元。1 月 31 日收到供应商寄来的发票。会计人员在系统中录入采购发票信息。

2014/01/31 日 暂估账款核算

月底，会计组先进行暂估账款核算，把 2014 年 1 月 20 日向供应商达智科技借用的 20 pcs“光学镜片”转办理进货，但供应商还未送交发票请款，于是会计组使用“单到回冲”的方式，建立达智科技的暂估应付款 598.29 元。

2014/02/01 日 应付账款月结

1 月结束时，会计组进行 1 月的应付账款月结作业，将还未结算的应付账款结转到 2 月初每家供应商的应付账款期初值。

任务一 期初开账

任务描述

把开账时间点之前的应付信息录入到 ERP 系统中，这样才能保证系统正式使用时应付信息正确。成功集团计划于 2014 年 1 月 1 日正式上线易飞 ERP 系统，于是必须在 1 月 1 日之前将现有的应付信息输入到系统里，这样才有期初数据。会计组把截至 2013 年 12 月 31 日的应付账款余额信息在系统投入使用前都录入到应付管理子系统中，完成系统开账。

知识准备

一、系统简介

“应付管理子系统”涵盖了以下几项主要的作业流程：采购发票开票流程、付款流程、应付月结流程、暂估应付账款流程。

“应付管理子系统”除了能详细地记载从立账到冲账的交易数据外，更重要的是可以实时提供各种相关的报表，让管理者可以了解所有应付账款的记录，以便做出适当的与财务相关的决策。在系统中所有数据可以被快速的处理，大量储存也不是问题，信息可以做到实时、共享，减少部门间文件往返传递的处理时间。系统特色有以下几个方面。

（1）可以处理非例行性的采购发生或是其他应付费用及款项。

（2）可以做供应商的预付货款处理。

（3）提供暂不付款的功能，以后可自动批次付款。

（4）当采购发票的票面金额与进货单的进货金额产生差异时，系统还可自动调整。

（5）提供应付账款结转作业，能明确记录每月各供应商应付账款的统计信息。

（6）提供暂估账款的功能，为了能较准确地在账册上反映应付账款和资金的状况。

（7）付款冲账管理，系统提供了多币种应付账款处理，同时付款作业不仅可以手动付款同时也可以选择使用自动付款的功能。

（8）系统还提供期末调汇功能，自动计算汇兑损益及应收应付账款对冲的处理。

（9）通过应付管理子系统，能为企业带来管理上、稽核上、流程上的不同效益。

二、基础设置

（一）录入付款条件

【目的】

执行“录入付款条件”，设置采购/委外的预计付款日、资金实现日及取得折扣方式的付款条件，协助企业做好资金管理。

【操作步骤】

步骤： 在系统主界面执行“基本信息子系统”｜“基础设置”，进入“录入付款条件”（如图 10-1 所示）。

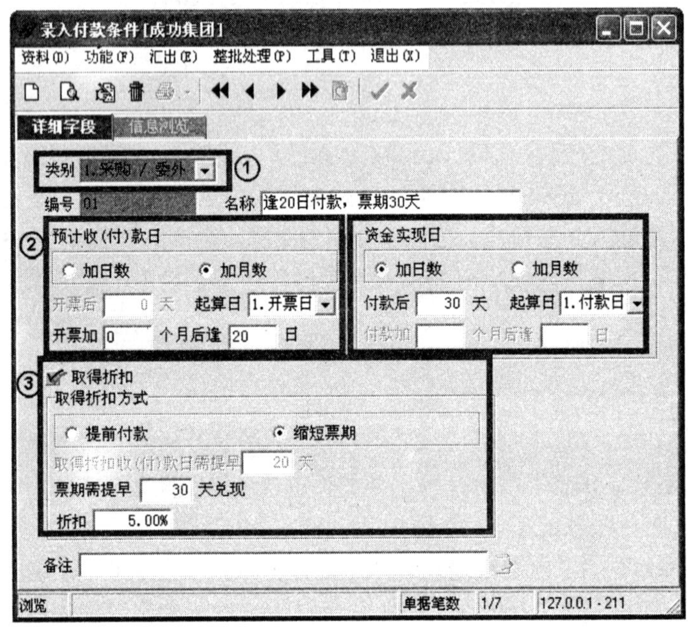

图 10-1 “录入付款条件”界面

【作业重点】

（1）可以设定采购/委外或销售两种类别的付款条件。

（2）预计收（付）款日、资金实现日：根据加日数或者加月数的方式来设定付款和资金实现的具体日期。

（3）若发生取得折扣的现象，可以通过提前付款或缩短票期的方式来设定给予的折扣幅度。

（二）录入会计科目

【目的】

执行“录入会计科目”，把要使用的会计科目信息预先设置好。

【操作步骤】

步骤： 在系统主界面执行“会计总账子系统”｜“基础设置”，进入“录入会计科目”（如

图 10-2 所示）。

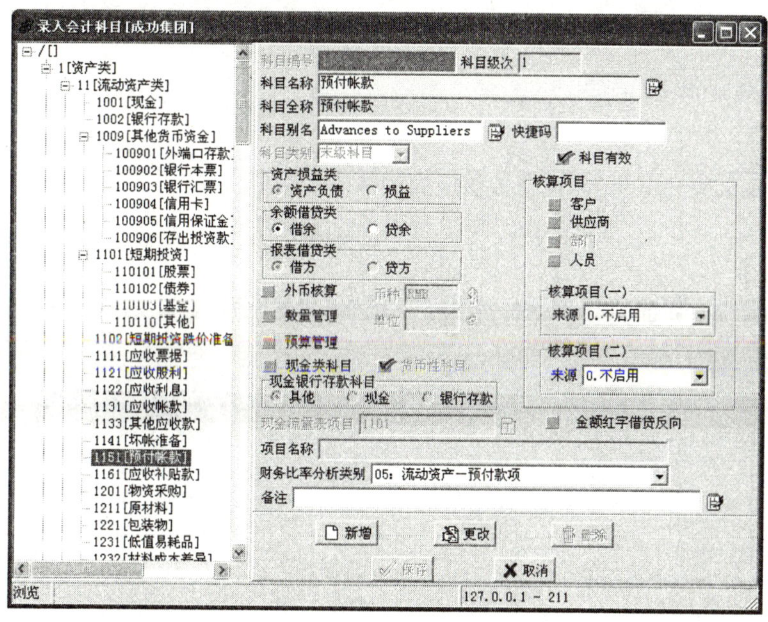

图 10-2 “录入会计科目”界面

【作业重点】

设定在应付账款的日常处理中会使用到的，和应付账款、预付账款等相关的会计科目。

（三）录入科目/部门限制

【目的】

执行“录入科目/部门限制”，对于做部门管理的科目进行部门的限定。

【操作步骤】

步骤：在系统主界面执行“会计总账子系统”|“基础设置”，进入“录入科目/部门限制”（如图 10-3 所示）。

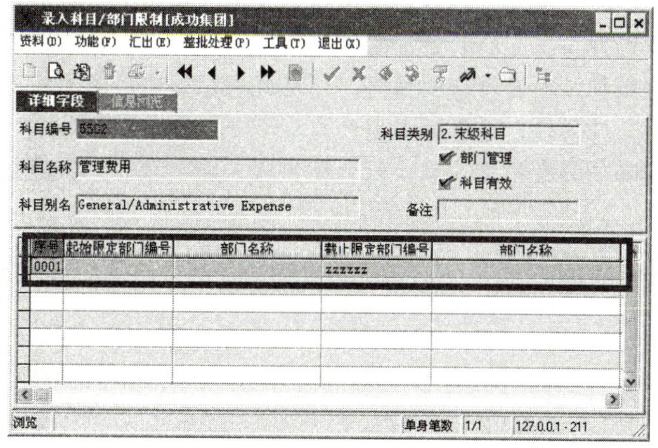

图 10-3 “录入科目/部门限制”界面

【作业重点】

设定该会计科目被限定使用在哪些部门中，填写“zzzzzz”表示所有部门。

（四）录入供应商信息

【目的】

执行“录入供应商信息”，设置各供应商的基本资料。

【操作步骤】

步骤： 在系统主界面执行“应付管理子系统”|“基础设置”，进入“录入供应商信息”（如图 10-4 所示）。

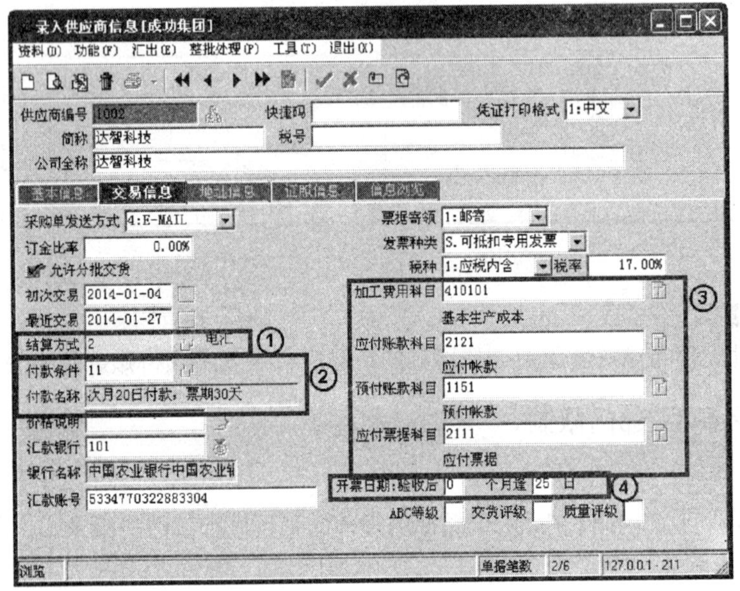

图 10-4 “录入供应商信息”界面

【作业重点】

（1）结算方式：需在“录入结算方式”作业中设定，随后可在此开窗选择。

（2）付款条件：选择与供应商商定好的付款条件。

（3）若不同供应商使用不同会计科目时，可在此设定该供应商所使用的会计科目；若所有供应商使用同一个会计科目，这里可不用设置。

（4）设置该供应商的开票日期，当执行自动生成采购发票时，供应商开票日期就是依据这里设定的日期。

（五）设置应付单据性质

【目的】

执行“设置应付单据性质”，设置“应付管理子系统”所要使用的交易单据，包括性质、编码方式、签核格式等。

【操作步骤】

步骤：在系统主界面执行“应付管理子系统”|“基础设置”，进入“设置应付单据性质”（如图 10-5 所示）。

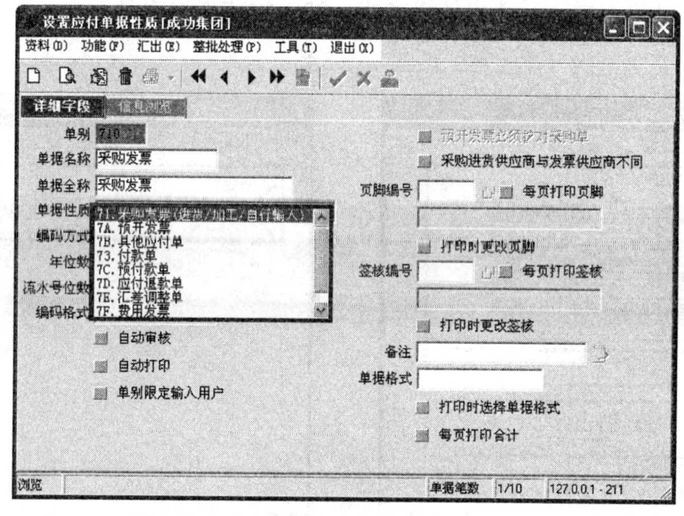

图 10-5 “设置应付单据性质”界面（一）

【作业重点】

可以设定 9 种不同的单据性质，每种单据，系统不限制设定多少张单别。

（1）“71. 采购发票”，用于记录和建立采购进/退货或委外进/退货的应付账款信息。

（2）“7A. 预开发票”，用于先开票再发货的情况，记录预开票的账款信息。

（3）“7B. 其他应付单”，用于记录一些不涉及存货内容、不计税的账款，如应付管理费、租赁费。

（4）“73. 付款单”，用于货款或委外加工费用的支付款项的记录。

（5）“7C. 预付款单”，用于货款或委外加工费用的预付款项的记录，通常是订金。

（6）“7D. 应付退款单”，用于退回已经支付出去的款项。

（7）“7E. 汇差调整单”，用此单据来调整因汇率变动而造成的本币损益。

（8）“7F. 费用发票”，用于记录由采购进货而发生的运费、保险费、保价费。

（9）“7G. 暂估成本核算单”，用于月末发票未到但需暂估成本的核算单据。

（六）设置应付子系统参数

【目的】

执行“设置应付子系统参数”，设置“应付管理子系统”中会使用到的相关交易的会计科目，进货价差调整会使用到的单别，暂估核算方式，付款核销方式，以及汇差调整的设置。

【操作步骤】

步骤：在系统主界面执行“应付管理子系统”|“基础设置”，进入“设置应付子系统参数”（如图 10-6～图 10-8 所示）。

【作业重点】

（1）设置应付系统会使用到的各类调整单的单别。

（2）系统提供三种暂估方式可供选择：单到回冲、单到补差和月初回冲。

（3）可以按照付款习惯进行选择核销方式：按单据或者按产品。

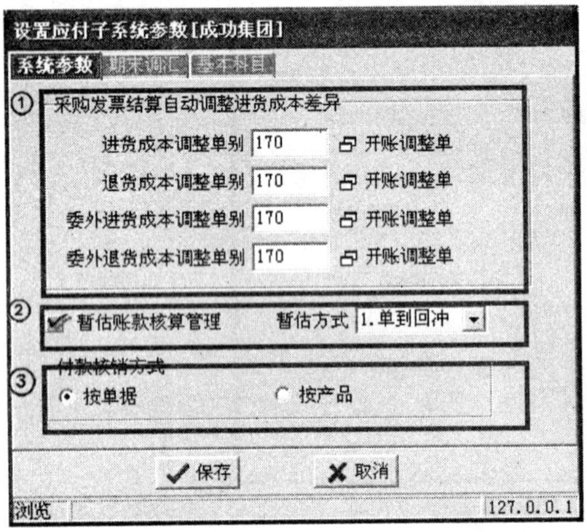

图 10-6 “设置应付子系统参数”界面（一）

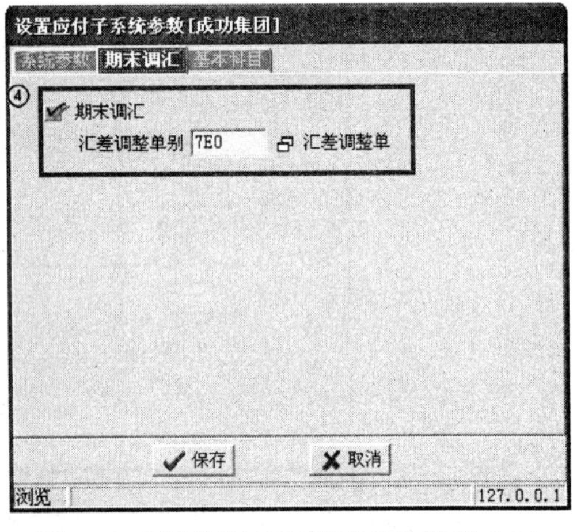

图 10-7 “设置应付子系统参数”界面（二）

（4）启用期末调汇功能后，需要设置汇差调整单的单别。

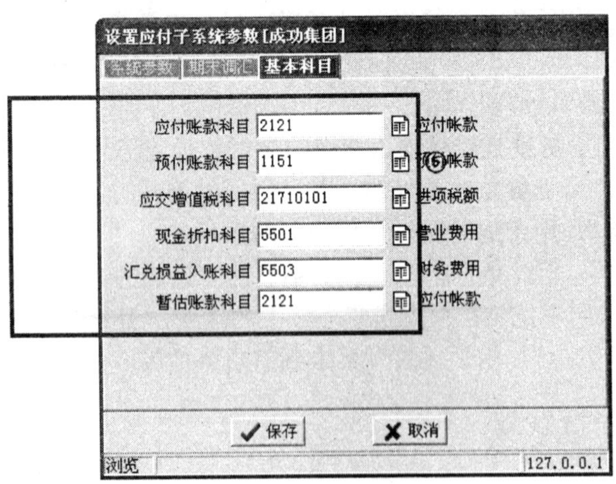

图 10-8 “设置应付子系统参数”界面（三）

（5）设置企业应付会计在日常业务中所使用的会计科目，一经设定不得随意变更。

任务实施

步骤一： 搜集 2013 年 12 月 31 日前的所有未付账款的资料，见表 10-1。

表 10-1 应付账款明细

供应商编号	名称	应付账款日期	应付金额/元	税额/元
1001	三星公司	截至 2013-12-31	10 000	500
1002	大进公司	截至 2013-12-31	20 000	1 000
1003	日升公司	截至 2013-12-31	30 000	1 500

步骤二： 设定应付现行年月，并确定开账单别（如图 10-9、图 10-10 所示）。

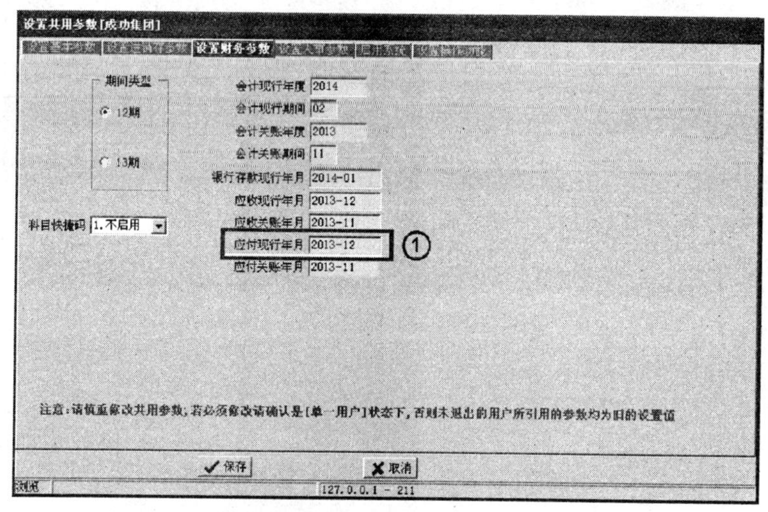

图 10-9 “设置共用参数”界面

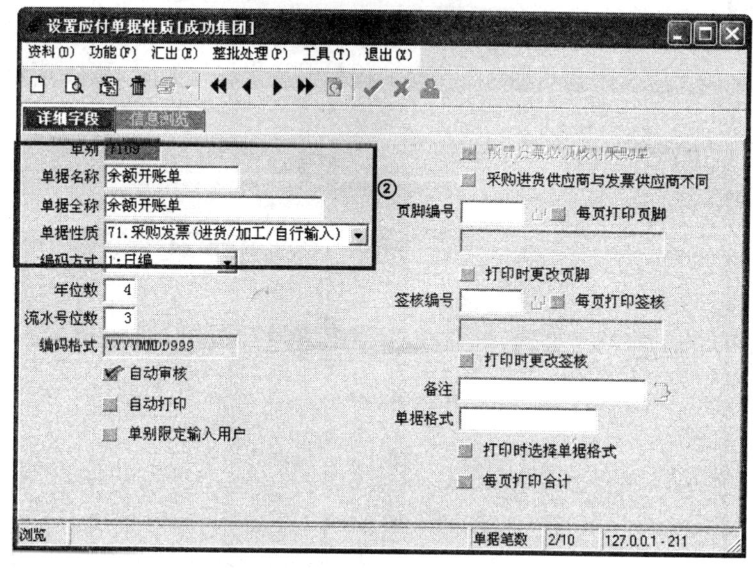

图 10-10 “设置应付单据性质”界面（二）

【作业重点】

（1）因为数据要在 2014 年 1 月导入“应付管理子系统”，所以需搜集每家供应商 2013 年 12 月底的期末应付账款，并将其导入，且应付现行年月设定为 2013-12。“应付管理子系统”上线时，“采购管理子系统”要先上线为佳。

（2）设定开账使用的单别，单据性质选择“71.采购发票”。

步骤三： 将截至 2013 年 12 月 31 日的应付账款余额逐笔输入开账单中（如图 10-11 所示）。

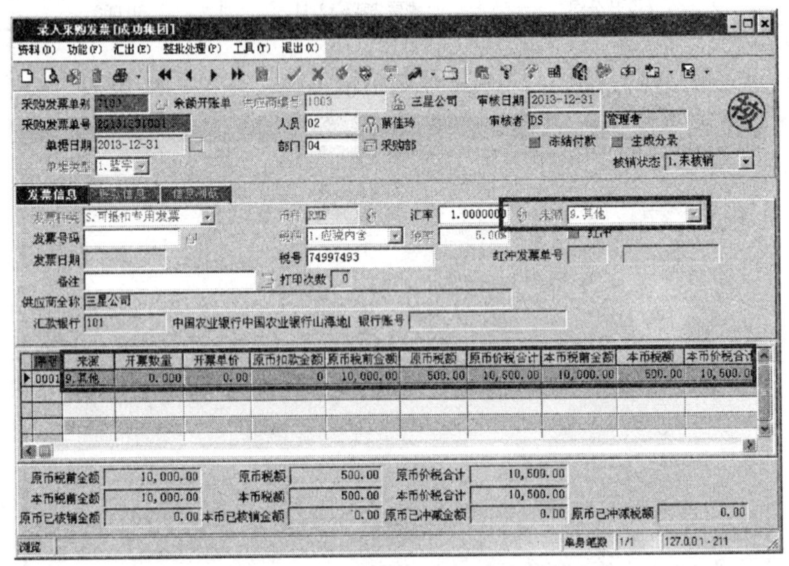

图 10-11 “录入采购发票”界面（一）

【作业重点】

由于是余额导入，来源选择其他，数量和单价也可不输入，直接录入金额和税额。

步骤四： 利用“应付账款明细账”来核对应付账款资料（如图 10-12 所示）。

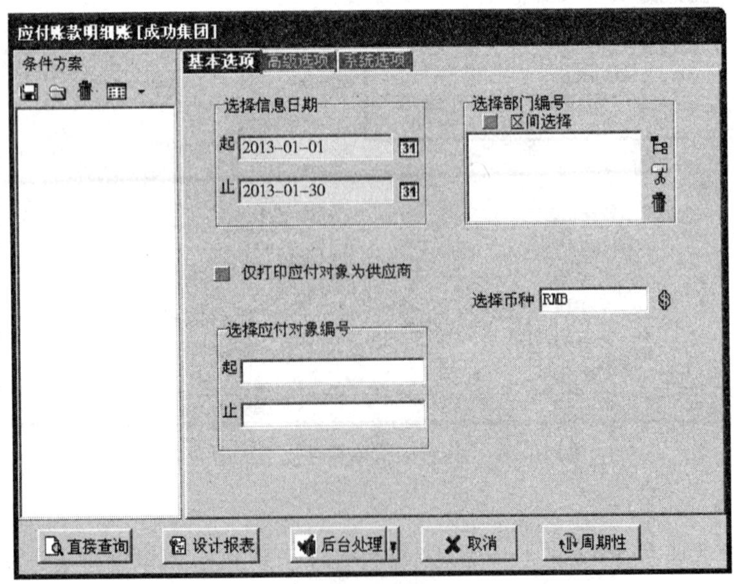

图 10-12 “应付账款明细账”界面（一）

步骤五：执行应付账款月结（如图 10-13 所示）。

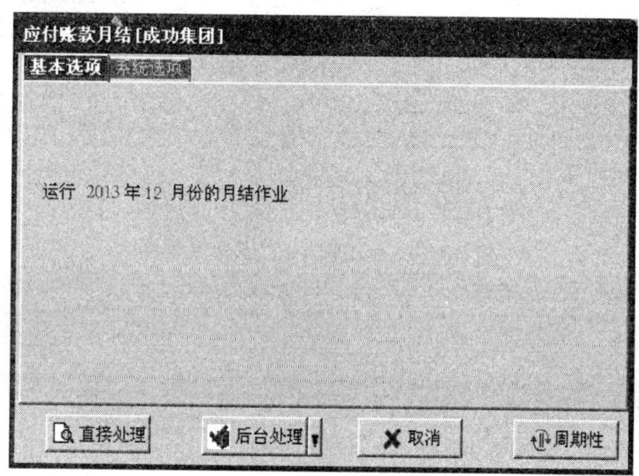

图 10-13 “应付账款月结”界面（一）

任务二 应付账款的建立

任务描述

应付账款的建立是把企业发生的进/退货、委外进/退货、支付费用的应付交易事项记录于“录入采购发票”作业中。

（1）2014 年 1 月 14 日，成功集团收到三星公司送来的 100 台“数码相机–SL 系列”及随货一同送到的发票。质检部门对这批商品进行了验收，验收合格，所有商品直接入库。负责这笔采购业务的采购人员为蔡佳玲，将进货信息输入到系统中。

（2）因为是随货附发票，成功集团对于这种情况是采用直接开票的方式来建立应付账款信息的。

（3）稍后，蔡佳玲会把收到的三星公司的发票转交给会计人员黄淑贞。黄淑贞拿到发票之后，通过“应付管理子系统”的“录入采购发票”作业，查找到直接开票所生成的那笔应付账款。

（4）找到三星公司的采购发票后，会计黄淑贞再次核对发票信息是否正确，进货商品信息及应付款等信息是否正确，还要确认最后的总金额是否和发票上的一致。所有信息核对无误之后，黄淑贞就会将此笔采购发票审核。

（5）黄淑贞将该张采购发票打印出来交到出纳组请款，准备付款。

知识准备

在应付管理业务中，最常处理的工作包括：应付账款的建立，即立账；应付账款的付款核销；期末应付账款的暂估及应付的月结。应付账款的建立流程如图 10-14 所示。

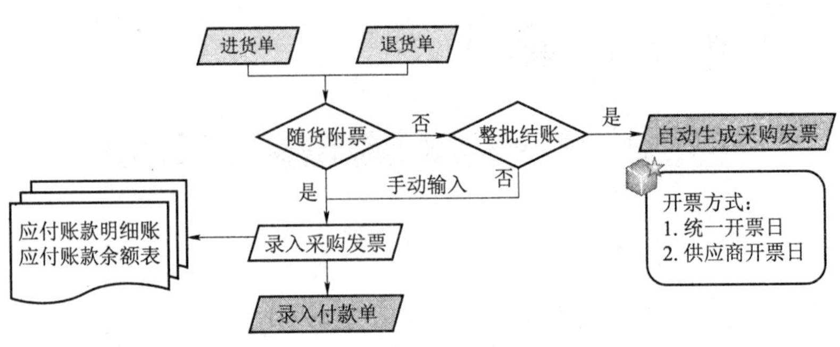

图 10-14　应付账款的建立流程图

任务实施

步骤一：在系统主界面执行“采购管理子系统”|“入库验收”|，进入“录入进货单”界面，开始建立进货信息（如图 10-15 所示）。

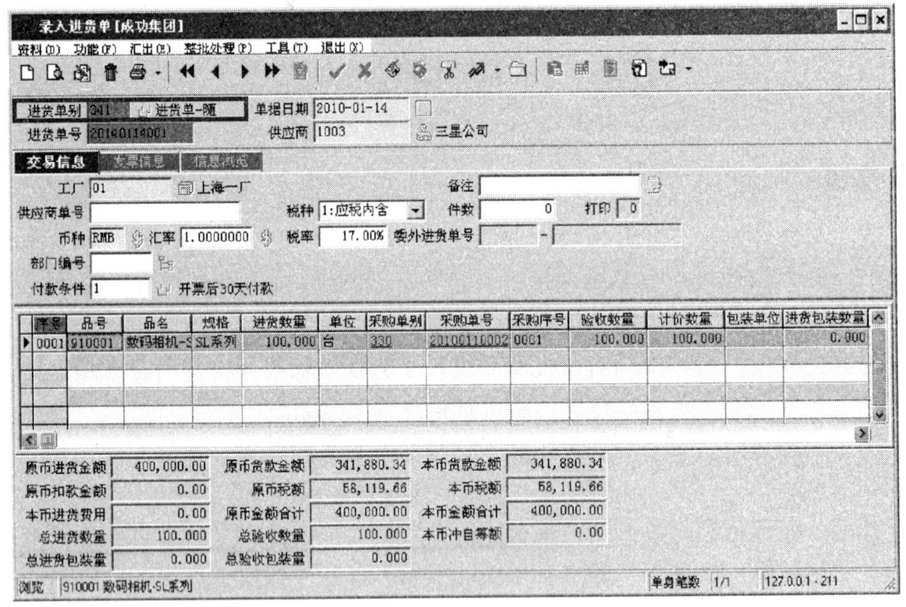

图 10-15　“录入进货单”界面

【作业重点】

进货单别：选择三星公司随货附发票业务需使用的进货单别，该单别在“设置采购单据性质”作业中必须勾选直接开票，且设定直接生成的采购发票单别。

步骤二：找到在直接开票状态下生成的采购发票，并检查内容是否正确，核对无误后，审核该采购发票（如图 10-16、图 10-17 所示）。

步骤三：使用单据上提供的打印功能，将采购发票打印后交出纳组请款，准备付款（如图 10-18 所示）。

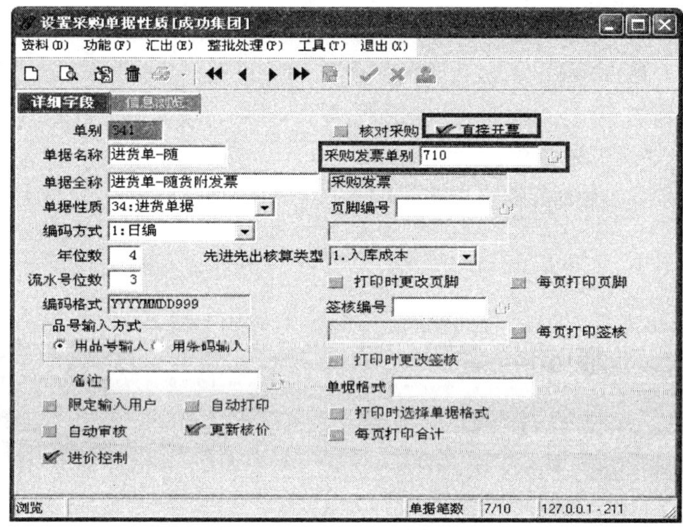

图 10-16 “设置采购单据性质”界面

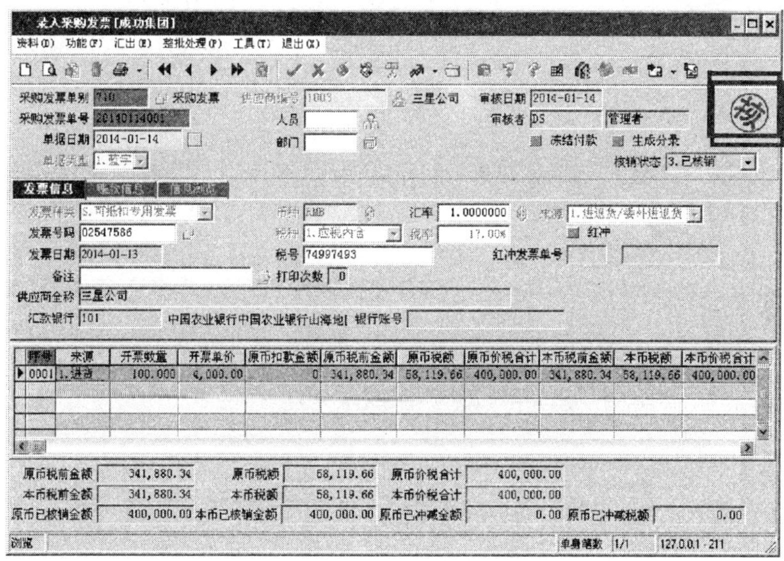

图 10-17 “录入采购发票”界面（二）

采购发票

制表日期：2014-01-31　　　　页次： 1 / 1

采购发票单别:710　采购发票	币种:RMB　汇率:1	发票种类:S.可抵扣专用发票	税　种:1.应税内含
采购发票单号:20140114001	人员:	发票号码:02547586	税　率:0.17
单据日期:2014-01-1	部门:	发票日期:2014-01-13	冻结付款:N
供 应 商:1003　三星公司	税号:74997493	预计付款日:2014-01-20	审 核 码:Y
付款条件:1　开票后30天付款	折扣(%):0%	取得折扣付款日:2014-01-20	备　注:

序号	来源 来源单号 单据日期	品号 品名 规格	单位 部门 部门名称	数量 开票单价 扣款金额	原币税前金额 原币税额	本币税前金额 本币税额	备注 项目编号
0001	1.进货 341-20140114001-0001 2014-01-14	910001 数码相机-SL系列 SL系列	台	100 4,000 0	341,880.34 58,119.66	341,880.34 58,119.66	
	以下空白//						

原币税前金额:341,880.34　原币税额:58,119.66　原币价税总计:400,000
本币税前金额:341,880.34　本币税额:58,119.66　本币价税总计:400,000　管理者

图 10-18 “打印采购发票”界面（一）

【业务场景】

（1）2014 年 1 月 30 日，黄淑贞收到了供应商大进公司寄来的发票，该发票是对应成功集团 1 月 11 日收到的 50 台“数码相机-SL 系列”。于是，黄淑贞打开系统，手工录入采购发票信息，建立应付账款 200 000 元。

（2）确认无误后，黄淑贞就将该张采购发票打印出来交到出纳组请款，准备付款。

【操作步骤】

步骤一：在系统主界面执行“应付管理子系统”|“应付账款管理”，进入“录入采购发票”开始新增单据内容（如图 10-19 所示）。

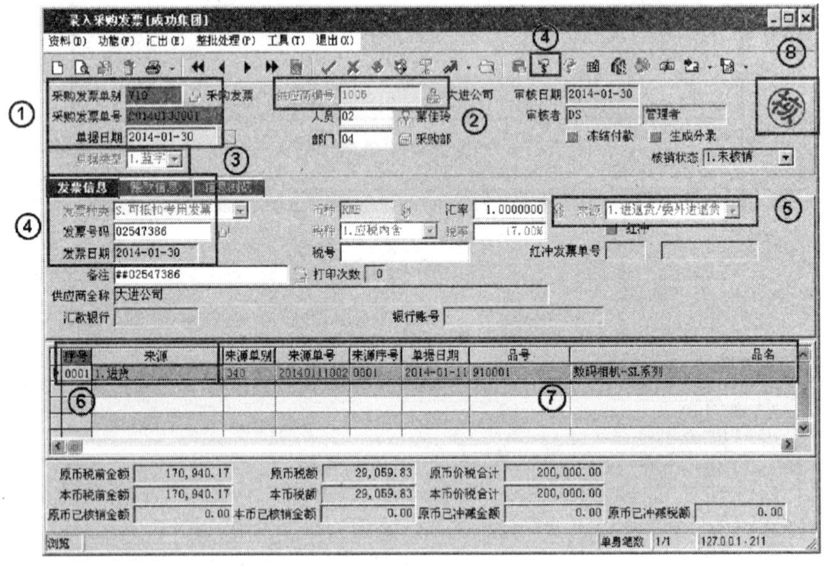

图 10-19 “录入采购发票”界面（三）

【作业重点】

（1）可直接输入单别，或按“F2”键开窗查询，选好单别后，系统按照单据性质中的设置自动带出单号，系统默认单据日期为当前日期。

（2）供应商编号：输入交易的供应商编号。

（3）单据类型：提供蓝字和红字两种类型。本次是正常采购进货，即选择蓝字发票。

图 10-20 “录入采购发票”界面（四）

（4）将收到的供应商发票信息输入单据中，可通过单据工具栏上的“更改发票信息”按钮，弹出如图 10-20 所示界面来输入发票信息。

（5）来源：共有进退货/委外进退货、固定资产、采购单及其他四种选择。此业务是向大进公司采购而付款，所以来源选择进退货/委外进退货。

（6）单身来源根据单头的来源进一步缩小范围，选择进货。

（7）选择进货来源的进货单单别和单号，资料就会带入采购发票单身。

（8）单据确认无误后，审核该采购发票。

步骤二：黄淑贞将该张采购发票打印出来交到出纳组请款，准备付款（如图10-21所示）。

采购发票

制表日期：2014-01-30　　页次：1/1

采购发票单别:710　采购发票　币种:RMB　汇率:1　发票种类:S.可抵扣专用发票　税　种:1.应税内含
采购发票单号:20140130001　人员:02　蔡佳玲　发票号码:02547386　税　率:0.17
单据日期:2014-01-30　部门:04　采购部　发票日期:2014-01-30　冻结付款:N
供 应 商:1005　大进公司　税号:　预计付款日:2014-02-21　审 核 码:Y
付款条件:12　次月20日付款，票　折扣(%):0%　取得折扣付款日:2014-02-21　备　注:##02547386

序号	来源 来源单号 单据日期	品号 品名 规格	单位 部门 部门名称	数量 开票单价 扣款金额	原币税前金额 原币税额	本币税前金额 本币税额	备注 项目编号
0001	1.进货 340-20140111002-0001 2014 01 11	910001 数码相机-SL系列 CL系列	台	50 4,000 0	170,940.17 29,059.83	170,940.17 29,059.83	
	以下空白//						

原币税前金额:170,940.17　原币税额:29,059.83　原币价税总计:200,000
本币税前金额:170,940.17　本币税额:29,059.83　本币价税总计:200,000　管理者

图10-21 “打印采购发票”界面（二）

系统中还提供了“自动生成采购发票”作业，可以从进/退货、委外进/退货信息自动生成采购发票（如图10-22所示）。

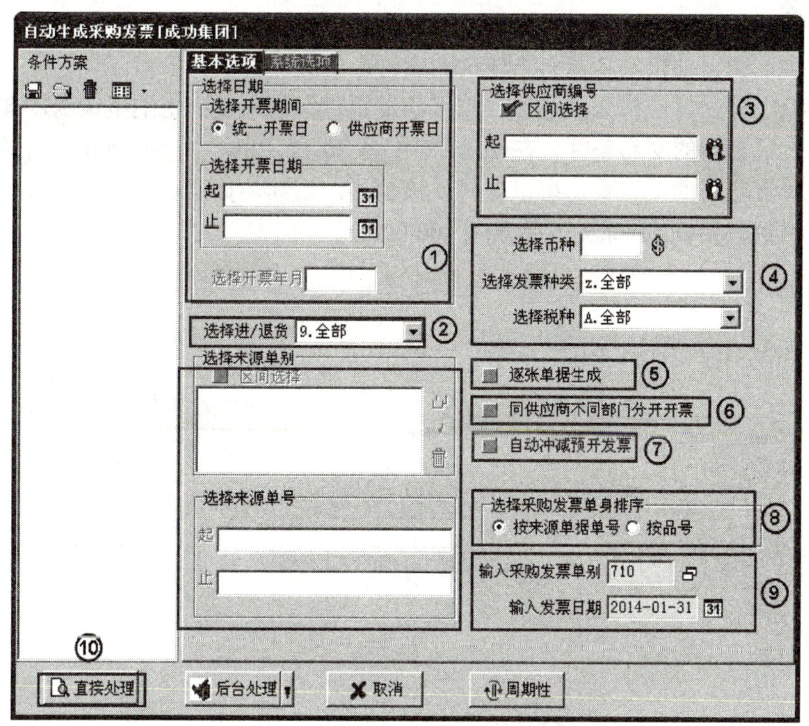

图10-22 “自动生成采购发票”界面

【作业重点】

（1）选择开票期间：统一开票日或供应商开票日两种选择。若选择统一开票日，可设定

开票日期；若选择供应商开票日，可设定开票年月和开票日。

（2）选择进/退货：选择需要生成采购发票的类别，有进货、退货、委外进货单、委外退货单和全部五种选择。若选择进货、退货、委外进货、委外退货时，可继续以来源单别单号来缩小范围；若选择全部，则不可以单别单号来缩小范围。

（3）选择供应商编号：以供应商来作为筛选来源单据的条件。

（4）选择币种、选择发票种类、选择税种：用来筛选要生成采购发票的来源单据。

（5）逐张单据生成：作业默认不勾选，勾选表示所有来源单据各自生成一张采购发票。

（6）同供应商不同部门分开开票：选择是否根据部门进行合并开票。

（7）自动冲减预开发票：生成发票的时候会将预开发票考虑进来，自动扣除这部分金额。

（8）选择采购发票单身排序：生成出来的采购发票单身内容根据企业的需要选择按来源单据或按品号显示。

（9）输入采购发票单别、输入发票日期：当选择统一开票日时，需要设定生成的采购发票单别及单据日期；当选择供应商开票时，只需设定生成的购发票单别。

（10）设置完毕后，单击“直接处理”，系统自动生成采购发票了。

任务三　应付账款核销

任务描述

利用付款单的自动核销功能将未核销的应付账款进行付款并核销。

会计黄淑贞建立好应付账款之后，将采购发票打印出来交到出纳组请款，准备付款。出纳组按照与三星公司的交易条件，在 2014 年 1 月 20 日，电汇了 400 000 元给供应商三星公司，并通知负责应付的黄淑贞，可以做付款核销了。后续，黄淑贞就在“录入付款单”作业中，付清了“数码相机-SL 系列”的款项 400 000 元。

知识准备

应付账款核销流程如图 10-23 所示。

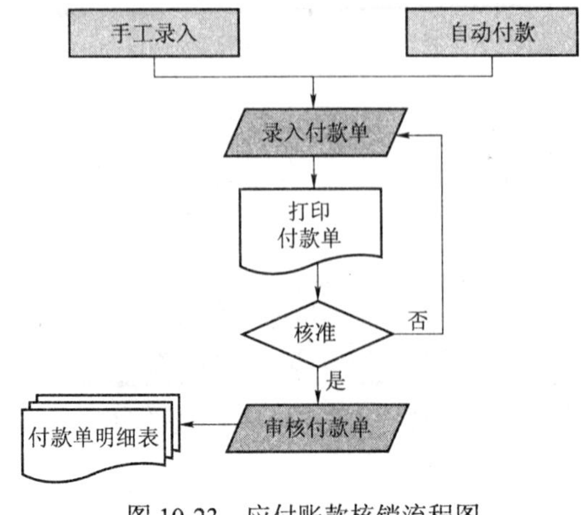

图 10-23　应付账款核销流程图

任务实施

步骤一：在系统主界面执行“应付管理子系统”|“付款管理”|“录入付款单”（如图 10-24～图 10-26 所示）。

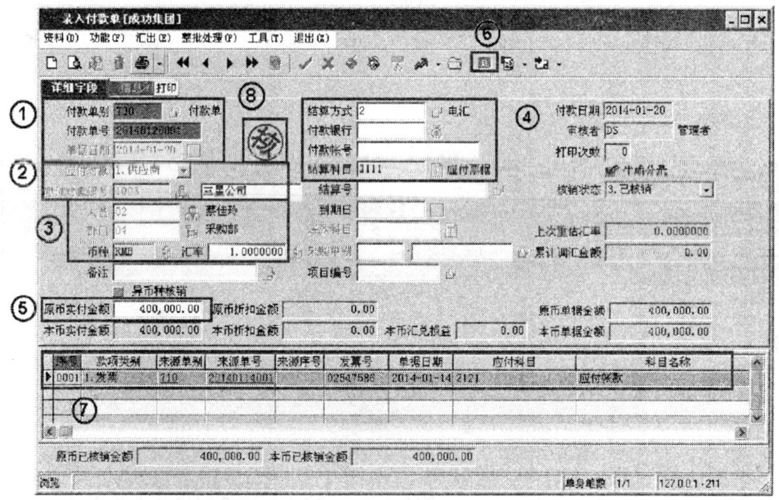

图 10-24 “录入付款单”界面（一）

【作业重点】

（1）可直接输入单别或“F2”键开窗查询，选好单别后，系统按照单据性质中的设置，自动带出单号。系统默认单据日期为当前日期。

（2）应付对象：选择付款的供应商，并输入供应商的编号。

（3）人员、部门、币种、汇率：根据所选择的供应商在“录入供应商信息”作业中的设置自动显示。

（4）结算方式、付款银行、付款账号、结算科目：与供应商协商后来进行对应设置。

（5）原币实付金额：输入本次实际的付款金额。

（6）利用“自动核销”按钮，来直接进行核销应付账款。在弹出的如图 10-25 所示的窗口中，勾选需核销的应付账款信息。

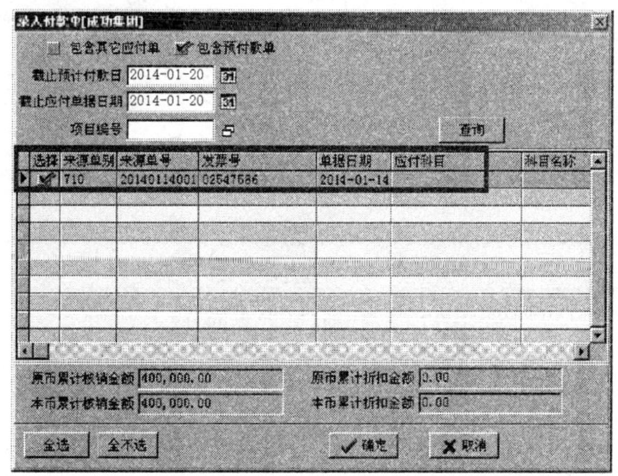

图 10-25 “录入付款单”界面（二）

（7）选定后，勾选的内容将出现在“录入付款单”的单身。

（8）确认付款单无误后，审核该单据，则应付账款被核销。

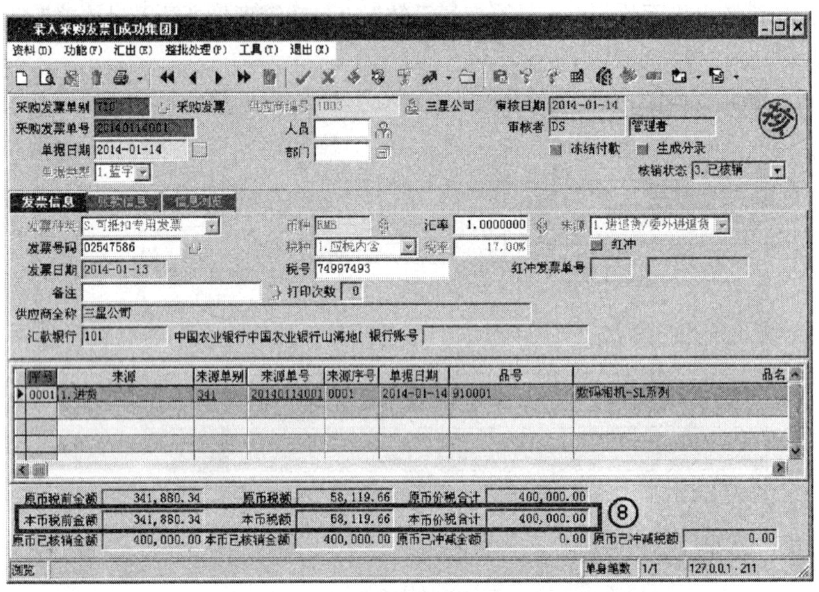

图 10-26 “录入采购发票”界面（五）

步骤二：利用“自动付款”作业，可以针对多张采购发票、预收发票进行付款（如图 10-27、图 10-28 所示）。

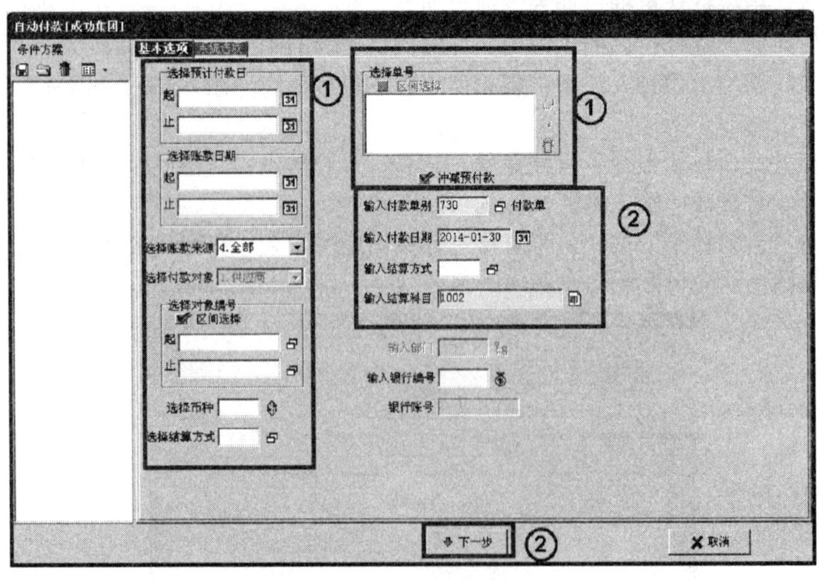

图 10-27 “自动付款”界面（一）

【作业重点】

（1）通过预计付款日、账款日期、账款来源、付款对象、币种、结算方式及单号来筛选需要批量产生付款单的采购发票。

（2）设定作业生成出的付款单的单别、日期及结算方式和结算科目后，单击“下一步”。

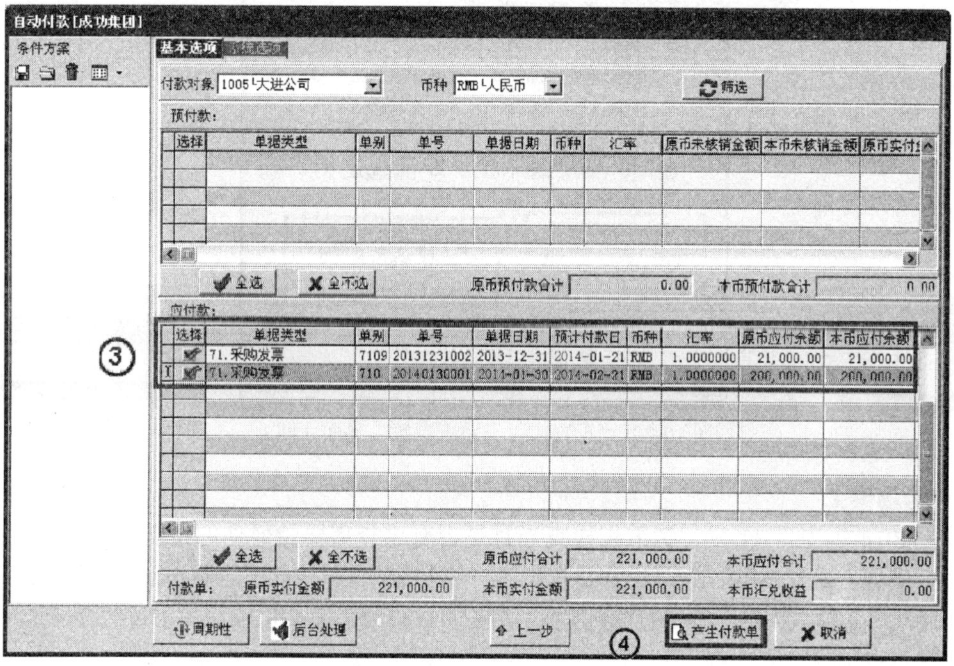

图 10-28 “自动付款”界面（二）

（3）勾选需要进行付款的采购发票。

（4）单击“产生付款单”，即可生成相应的付款单了。

任务四 应付账款暂估

任务描述

针对企业已收到货物但未收到发票时，月末将这部分账款先进行暂估入账，保证账实相符，以后利用回冲再来冲销。

暂估的方式有三种，分别是单到回冲、单到补差、月初回冲，三者的区别见表 10-2。

表 10-2 不同暂估方式的区别

单到回冲	收到对方开出的销售发票后才将上月的凭证做回冲
单到补差	收到对方销售发票后只补差额，不将上月暂估凭证做回冲
月初回冲	月初将上月暂估凭证做回冲

公司决定启用暂估账款核算管理时，就要在上线前，设定好暂估方式，三者选一，不可随意修改（如图 10-29 所示）。

【作业重点】

勾选启用暂估账款核算管理，并选择其中一种暂估方式。

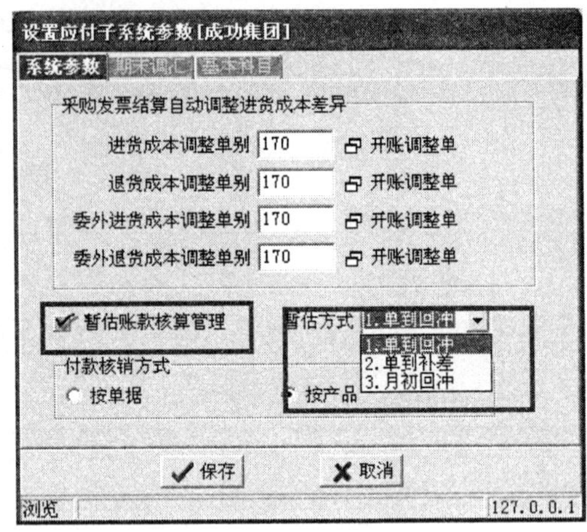

图 10-29 “设置应付子系统参数”界面（四）

【业务场景】

（1）2014 年 1 月 31 日，黄淑贞检查当月是否有进货需要做暂估的情况。

（2）黄淑贞查到 2014 年 1 月 20 日有一笔向供应商达智科技借用的 20 pcs“镜头玻璃”转作进货处理，总金额 700 元，但尚未收到发票。黄淑贞以未税金额 598.29 元做了暂估应付款。

任务实施

步骤一：在系统主界面执行“应付管理子系统”|“暂估成本核算”|“暂估成本核算”（如图 10-30 所示）。

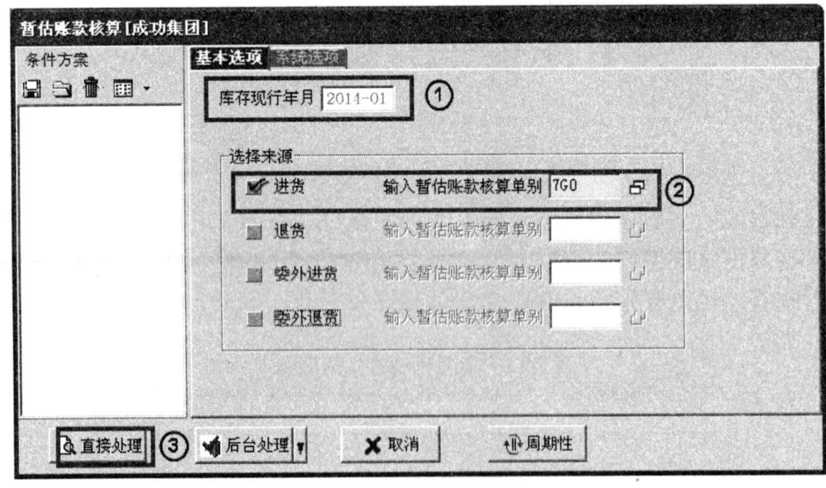

图 10-30 “暂估账款核算”界面

【作业重点】

（1）系统自动带出库存现行年月，检查该月是否有暂估账款需核算。

（2）选择需要核算暂估账款的来源，并输入暂估账款核算单别。

（3）单击“直接处理”，即生成暂估成本核算单。

步骤二：打开“维护暂估账款核算单”作业，查看生成的结果（如图 10-31 所示）。

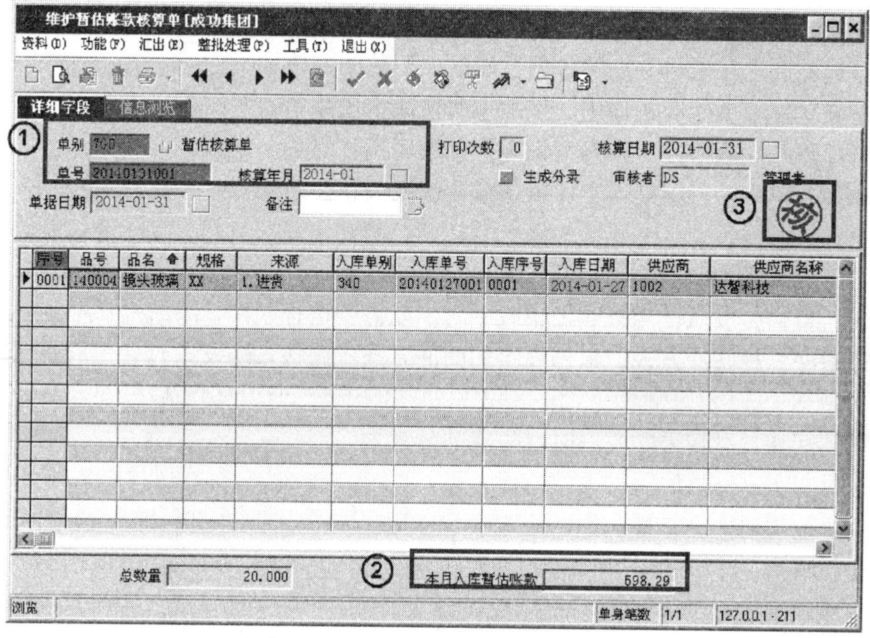

图 10-31 “维护暂估账款核算单”界面

【作业重点】

（1）单别是在执行“暂估成本核算”作业前设定的，单号则自动带出。

（2）系统自动将进货单上的未税金额作为本次入库暂估账款。

（3）确认暂估核算单无误后，就可以将单据审核。

步骤三： 月底时，通过自动分录子系统，将暂估账款核算单抛转生成分录底稿和会计凭证（如图 10-32 所示）。

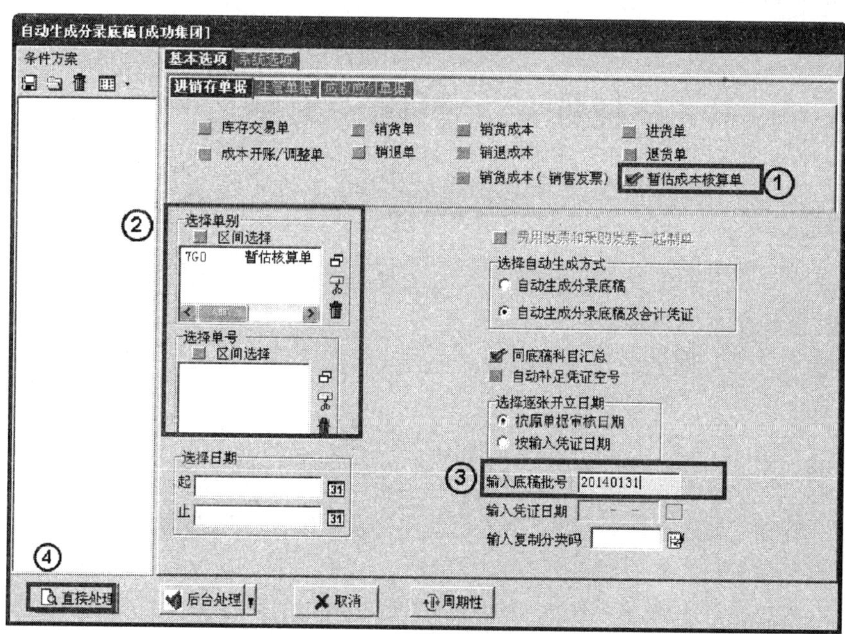

图 10-32 “自动生成分录底稿”界面

【作业重点】

（1）勾选需要进行抛转分录的单据性质，如暂估成本核算单。

（2）根据单别、单号等条件进一步缩小暂估成本核算单的范围。

（3）自行输入底稿批号，作为查询维护分录底稿时的筛选依据。

（4）选择后单击“直接处理”即可生成分录底稿和会计凭证，暂估分录为：

借：原材料 598.29 元

　　贷：应付账款-暂估 598.29 元

步骤四：暂估完成后，当采购发票收到时，就需要进行回冲，系统提供单到回冲、单到补差和月初回冲三种回冲方式。根据设定的回冲方式，抛转采购发票时会生成不同的会计分录。

（1）单到回冲。抛转采购发票时，生成的分录为

借：应付账款——暂估 598.29 元

　　贷：原材料 598.29 元 回冲凭证

借：原材料 598.29 元

　　应缴税金——进项税额 101.71 元

　　贷：应付账款 700 元 正式的发票凭证

（2）单到补差。抛转采购发票时，生成的分录为

借：应付账款——暂估 598.29 元

　　应缴税金——进项税额 101.71 元

　　贷：应付账款 700 元

（3）月初回冲。抛转暂估成本核算单时，同时生成下月初的分录为

借：应付账款——暂估 598.29 元

　　贷：原材料 598.29 元

待发票收到后，直接再生成采购发票的会计分录即可。

任务五　应付账款月结

任务描述

为了避免当期及之前的交易单据被修改，且为了后续财务报表的准备，将本月的应付账款正确结算后结转至下月月初。

2014 年 2 月 1 日，财务经理姜秋玉要对 1 月应付账款做月结处理。把还未付清的各供应商的应付账款余额转到了 2 月月初。

任务实施

步骤一：检查“录入采购发票”“录入付款单”及“维护供应商每月统计账款”作业，核实当月发生的交易资料和当月期初资料的正确性。

步骤二：利用会计总账子系统的明细账、总账和应付管理子系统的应付账款明细账进行核对，验证是否账账相符。

步骤三：执行“应付账款月结”作业（如图 10-33 所示）。

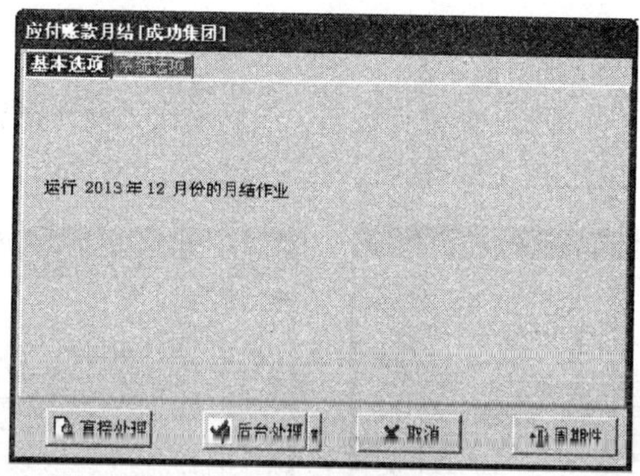

图 10-33 “应付账款月结”界面（二）

步骤四：打开“维护供应商每月统计账款”作业，检查当月账款余额是否结转至下月期初账款金额（如图 10-34 所示）。

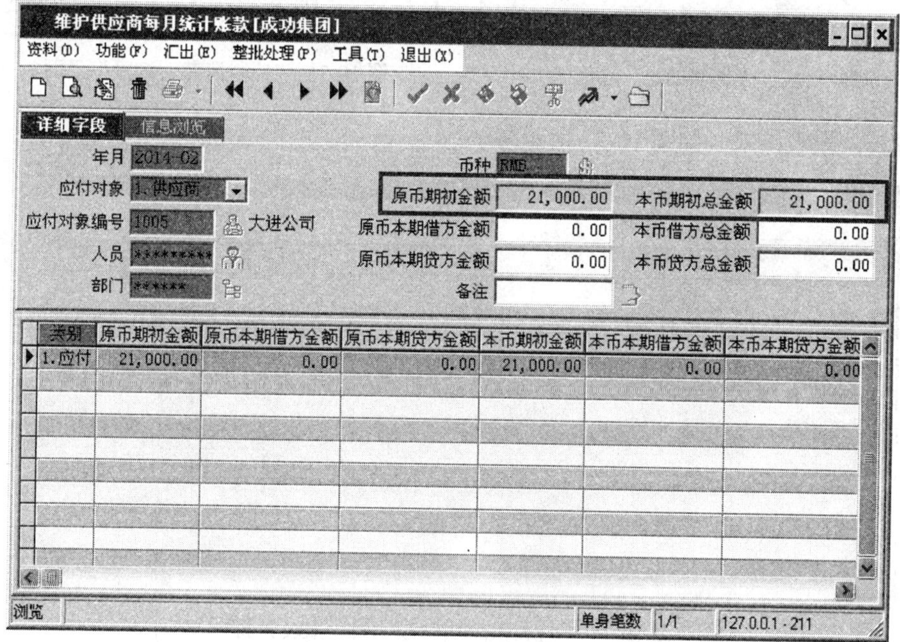

图 10-34 “维护供应商每月统计账款”界面

任务六　报表查询统计

一、应付账款明细账

任务描述

可把某段期间内供应商的应付账款交易明细，包括立账、付款情况序时打印成账，作为常用查账报表之一。

任务实施

步骤一： 在“应付账款明细账”中进行设置，然后单击“设计报表”按钮。（如图 10-35、图 10-36 所示）。

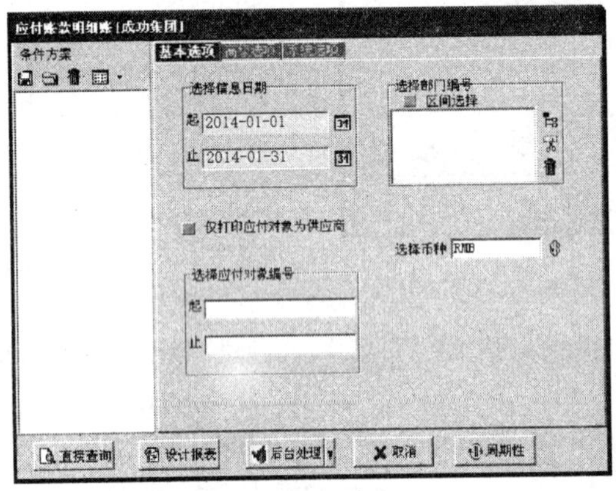

图 10-35 “应付账款明细账”界面（二）

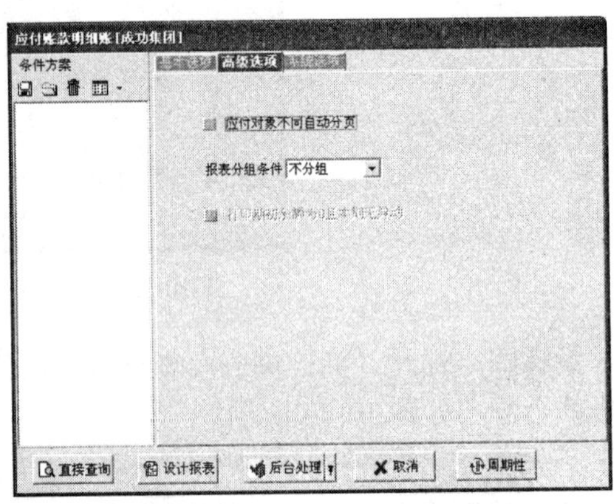

图 10-36 “应付账款明细账”界面（三）

步骤二： 报表结果（如图 10-37 所示）。

阅览报表(应付账款明细账-工作编号:20100131000009-201001310001)

应付账款明细账

制表日期:2014-01-31　账款日期: 2014-01-01 至 2014-01-31　第1页

日期	应付对象编号	应付对象名称	单据类型	单据号	币种 汇率	原币本期应付金额 本币本期应付金额	原币本期实付金额 本币本期实付金额	原币余额 本币余额	部门 部门名称	摘要
			期初余额					34,650.00 34,650.00		
2014-01-14	1003	三星公司	发票	710 -20100114001	RMB 1.000	400,000.00 400,000.00		434,650.00 434,650.00		
2014-01-20	1003	三星公司	付款	730 -20100120001	RMB 1.000		400,000.00 400,000.00	34,650.00 34,650.00	04 采购部	
2014-01-28	1003	三星公司	预开发票	7A0 -20100128001	RMB 1.000	42,000.00 42,000.00		76,650.00 76,650.00	04 采购部	
	1004	日升公司	付款	630 -20100128001	RMB 1.000		3,150.00 3,150.00	73,500.00 73,500.00		
2014-01-30	1005	大进公司	发票	710 -20100130001	RMB 1.000	200,000.00 200,000.00		273,500.00 273,500.00	04 采购部	##02547386
			本期合计			642,000.00 642,000.00	403,150.00 403,150.00	273,500.00 273,500.00		
			本年累计			642,000.00 642,000.00	403,150.00 403,150.00	273,500.00 273,500.00		

〈结 束〉

图 10-37 “应付账款明细账”阅览报表界面

二、应付账款余额表

任务描述

把某段应付期间内的应付账款余额按供应商、部门或者不分组的方式，序时打印成表。

任务实施

步骤一： 在“应付账款余额表”中进行设置，然后单击“设计报表”按钮（如图 10-38 所示）。

步骤二： 报表结果（如图 10-39 所示）。

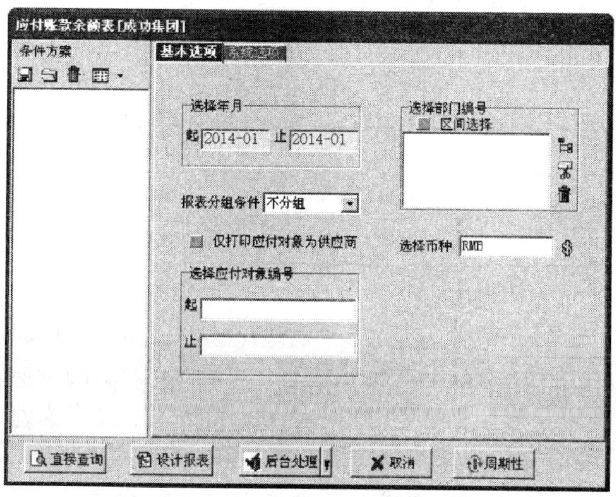

图 10-38 “应付账款余额表”界面

图 10-39 “应付账款余额表”阅览报表界面

学习小结

供应商出货后开出发票，公司收到发票后在系统中要进行发票的录入，财务部门将根据发票进行付款，完成采购过程的资金管理。

项目实训

（1）成功集团在 2014 年 2 月向冠军公司进货明细见表 10-3。

表 10-3 冠军公司进货明细

供应商编号	进货日期	品号	品名	数量/pcs	金额/元	开票方式
1001 冠军公司	2014-02-15	110001	主开关 连动板	100	5 000	随货附发票
		110002	模式按钮	100	4 000	随货附发票

请在采购系统输入此笔交易的进货单，并将货款直接开票产生应付账款；因为冠军公司的开票方式为随货附发票，所以请选择勾选直接开票的进货单别为 341，而随货附的发票号码为 KL00000003。

（2）成功集团在 2014 年 2 月向达智科技进货明细见表 10-4。

表 10-4 达智科技进货明细

供应商编号	名称	进货日期	进货金额/元	进货税额/元	开票方式
1002	达智科技	2014–02–10	2 500	425	统一开票日
		2014–02–26	1 800	306	统一开票日

请在“应付管理子系统”利用“自动生成采购发票”作业，将达智科技 2 月份的进货数据结账产生采购发票；达智科技的开票方式为统一开票日，使用的采购发票单别为 710，收到一张达智科技开立的进项发票，发票号码为 DD00000004、发票货款为 4 300 元、发票税额为 215 元。

（3）成功集团于 2014 年 2 月向名望公司进货明细见表 10-5。

表 10-5 名望公司进货明细

供应商编号	名称	进货日期	进货金额/元	进货税额/元	开票方式
1007	名望公司	2014–02–08	27 000	4 590	供应商开票日
		2014–02–16	50 000	8 500	供应商开票日
		2014–02–28	30 000	5 100	供应商开票日

请在“应付管理子系统”利用“自动生成采购发票”作业，将名望公司 2 月份的进货数据结账产生采购发票；名望公司的开票方式为供应商开票日，设定的开票日为 25 日，使用的采购发票单别为 710，名望公司发票开立的方式是分别开立每一笔进货的发票，而发票日期同进货日期，2 月 8 日的发票号码为 KP00000015，2 月 16 日的发票号码为 KP00000043，2 月 28 日的发票号码为 KP00000072。

（4）成功集团于 2014 年 3 月 10 日银行电汇，支付达智科技（供应商编号为 1002）账款，面额为 5 031 元，要核销 2013 年 2 月 28 日立账的采购发票。

项目十一

ERP 应收管理

知识目标

1. 了解一般企业应收管理业务流程。
2. 掌握易飞 ERP 系统应收账款开票及付款核销的方法。
3. 掌握易飞 ERP 系统应收账款月结的方法。
4. 掌握易飞 ERP 系统应收应付账款对冲的方法。
5. 掌握易飞 ERP 系统坏账处理的方法。

能力目标

1. 能熟练应用易飞 ERP 实现应收账款的流程管理。
2. 能熟练应用易飞 ERP 进行应收账款的报表查询。

引导案例

成功集团–财务部计划集团内与应收、付账款，税控处理，会计处理有关的事务能于 2014 年 1 月 1 日，与供应链系统一起正式上线，这些事务平时是财务部的会计组所负责。会计组针对如下业务如何处理应收账款开票及账务处理？

会计组 1 月份在处理应收账务方面，除了于年初时需完成坏账准备计提作业外，从业务部那里收到两笔销货单，一笔的客户为标竿公司，一笔的客户为茂圣公司，收到资料后，开始处理客户账款，并通过税务局的“防伪税控开票系统”协助销售发票的开票作业……

2014/01/02 日 坏账计提

成功集团使用应收账款余额百分比法作为坏账准备计提基准，于是年初时需针对 2013 年 12 月 31 日前未收回的应收账款余额计提 5%的坏账准备金额。

2014/01/14 日 开票–随货附发票

会计组收到业务部送来的一张销货单，把 150 台“数码相机–SX 系列”及 20 台“数码相机-SL 系列”销售给标竿公司。会计组先按销货单成立应收账款，总金额为 995 050 元；同时，因为标竿公司采用随货附发票的开票方式，所以在“防伪税控开票系统”将销售发票开出，打印后连同货品一起送交客户。

2014/01/21 日 收款–支票（实时核销）

会计组收到客户标竿公司寄来的支票，金额为 995 050 元，要冲销 1 月 14 日的账款。

2014/01/19 日开票–月结发票

会计组接获业务部通知，客户茂圣公司于 2014 年 1 月 12 日向公司借出的 10 台“数码相机–SX 型”要转办销货，此客户的开票日为每月 25 日，因此先成立应收账款 40 000 元，25 日再开立销售发票。

2014/01/25 日税控接口–开销售发票

到了 25 日，会计组将客户茂圣公司的销货数据产生销售发票向客户请款，客户会以电汇方式付款。

2014/01/27 日 收款–电汇（到款核销）

成功集团收到了茂圣公司的银行汇款 70 200 元，未说明冲销账款来源，在系统中先录入收款信息。

2014/01/29 日 收款–电汇（到款核销）

1 月 29 日，成功集团接到茂圣公司的电话，了解到之前收到的汇款是用来冲销 2013 年 12 月 31 日前遗留的应收账款及 1 月 19 日的部分账款，于是便利用到款核销的作业来进行冲销。

2014/01/28 日 应收应付对冲

会计组收到一笔来自客户日升公司的电汇，金额 31 500 元，因为日升公司既是公司的供应商，也是客户，在 2013 年 12 月 31 日有一笔应收账款 34 650 元，同时还有一笔应付账款 3 150 元未付款。应收应付对冲后，还剩下应收账款 31 500 元，正好与收到的款项完全冲销。

2014/02/01 日 应收账款月结

1 月结束时，会计组进行 1 月的应收账款月结作业，将还未结算的应收账款结转到 2 月月初每家客户的应收账款期初值。

2014/02/02 日 坏账收回

会计组收到一笔来自客户佳佳企业的汇款，因佳佳企业的账款于年初时已做坏账损失处理，所以要做坏账收回处理。

2014/02/02 日 坏账损失

2 月·5 日，业务部带来了一个坏消息，客户阳顺企业倒闭了，之前未收回的账款确定无法收回了。会计组收到消息之后，在系统中做坏账损失处理。

任务一 期初开账

任务描述

把开账时间点之前的应收信息录入到 ERP 系统，这样系统正式使用时，应收信息才能正确。成功集团计划于 2014 年 1 月 1 日正式上线易飞 ERP 系统，于是必须在 1 月 1 日之前将现有的应收信息输入系统里，这样才有期初数据。会计组把截止 2013 年 12 月 31 日的应收账款余额信息在系统投入使用前都录入到“应收管理子系统”中，完成系统开账。

知识准备

一、系统简介

“应收管理子系统”可以为企业处理账款的收款、客户订单订金的预收，并详细记载从开票到核销的交易数据。同时，可以实时提供各种相关的报表，让管理者能随时了解应收账款的状况。这样管理者才能实时地做出适当的处理决策，让损失降到最低。这是管理账款非常重要的一个工作任务。而且，所有数据可以大量储存和快速处理，信息也可以做到实时、共享，减少部门间文件往返的处理时间，提高了企业内部的运行效率。系统特色主要有以下几个方面。

（1）提供多币种管理，不管客户是用哪一种币种来结算账款或者支付账款，在系统的处理上都是没有问题的。

（2）处理非例行性收入，系统不仅可以处理一般销货的账款，对于一些非常规销售发生的其他收入也可以处理。

（3）订金管理，当公司提供客户下订单时预收订金时，订金管理的这项功能也是应收管理子系统必不可少的。

（4）提供多角度的账款分析，依照客户或者业务员的角度，分析应收账款的账龄分布状况的报表，使管理者切实掌握账款的交易和呆滞情况，及时进行坏账处理，将发生呆账的机会降到最低。

（5）为了取代人工账册，提供应收账款明细分类账，取代每月财务手工计算账册，节省许多人工操作的时间，也避免了错误的发生。

（6）系统提供税控接口的处理，将 ERP 系统与“防伪税控开票系统”做接口处理，方便财务人员直接开取发票。

二、基础设置

（一）录入付款条件

【目的】

在“录入付款条件”中设置销售的预计付款日、资金实现日，取得折扣方式的付款条件，能协助企业做好资金管理。

【操作步骤】

在系统主界面执行“基本信息子系统”｜“基础设置”，进入“录入付款条件”（如图 11-1 所示）。

【作业重点】

（1）可以设定“采购/委外”或“销售”两种类别的付款条件。

（2）预计收（付）款日、资金实现日：根据加日数或者加月数的方式来设定付款和资金实现的具体日期。

（3）若发生取得折扣的现象，可以通过提前付款或缩短票期的方式来设定给予的折扣幅度。

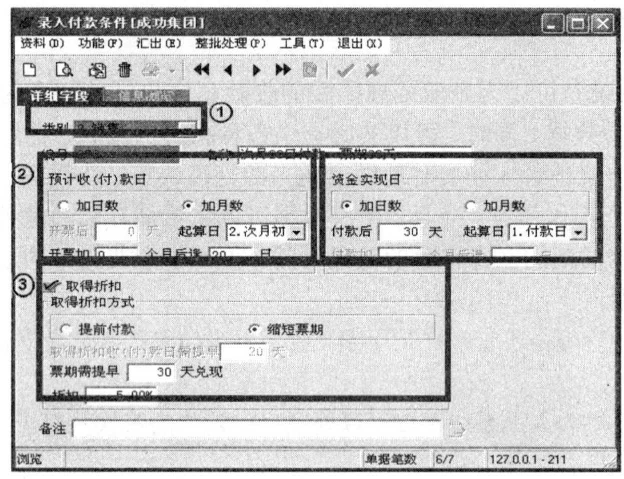

图 11-1 “录入付款条件”界面

（二）录入会计科目

【目的】

在“录入会计科目”中把要使用的会计科目信息预先设置好。

【操作步骤】

在系统主界面执行“会计总账子系统”｜“基础设置”，进入“录入会计科目”（如图 11-2 所示）。

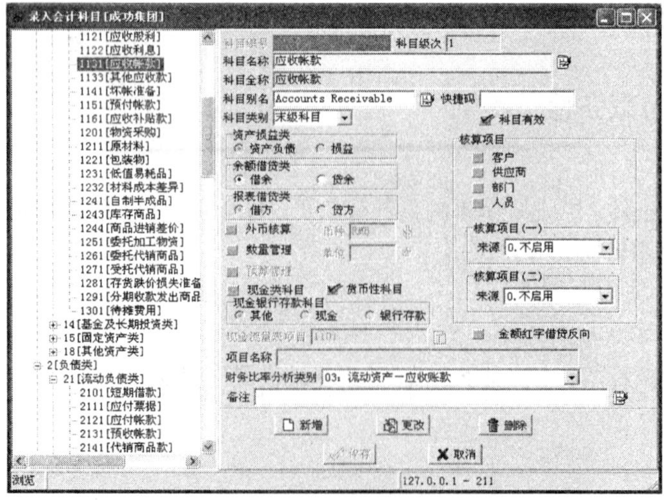

图 11-2 “录入会计科目”界面

【作业重点】

建立在应收账款的日常处理中，会使用到和应收账款、预收账款等相关的会计科目。

（三）录入科目/部门限制

【目的】

在“录入科目/部门限制”中对做部门管理的科目进行部门的限定。

【操作步骤】

在系统主界面执行“会计总账子系统”｜“基础设置”，进入“录入科目/部门限制”（如图 11-3 所示）。

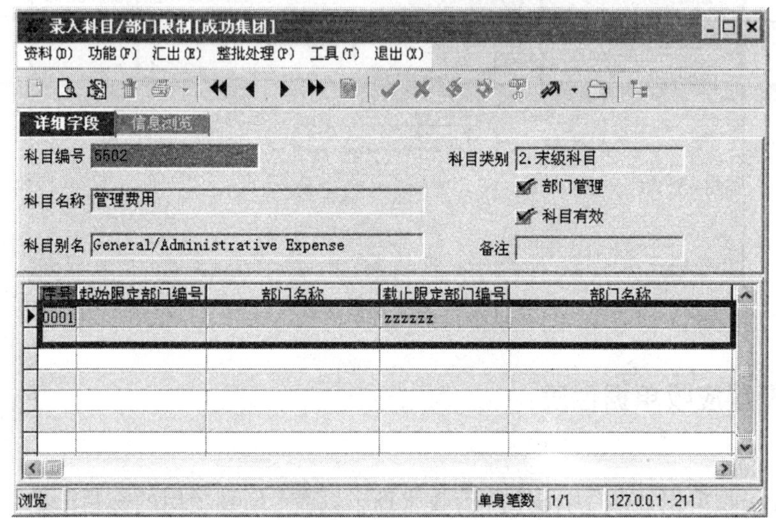

图 11-3 “录入科目/部门限制”界面

【作业重点】

设定该会计科目被限定使用在哪些部门中，填写“zzzzzz”表示所有部门。

（四）录入客户信息

【目的】

在“录入客户信息”中设置各客户的基本资料。

【操作步骤】

在系统主界面执行“应收管理子系统”｜“基础设置”，进入“录入客户信息”（如图 11-4 所示）。

【作业重点】

（1）设定该客户的开票日期，当使用“自动生成销售发票”时，客户开票日期就是依据这里设定的日期。

（2）选择与客户商定好的付款条件来建立。

（3）若不同客户使用不同会计科目时，可在此设定该客户所使用的会计科目；若所有客户使用同一个汇总科目，这里可不用设置。

（4）需在“录入结算方式”作业中设定结算方式，随后可在此开窗选择。

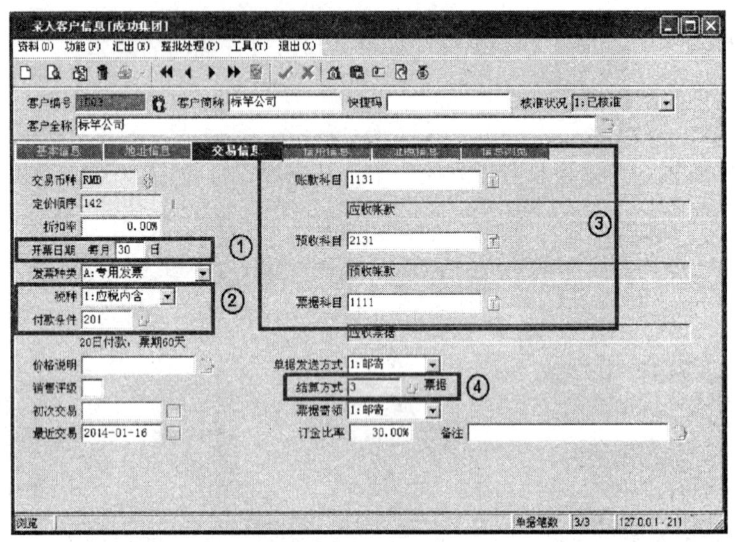

图 11-4 “录入客户信息”界面

（五）设置应收单据性质

【目的】

在“设置应收单据性质”中设置“应收管理子系统”所要使用的交易单据，包括：性质、编码方式、签核格式等。

【操作步骤】

在系统主界面执行“应收管理子系统”|“基础设置”，进入“设置应收单据性质”（如图 11-5 所示）。

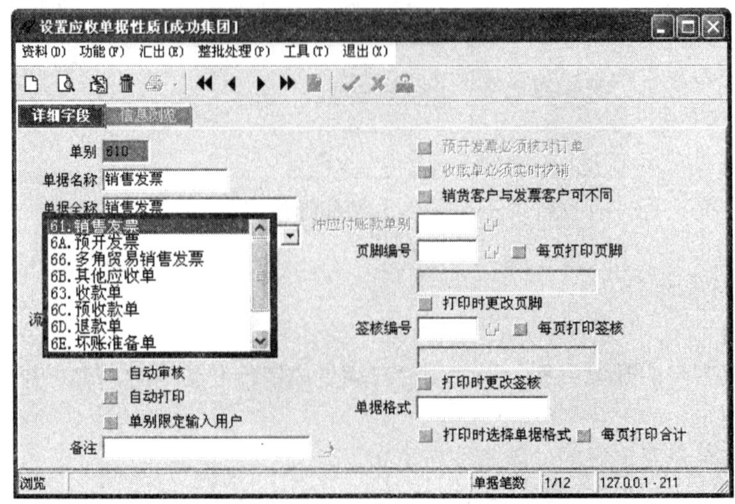

图 11-5 “设置应收单据性质”界面（一）

【作业重点】

可以设定 10 种不同的单据性质，每种单据，系统不限制设定多少张单别。

（1）“61. 销售发票”，用于记录和建立销售货品或销退货品的应收账款信息。

（2）“6A. 预开发票”，用于先开票再发货的情况，记录预开票的账款信息。

（3）“66. 多角贸易销售发票”，用于多角贸易业务时，记录和建立销售货品或销退货品的应收账款信息。

（4）“6B. 其他应收单”，用于记录一些不涉及存货内容、不计税的账款，如应收管理费、租赁费。

（5）“63. 收款单”，用于记录收取销售或销退货款。

（6）“6C. 预收款单”，用于记录收取客户订金的单据。

（7）“6D. 退款单”，用于退回已经收取进来的款项。

（8）“6E. 坏账准备单”，用于计提客户坏账准备时所使用的单据。

（9）“6F. 坏账损失处理单”，用于处理客户应收账款成为坏账的情况。

（10）“6G. 汇差调整单”，用于调整因汇率变动而造成的本币的损益。

（六）设置应收子系统参数

【目的】

在“设置应收子系统参数”里设置“应收管理子系统”中会使用到的相关交易的会计科目，应收单据现结会使用到的单别、坏账处理方式、收款核销方式、汇差调整。

【操作步骤】

在系统主界面执行“应收管理子系统”｜“基础设置”，进入“设置应收子系统参数”（如图 11-6～图 11-9 所示）。

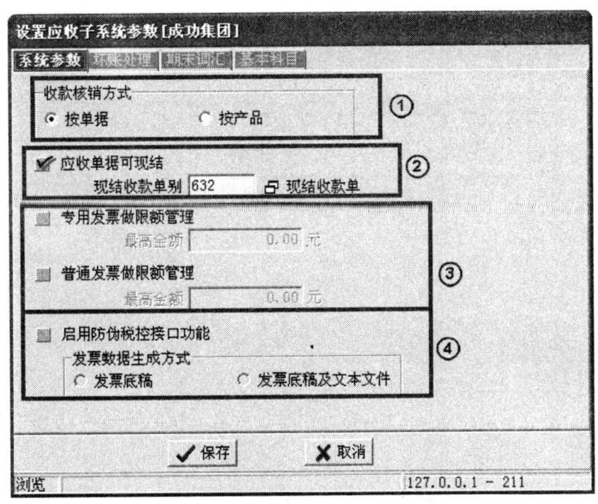

图 11-6 “设置应收子系统参数”界面（一）

【作业重点】

（1）按照收款习惯进行选择核销方式——按单据或者按产品。按单据是根据销售发票来进行账款的核销，按产品是根据销售发票单身的产品明细项来进行账款的核销。

（2）当使用现结业务时，需要设置应收系统自动产生的现结收款单的单别。

（3）可对专用发票和普通发票做限额管理，设定其最高金额。

（4）开取增值税发票时，可以选择启用防伪税控接口功能，直接生成所需的底稿文件。

（5）企业若对客户的应收账款进行坏账处理准备时，可以勾选启用坏账处理，选择适合企业的备抵法选项，系统提供应收账款余额百分比法和账龄分析法，同时根据备抵法来设定坏账计提比率和坏账准备余额。

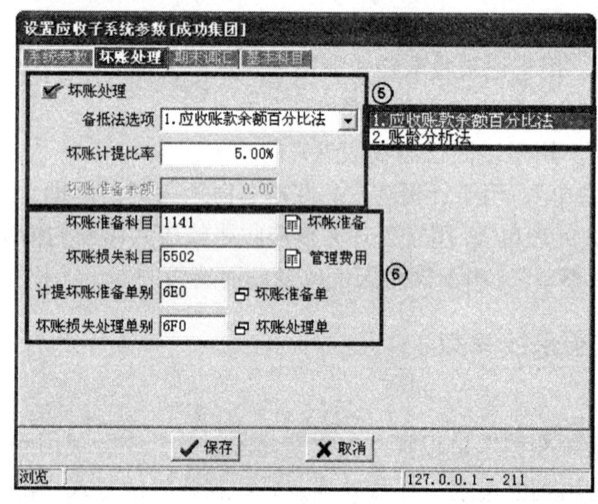

图 11-7 “设置应收子系统参数”界面（二）

（6）对于坏账处理所要使用的会计科目和单别，科目需要在“录入会计科目”作业中事先设置，单别需要在“设置应收单据性质”中事先设置。

（7）启用期末调汇功能后，需要设置汇差调整单的单别。

（8）设置日常应收所要使用的会计科目。

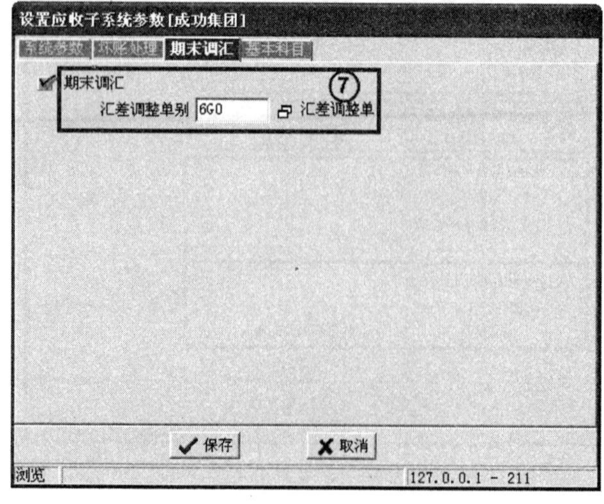

图 11-8 “设置应收子系统参数”界面（三）

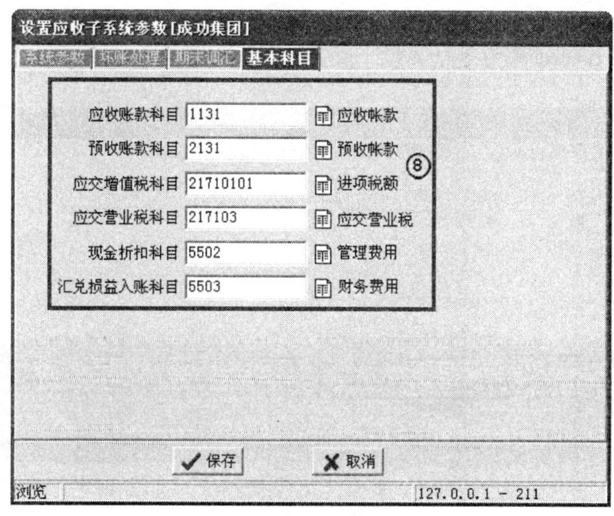

图 11-9 “设置应收子系统参数”界面（四）

任务实施

步骤一：搜集 2014 年 12 月 31 日前的所有未收账款的资料。

方式一：未收账款的明细数据。

可以“日”或“月”作为账款周期单位，如某客户每个月份的未收账款，此种方法需要搜集明细数据，数据输入的工作量当然就较大，见表 11-1。

方式二：至某一截止点的未收账款总额。

只需搜集每家客户到开账截止日前的未收账款总额即可，此种方法搜集的资料较简单，开账资料也只有一笔，见表 11-1。

表 11-1 期初资料搜集方法

方式一：					
方式	客户编号	名称	应收账款日期	应收金额/元	税额/元
未收账款的明细数据	1001	第一公司	2013-11-28	15 000	2 550
			2013-12-08	20 000	3 400
			2013-12-20	15 000	2 550
至某一截止点的未收账款总额	1001	第一公司	2013-12-31 止	50 000	8 500

利用方法二，搜集 12 月 31 日前所有的未收账款资料，见表 11-2。

表 11-2 应收账款明细

客户编号	名称	应付账款日期	应付金额/元	税额/元
1001	第一公司	2013-12-31 止	50 000	8 500
1002	茂圣公司	2013-12-31 止	40 000	6 800
1102	统一公司	2013-12-31 止	60 000	10 200
1103	佳佳公司	2013-12-31 止	80 000	13 600

步骤二：设定应收现行年月，并确定开账单别（如图 11-10、图 11-11 所示）。

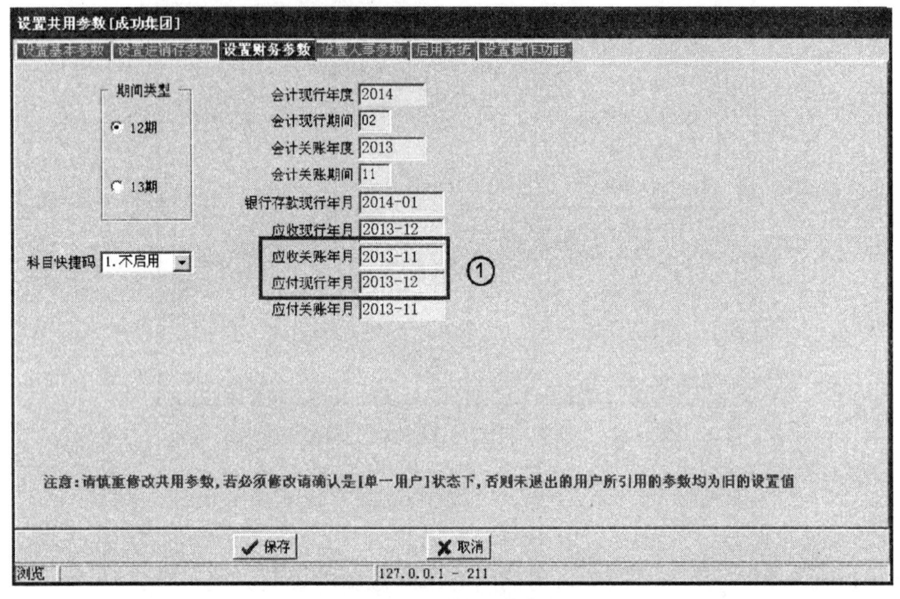

图 11-10 “设置共用参数”界面

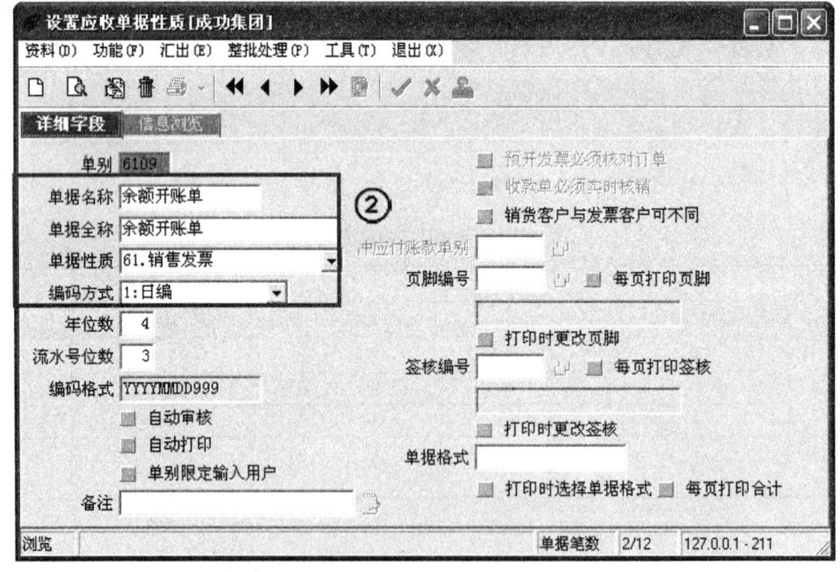

图 11-11 “设置应收单据性质”界面（二）

【作业重点】

（1）因为要在 2014 年 1 月导入“应收管理子系统”，需搜集每家客户 2013 年 12 月底的期末应收账款，并将其导入，故把应收现行年月设定为“2013-12”。“应收管理子系统”上线时，“销售管理子系统”要先上线为佳。

（2）设定开账使用的单别，单据性质选择“61.销售发票”。

步骤三：（1）将截至2013年12月31日的应收账款余额逐笔输入到开账单中由于是余额导入，来源选择其他，数量和单价也可不输入，直接录入金额和税额。（如图11-12所示）。

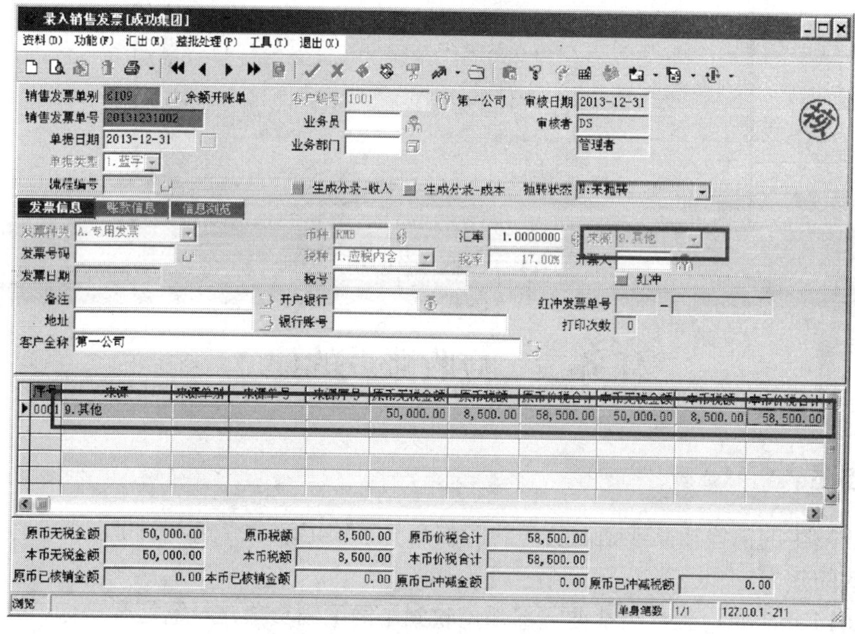

图11-12 “录入销售发票”界面（一）

步骤四：利用“应收账款明细账”来核对应收账款资料（如图11-13所示）。

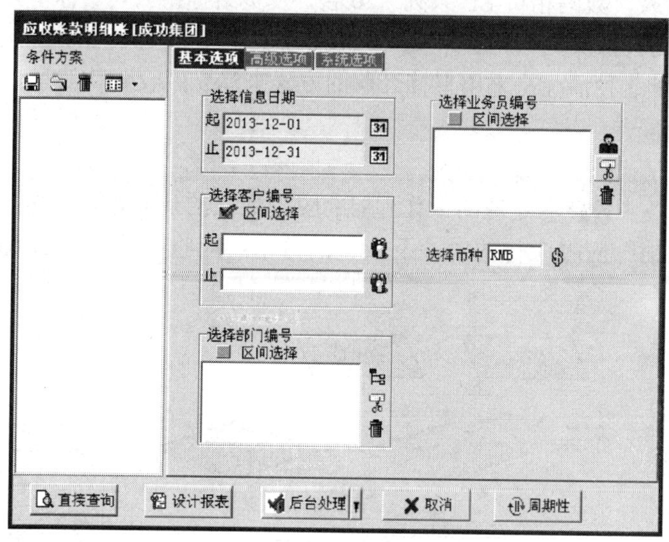

图11-13 “应收账款明细账”界面

步骤五：执行应收账款月结，如图11-14所示。

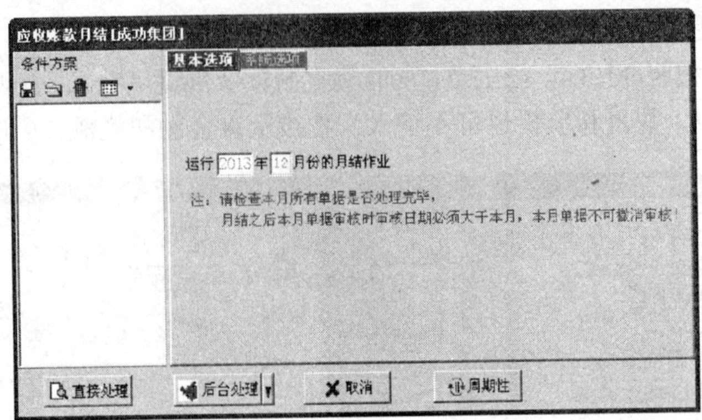

图 11-14 “应收账款月结”界面

任务二 应收账款的建立

任务描述

把企业发生的销售货品或销退货品的应收交易事项记录于“录入销售发票”作业中，表示应收账款的建立。

（1）2014 年 1 月，会计组从业务部那里收到了两笔销货单，一笔是客户标竿公司，另一笔是客户茂圣公司，针对这两家客户不同的结账方式，黄淑贞做了不同的处理。

（2）2014 年 1 月 14 日，黄淑贞收到业务部送来的一张销货单，出货的产品是“数码相机-SX 系列”150 台及“数码相机-SL 系列”20 台，发贷给标竿公司。标竿公司采用随货附发票的开票方式，于是黄淑贞先按销货单成立应收账款，总金额为 995 050 元。因为是随货附发票，成功集团对于这种情况是采用直接开票的方式来建立应收账款信息。

知识准备

在应收管理业务中，最常处理的工作包括：应收账款的建立，即立账；税控接口开票；应收账款的收款核销；应收应付的对冲及应收的月结。应收账款建立的流程如图 11-15 所示。

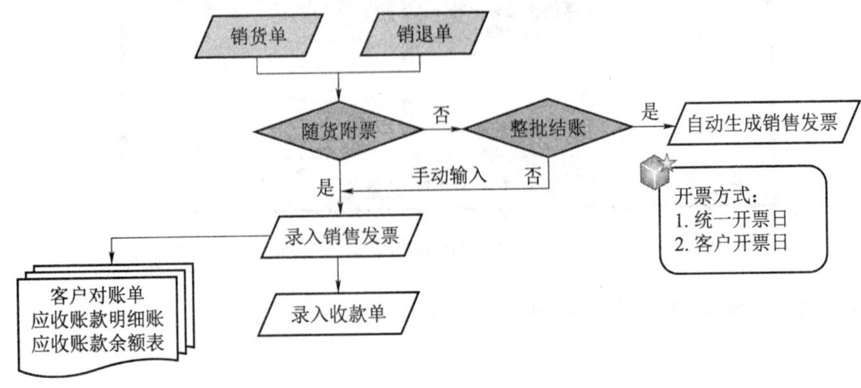

图 11-15 应收账款建立流程图

任务实施

步骤一：在系统主界面执行“销售管理子系统”|“销货管理”|，进入“录入销货单”界面，开始建立销货信息（图 11-16、图 11-17 所示）。

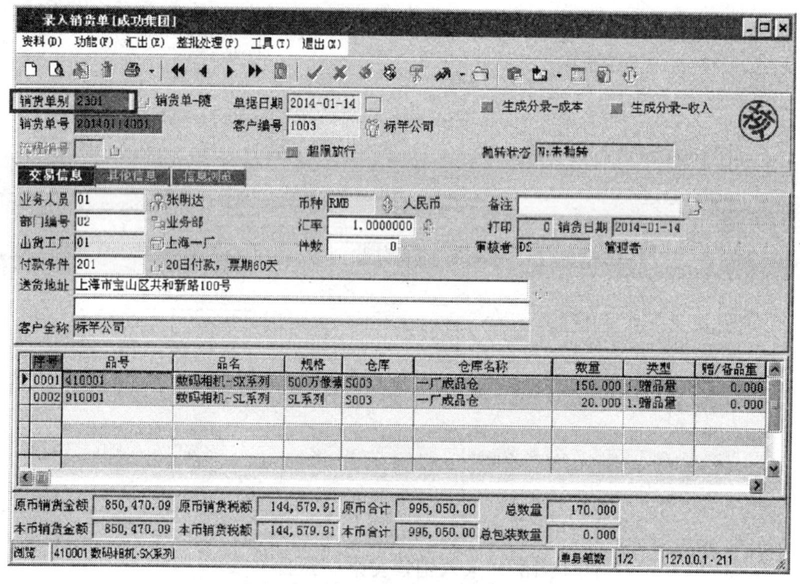

图 11-16 “录入销货单”界面

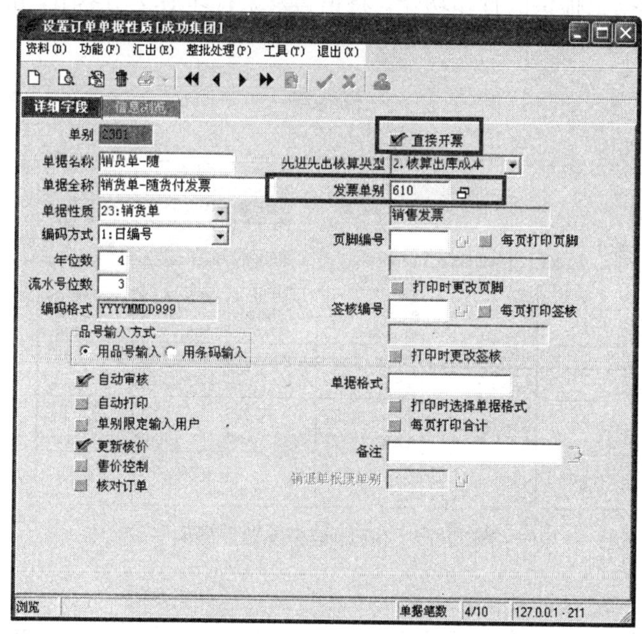

图 11-17 “设置订单单据性质”界面

【作业重点】

选择标竿公司随货附发票业务需使用的销货单别。该单别在设置订单单据性质中必须勾选直接开票，且设定直接生成的销售发票单别。

步骤二：找到直接开票生成出的销售发票，并检查内容是否正确，核对无误后，审核该销售发票（如图 11-18 所示）。

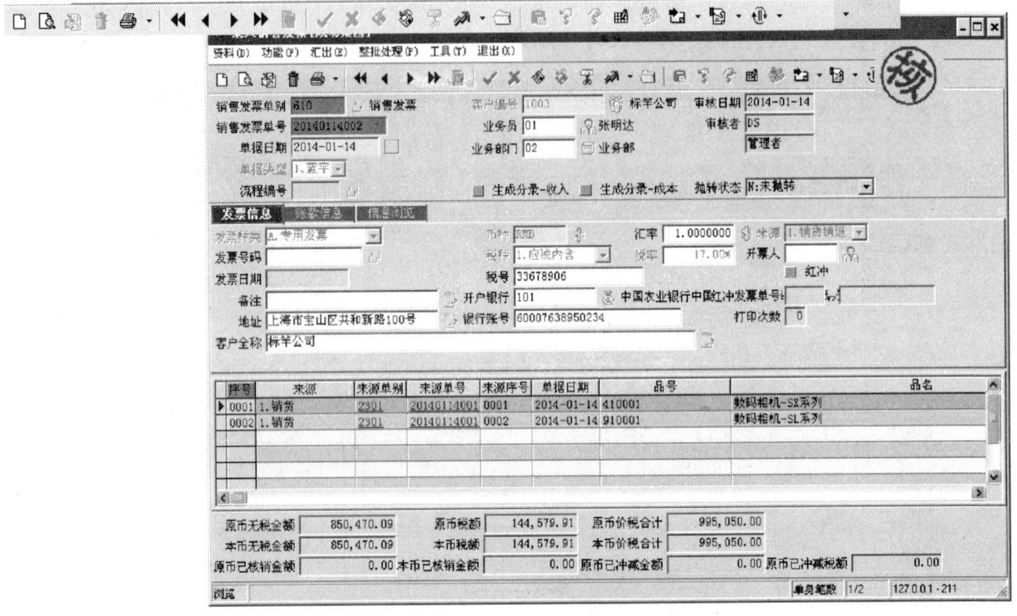

图 11-18 “录入销售发票”界面（二）

步骤三：使用单据上提供的打印功能，将销售发票打印后交出纳组，准备收款（如图 11-19 所示）。

销售发票

制表日期：2014-01-31　　页次：1/ 1

销售发票单别:610　销售发票　币　种:RMB　汇　率:1　发票种类:专用发票　税　种:应税内含
销售发票单号:20140114002　业 务 员:01　张明达　发票号码:28495849　税　率:17%
单据日期:2014-01-14　部　门:02　业务部　发票日期:2014-01-14　现　结:N
客户编号:1003　标竿公司　税　号:33678906　预计收款日：2014-01-20　审 核 码:Y
客户全称:标竿公司　备　注:##28495849
付款条件:201　20日付款，取得折扣收款日:2014-01-20　取得折扣兑现日：2014-03-21　折扣(%)：0%
开户银行:101　银行账号:60007638950234

序号	来源 来源单号 单据日期	品号 品名 规格	单位 部门 部门名称	开票数量 开票单价 折扣率 %	原币无税金额 原币税额 原币价税合计	本币无税金额 本币税额 本币价税合计	备注 项目编号
0001	销货 2301-20140114001- 2014-01-14	410001 数码相机-SX系列 500万像素	台 02 业务部	150 7,020 85%	765,000 130,050 895,050	765,000 130,050 895,050	
0002	销货 2301-20140114001- 2014-01-14	910001 数码相机-SL系列 SL系列	台 02 业务部	20 5,000 100%	85,470.09 14,529.91 100,000	85,470.09 14,529.91 100,000	
	以下空白//						

图 11-19 “打印销售发票”界面

【业务场景】

（1）2014 年 1 月 19 日，会计组接到业务部通知，客户茂圣公司于 2014 年 1 月 12 日向公司借用的“数码相机–SX 型”10 台已经转为销货处理。此客户的开票日为每月 25 日。

（2）为减轻月底结账工作压力，黄淑贞在系统中录入销售发票，成立了应收账款 40 000 元。

【操作步骤】

步骤一：在系统主界面执行“应收管理子系统”|“应收账款管理”，进入“录入销售发票”开始新增单据内容（如图 11-20 所示）。

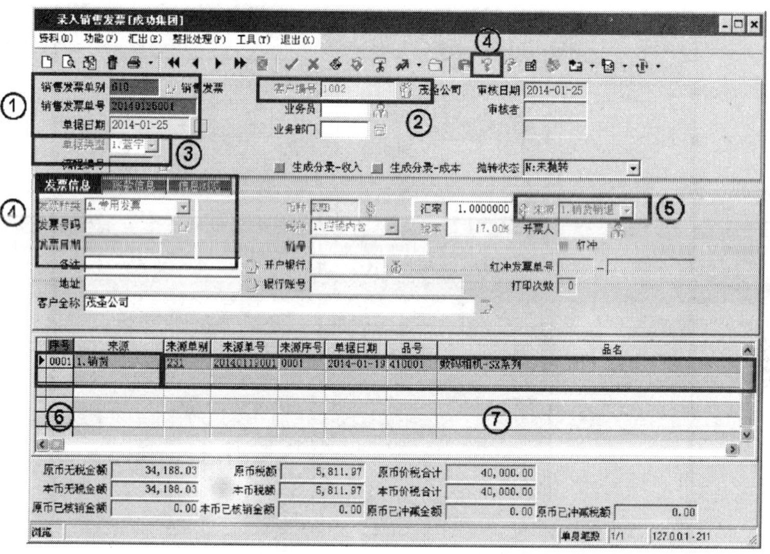

图 11-20 “录入销售发票”界面（三）

【作业重点】

（1）可直接输入销售发票单别或“F2”键开窗查询，选好单别后，系统按照单据性质中的设置自动带出单号。系统默认单据日期为当前日期。

（2）输入交易的客户编号。

（3）系统提供蓝字和红字两种单据类型。本次是正常销售收款，即选择蓝字发票。

（4）由于发票还未开，可先空白不输入，稍后当税控接口将增值税发票开出后，通过单据工具栏上的“更改发票信息”按钮弹出如图 11-21 所示界面，来输入发票信息。

（5）来源共有销货销退、资产出售、订单及其他四种选择。根据业务是向茂圣公司销售而收款，所以来源选择销货销退。

（6）单身来源根据单头的来源进一步缩小范围，选择销货。

（7）选择销货来源的销货单单别和单号，资料就会带入销售发票单身。

系统中还提供了“自动生成销售发票”作业，可以从销货销退信息自动生成销售发票。

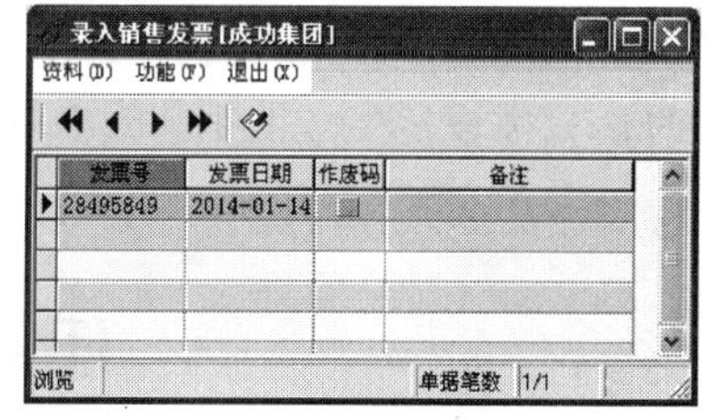

图 11-21 “录入销售发票”界面（四）

步骤二：系统提供了“自动生成销售发票”作业，可以从销货销退信息自动生成销售发票（如图 11-22 所示）。

【作业重点】

（1）选择开票期间有统一开票日和客户开票日两种选择。若选择统一开票日，可设定开票日期；若选择客户开票日，可设定开票年月和开票日。

（2）通过选择销/退货来选择需要生成采购发票的类别，有销货、销退和全部三种选择。若选择销货或销退时，可以继续以来源单别单号来缩小范围；若选择全部，则不可以单别单号来缩小范围。

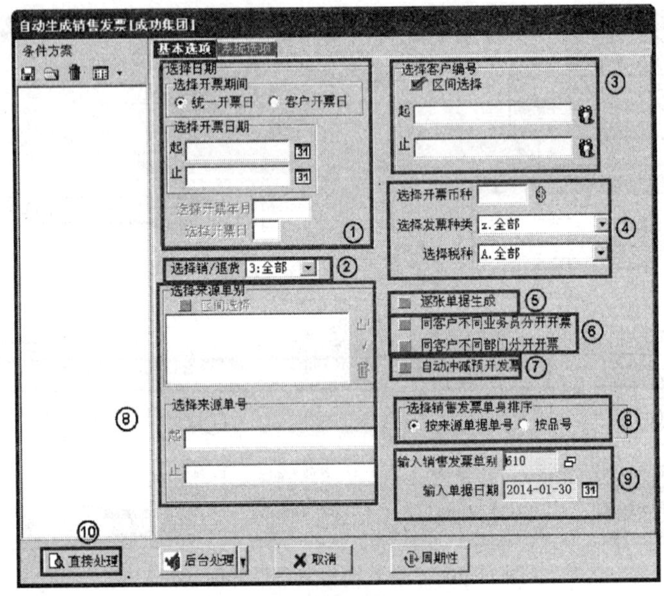

图 11-22 “自动生成销售发票”界面

（3）选择客户编号是以客户来作为筛选来源单据的条件。

（4）币种、发票种类和税种的设定，也可以用来筛选要生成采购发票的来源单据。

（5）逐张单据生成，作业默认不勾选，勾选表示所有来源单据各自生成一张销售发票。

（6）同客户不同业务员分开开票、同客户不同部门分开开票，用来选择是否根据业务员或部门进行合并开票。

（7）自动冲减预开发票，表示生成发票的时候会将预开发票考虑进来，自动扣除这部分金额。

（8）生成出来的销售发票单身内容根据企业的需要选择按来源单据或按品号显示。

（9）当选择统一开票日时，需要设定生成的销售发票单别及单据日期；当选择客户开票时，只需设定生成的销售发票单别。

（10）设置完毕后，单击“直接处理”按钮，系统自动生成销售发票了。

任务三　防伪税控接口开票

任务描述

税控接口是易飞 ERP 系统与防伪税控开票系统的接口，提供了增值税发票汇入、汇出的功能，减少纸上作业与重复录入数据的操作，提高工作效率。

由于标竿公司采用随货附发票的开票方式，所以 2014 年 1 月 14 日黄淑贞通过税控系统将该笔业务的销售发票开出，打印后连同货物一起送交客户。

知识准备

税控开票流程如图 11-23 所示。

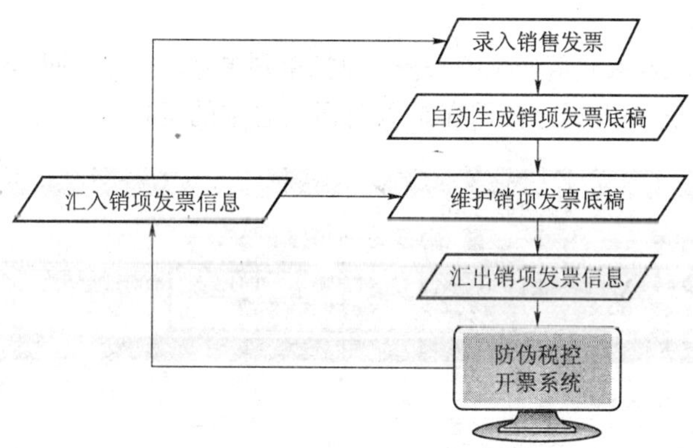

图 11-23　税控开票流程图

任务实施

步骤一：在系统主界面执行“应收管理子系统”|“税控接口”|“自动生成销项发票底稿”（如图 11-24 所示）。

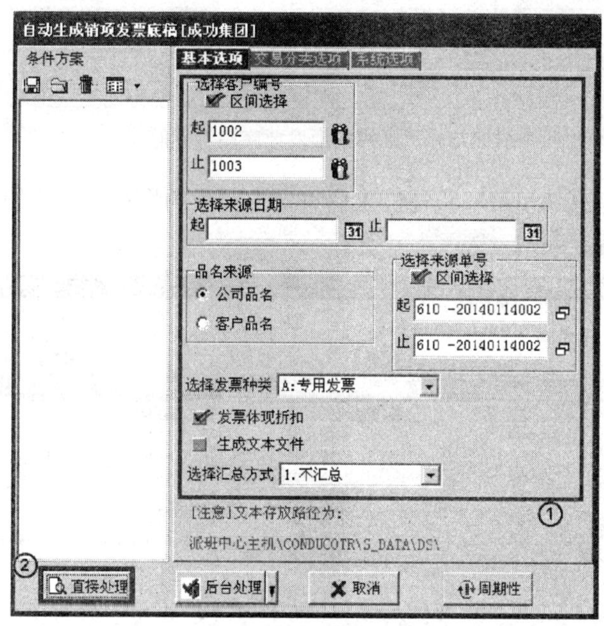

图 11-24　“自动生成销项发票底稿”界面

【作业重点】

（1）根据客户编号、日期、品名、来源单号、发票种类等条件，来筛选哪些销售发票需要生成销项发票底稿。

（2）单击“直接处理”按钮后，生成销项发票底稿。

步骤二：在系统主界面执行“应收管理子系统”|“税控接口”|“维护销项发票底稿”，在此作业里查询生成的销项发票底稿情况（如图 11-25、图 11-26 所示）。

【作业重点】

（1）单头带出销项发票底稿产生的来源，包括单别单号、来源日期、买方编号、来源方式。

（2）发票信息中将带出买方公司在录入公司信息中的资料。

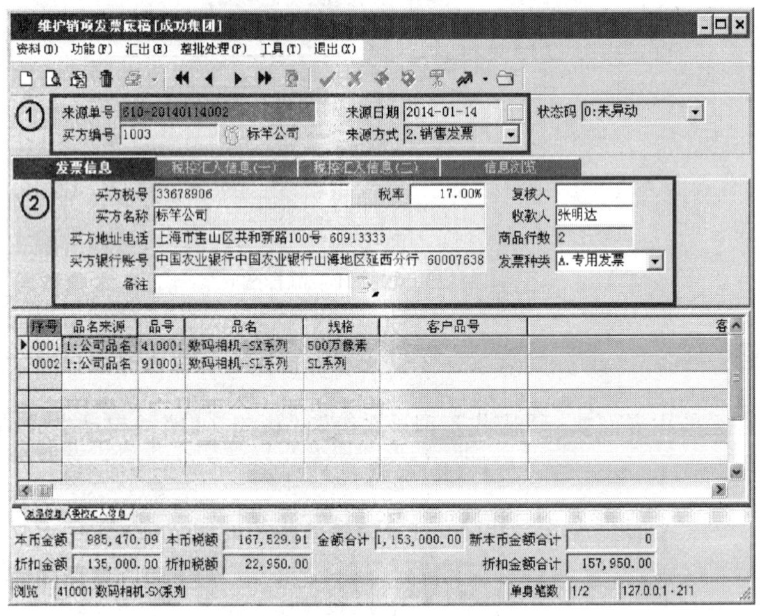

图 11-25 “维护销项发票底稿”界面（一）

（3）税控汇入信息（一）和税控汇入信息（二）中的资料是由防伪税控开票系统开票后再次汇入易飞系统后写入的。

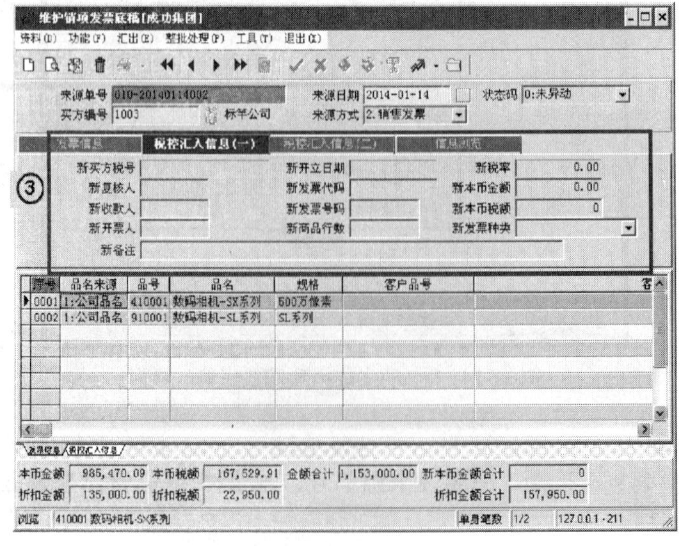

图 11-26 “维护销项发票底稿”界面（二）

步骤三：在系统主界面执行“应收管理子系统”|“税控接口”|“汇出销项发票底稿”，汇出能在防伪税控开票系统中进行开票的txt.文档（如图11-27所示）。

【作业重点】

（1）根据来源日期、买方编号、来源单号、算税方式、发票种类等资料，筛选需要汇出的销项发票底稿。

（2）系统会提示汇出文档的存放路径。

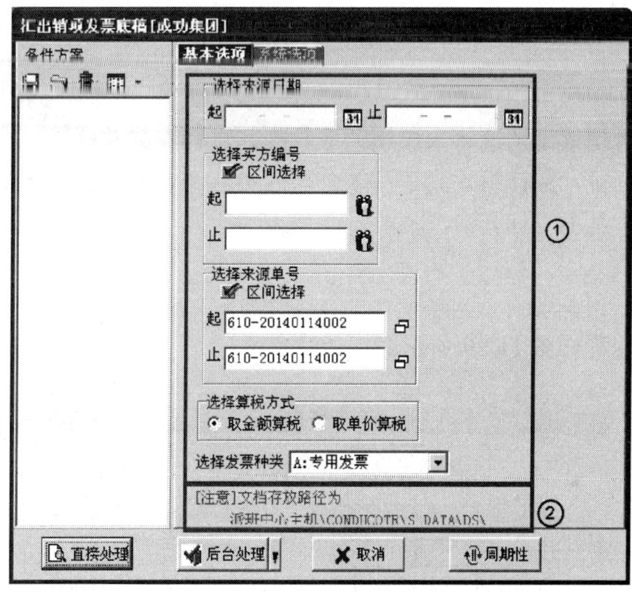

图11-27 “汇出销项发票底稿”界面

步骤四：将汇出的txt.文档转入“防伪税控开票系统”开取增值税发票，开票后的信息仍旧保存成txt.文档。

步骤五：在系统主界面执行“应收管理子系统”|“税控接口”|“汇入销项发票信息”，将防伪税控开票系统开票后的txt.文档汇入易飞系统（如图11-28所示）。

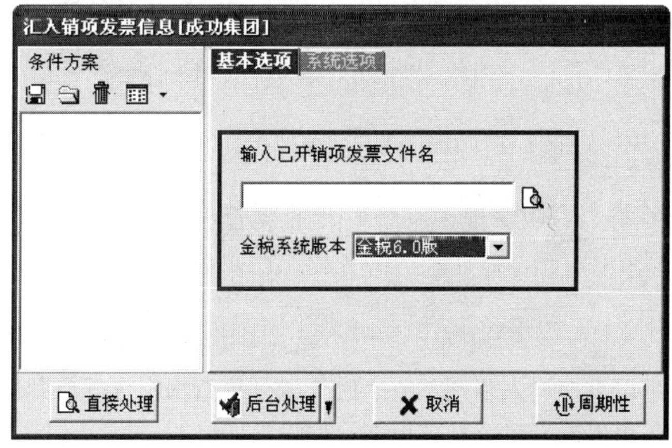

图11-28 “汇入销项发票底稿”界面

【作业重点】

选中 txt.文档的路径后，执行作业，发票信息就被转入易飞系统的销售发票和销项发票底稿中。

任务四 应收账款核销

一、实时核销

任务描述

利用收款单的自动核销功能将未核销的应收账款进行收款并核销。

2014 年 1 月 21 日，会计组收到了标竿公司的货款 995 050 元，黄淑贞将收款信息录入系统中，并核销了 1 月 14 日的应收账款。

知识准备

应收账款核销流程如图 11-29 所示。

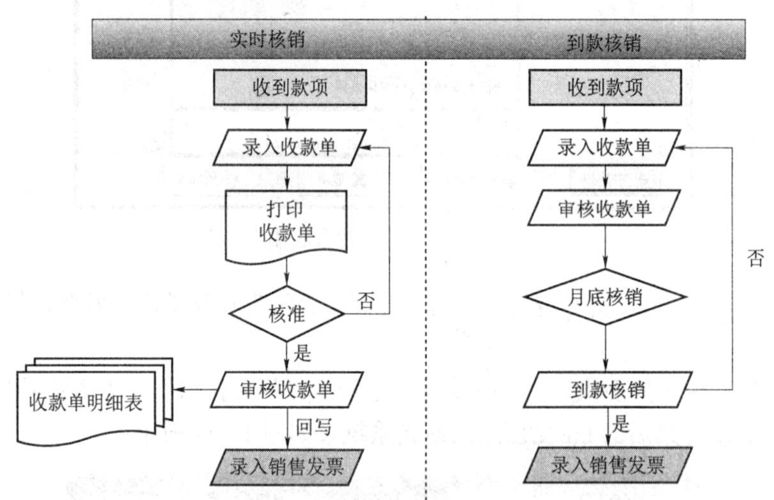

图 11-29 应收账款核销流程图

任务实施

在系统主界面执行“应收管理子系统”|“收款管理”|“录入收款单”(如图 11-30～图 11-32 所示)。

【作业重点】

(1) 收款单别：可直接输入单别，或“F2”键开窗查询，选好单别后，系统按照单据性质中的设置，自动带出单号。系统默认单据日期为当前日期。

(2) 客户编号：选择收款的对象，输入客户的编号。

（3）收款业务员、部门、币种、汇率：根据所选择的客户在“录入客户信息”作业中的设置自动显示。

（4）结算方式、收款银行、收款账号、结算科目：根据与客户的协商来对应设置。

（5）原币实收金额：输入本次实际收款的金额。

（6）“自动核销”按钮：直接进行核销应收账款。在弹出如图 11-31 所示的窗口中，勾选需核销的应收账款信息。

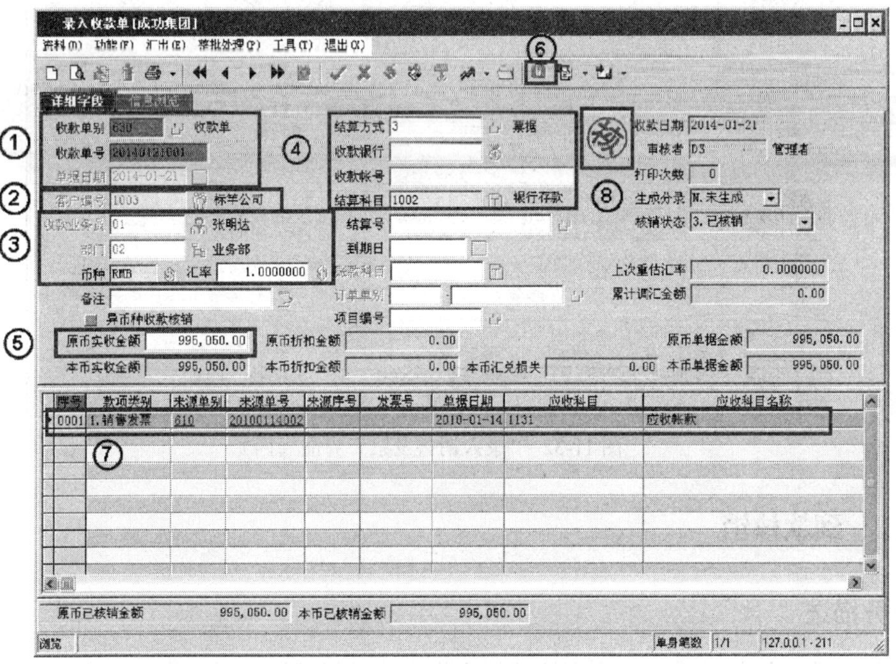

图 11-30 “录入收款单”界面（一）

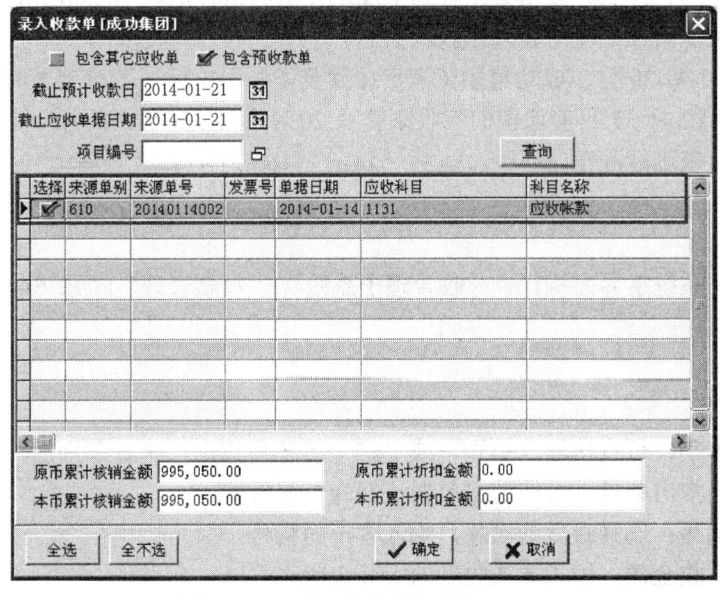

图 11-31 “录入收款单”界面（二）

（7）选定后，勾选的内容将出现在“录入收款单”的单身。

（8）确认收款单无误后，审核该单据，则应收账款被核销。

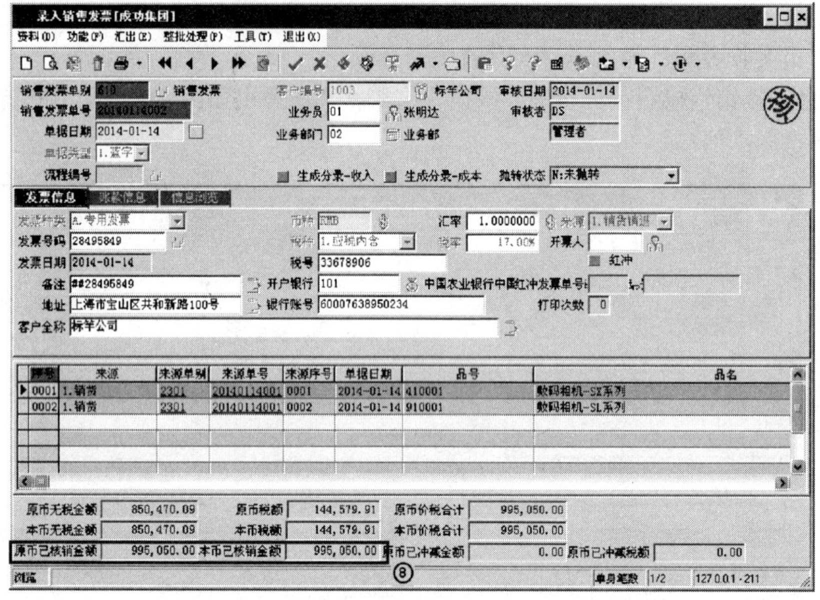

图 11-32 “录入销售发票”界面（四）

二、到款核销

任务描述

利用到款核销的批次作业将未核销的应收账款进行匹配，完成收款并核销。

1. 2014 年 1 月 27 日，成功集团收到了茂圣公司的银行汇款 70 200 元，并未说明冲销账款来源，于是黄淑贞在系统中先录入收款信息。

2. 2014 年 1 月 29 日，成功集团黄淑贞接到茂圣公司电话，了解到之前收到的汇款是用来冲销 2013 年 12 月 31 日前遗留的应收账款及 2014 年 1 月 19 日的部分账款，于是便利用到款核销的作业来进行冲销。

任务实施

步骤一：在系统主界面执行“应收管理子系统”|“收款管理”|“录入收款单”（如图 11-33 所示）。

【作业重点】

（1）收款单别：可直接输入单别，或“F2”键开窗查询，选好单别后，系统按照单据性质中的设置自动带出单号。系统默认单据日期为当前日期。

（2）客户编号：选择收款的对象，输入客户的编号。

（3）原币实收金额：输入本次收到的实际金额。

步骤二：由于不知单身核销来源，因此单身不输入，直接审核收款单（如图 11-34 所示）。

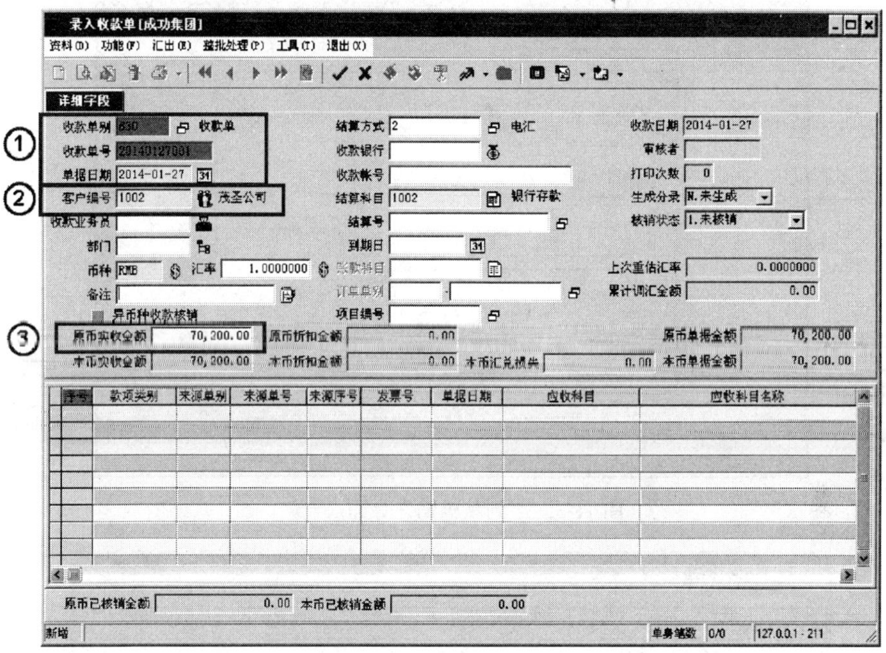

图 11-33 “录入收款单”界面（三）

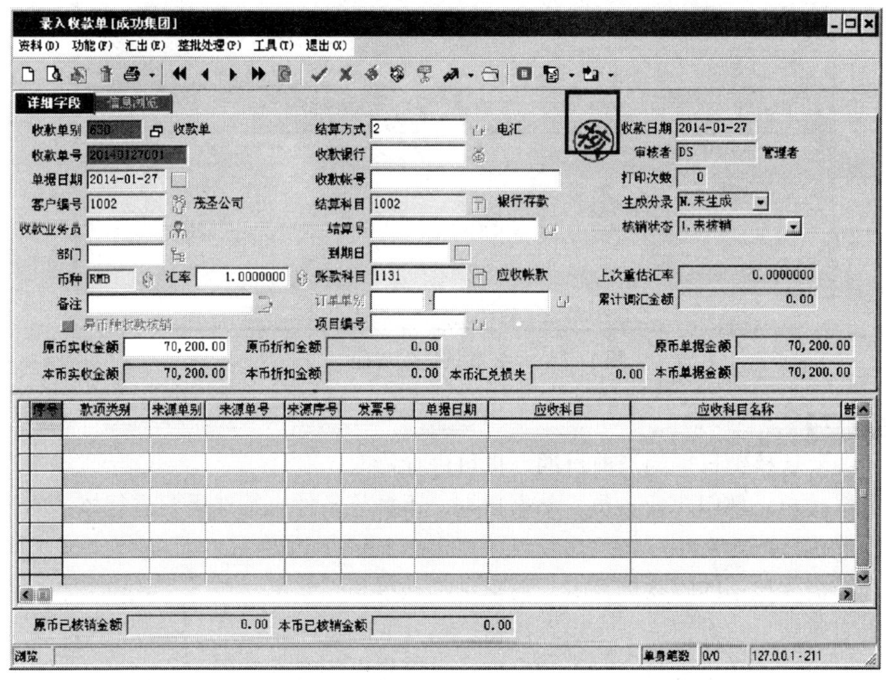

图 11-34 “录入收款单”界面（四）

步骤三： 确定核销来源后，在系统主界面执行“应收管理子系统”|“收款管理”|“到款核销”（如图 11-35～图 11-37 所示）。

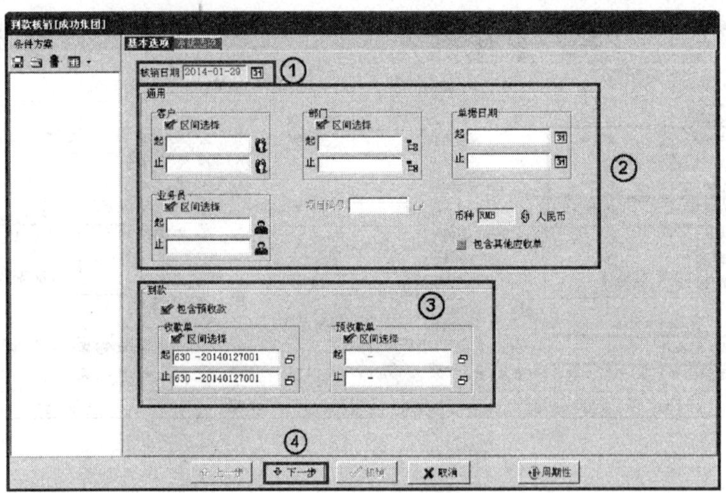

图 11-35 “到款核销”界面（一）

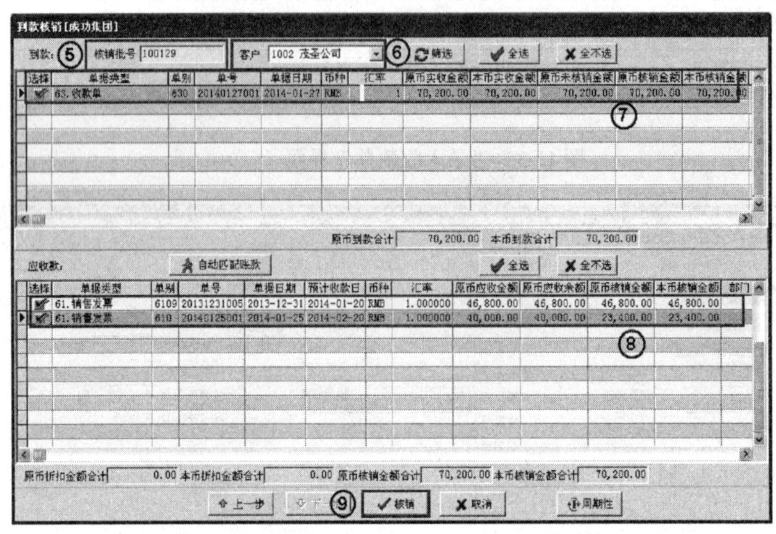

图 11-36 “到款核销”界面（二）

【作业重点】

（1）系统默认核销日期为当前日期，也可进行修改。

（2）根据客户、部门、业务员、单据日期、币种等条件来筛选需要进行核销的销售发票或其他应收单。

（3）选择需要核销的收款单范围，包括预收款单和收款单。

（4）选定范围后，点击“下一步”按钮。

（5）手动输入该核销批号，可以按日期，也可按自行习惯编码。

（6）挑选需要进行匹配核销业务的客户。

（7）到款会显示该客户发生的收款单或预收款单信息。

（8）应收款会显示该客户发生的销售发票或其他应收单的信息。勾选需要进行匹配核销的单据信息，自行可调整具体核销的金额，在原币核销金额处输入。

(9) 勾选设定后，点击“核销”按钮，系统便自行开始核销。直至出现图 11-37 所示的对话框表示核销完成。

步骤四： 到款核销执行后，打开“录入收款单”和“录入销售发票”作业，查看核销情况（如图 11-38～图 11-40 所示）。

图 11-37 “到款核销”界面（三）

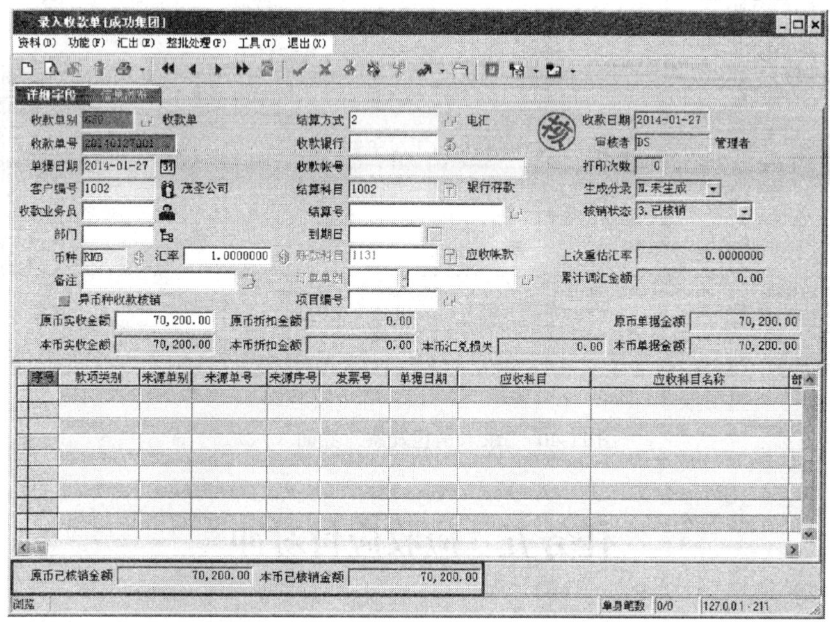

图 11-38 “录入收款单”界面（五）

图 11-39 “录入销售发票”界面（五）

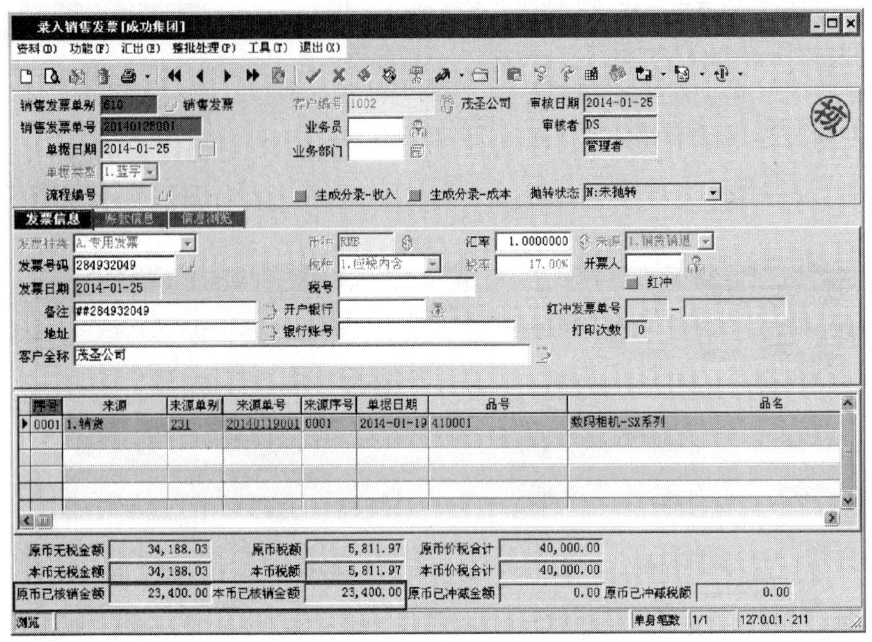

图 11-40 “录入销售发票”界面（六）

任务五 应收应付对冲

任务描述

当某企业既是公司的客户，又是公司的供应商，且同时存在应收账款和应付账款时，可以进行应收应付对冲，不必单独各自进行付款和收款的核销。

（1）2014 年 1 月 28 日，会计组又收到日升公司电汇来的 31 500 元。因为日升公司既是供应商又是客户。所以，会计黄淑贞同时查找了日升公司应收和应付账款。在 2013 年 12 月 31 日有一笔应收账款 34 650 元，同时还有一笔应付账款 3 150 元未付款。

（2）黄淑贞将应收与应付账款对冲后，还剩下应收账款 31 500 元，正好与收到的款项核销完毕。

任务实施

步骤一：在系统主界面执行“应付管理子系统”|“应付账款管理”|“录入采购发票”，查看日升公司存在的应付账款（如图 11-41 所示）。

步骤二：在系统主界面执行“应收管理子系统”|“应收账款管理”|“录入销售发票”，查看日升公司存在的应收账款（如图 11-42 所示）。

步骤三：在系统主界面执行“应收管理子系统”|“应收转账”|“录入客户供应商关系”，建立客户和供应商对应关系（如图 11-43 所示）。

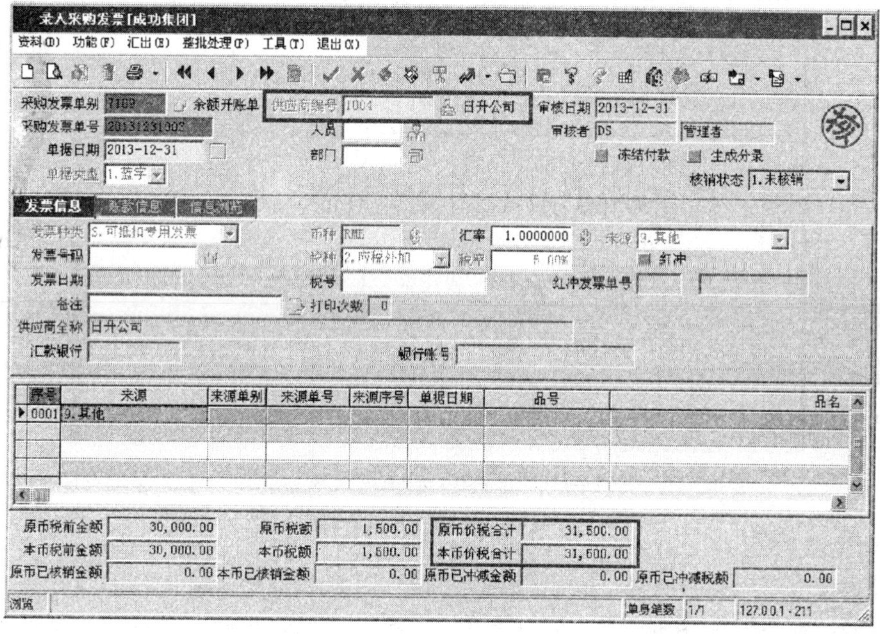

图 11-41 “录入采购发票”界面

图 11-42 “录入销售发票”界面（七）

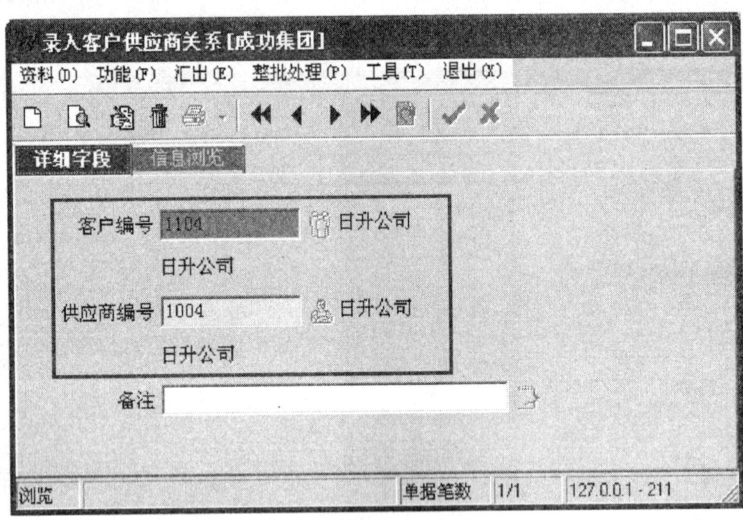

图 11-43 “录入客户供应商关系”界面

【作业重点】

选择需建立对应关系的客户编号和供应商编号。

步骤四：在系统主界面执行“应收管理子系统”|“应收转账”|“录入应收应付对冲单”（如图 11-44～图 11-46 所示）。

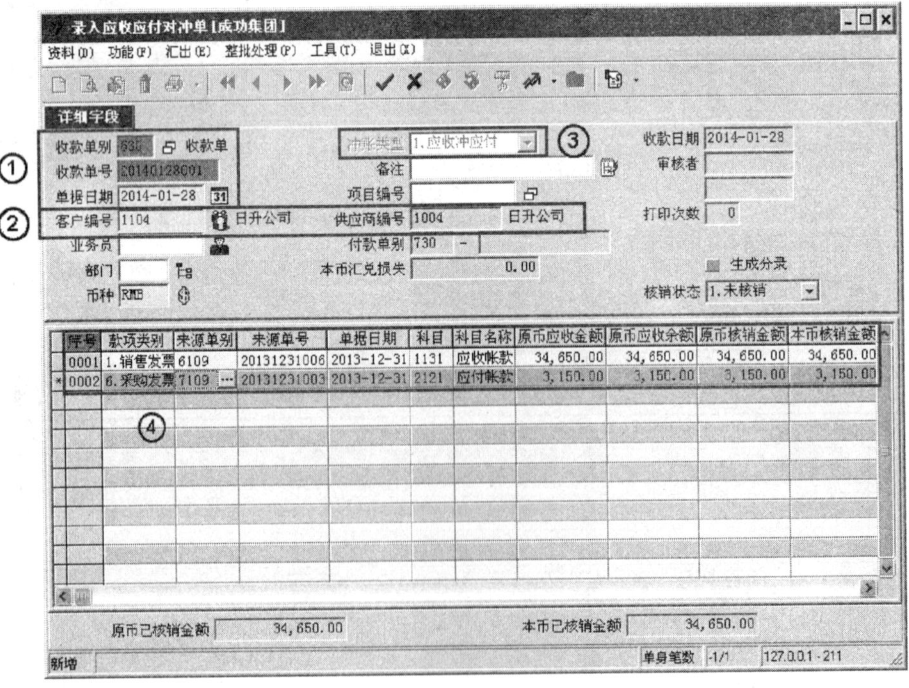

序号	款项类别	来源单别	来源单号	单据日期	科目	科目名称	原币应收金额	原币应收余额	原币核销金额	本币核销金额
0001	1.销售发票	6109	20131231006	2013-12-31	1131	应收帐款	34,650.00	34,650.00	34,650.00	34,650.00
0002	6.采购发票	7109	20131231003	2013-12-31	2121	应付帐款	3,150.00	3,150.00	3,150.00	3,150.00

图 11-44 “录入应收应付对冲单”界面（一）

【作业重点】

（1）可直接输入单别，或“F2”键开窗查询，选好单别后，系统按照单据性质中的设置，自动带出单号。系统默认单据日期为当前日期。

（2）开窗选择后，会根据客户供应商关系自动带出对应的供应商编号。

（3）选择正确的冲账类型“1.应收冲应付”。

（4）在单身挑选进行对冲的销售发票和采购发票。选择单别单号后，会带出单据所有信息。

（5）根据本次需核销的金额，修改原币核销金额。

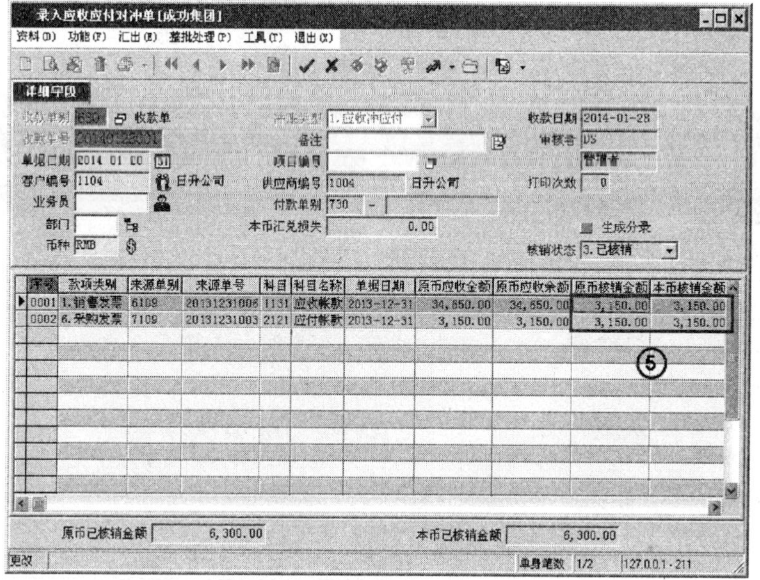

图 11-45 “录入应收应付对冲单”界面（二）

（6）确认录入应收应付对冲单准确无误后，审核该单据，应收应付冲销完毕。

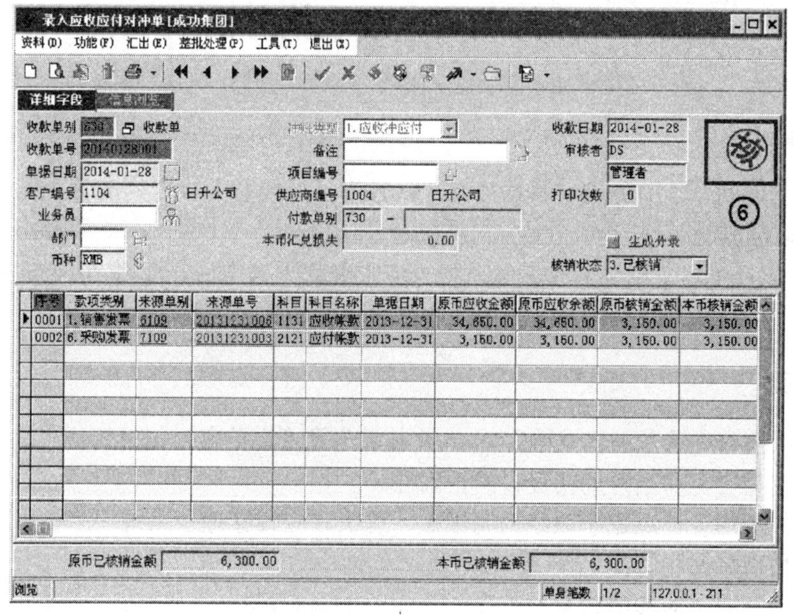

图 11-46 “录入应收应付对冲单”界面（三）

步骤六：在系统主界面执行“应收管理子系统”|“收款管理”|“录入收款单”，将剩余应收账款31 500元与收到的汇款做核销（如图11-47所示）。

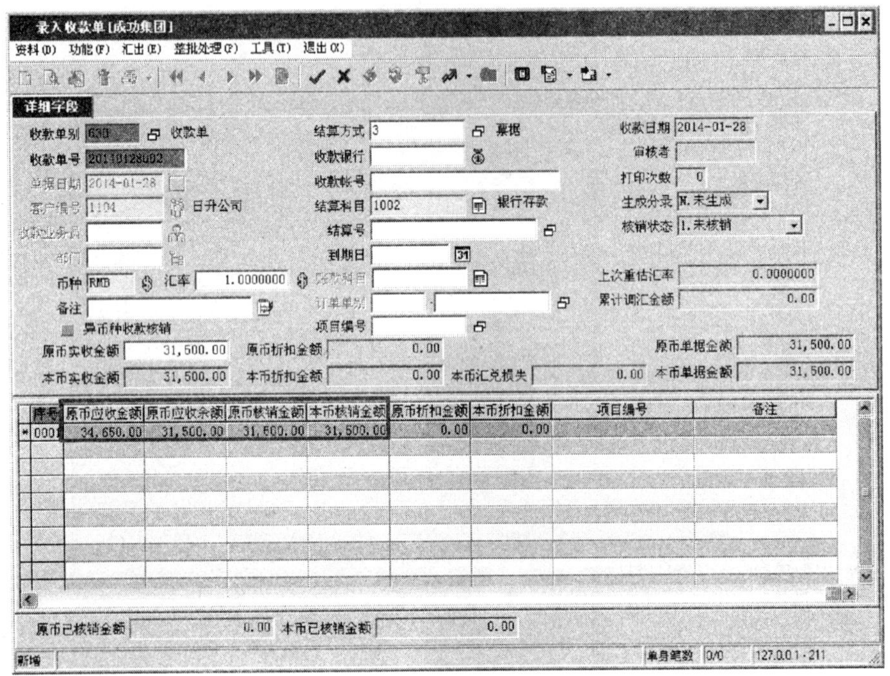

图11-47 “录入收款单”界面（六）

任务六 应收账款月结

任务描述

为了避免当期及之前的交易单据被修改，且为了后续财务报表的准备，将本月的应收账款正确结算后结转至下个月初。

2014年2月1日，财务经理姜秋玉检查应收账款无异常后，就对2014年1月应收账款做了月结处理，将还未收到的各客户的应收账款余额转到了2月初。

任务实施

步骤一：检查“录入销售发票”“录入收款单”及“维护客户每月统计账款”作业，核实当月发生的交易资料和当月期初资料的正确性。

步骤二：利用会计总账子系统的明细账、总账和应收管理子系统的应收账款明细账进行核对，验证是否账账相符。

步骤三：执行“应收账款月结”作业（如图11-48所示）。

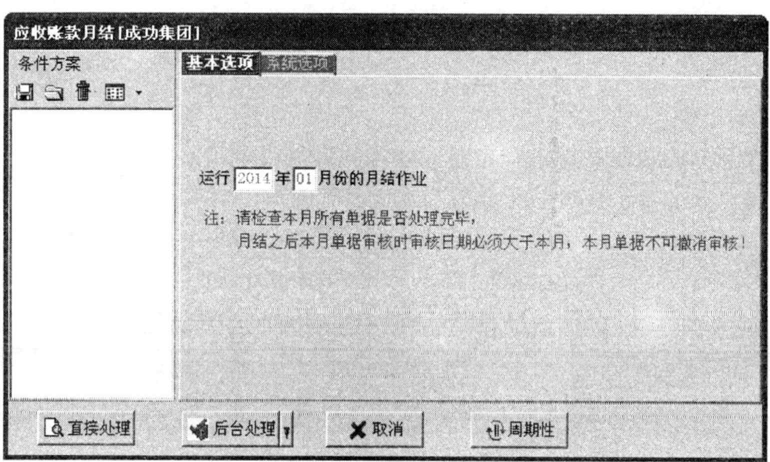

图 11-48 “应收账款月结”界面（二）

步骤四： 打开“维护客户每月统计账款”作业，检查当月账款余额是否结转至下月期初账款金额（如图 11-49 所示）。

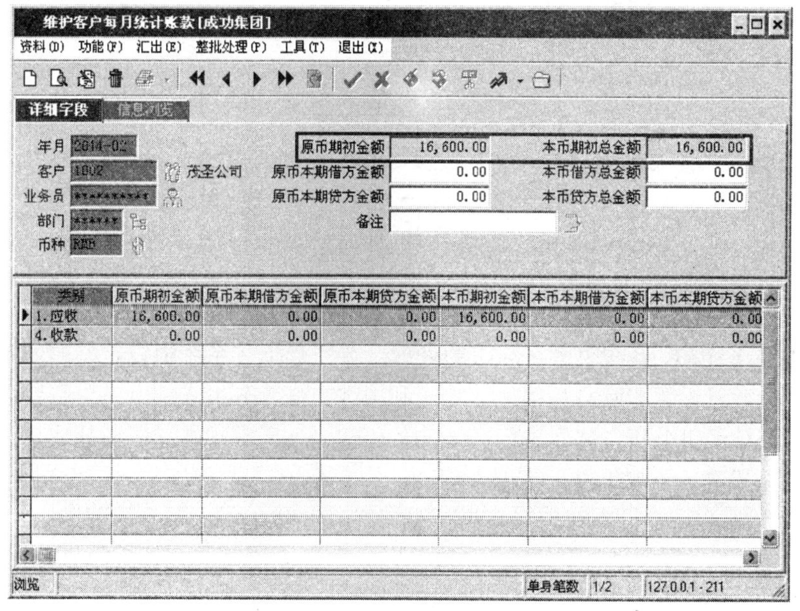

图 11-49 “维护客户每月统计账款”界面

任务七 坏账准备计提

任务描述

将预计可能发生的坏账损失做计提准备。

2014 年 1 月 2 日，黄淑贞在系统中采用应收账款余额百分比法对 2013 年 12 月 31 日前未收回的应收账款余额计提了 5%的坏账准备金。

知识准备

当逾期未收回的应收账款超过一定时间还未收回，且预计不能收回时，可以根据账款的账龄按比例计提坏账准备，或者做出其他相应的坏账处理。坏账处理流程如图 11-50 所示。

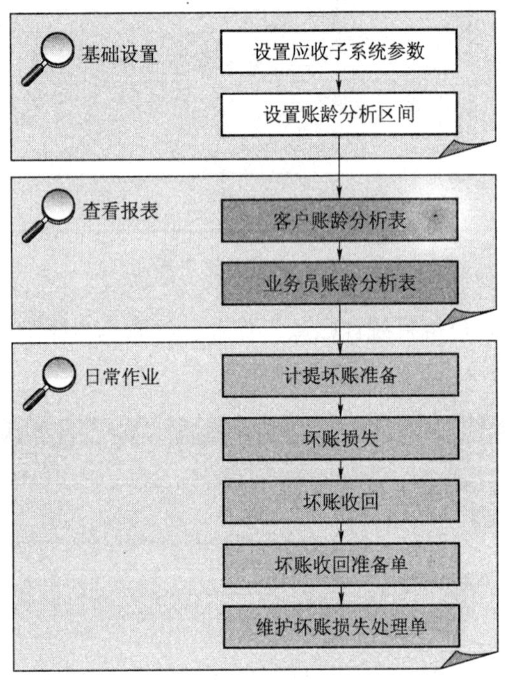

图 11-50 坏账处理流程图

如果想用易飞 ERP 系统来进行坏账的处理，首先必须在系统中设定好的基础设置包括设置应收子系统参数及设置账龄分析区间。接着利用客户账龄分析表或业务员账龄分析表，来看一下哪些应收账款经过分析，需要进行坏账准备处理。一旦需要进行坏账处理时，系统提供的作业有计提坏账准备、坏账损失、坏账收回等。

任务实施

步骤一：从系统主界面执行“应收管理子系统”|“基础设置”|“设置应收子系统参数”，启用坏账处理，并做相关设置（如图 11-51 所示）。

【作业重点】

（1）根据企业财务坏账处理的方法，设定备抵法选项为应收账款余额百分比法，并根据要求设定坏账计提比率为 5%。

（2）设定坏账准备科目和坏账损失科目，这些科目必须在录入会计科目中事先设定；同时设定计提坏账准备单别和坏账损失处理单别，这些单别也必须预先在设置应收单据性质中设定完成。

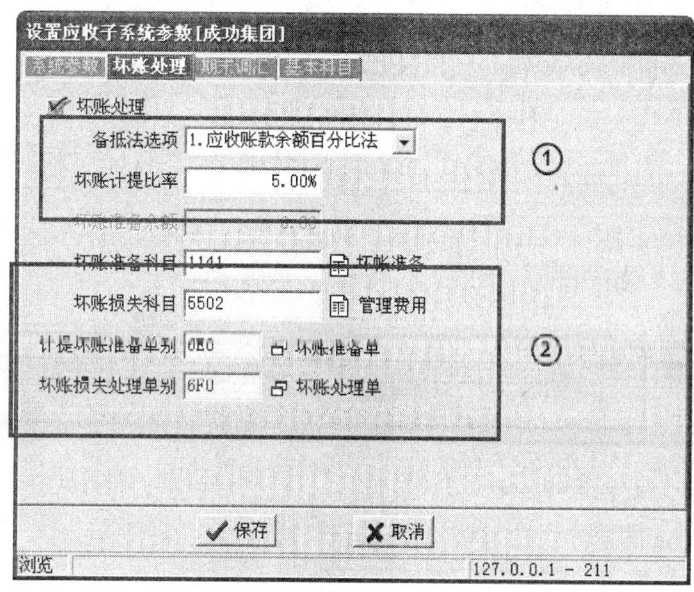

图 11-51 “设置应收子系统参数”界面（四）

步骤二：在系统主界面执行“应收管理子系统”|“坏账处理”|“计提坏账准备”（如图 11-52 所示）。

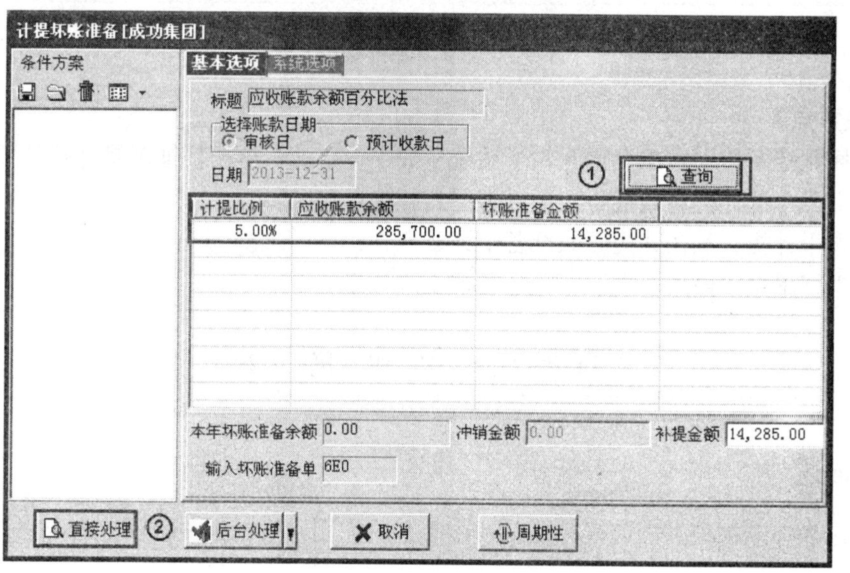

图 11-52 “设置应收子系统参数”界面（五）

【作业重点】

（1）单击“查询”按钮，系统根据计提比率和应收账款余额，自动计算出坏账准备金额。

（2）单击“直接处理”按钮，系统自动生成一张坏账准备单。

步骤三：在系统主界面执行“应收管理子系统”|“坏账处理”|“维护坏账准备单”（如图 11-53 所示）。

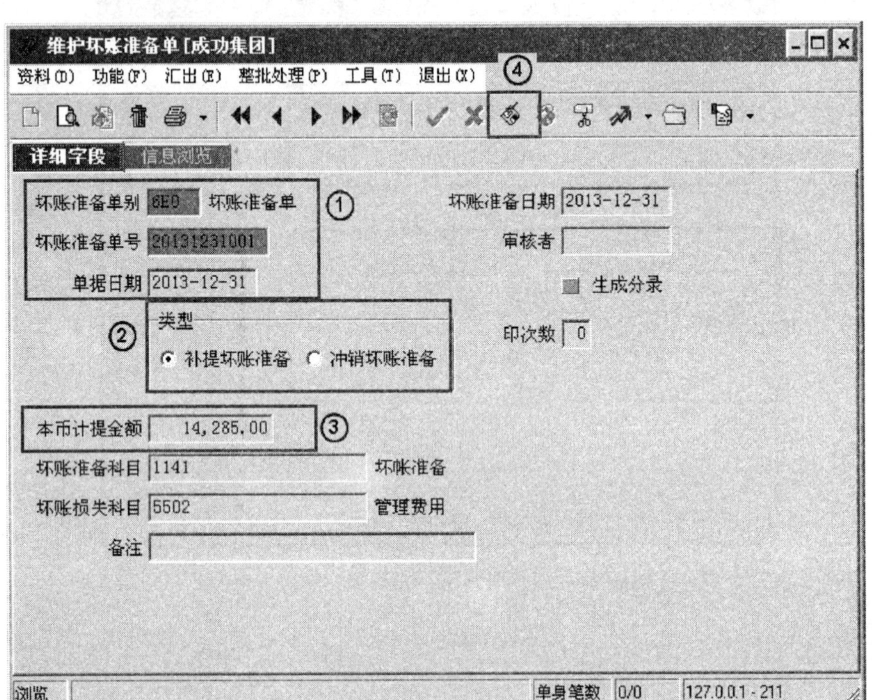

图 11-53 “维护坏账准备单”界面

【作业重点】

（1）坏账准备单别是在设置应收子系统参数中设定的，单据日期就是计提的日期。

（2）由于本次计提坏账准备，所以类型为补提坏账准备。

（3）本币计提金额在计提坏账准备中计算得到。

（4）当该单据审核后，表示坏账准备被正式计提。

任务八 坏账收回

任务描述

已经作为坏账损失处理的应收账款，由于某些原因，可以再被收回，需要进行坏账收回处理。

2014 年 2 月 2 日，会计组突然收到客户佳佳企业的一笔汇款，黄淑贞查到佳佳企业的账款已做坏账损失处理，那么现在就做应坏账收回的处理。

任务实施

步骤一：在系统主界面执行“应收管理子系统”|“坏账处理”|“维护坏账损失处理单”，查询佳佳企业已做坏账损失的处理单（如图 11-54 所示）。

步骤二：在系统主界面执行“应收管理子系统”|“坏账处理”|“坏账收回”，对这部分损

失做收回（如图 11-55、图 11-56 所示）。

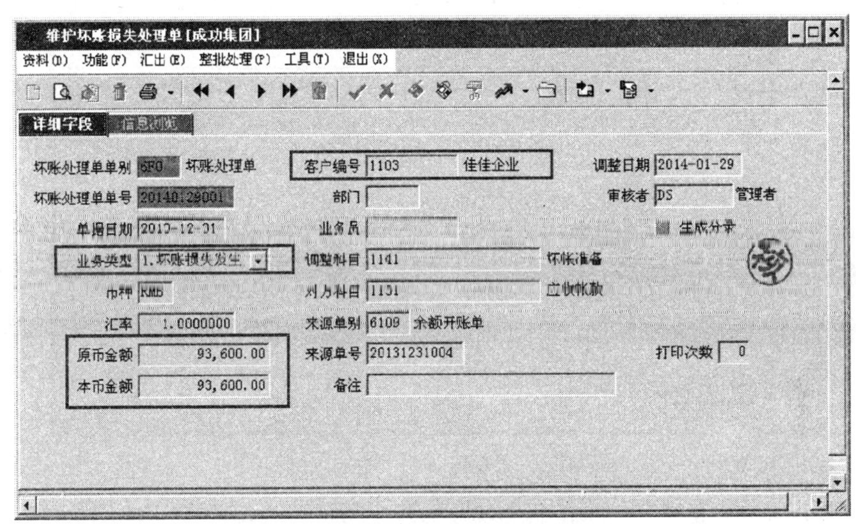

图 11-54 “维护坏账损失处理单”界面（一）

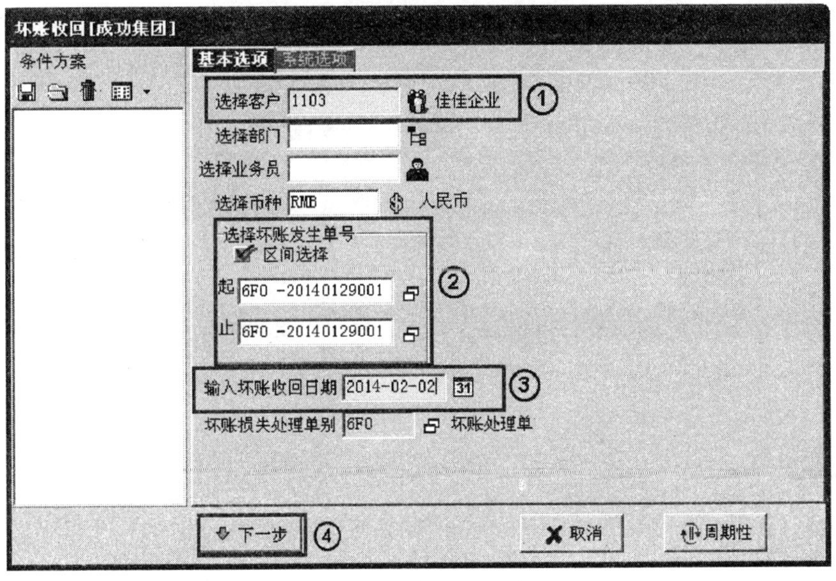

图 11-55 “坏账收回”界面（一）

【作业重点】

（1）选择客户：选择收回坏账的对象。

（2）选择坏账发生单号：选择对于哪一张坏账发生单做收回。

（3）输入坏账收回日期：输入实际收回坏账的时间。

（4）设定完毕，单击“下一步”按钮。

（5）系统将选择的坏账发生单的明细资料带出，确定收回，只需勾选即可。

（6）单击“直接处理”按钮，坏账收回开始执行，并生成坏账收回的处理单据。

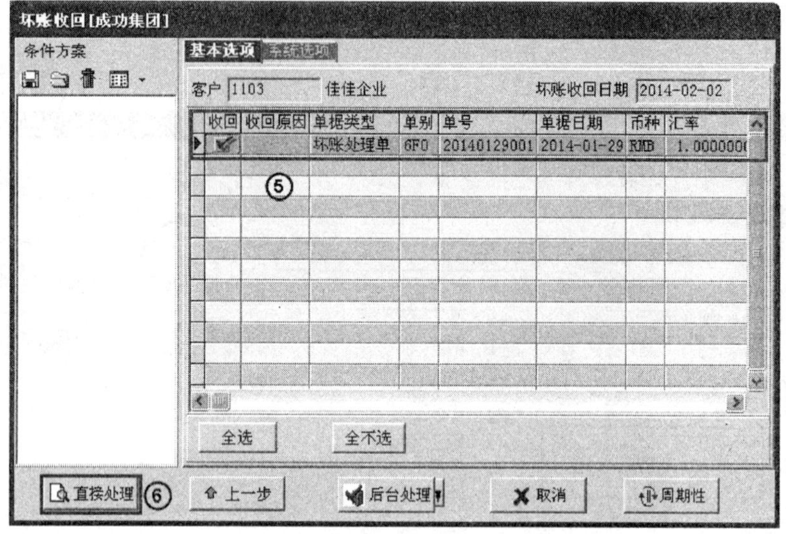

图 11-56 “坏账收回”界面（二）

步骤三：在系统主界面执行“应收管理子系统”|“坏账处理”|“维护坏账损失处理单”，查看坏账收回单据（如图 11-57 所示）。

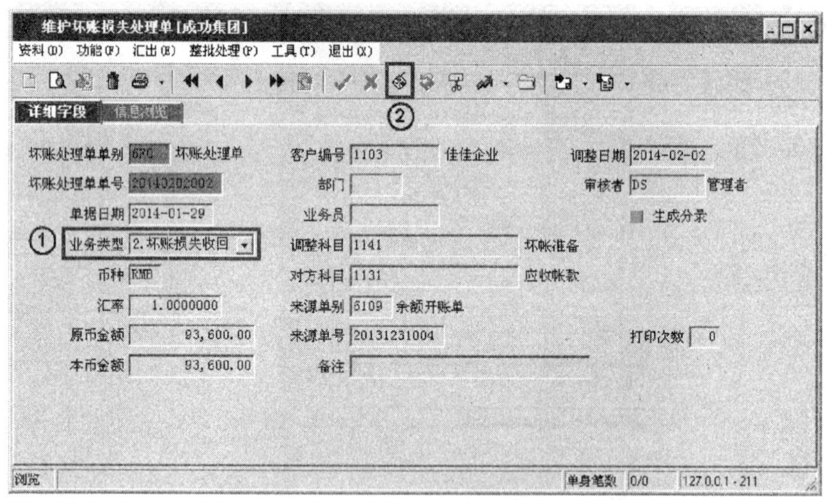

图 11-57 “维护坏账损失处理单”界面（二）

【作业重点】

（1）系统自动生成的单据类型为坏账损失收回。

（2）当该单据审核后，表示此笔坏账被正式收回。

任务九 坏 账 损 失

任务描述

将确定不能收回的坏账，从坏账准备调整为正式的坏账损失。

2014年2月5日，业务部带来了一个坏消息，客户阳顺企业倒闭了，之前未收回的账款确定无法收回了。会计组收到消息之后，在系统中做了坏账损失处理。

任务实施

步骤一：在系统主界面执行“应收管理子系统”|“坏账处理”|“坏账损失”（如图11-58、图11-59所示）。

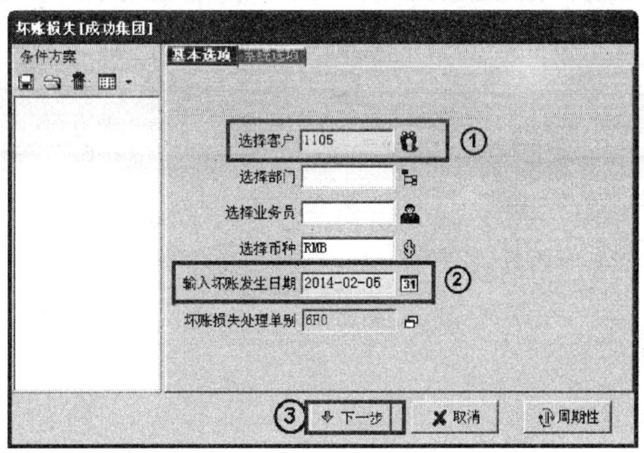

图11-58 “坏账损失”界面（一）

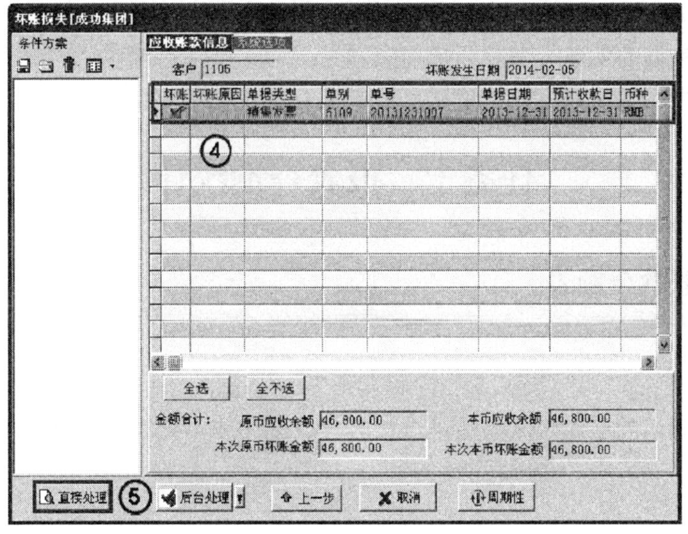

图11-59 “坏账损失”界面（二）

【作业重点】

（1）选择发生坏账损失的客户编号。

（2）输入实际确定坏账损失的日期。

（3）设定完，单击“下一步”按钮。

（4）系统将可能产生坏账损失的单据明细资料带出，确定成立坏账，只需勾选即可。

（5）单击“直接处理”按钮，坏账损失开始执行，并生成坏账损失的处理单据。

步骤二：在系统主界面执行“应收管理子系统”|“坏账处理”|“维护坏账损失处理单”（如图 11-60 所示）。

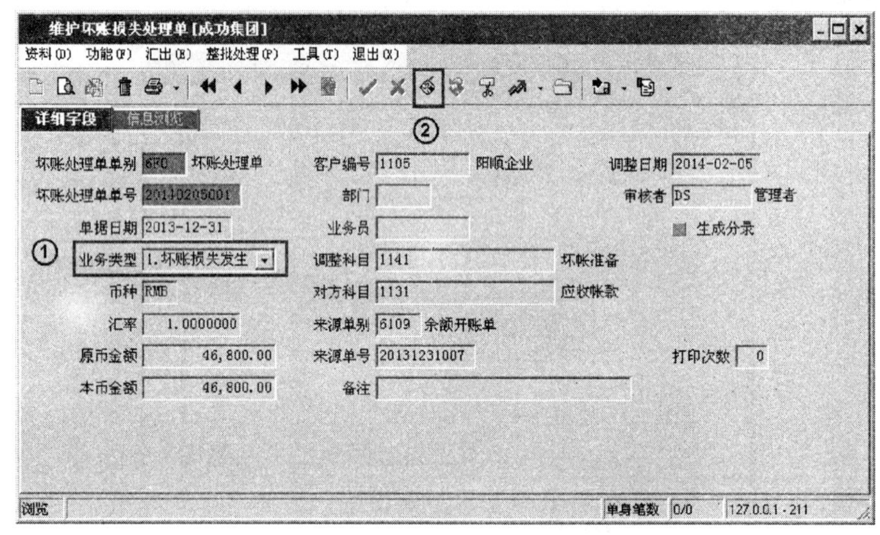

图 11-60 “维护坏账损失处理单”界面（三）

【作业重点】

（1）生成后单据的业务类型是坏账损失发生。

（2）确认单据无误后，审核该单据，坏账损失正式成立。

任务十　报表查询统计

一、应收账款余额表

任务描述

某段应收期间内的应收账款余额可以按客户、部门或不分组，序时打印成表。

任务实施

步骤一：在“应收账款余额表”界面上进行设置，然后单击“设计报表”按钮（如图 11-61 所示）。

步骤二：报表结果（如图 11-62 所示）。

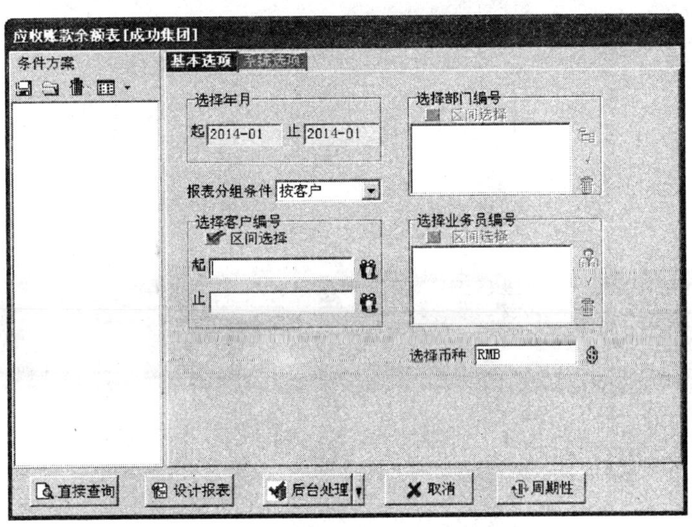

图 11-61 “应付账款余额表”界面（一）

浏览报表(应收账款余额表-工作编号:20140309000004-201403090001)

应收账款余额表

制表日期:2014-03-09　　日期：2014年01月 至 2014年01月　　币种：RMB　第1页

编号	名称	年月	期初余额		本期应收金额		本期实收金额		累计应收金额	
			原币	本币	原币	本币	原币	本币	原币	本币
1001	第一公司	2014-01	58,500.000	58,500.000						
1002	茂圣公司	2014-01	46,800.000	46,800.000	40,000.000	40,000.000	70,200.000	70,200.000	40,000.000	40,000.000
1003	标平公司	2014-01			995,050.000	995,050.000	995,050.000	995,050.000	995,050.000	995,050.000
1102	统一公司	2014-01	70,200.000	70,200.000						
1103	佳佳企业	2014-01	93,600.000	93,600.000	-93,600.000	-93,600.000			-93,600.000	-93,600.000
1104	日升公司	2014-01	34,650.000	34,650.000			34,650.000	34,650.000		
1105	阳顺企业	2014-01	46,800.000	46,800.000					46,800.000	46,800.000

〈结　束〉

图 11-62 “应付账款余额表”报表界面

二、预计到期/超期账款明细表

任务描述

列出预计到期/超期某段日期区间的客户的应收账款明细，以作为向客户追账的依据。

任务实施

步骤一：在“预计到期/超期账款明细表”界面上进行设置，然后单击“设计报表”按钮（如图 11-63 所示）。

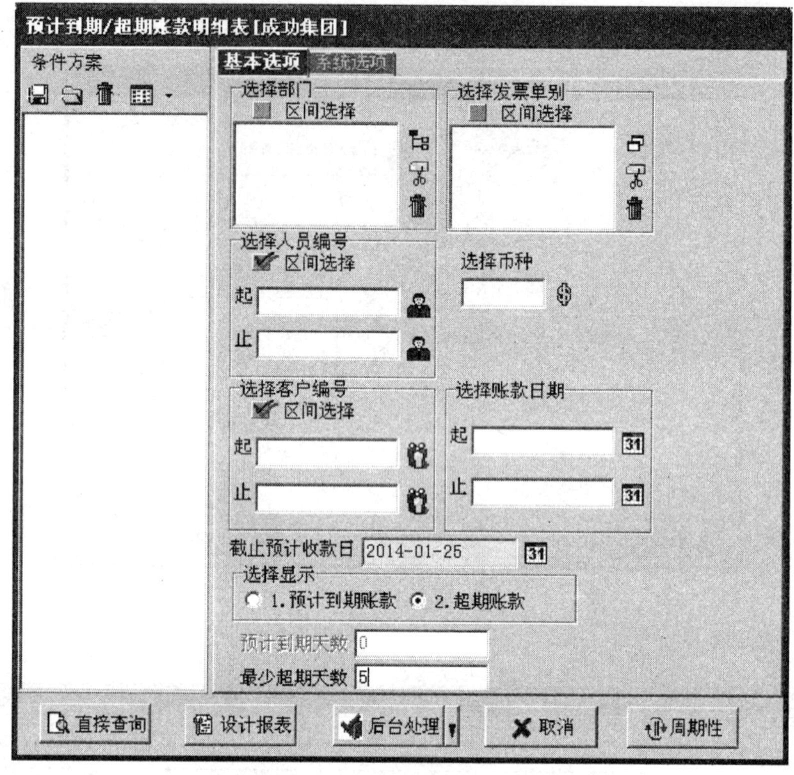

图 11-63 “预计到期/超期账款明细表”界面

步骤二：报表结果（如图 11-64 所示）。

阅览报表(预计到期/超期账款明细表-工作编号:20100309000008-201003090001)

预计到期/超期账款明细表

截止预计收款日:2014-01-25

制表日期：2014-03-09　　　第1页

客户编号	客户名称	开票日期	预计收款日	超期天数	单号	单据类型	币种	汇率	应收金额	原币未收金额	本币未收金额
1001	第一公司	2013-12-31	2014-01-20	5.000	6109-20131231002	蓝字	RMB	1.000	58,500.000	58,500.000	58,500.000
1102	统一公司	2013-12-31	2013-12-31	25.000	6109-20131231003	蓝字	RMB	1.000	70,200.000	70,200.000	70,200.000
1105	阳顺企业	2013-12-31	2013-12-31	25.000	6109-20131231007	蓝字	RMB	1.000	46,800.000	46,800.000	46,800.000
					小计:		RMB				175,500.000
					合计:		RMB				175,500.000

图 11-64 “预计到期/超期账款明细表”报表界面

学习小结

订单出货后根据双方协议，给客户开发票，确定收入，并依据发票金额进行收款，完成销售过程的资金管理。通过易飞 ERP 系统企业可以处理应收账款的收款，客户订单订金的预收，并记载从开票到核销的数据，更重要的是还可以实时提供各种报表，了解应收账款的状况，以便适当地做出管理决策。

项目实训

（1）成功集团于 2014 年 2 月销售给第一公司的销货明细，见表 11-3。

表 11-3 2014 年 2 月第一公司的销货明细

客户编号	名称	销货日期	销货金额/元	销货税额/元	开票方式
1001	第一公司	2014-02-12	160 000	27 200	统一开票日
		2014-02-26	192 000	32 640	统一开票日

请在“应收管理子系统”中通过“自动生成销售发票”作业，把第一公司 2014 年 2 月份的销货数据结账并产生销售发票。第一公司的开票方式为按统一开票日，使用的销售发票单别为 610，开票后汇总开立一张发票，发票号码为 DK00000004，发票货款为 352 000 元，发票税额为 59 840 元。

（2）成功集团于 2014 年 2 月销售给佳佳企业的销货明细，见表 11-4。

表 11-4 佳佳企业的销货明细

客户编号	名称	销货日期	销货金额/元	销货税额/元	开票方式
1103	佳佳企业	2014-02-15	270 000	45 900	客户开票日
		2014-02-22	62 000	10 540	客户开票日

请在“应收管理子系统”中通过“自动生成采购发票”作业，把佳佳企业 2 月份的销货数据开票产生应收账款。佳佳企业的开票方式为按客户开票日，开票日为 25 日，使用的销售发票别为 610，发票开立的方式是分别开立每一笔销货的发票给客户，而发票日期同销货日期。

（3）成功集团在 2014 年 3 月 20 日收到第一公司（1001）开立的支票，金额为 411 840 元，要冲销 2014 年 1 月 31 日开立的销售发票。

（4）成功集团在 2014 年 2 月销售给统一公司的销货明细，见表 11-5。

表 11-5 统一公司的销货明细

客户编号	销货日期	品号	品名	数量/台	金额/元	开票方式
1102 统一公司	2014-02-10	410001	数码相机-SX 系列	5	72 500	随货附发票
		420001	数码相机-SS 系列	5	80 000	随货附发票

请在“销售管理子系统”中通过“录入销货单”作业输入此笔交易的销货单，并将货款直接开票产生销售发票。因为统一公司的开票方式为随货附发票，所以请选择能勾选直接开票的销货单别。随货附的发票号码为 DK00000003。

项目十二

会计总账管理

知识目标

1. 掌握一般企业会计总账管理的业务流程。
2. 掌握 ERP 系统的报表计算方法。

能力目标

1. 能够利用易飞 ERP 系统进行会计凭证建立、过账。
2. 能够利用易飞 ERP 系统进行会计损益结转、月结。
3. 能够利用易飞 ERP 系统进行会计总账常用报表的查询。

引导案例

企业在营运过程中的所有交易活动，如何通过正确的会计记录及财务报表来及时反映企业的财务状况和经营成果呢？

任务一　期 初 开 账

任务描述

系统的开账是为了将开账时间点之前的科目、核算项目余额信息录入到 ERP 系统中。这样系统正式使用时，科目、核算项目信息才能准确。

成功集团计划于 2014 年 1 月 1 日正式上线易飞 ERP 系统，必须在此之前把现有的科目余额信息等输入到系统里，这样才有期初数据。于是要把截至 2013 年 12 月 31 日的科目及核算项目余额信息在系统投入使用前都录入到系统中，完成开账。

知识准备

一、系统简介

“会计总账子系统”详细地记载了企业在营运过程中的所有交易活动，同时也正确地反映了企业的财务状况和经营成果，并且可以提供正确的会计记录及财务报表；可以把过去人工处理的会计作业用计算机来取代，凭借计算机大量储存、快速运算及整批打印的优点，可以节省人力；日常烦琐的作业导入计算机后，可以通过系统来产生财务报表，进而提高工作效率，同时又能借此来重新检查企业的流程，让企业内的会计制度更健全。该系统的特色主要包括以下几个方面。

（1）提供符合国家标准的会计核算软件数据接口，并支持多账套管理。

（2）支持表结法和账结法这两种会计期末本年利润的结转方式。

（3）会计年度期间类型可自行设定十二期或十三期，年度起始日期也可自行设定，可适用于会计期间非年历制及外商的企业。

（4）设有录入常用凭证功能，可利用复制常用凭证产生例行性的会计凭证，以节省凭证输入的时间。

（5）可以进行多级核算项目管理，可以实现核算项目的多层级管理。

（6）提供部门管理的功能，如果企业划分了利润中心或者成本中心，只要在凭证上区分部门，后续就可以按照部门来个别分析损益状况。

（7）提供了预算管理的功能。

（8）提供了丰富的账簿、账册、财务报表及现金流量表。

（9）提供报表格式的设定作业和打印作业，对于系统没有提供的报表可以按照工作需要，自己来设定报表的格式内容。

当供应链、生产、应收应付等其他子系统的业务单据通过自动分录子系统，批次生成会计凭证之后，就可以在“会计总账子系统”中找到这些凭证。除了自动抛转产生凭证之外，根据实际业务的需要，财务人员也可以通过“录入会计凭证”作业来手工录入凭证。凭证存在系统中之后，就要提交相关人员来核准，如果检查出会计凭证有错误或者不符合规定的地方，就会被要求更正。直到凭证检查无误，然后才会将会计凭证审核。凭证审核之后，接着要做的就是将会计凭证过账。过账之后，凭证的数据就会正式写入后台数据库中的账档中。对使用者来说，就能查看系统的账簿和核算项目账。如果要使用现金流量表的话，会计凭证过账之后就可以来生成现金流量表的数据。数据生成之后，可以查看当月的现金流量表。每个月会计总账都是需要做结账的。当凭证、账册信息都确认无误，也确定没有遗漏当月应该录入的会计凭证，且当月会计总账数据不需要再做任何改动的时候，就可以来做会计月结的工作。月结之后，管理者就可以查看相关的财务报表，来了解财务状况和经营情况。一般企业完整的总账管理流程如图 12-1 所示。

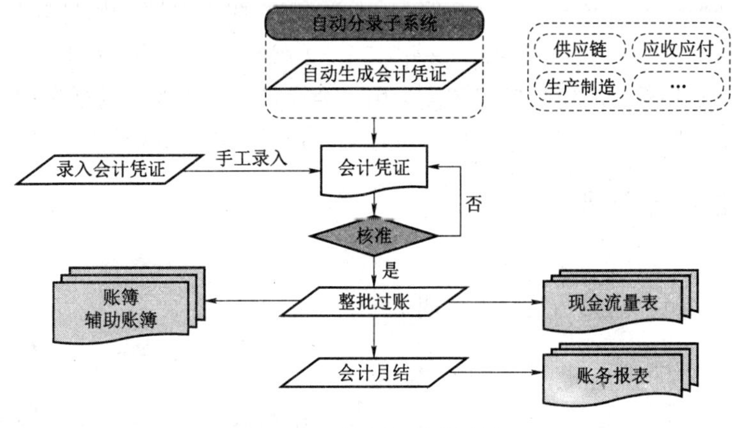

图 12-1 总账管理流程图

二、基础设置

（一）设置共用参数

【目的】

在系统上线前进行总账基本参数的设置，未设置者将无法输入不能变动的信息。

【操作步骤】

在系统主界面执行“基本信息子系统”|“基础设置”，进入“设置财务参数”（如图 12-2 所示）。

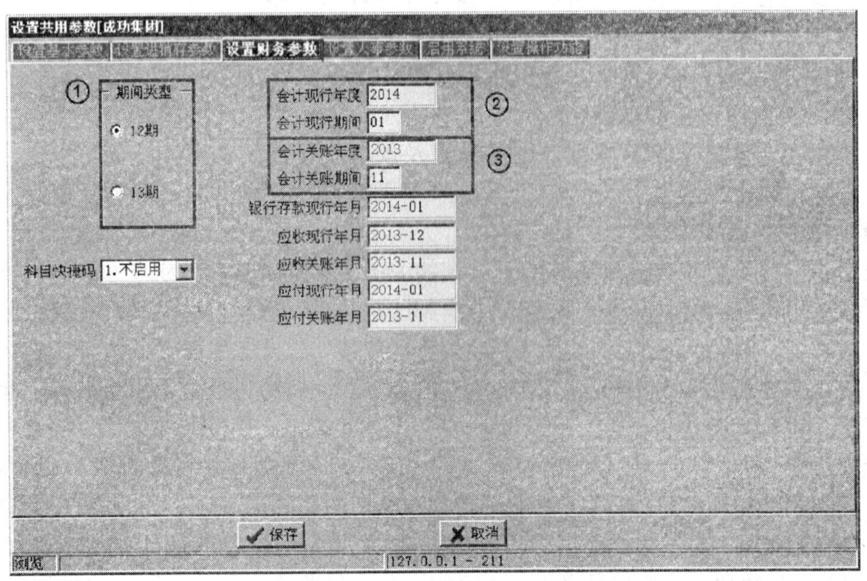

图 12-2 “设置财务参数”界面

【作业重点】

（1）期间类型有两种选择，即 12 期和 13 期。12 期指根据自然月划分，则一年有 12 期；13 期指根据四周为一期来划分，一年工作 52 周，则一年有 13 期。

（2）会计总账子系统的实际现行年度，由“会计月结”作业来进行更新。

（3）关账年月前的总账资料不可以再进行修改，由“指定关账”作业来更新。

（二）设置会计期间

【目的】

设置每年度及每期的起始及截止日期。

【操作步骤】

在系统主界面执行“会计总账子系统”|“基础设置”，进入“设置会计期间”（如

图 12-3 所示)。

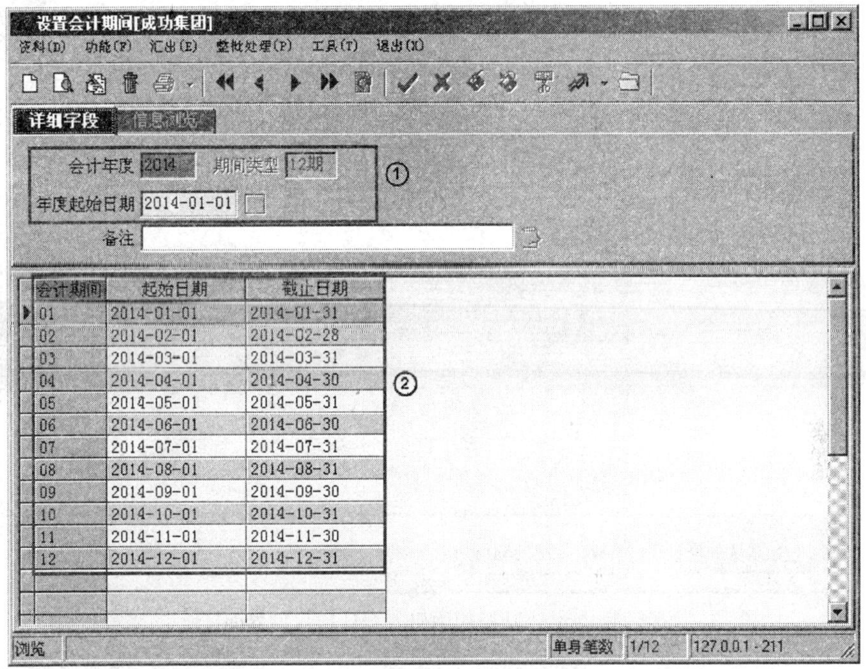

图 12-3 “设置会计期间”界面

【作业重点】

(1)输入新增会计年度,期间类型由参数设置带出,年度起始日期指会计年度第一期开始的那一天。

(2)根据企业需求,设定 12 期的会计期间。

(三)录入会计科目

【目的】

将要使用的会计科目信息预先设置好。

【操作步骤】

步骤一:在系统主界面执行“会计总账子系统”|“基础设置”,进入“从模板中引入会计科目”(如图 12-4 所示)。

【作业重点】

无需手动在录入会计科目中一一录入科目信息,可利用此作业将符合最新会计准则的会计科目导入易飞 ERP 系统,再根据需求做稍许调整。

步骤二:在系统主界面执行“会计总账子系统”|“基础设置”,进入“录入会计科目”(如图 12-5、图 12-6 所示)。

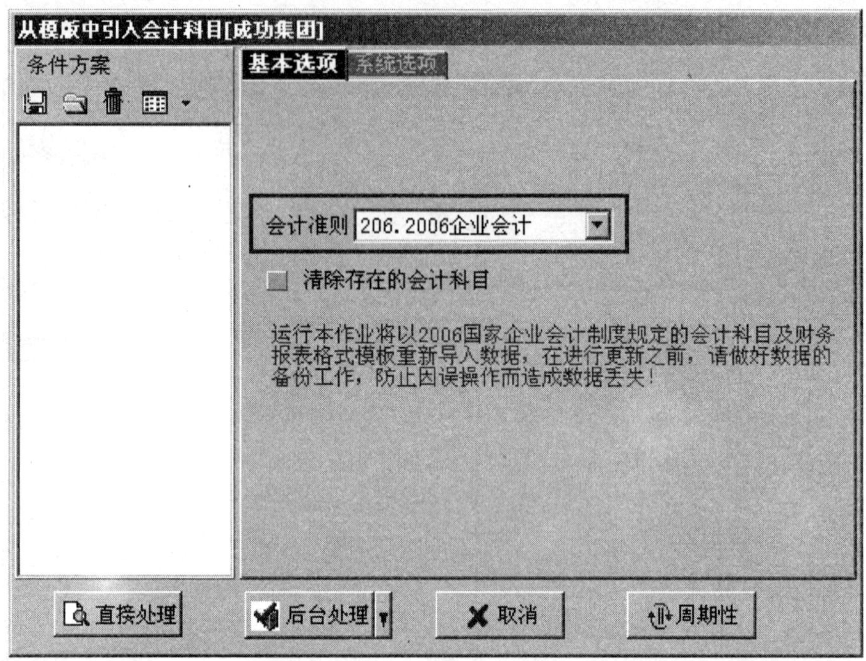

图 12-4 “从模板中引入会计科目”界面

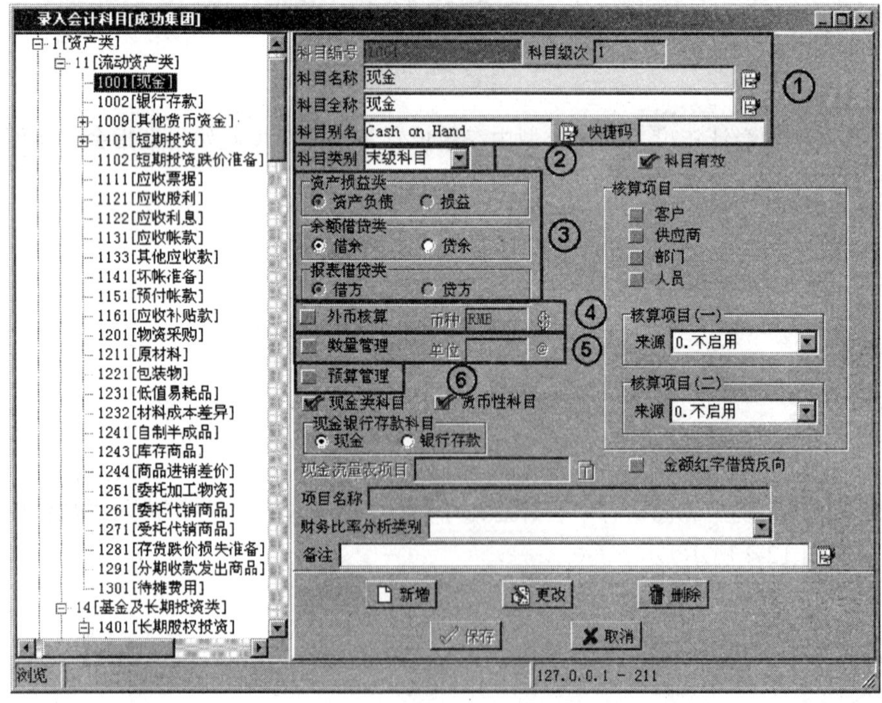

图 12-5 “录入会计科目”界面（一）

【作业重点】

（1）科目编号最多可输入20码，科目名称就是指会计科目的账户名称，科目全称则会显示包含上级统驭科目及自身的名字，科目别名指会计科目的其他账户名称，例如输入英文的科目名称。

（2）科目类别共分三种：统驭科目、末级科目和分类科目。统驭科目又称总分类账科目，向下需再建立科目，本身不可切分录，如其他货币资金和短期投资；末级科目，是统驭科目下的明细科目或者不可再往下分级的科目，可以直接切分录，如原材料等；分类科目属于设定科目的大分类，是会计科目的归属，如资产类、流动资产类。

（3）资产损益类可以设置该会计科目是归属资产负债类还是损益类；余额借贷类，是指设定会计科目的正常余额是属于借余还是贷余；报表借贷类，是指设定会计科目在报表打印时，属于借方科目还是贷方科目。

（4）外币核算可定设置该会计科目是否用外币核算，如果涉及外币业务，在右边币种字段设置启用的外币币种。

（5）数量管理通常不勾选，一般提供给只使用“会计总账子系统”而不用其他易飞 ERP 模块的用户，这类用户利用数量管理在总账中做数量格式账。

（6）预算管理设置该科目是否做预算管理。具体预算管理的操作步骤，请参考预算管理的相关章节。

（7）如果是现金、银行存款、其他货币资金等现金类科目，要勾选现金类科目，这样方便区分现金和银行存款，利于日后查询日记账。货币性科目，是指属于货币性科目的都需勾选，非货币性科目的金额将不会算入财务报表中。

（8）系统除了提供客户、供应商、部门、人员这几类核算项目外，还可由用户自定义核算项目，自定义的核算项目，需在定义核算项目中预先设置好。

（9）现金流量表项目，是所有非现金类科目都需进行设置的。

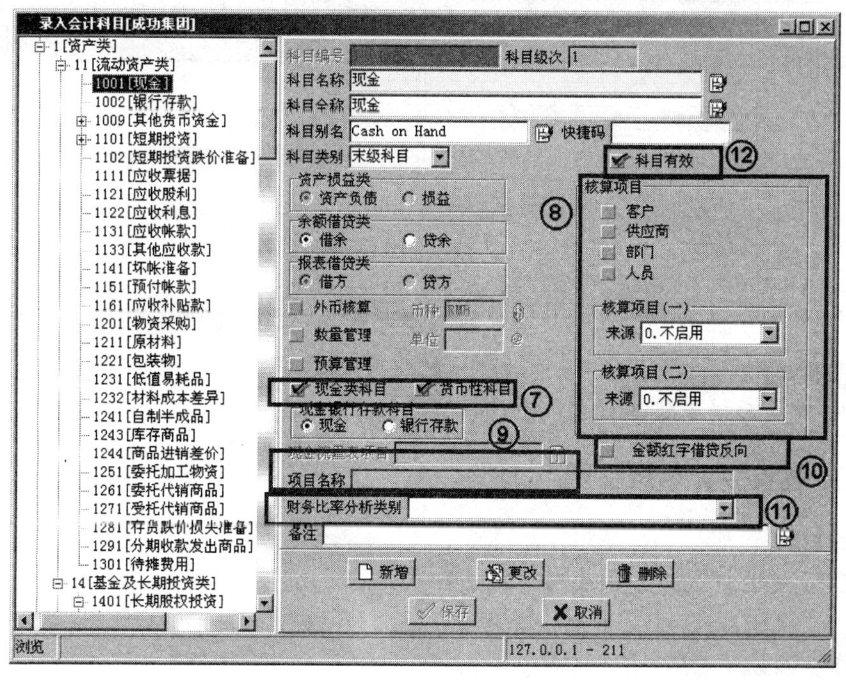

图 12-6 “录入会计科目”界面（二）

（10）金额红字借贷方向，是指在使用自动分录子系统抛转会计凭证时，遇到负数金额时，是采用金额呈红字显示，还是借贷反向设置。

（11）如果想要查看总账系统中的财务比例报表，就需设定会计科目的财务比例分析类别。

（12）科目有效为默认勾选。当该科目不需再使用时，可将其余额全部转出，去掉勾选，该科目就失效，无法再使用了。

（四）录入科目/部门限制

【目的】

对于做部门管理的科目进行部门的限定。

【操作步骤】

步骤一：在系统主界面执行“会计总账子系统”｜“基础设置”，进入“录入科目/部门限制”（如图 12-7 所示）。

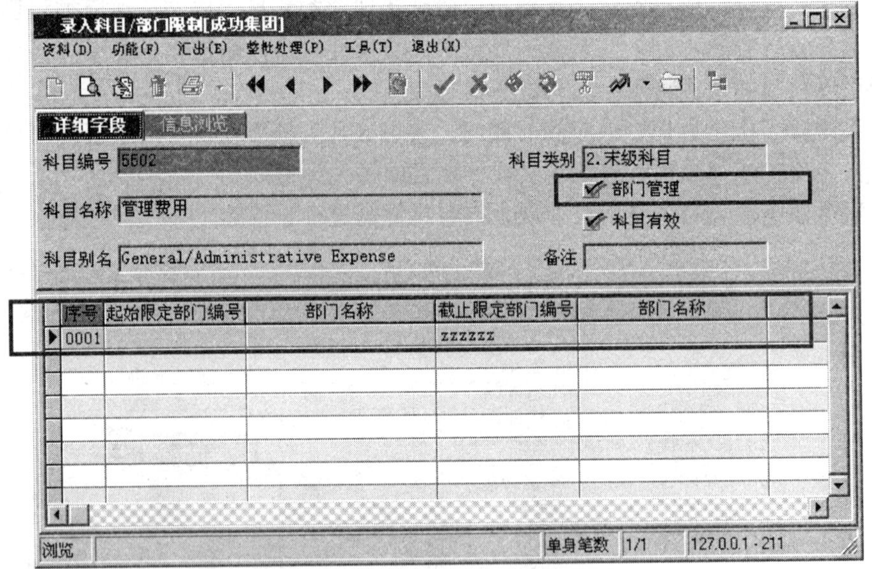

图 12-7 “录入客户信息”界面

【作业重点】

详细说明请参考“项目 10 ERP 应付管理”。

（五）设置会计单据性质

【目的】

设置会计总账子系统所要使用的凭证单别。

【操作步骤】

步骤一：在系统主界面执行“会计总账子系统”｜“基础设置”，进入“设置会计单据性质”（如图 12-8 所示）。

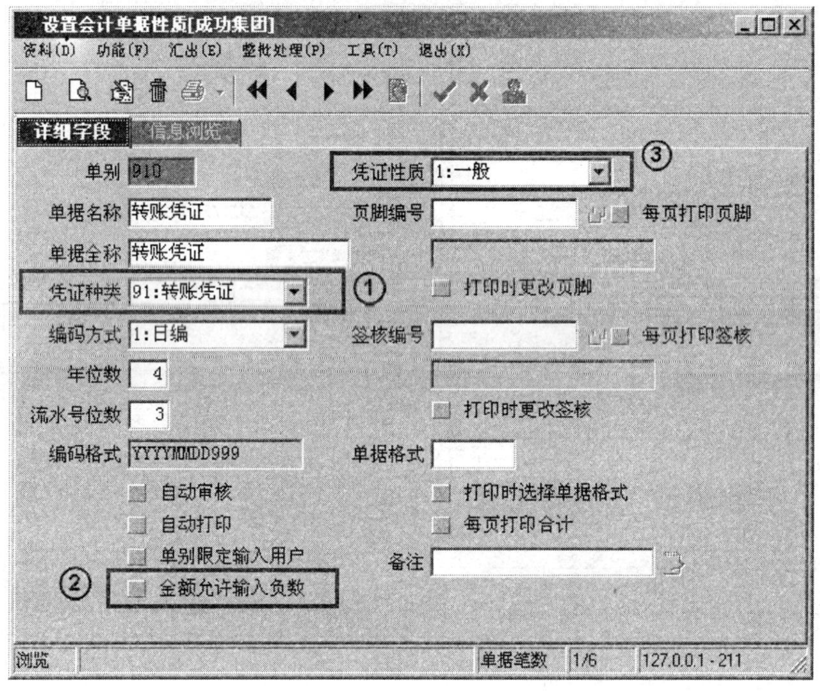

图 12-8 “设置应收单据性质”界面

【作业重点】

（1）可以设定 3 种不同凭证种类，每个种类，系统不限制设定多少张单别。“91：转账凭证”，非现收、现支的转账凭证开立时所使用的凭证；“92：现收凭证”，现金收入凭证开立时使用，输入会计凭证时，借方必须有现金类科目；“93：现支凭证”，现金支付凭证开立时使用，输入会计凭证时，贷方必须有现金类科目。

（2）金额允许输入负数，是指该凭证在输入金额时，是否允许输入负值的金额。

（3）凭证性质分一般、预提、预提回转及结转四种。一般凭证，是指一般普通的交易凭证；预提凭证，是指发生预提费用时所使用的凭证性质；预提回转凭证，是指预提凭证发生后，当实际交易发生时，用于冲回的凭证；结转凭证，是指在系统结转科目余额或本期发生额时会使用结转性质的凭证。

（六）设置会计参数

【目的】

设置“会计总账子系统”作业中的财务结转方式、期末调汇信息、预算管理等参数，以及会计凭证控制的一些参数。

【操作步骤】

步骤一：在系统主界面执行“会计总账子系统”|“基础设置”，进入“设置会计参数”（如图 12-9 所示）。

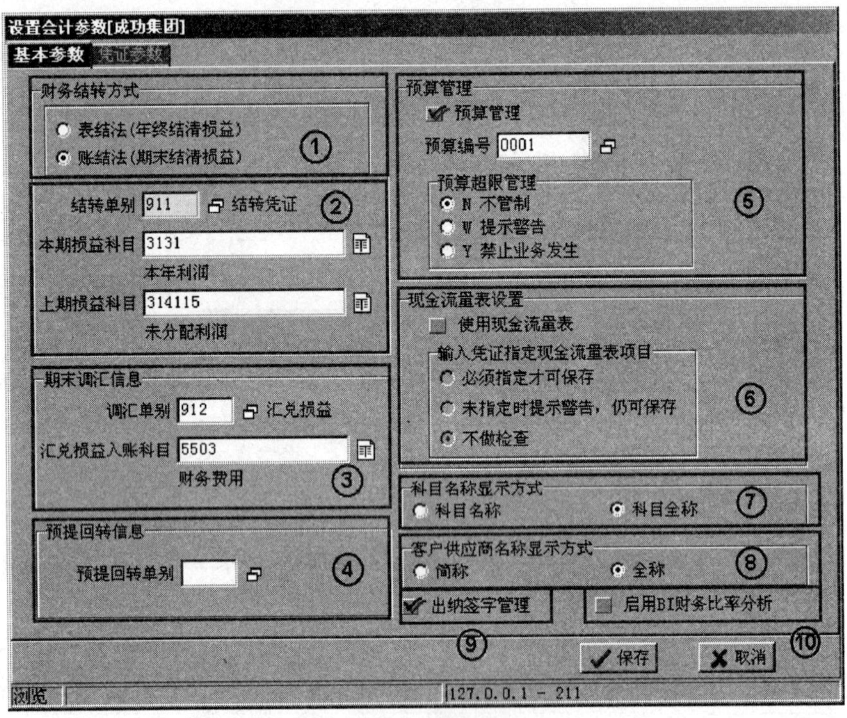

图 12-9 “设置会计参数”界面（一）

【作业重点】

（1）系统提供表结法和账结法两种财务结转方式。表结法，是指各损益类科目每月月末，只结算出当期发生额和期末累计余额，不结转科目余额，在年末时，才将全年累计结转入本年利润科目；账结法，是指每月月末，需编制结转凭证，将账上结算出的各损益类科目余额，结转入本年利润科目，在各月均可通过本年利润科目，提供当月及本年累计的利润或亏损额。

（2）当选定结转方式后，还需要选择结转凭证单别，同时还要设置损益结转科目。

（3）期末调汇信息用来设置调汇凭证的单别和汇兑损益的入账科目。

（4）如果使用了预提分录，后续做回转时，会使用此处设置的预提回转单别。

（5）如果启用预算管理，需要输入预算编号，还要设置预算超限的管理方式，系统提供不管制、提示警告和禁止业务发生这三种管理方式。

（6）如果启用现金流量表，可以对输入凭证时现金流量表项目的管控进行设定，有三种方式：必须指定才可保存；未指定时提示警告，仍可保存；不做检查。

（7）科目名称显示方可以选择科目名称或科目全称，这也是凭证和报表显示的方式。

（8）客户供应商名称显示方式可以选择简称或全称。

（9）勾选出纳签字管理表示含现金类科目的会计凭证，必须经过出纳签字，才能过账；如果不勾选，含现金类科目的会计凭证，不必由出纳签字。

（10）启用 BI 财务比率分析是有关 BI 系统的，勾选就可以利用 BI 系统来进行财务比例分析。

步骤二：在系统主界面执行“会计总账子系统”|“基础设置”，进入“设置会计参数”|

“凭证参数”(如图 12-10 所示)。

【作业重点】

(1)借贷平衡控制包括:借贷平衡才可保存,借贷不平衡提示警告,仍可保存两种选择。其目的就是选择凭证的借贷方是否需要平衡。

(2)凭证金额控制包括:金额为零提示警告,仍可保存;金额为零不可保存两种选择。其目的就是选择凭证金额出现金额为零时,是否保存。

(3)凭证摘要控制包括:不检查;摘要为空提示警告,仍可保存;摘要为空不可保存三种方式。

(4)现金,银行存款赤字控制方式包括:不控制;提示警告,仍可审核;报错,不可审核三种方式。

(5)如果要在凭证中输入总号,需要勾选总号输入选项。

(6)凭证制单、审核不可为同一人选项可根据公司的规章制度来勾选。

(7)如果勾选打印凭证时按借贷方排列,会计凭证排列时会先显示所有借方科目,再显示所有贷方科目。

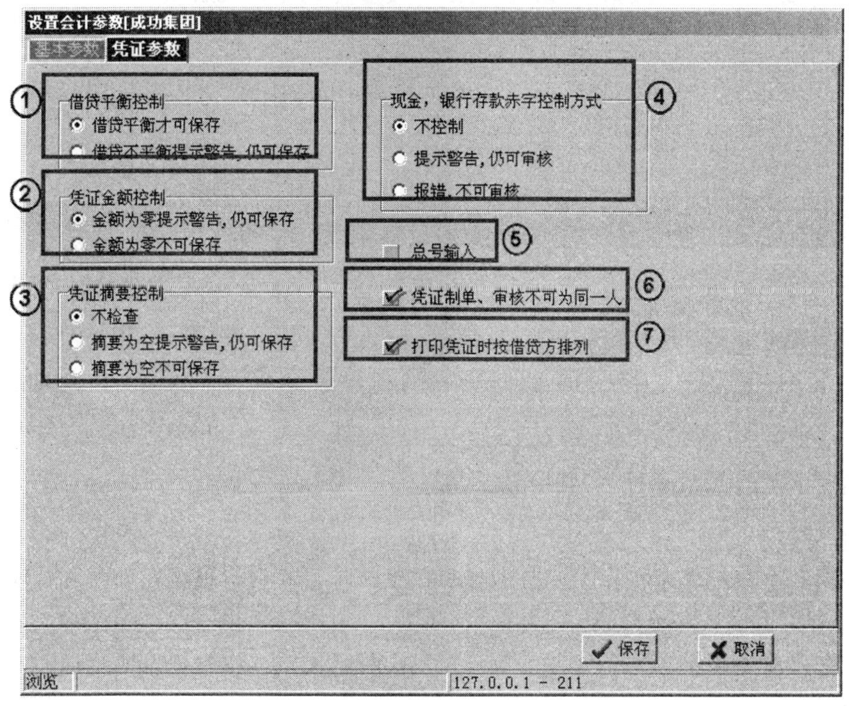

图 12-10 “设置会计参数”界面(二)

任务实施

步骤一: 搜集 2013 年 12 月 31 日前的会计科目余额的资料,见表 12-1。

表 12-1 期初资料明细

会计科目	名称	方向	余额/元	核算项目	核算明细资料
1001	现金	借	1 000 000	—	—
1002	银行存款	借	4 000 000	—	—
2121	应付账款	贷	500 000	√	附：客户应付余额明细
⋮	⋮	⋮	⋮	⋮	⋮

步骤二：在系统主界面执行“会计总账子系统”｜“基础设置”｜，进入“期初开账”界面，开始建立期初资料（如图 12-11 所示）。

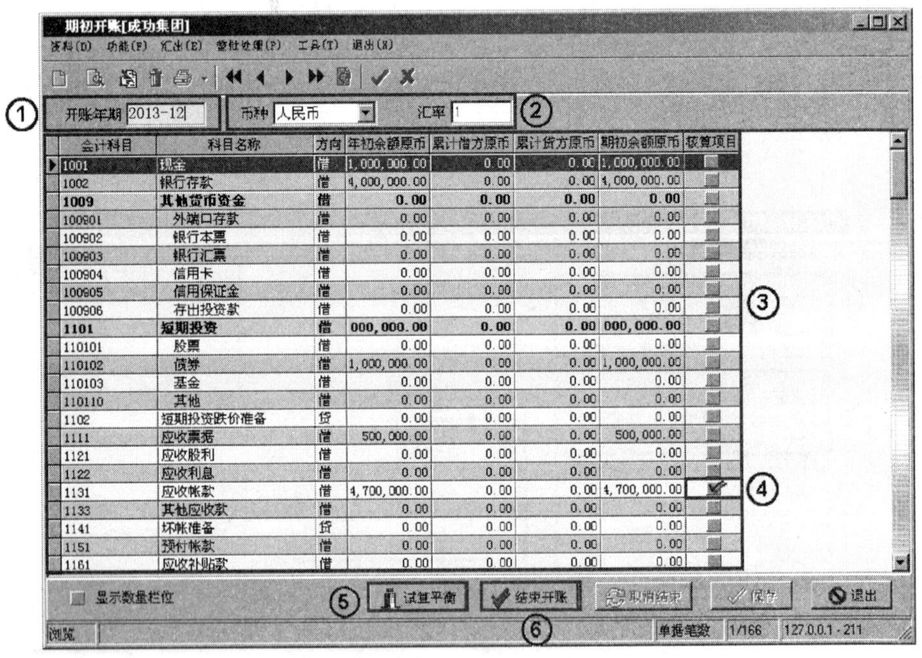

图 12-11 “期初开账”界面（一）

【作业重点】

（1）系统会自动显示操作时间点的计算机系统年月，但可根据实际开账时间点来进行修改。

（2）在“录入币种汇率”作业中事先设定币种，而汇率也会根据所选择的币种，自动带出汇率信息。

（3）单身根据所选币种，带出相应科目。将搜集的科目余额填入相应的末级科目的期初余额中，统驭科目是下级末级科目的金额加总。

（4）如果有会计科目启用核算项目管理，该科目会被自动勾选核算项目，双击该图标后，系统会显示新窗口（如图 12-12 所示），用来维护每个核算项目的余额。如应收账款科目，可以在新窗口输入各个客户的应收账款余额。

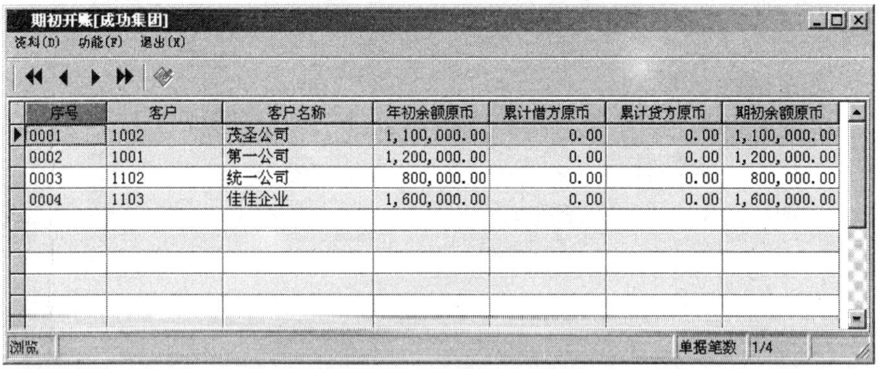

期初开账[成功集团]

资料(D) 功能(F) 退出(X)

序号	客户	客户名称	年初余额原币	累计借方原币	累计贷方原币	期初余额原币
0001	1002	茂圣公司	1,100,000.00	0.00	0.00	1,100,000.00
0002	1001	第一公司	1,200,000.00	0.00	0.00	1,200,000.00
0003	1102	统一公司	800,000.00	0.00	0.00	800,000.00
0004	1103	佳佳企业	1,600,000.00	0.00	0.00	1,600,000.00

浏览　单据笔数 1/4

图 12-12 “期初开账”界面（二）

（5）全部输入完毕，单击“试算平衡”按钮，用来检查开账资料是否平衡，如果显示试算结果平衡，表示开账资料没有问题；如果显示试算结果不平衡，则需要再次检查资料是否输入有误。

（6）确认期初开账资料输入无误后，单击“结束开账”按钮，此时“期初开账”作业中输入的所有资料才会被更新到所有相关的账册中，表示开账真正完成，此时期初开账中的资料也不允许再做修改了。

任务二　会计凭证记账

任务描述

通过手动录入或自动分录自动产生因交易而形成的会计凭证信息。

（1）2014 年 1 月 14 日，刘静怡得到黄淑贞的通知，对自动抛转产生的三星公司的进货凭证进行了核对。

（2）2014 年 1 月 20 日，是付水电费的日子，会计刘静怡在系统中手工录入这笔费用支付的会计凭证。

（3）将已审核的会计凭证数据写入后台账档中，以便后续进行会计报表、会计月结时使用。

任务实施

步骤一：在系统主界面执行“会计总账子系统”｜“预算管理”｜，进入“录入会计凭证”界面，查看并审核由自动分录子系统生成的进货单会计凭证(如图 12-13、图 12-14 所示)。

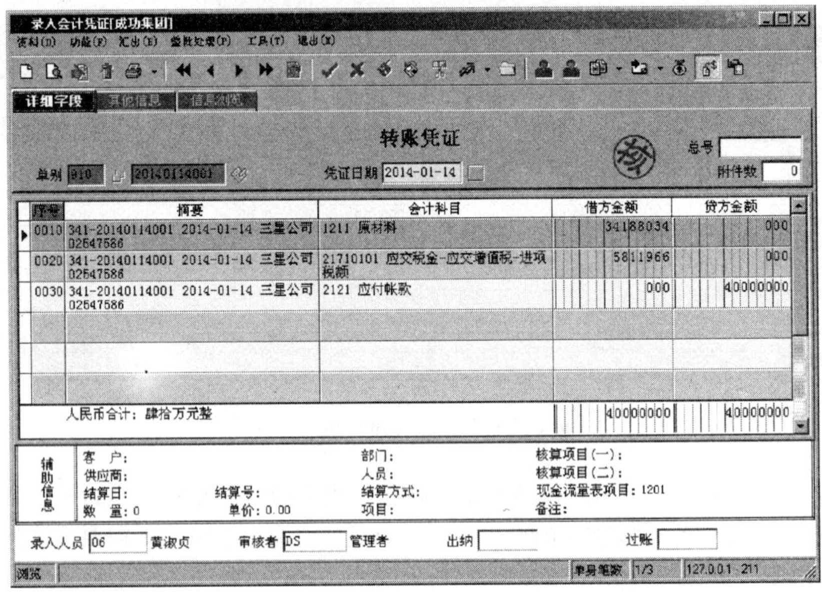

图 12-13 “录入会计凭证”界面（一）

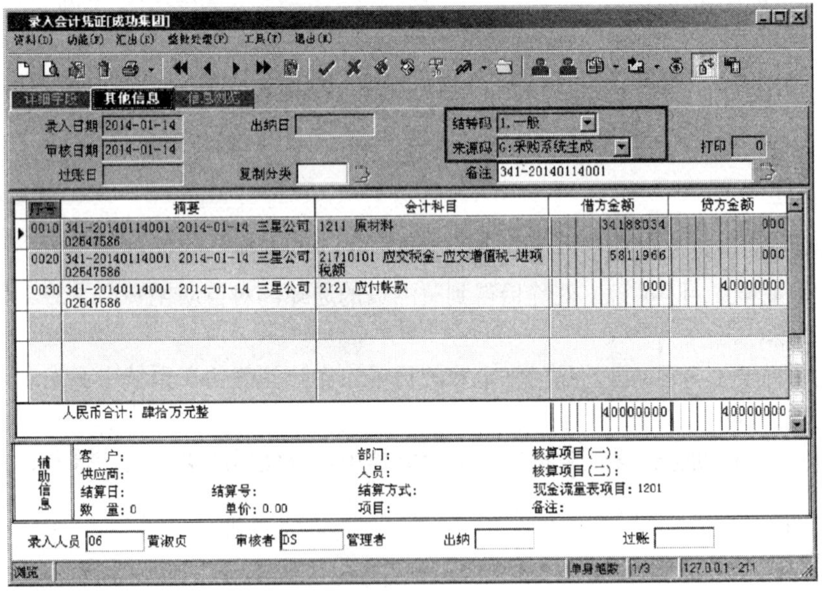

图 12-14 “录入会计凭证”界面（二）

【作业重点】

单头其他信息页面会注明此张会计凭证的产生来源，表示该会计凭证由采购系统自动生成，备注里还会显示进货单的单别单号。

步骤二：在系统主界面执行“会计总账子系统”|“预算管理”|，进入“录入会计凭证”界面，手动录入交付水电费用的会计凭证（如图 12-15 所示）。

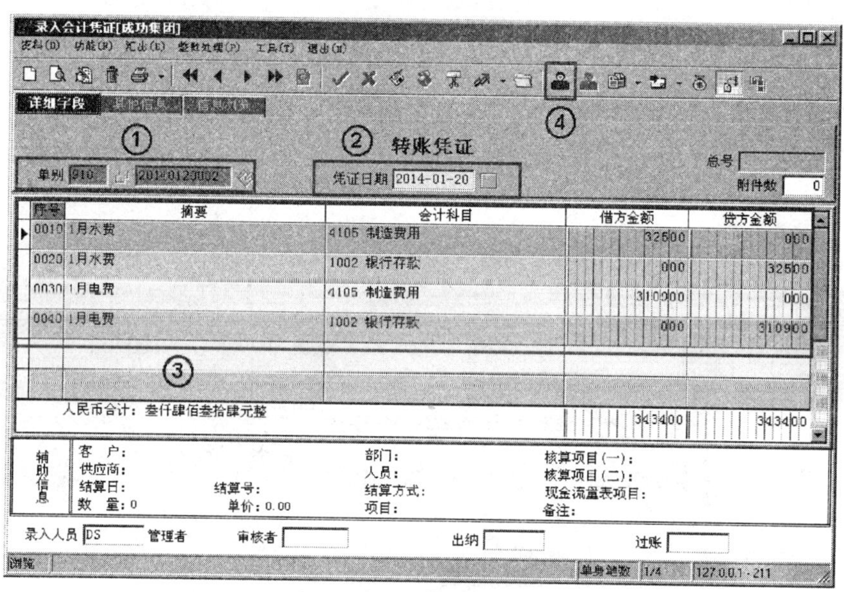

图 12-15 “录入会计凭证”界面（三）

【作业重点】

（1）设定好单别，单号由系统自动给出。

（2）凭证日期默认为系统日期，也可自行更改。

（3）单身依次输入借贷方科目及各自发生金额。摘要部分输入具体使用事项，如水费、电费。

（4）当凭证审核后，如果启用出纳审核，还需点击此按钮，进行出纳审核。

步骤三：将当前操作的凭证执行过账。会计刘静怡将水电费输入会计凭证审核后，通知主管，主管打开会计凭证，做过账处理（如图 12-16 所示）。

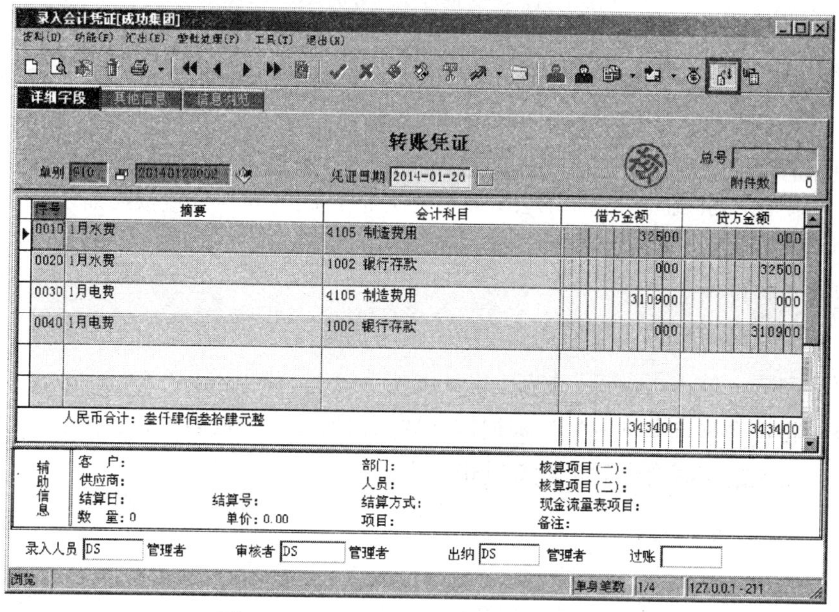

图 12-16 “录入会计凭证”界面（四）

【作业重点】

单张会计凭证审核后，就可以点击“凭证单笔过账/还原”按钮，直接将会计凭证过账或还原。

步骤四：也可将多张会计凭证一次完成过账处理（如图 12-17、图 12-18 所示）。

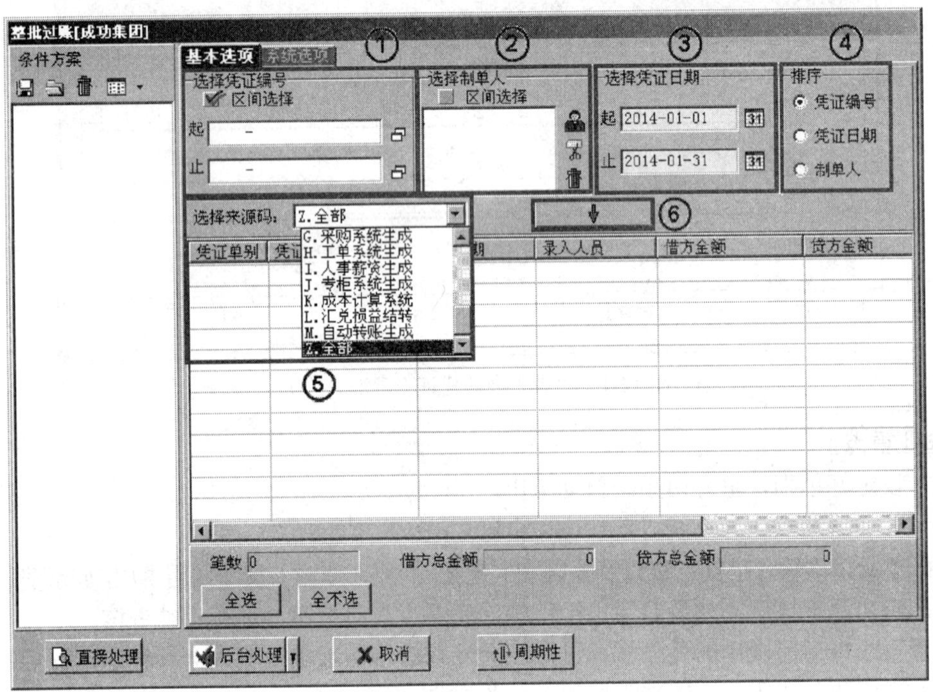

图 12-17 “整批过账”界面（一）

【作业重点】

（1）利用凭证编号来筛选需要过账的凭证范围。

（2）通过制单人也可筛选需要过账的凭证。

（3）打开作业，系统自动会显示会计现行年月的日期区间，也可根据需求自行调整。

（4）排序的方式，系统提供三种，即凭证编号、凭证日期、制单人，根据个人的习惯来选择，方便查看筛选出的凭证。

（5）凭证来源码，也可以作为是否过账的筛选条件。

（6）筛选完毕，单击“向下”按钮。

（7）系统将符合筛选条件的凭证根据排序规则依次列出，需要进行过账的，勾选即可。直接处理后，勾选的这些会计凭证就都过账完成了。

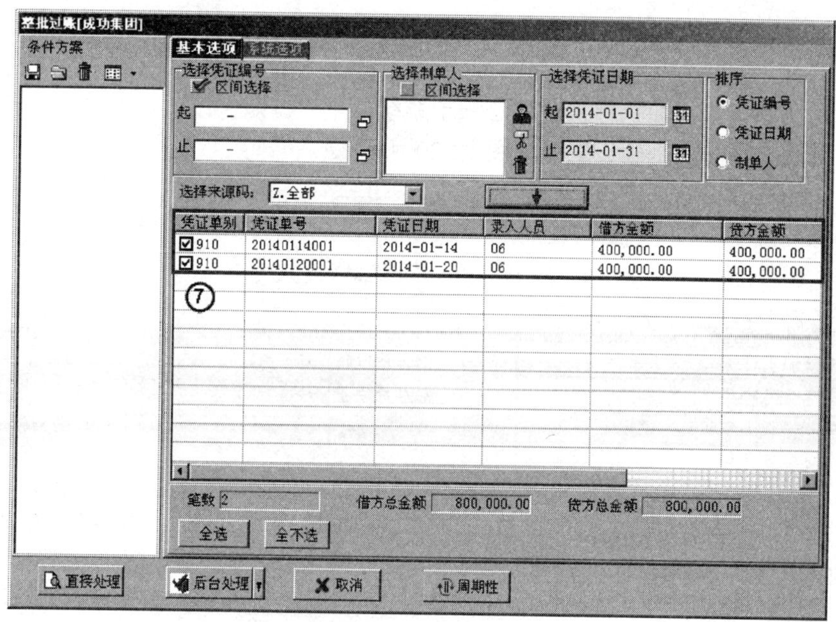

图 12-18 “整批过账”界面（二）

任务三　会 计 月 结

任务描述

将本月的月底数据结转更新至次月期初，执行“会计月结”作业，将 2014 年 1 月各科目的余额都结转到 2014 年 2 月期初。

知识准备

当所有凭证过账之后，在执行“会计月结”作业之前，可以通过“自动转账”作业来完成一些费用的结转或分摊，如工资分配，费用分摊中的制造费用，税金计算中的增值税，提取各项费用中的提取福利费等。如果系统除了本位币还有外币交易的话，还需再执行汇兑损益结转。如果公司采用表结法结账，在汇兑损益结转之后，即可进行会计月结。如果采用的是账结法，在汇兑损益结转之后，还需进行期间损益的结转。最后，再做会计月结。会计月结流程如图 12-19 所示。

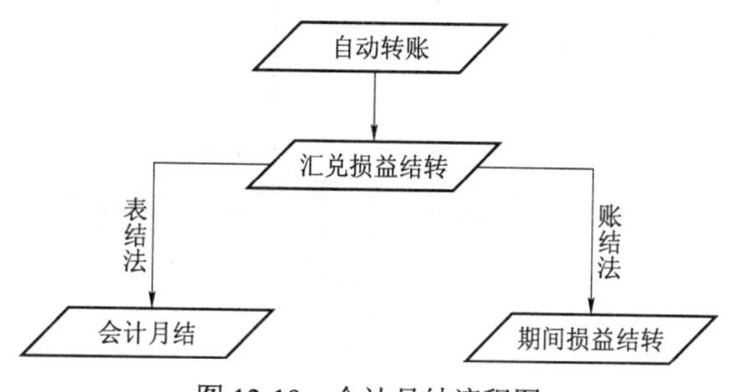

图 12-19　会计月结流程图

任务实施

步骤一：在系统主界面执行“会计总账子系统”|“结账”|，进入“自动转账设置”界面，进行自动转账前的基础设置（如图 12-20 所示）。

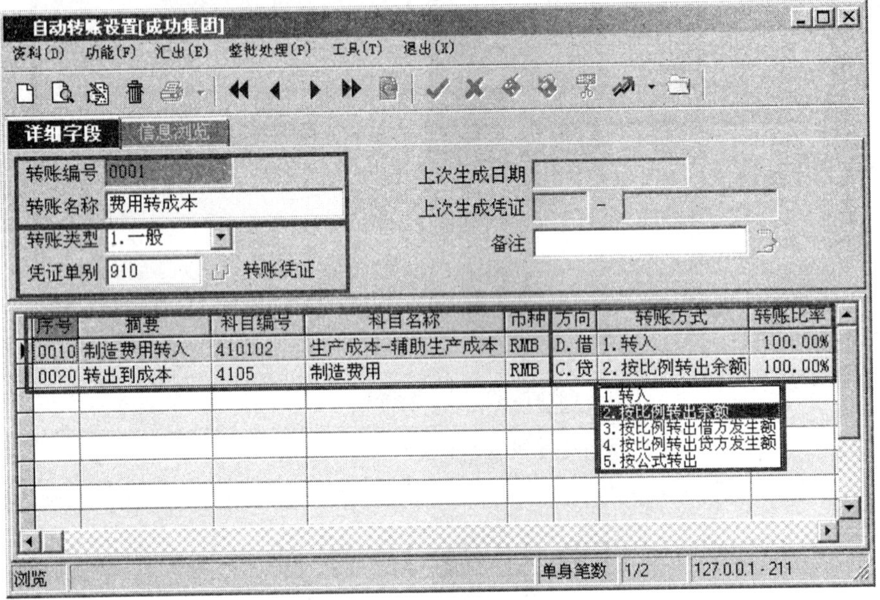

图 12-.20 “自动转账设置”界面

步骤二：在系统主界面执行“会计总账子系统”|“结账”|，进入“自动转账”界面，进行正式的自动转账（如图 12-21 所示）。

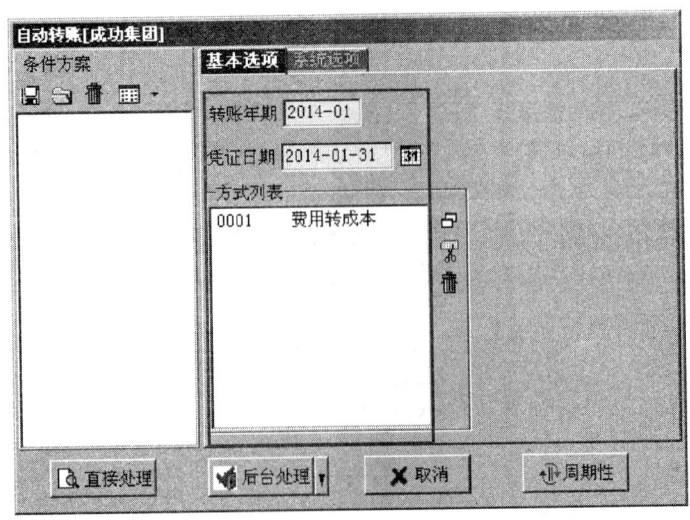

图 12-21 “自动转账”界面

步骤三：在系统主界面执行“会计总账子系统”|“凭证处理”|，进入“录入会计凭证”界面，查看生成出的自动转账凭证（如图 12-22 所示）。

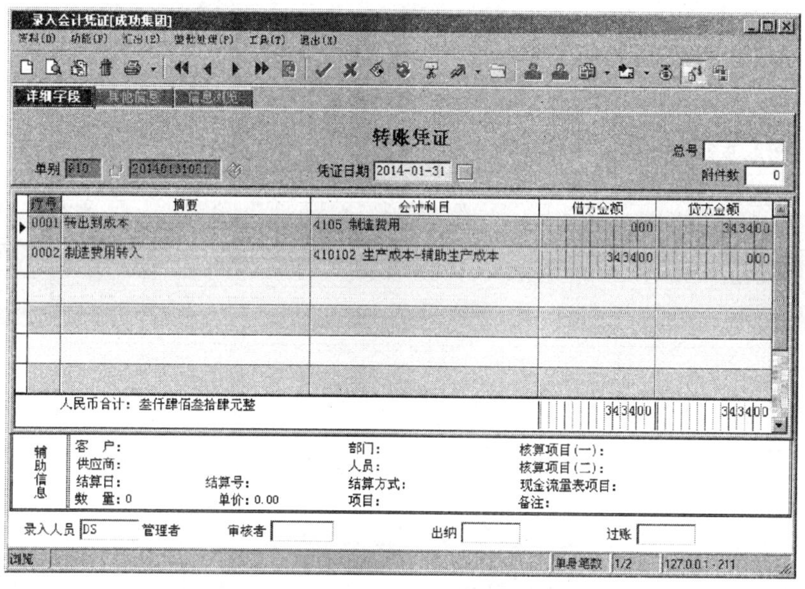

图 12-22 “录入会计凭证”界面（五）

步骤四：汇兑损益结转。在系统主界面执行“基本信息子系统”|“基础设置”|，进入“录入币种汇率”界面，进行汇兑损益结转前的基础设置（如图 12-23 所示）。

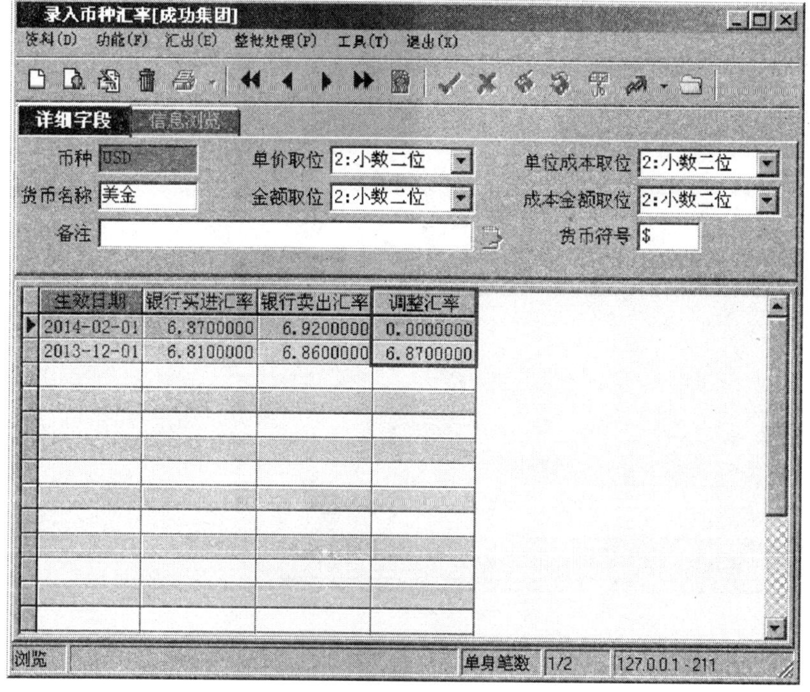

生效日期	银行买进汇率	银行卖出汇率	调整汇率
2014-02-01	6.8700000	6.9200000	0.0000000
2013-12-01	6.8100000	6.8600000	6.8700000

图 12-23 “录入币种汇率”界面

步骤五：在系统主界面执行“会计总账子系统”|“结账”|，进入“汇兑损益结转设置”界面，进行汇兑损益结转前的基础设置（如图 12-24 所示）。

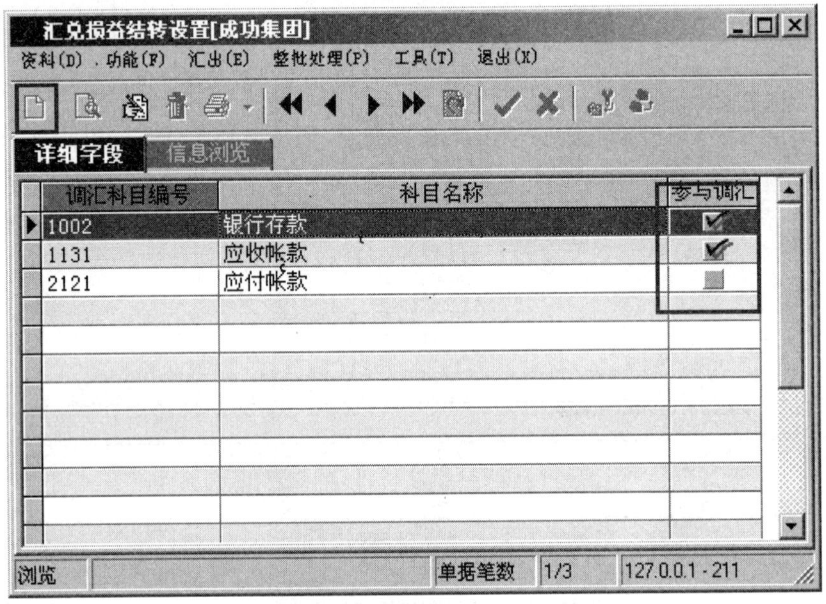

图 12-24 “汇兑损益结转设置”界面

步骤六：在系统主界面执行“会计总账子系统”|“结账”|，进入“损益结转”界面，进行汇兑损益结转（如图 12-25、图 12-26 所示）。

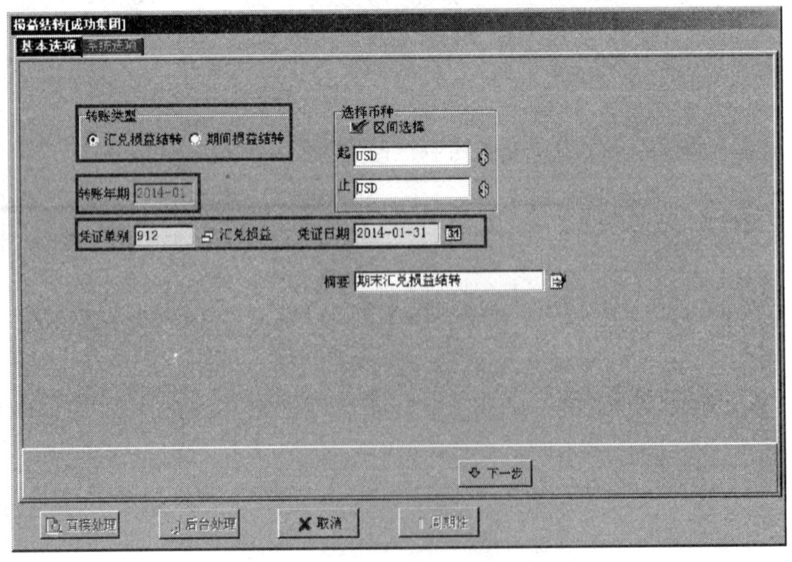

图 12-25 “损益结转”界面（一）

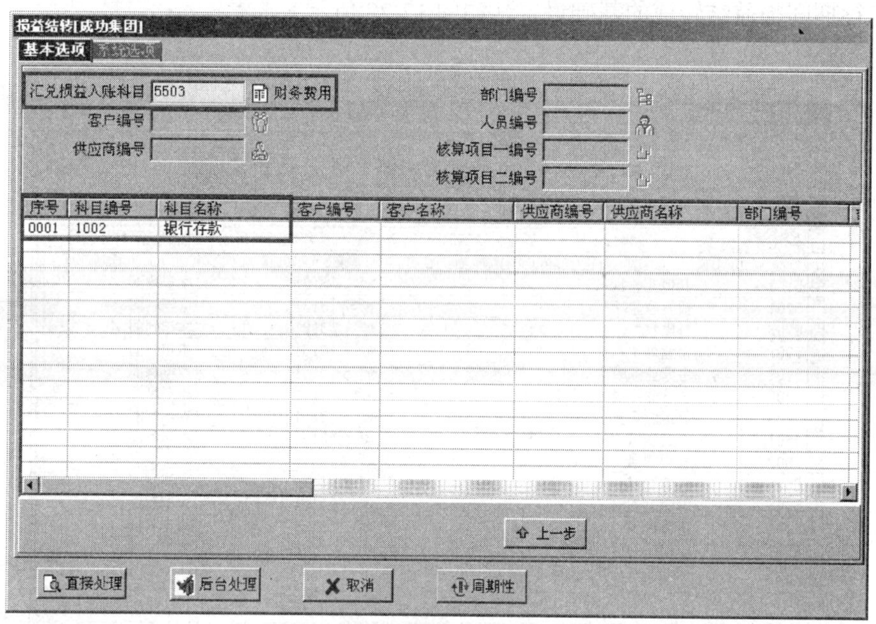

图 12-26 “损益结转”界面（二）

步骤七：在系统主界面执行“会计总账子系统”|“凭证处理”|，进入“录入会计凭证”界面，查看生成出来的汇兑损益结转凭证（如图 12-27 所示）。

录入会计凭证[成功集团]

汇兑损益

单别 912 20140131001 凭证日期 2014-01-31 总号 附件数 0

序号	摘要	会计科目	借方金额	贷方金额
0001	期末汇兑损益结转	1002 银行存款	000	7500
0002	期末汇兑损益结转	5503 财务费用	7500	000
	人民币合计：柒拾伍元整		7500	7500

录入人员 DS 管理者 审核者 DS 管理者 出纳 过账

图 12-27 “录入会计凭证”界面（六）

步骤八：在系统主界面执行“会计总账子系统”|“结账”|，进入“期间损益结转设置”界面，进行期间损益结转前的基础设置（如图 12-28 所示）。

期间损益结转设置[成功集团]

资料(D) 功能(F) 汇出(E) 整批处理(P) 工具(T) 退出(X)

详细信息 信息浏览

损益科目编号	损益科目名称	损益科目辅助账项	参与结转	本年利润科目编号	本年利润科目名称
5101	主营业务收入		✓	3131	本年利润
5102	其他业务收入		✓	3131	本年利润
5201	投资收益		✓	3131	本年利润
5203	补贴收入		✓	3131	本年利润
5301	营业外收入		✓	3131	本年利润
5401	主营业务成本		✓	3131	本年利润
5402	主营业务税金及附加		✓	3131	本年利润
5405	其他业务支出		✓	3131	本年利润
550101	办公费用	部门	✓	3131	本年利润
5502	管理费用	部门	✓		
5503	财务费用		✓	3131	本年利润
5601	营业外支出		✓	3131	本年利润
5701	所得税		✓	3131	本年利润
5801	以前年度损益调整		✓	3131	本年利润

浏览 单据笔数 1/14 127.0.0.1 · 211

图 12-28“期间损益结转设置”界面

步骤九：在系统主界面执行“会计总账子系统”|“结账”|，进入“损益结转”界面，进行期间损益结转（如图 12-29 所示）。

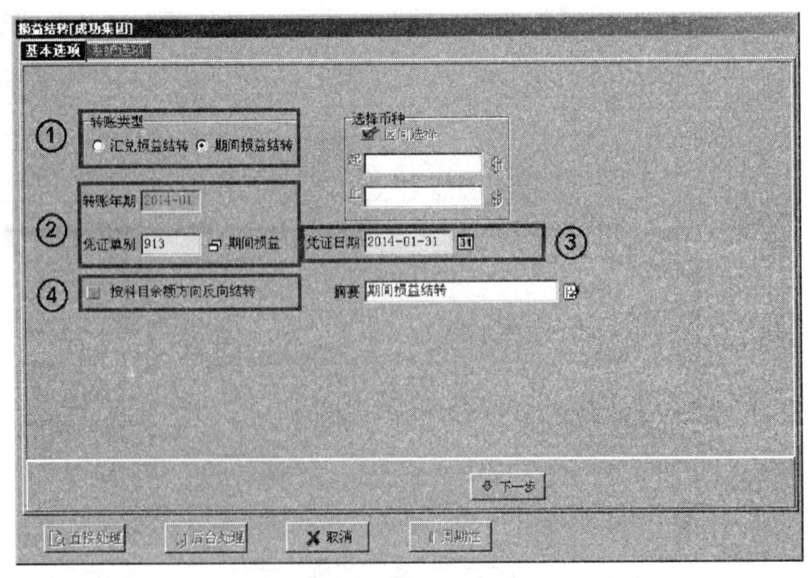

图 12-29 “损益结转”界面（三）

步骤十：在系统主界面执行“会计总账子系统”|“凭证处理”|，进入“录入会计凭证”界面，查看生成出的期间损益的结转凭证（如图 12-30 所示）。

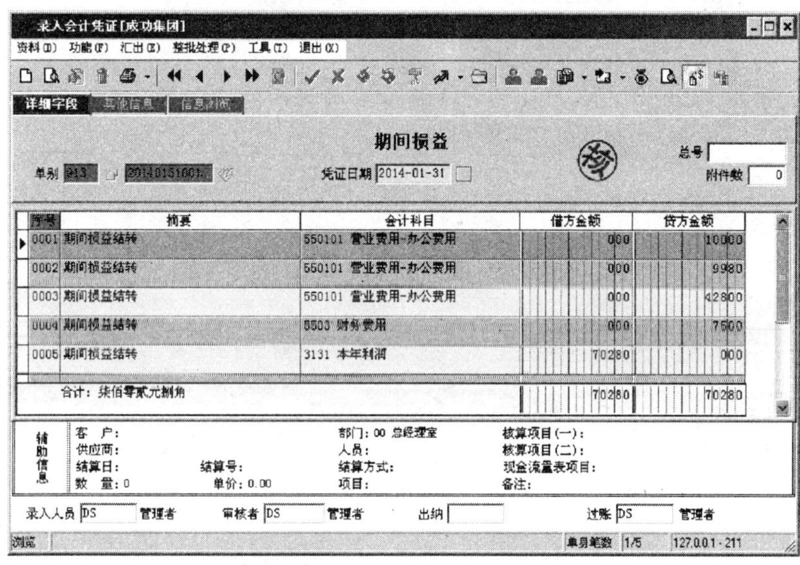

图 12-30 “录入会计凭证”界面（七）

步骤十一：在系统主界面执行“会计总账子系统”|“结账”|，进入“会计月结”界面，进行月底结转（如图 12-31、图 12-32 所示）。

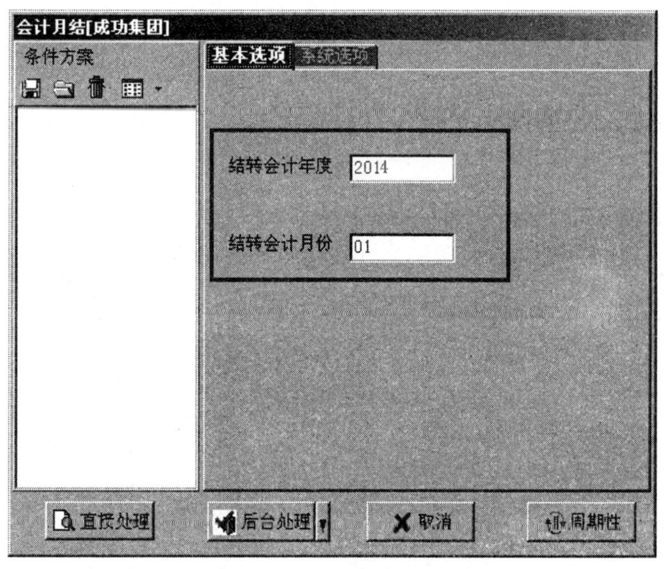

图 12-31 “会计月结”界面

【作业重点】

结转会计年度和月份默认会计现行年月，不可修改。作业执行后会计现行年月自动加一。

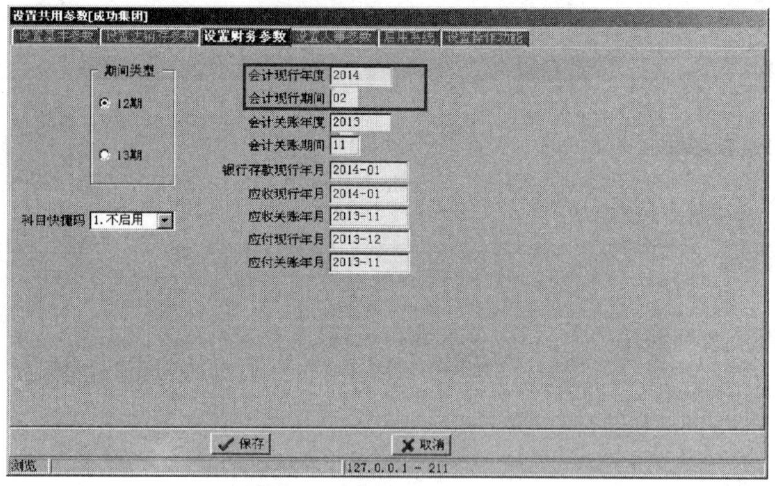

图 12-32 “设置共用参数”界面

任务四　报表查询和统计

一、资产负债表

【目的】

反映企业某一特定时日的财务状况，也是对外公布财务状况及会计师查账的重要报表之一。

任务实施

步骤一：在“资产负债表”界面上进行设置，然后单击“设计报表”按钮（如图 12-33、图 12-34 所示）。

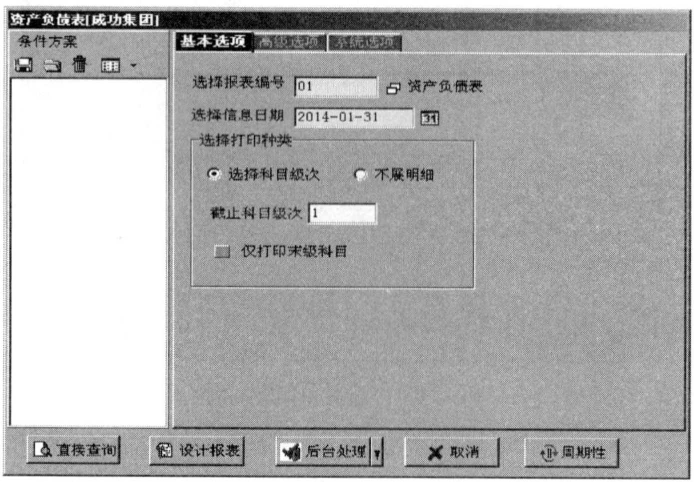

图 12-33 “资产负债表”界面（一）

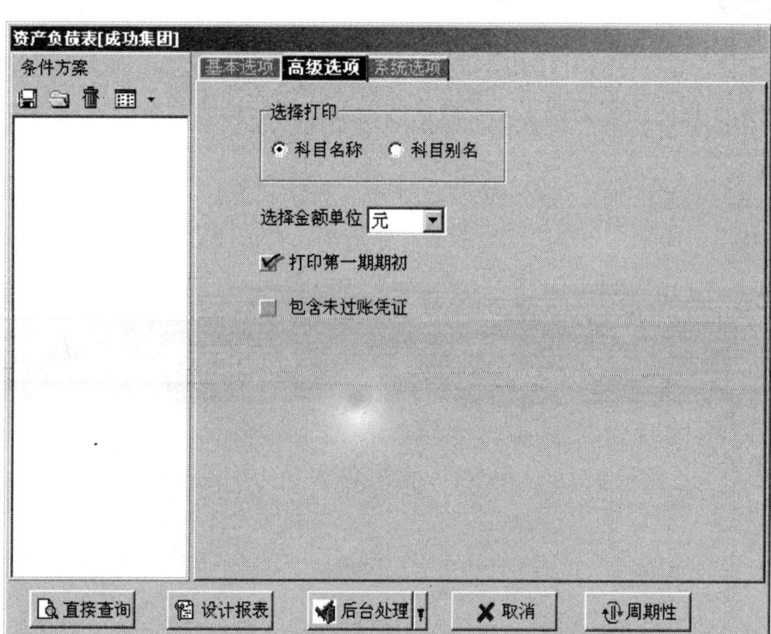

图 12-34 “资产负债表”界面（二）

步骤二：报表查询结果（如图 12-35 所示）。

金额单位：元
制表日期：2014-03-16

资产负债表
2014-01-31

第1页

项目	行次	年初数	期末数	项目	行次	年初数	期末数
流动资产：	1			流动负债：	47		
货币资金	2		-12,849.30	短期借款	48		
短期投资	3			应付票据	49		400,000.00
应收票据	4			应付账款	50		
应收股利	5			预收账款	51		
应收利息	6			代销商品款	52		
应收账款	7			应付工资	53		
其他应收款	8			应付福利费	54		
预付账款	9		8,512.50	应付股利	55		
应收补贴款	10			应交税金	56		-58,119.66
存货	11		345,314.34	其他应交款	57		
待摊费用	12			其他应付款	58		
委托贷款	13			预提费用	59		
一年内到期的长期债券投资	14			待转资产价值	60		
其他流动资产	15			预计负债	61		
流动资产合计	16		341,177.54	一年内到期的长期负债	62		
长期投资：	17			其他流动负债	63		
长期股权投资	18						
长期债权投资	19			流动负债合计	65		341,880.34
减：长期投资减值准备	20			长期负债：	66		
长期投资合计	21			长期借款	67		
固定资产：	22			应付债券	68		
固定资产原价	23			长期应付款	69		
减：累计折旧	24			专项应付款	70		
固定资产净值	25			其他长期负债	71		
减：固定资产减值准备	26			长期负债合计	72		
固定资产净额	27			递延税项：	73		
工程物资	28			递延税款贷项	74		
在建工程	29			负债合计	75		341,880.34
减：在建工程减值准备	30						
固定资产清理	31			所有者权益（或股东权益）：	77		
固定资产合计	32			实收资本（或股本）	78		
无形资产及其他资产：	33			减：已归还投资	79		
无形资产	34			实收资本（或股本）净额	80		
减：无形资产减值准备	35			资本公积	81		
未确认融资费用	36			盈余公积	82		
长期待摊费用	37			其中：法定公益金	83		
其他长期资产	38			未分配利润	85		-702.60
待处理财产损益	39			所有者权益（或股东权益）合计	86		-702.60
无形资产及其他资产合计	40						
递延税项：	42						
递延税款借项	43						
资产总计	45		341,177.54	负债和所有者权益或股东权益总计	88		341,177.54

请输入选项条件

<结 束>

座标(英寸)(6.09, 2.81)　(X: 661, Y: 270)

图 12-35 “资产负债表”报表界面

二、损益表

【目的】

查询企业某一期间的经营成果，反映由收益及费用所构成的企业的利润情况。

任务实施

步骤一：在“损益表”界面上进行设置，然后单击“直接查询”按钮（如图 12-36、图 12-37 所示）。

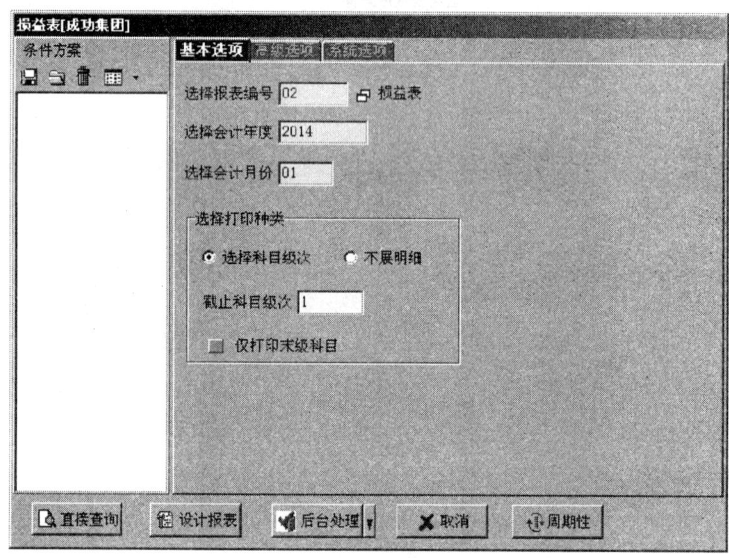

图 12-36 “损益表”界面（一）

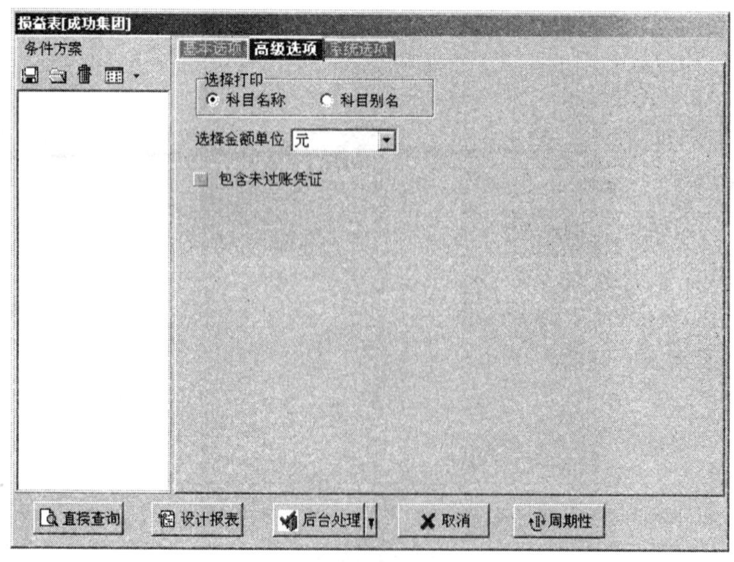

图 12-37 “损益表”界面（二）

步骤二：报表查询结果（如图 12-38 所示）。

损益表

损益表
损益表
金额单位：元

分组面板：可以拖动列标题到这儿来实现按此列分组

科目编号	项目	行次	本月数	本年累计数
5101	一.产品销售收入	1	0.00	0.00
5401	减:主营业务成本	2	0.00	0.00
5402	主营业务税金及附加	3	0.00	0.00
	二.主营业务利润	4	0.00	0.00
5102	加:其他业务利润	5	0.00	0.00
5501	减:营业费用	6	627.80	627.80
5502	管理费用	7	0.00	0.00
5503	财务费用	8	75.00	75.00
	三.营业利润	9	-702.80	-702.80
5201	加:投资收益	10	0.00	0.00
5203	补贴收入	11	0.00	0.00
5301	营业外收入	12	0.00	0.00
5601	减:营业外支出	13	0.00	0.00
	四.利润总额	14	-702.80	-702.80
5701	减:所得税	15	0.00	0.00
	五.净利润	16	-702.80	-702.80

图 12-38 “损益表”报表界面

学习小结

会计总账管理详细记载了企业在营运过程中的所有交易活动，是企业业务流程中信息的最终归集地，同时也正确反映了企业的财务状况和经营成果，并且可以提供正确的会计记录及财务报表。因此总账管理是企业 ERP 运行管理的核心，使用 ERP 总账管理，将过去人工处理的会计作业用计算机来取代，通过计算机系统来产生财务报表，进而提高工作效率，同时又能借此来重新检查企业的流程，完善企业内的会计制度，从而实现业务驱动财务，财务监控业务。

项目实训

（1）成功集团在 2014 年 2 月 10 日购买原材料费用为 6 000 元，会计分录如下，请利用“录入会计凭证”作业，输入此笔交易数据。

借：1211 原材料　　6 000
　　21710101 进项税额　　300
　　贷：2121 应付账款　　6 300

（2）成功集团每月月底需要固定录入厂房租金费用的会计凭证，会计分录如下，请利用“录入常用凭证”作业，输入此交易数据的样板凭证。

借：1211 原材料　　10 000

贷：2181 其他应付款 10 000

（3）将上述（2）中的常用凭证生成会计现行年月的一张正式凭证，并使用单笔过账的方式将凭证过账。

（4）请检查 2014 年 2 月份输入的会计凭证是否都已审核，再执行 2 月份凭证的整批过账和月结流程。

参 考 文 献

［1］ERP 应用教程编委会. ERP 供应链管理应用教程. 上海：立信会计出版社，2011.

［2］ERP 应用教程编委会. ERP 生产管理应用教程. 上海：立信会计出版社，2011.

［3］ERP 应用教程编委会. ERP 财务管理应用教程. 上海：立信会计出版社，2011.

［4］http：//elearning.dcms.com.cn/.

［5］周玉清. ERP 工程师职业能力认证培训教程［M］. 北京：人民邮电出版社，2007.

［6］程控. MRPII/ERP 原理与应用［M］. 2 版. 北京：清华大学出版社，2006.

［7］陈启申. ERP：从内部集成起步［M］. 2 版. 北京：电子工业出版社，2006.

［8］苟娟琼，常丹，孟婕. ERP 原理与实践［M］. 北京：北京交通大学出版社，2005.

［9］常丹. ERP 原理与应用［M］. 北京：中央广播电视大学出版社，2008.

［10］周玉清，刘伯莹，周强. ERP 与企业管理：理论、方法、系统. 北京：清华大学出版社，2005.

［11］闪四清. ERP 系统原理和实施. 北京：清华大学出版社，2006.

［12］陈红军. 我国 ERP 软件产品定价策略研究［J］. 科技进步与对策，2009（3）.

［13］张涛. 企业资源计划（ERP）原理与实践［M］. 北京：机械工业出版社，2010.

［14］汪伟. ERP 系统应用教程. 合肥：中国科学技术大学出版社，2011.

［15］黄艳. ERP 理论与实践. 北京：北京交通大学出版社，2011.

［16］陈延寿，薛昌春，宋萍萍. ERP 教程［M］. 北京：清华大学出版社，2009.

［17］陈孟建，沈美莉，贾志林. 企业资源计划（ERP）原理及应用［M］. 2 版. 北京：电子工业出版社，2010.

［18］张真继，邵丽萍. ERP 企业资源计划［M］. 北京：电子工业出版社，2009.

［19］郭研，刘伟. ERP 理论与实践［M］. 北京：化学工业出版社，2010.

［20］黄艳，张大用. 企业 ERP 系统运营维护问题分析及对策研究［J］. 中国管理信息化，2009（10）.

［21］郑称德，陈曦. 企业资源计划［M］. 北京：北京交通大学出版社，2010.

［22］刘丽文. 生产与运作管理［M］. 北京：清华大学出版社，2006.

［23］李怀祖. 生产计划与控制［M］. 北京：中国科学技术出版社，2005.

［24］陈荣秋，马士华. 生产与运作管理［M］. 北京：高等教育出版社，2006.

［25］蒋贵善，王东华，俞明南. 生产与运作管理［M］. 大连：大连理工大学出版社，2009.